转折关头

张闻天在1935—1943

程中原 著

当代中国出版社
Contemporary China Publishing House

图书在版编目(CIP)数据

转折关头：张闻天在1935—1943/程中原著. —北京：当代中国出版社，2012. 2

ISBN 978-7-5154-0111-9

Ⅰ. ①转… Ⅱ. ①程… Ⅲ. ①张闻天（1900~1976）—生平事迹—1935—1943 Ⅳ. ①K827=7

中国版本图书馆CIP数据核字(2012)第023518号

出 版 人　周五一
策划编辑　陈立旭
责任编辑　陈立旭
责任校对　周　浩
装帧设计　古　手
出版发行　当代中国出版社
地　　址　北京市地安门西大街旌勇里8号
网　　址　http://www.ddzg.net　邮箱：ddzgcbs@sina.com
邮政编码　100009
编 辑 部　(010)66572154　66572264　66572132
市 场 部　(010)66572281 或 66572155/56/57/58/59 转
印　　刷　北京润田金辉印刷有限公司
开　　本　720×1060 毫米　1/16
印　　张　16.75 印张　2 插页　插图 32 幅　272 千字
版　　次　2012 年 3 月第 1 版
印　　次　2012 年 3 月第 1 次印刷
定　　价　32.00 元

1942 年张闻天在晋西农村调查时留影

目录

下篇　完成历史使命以后

引　言

张闻天是中国共产党历史上很有建树的一任中央总书记。邓小平于1979年8月25日在张闻天同志追悼会上致悼词说，1935年1月，“在我党具有重大历史意义的遵义会议上”，张闻天同志“被选为党中央总书记”。从1935年1月遵义会议后接替博古“负中央总的责任”（习惯称“总书记”）*起，到1938年9月六届六中全会，在这三年多时间里，张闻天一直是中国共产党的一代领袖。毛泽东曾说过：我们党的历史上有五朝领袖，第一朝是陈独秀，第二朝是瞿秋白，第三朝是向忠发（实际是李立三），第四朝是王明、博古，第五朝是洛甫（即张闻天）。**

遵义会议推选张闻天担任总书记，是历史的必然选择。1932年冬，临时中央政治局进入中央苏区以后，张闻天作为政治局常委之一，就同总书记博古在经济政策、文教政策和统一战线政策（要不要同十九路军联合反蒋抗日、要不要支持福建事变）等方面发生分歧，进行争论。在反对敌人第五次“围剿”的战争中，围绕广昌战役的战略策略问题，两人在会上争得面红耳赤，不欢而散。在张闻天同博古的矛盾（称“博洛矛盾”）逐渐加深、张闻天在中央高层受到排挤的同时，他同毛泽东的关系密切起来，许多重要观点趋向一致。张闻天写了一系列批评“左”倾错误的文章，并在长征出发前发表了称为长征“动员令”的社论：《一切为了保卫苏维埃》。在长征出发时，他同毛泽东、王稼祥结成“中央队三人团”。湘江战役失利以后，“中央队三人团”在政治局内部开展了对错误军事路线的斗争，提出并坚持中央红军正确的战略方向；促使政治局作出召开遵义会议的决定；张闻天还首先提议请毛泽东出来担任军事指挥。在遵义会议上，在博古作报告、周恩来作副报告后，又是张闻天第一个站出来作反报告——反对“左”倾错误军事路线的报告，对遵义会议的胜利起到决定性的作用。可见，从反五次“围剿”到遵义会议，张闻天在中共中央政治局内一直站在反对“左”倾错误的最前列。同时，他当时是在党内职位仅次于博古的领导人，又是共产国际培养和信任的干部。在遵义会议后，推举张闻天取代博古，担任中共中央总书记，是势所必然，是历史的选择。

在张闻天取代博古担任中共中央总书记的问题上，曾经有过这样那样不同的解释。本书上篇，依据历史事实，叙述张闻天从犯有“左”倾错误到站在最前列同“左”倾错误进行斗争的过程，说明遵义会议后张闻天取代博古担任中共中央总书记的历史必然性。在当时，中共中央政治局内没有比张闻天更合适的人选。这是本书想要说明的第一个重大历史问题。

本书想要说明的第二个重大历史问题是：张闻天作为中国共产党历史上的“第五朝领袖”，他当总书记当得怎么样？

张闻天是在中国共产党和红军生死攸关的危难之际，在重大的历史转折关头，挑起中央总书记这副历史重担的。他担任总书记后，立即起草并召开政治局会议通过了遵义会议决议，及时向中央红军、向全国各地红军和革命根据地领导机构，传达贯彻了遵义会议精神，完成了中国共产党历史上的第一次伟大转折，挽救了党，挽救了红军，挽救了中国革命。在长征途中，他又同毛泽东、周恩来、博古等一起，团结全党全军，同张国焘的退却逃跑和右倾分裂进行了斗争，促成了红军三大主力的会师。这时，中国共产党又面临紧要的历史转折关头。在日本帝国主义侵略加剧、中华民族生死存亡之秋，张闻天又同毛泽东、周恩来、博古等一起提出抗日民族统一战线策略，领导全党实现了从内战到抗战的转变。他亲自率红军渡过黄河东征，扩大、巩固了陕北根据地；他力主西安事变和平解决，在“放蒋”后内战一触即发之际，亲赴西安，坐镇处理，维持了红军与东北军、西北军三位一体的局面，维持了国内和平；他和毛泽东一起指导了同国民党的谈判，促成了国共第二次合作的成立，同时又坚持独立自主原则，放手发动群众，开辟抗日根据地，开展游击战争，在抗击日本侵略者的过程中，发展壮大了中国共产党及其领导的人民武装力量。张闻天这一任总书记，被毛泽东称为“明君”，他坚持民主作风，发扬党内民主，备受全党赞扬。相信读者读过本书之后能够得出结论：张闻天这位总书记是有职有权的，是当得好的，在两个历史转折关头，是有大作为的。

本书讲述的第三个问题是，张闻天是怎样离开总书记岗位的？

张闻天一心为党，不争权，不专权。长征途中，为了团结、争取张国焘，他主动提出把总书记让给张国焘。毛泽东不同意，说张国焘看重的是军权，不一定要。如果真让他当了，一旦擅权，非常危险。1939 年 8 月，王稼祥从莫斯科回来，传达共产国际执行委员会书记处书记季米特洛夫关于中共要以毛泽东为首的意见。张闻天立即将总书记的职权逐步转移给毛泽东。不仅如此，为了党的全局利益，他又严格进行自我批评，自觉检讨自己过去所犯的“左”倾错误，还主动提出“还账”、“补课”的请求，并身体力行，于1942年初带队到陕北、晋西北进行农村调查，为全党树立了自我批评的典范，为全党作出了用实际行动纠正错误的榜样。本书下篇叙述张闻天完成担任总书记的历史使命以后，主动让贤，离开总书记岗位，自觉进行自我批评，并用实际行动“还账”、“补课”的经过，其理论与实际统一的作风，其人格的完美、品德的高尚，足为党的干部和革命知识分子的楷模！

古人将“立德，立功，立言”谓之三不朽。作为中国共产党在伟大历史转折时期和重大战略转变时期的总书记，张闻天没有辜负党的重托，确实达到了三不朽的要求。他为中国共产党和中华民族立下的功，彪炳日月，光照千秋。他的策略思想和理论著作，成为中国人民的宝贵精神财富。他的道德情操，为中国共产党人树立了典范。高山仰止，景行行止。愿张闻天担任总书记的业绩、言行，愿他的道德、情操，永垂青史，流芳百世。

---

* 见邓小平在张闻天追悼会上所致悼词，载1979年8月26日《人民日报》。关于博洛交接后张闻天所任职务有两种说法。一种为：“张闻天代替博古负中央总的责任。”见《中国共产党历史大事记》(2011年7月21日《人民日报》第19版)。另一种为：中共中央总书记。采取这种说法的有：一、张闻天的《1943年延安整风笔记》(1943年12月16日)。张闻天写道：“在遵义会议上，我不但未受打击，而且我批评了李德、博古，我不但未受处罚，而且还被抬出来代替了博古的工作。”“当时政治局许多同志推举我当总书记”。张闻天又写道，1938年9月六届六中全会之前，在王稼祥传达了共产国际的指示（中共中央领导机关以毛泽东为首）后，张闻天就已向毛泽东“多次提出解放总书记”，即党中央总书记的职务应该由毛泽东来担任了。毛泽东认为目前还不是提出这个问题的时候，要张闻天继续担当下去。张闻天认为毛既然要他名义上仍“任总书记”，也就“没有表示坚决让位的态度”。还检讨说：“没有坚持推举毛泽东同志为中央总书记，是我的一个错误”。不过，“我虽未把总书记一职辞掉，但我的方针是把工作逐渐转移，而不是把持不放。”(据中央档案馆所存手稿）二、周恩来在1971年7月的一次讲话中说：我们在扎西川滇贵三省交界叫“鸡鸣三省”的地方住了一天，把博古换下来，张闻天当总书记，我印象很深。(据《张闻天图册》，中共党史出版社2005年版，第61页）三、邓小平《在张闻天同志追悼会上致悼词》(1979年8月25日）说，1935年1月，在我党具有重大历史意义的遵义会议上，张闻天同志“被推选为总书记。”邓小平在《建设一个成熟的有战斗力的党》(1965年6月14日同亚洲一位共产党领导人的谈话）中说：“毛泽东同志在那时候没有当总书记，博古的总书记当然当不成了，但还是由曾经站在王明路线一边的洛甫当总书记。”(《邓小平文选》第1卷，人民出版社1994年版，第339页）四、陈云在《遵义政治局扩大会议传达提纲》(1935年2月或3月）中写道：“在由遵义出发到威信的行军中，常委分工上，决定

以洛甫同志代表博古同志负总的责任。”（《遵义会议文献》，人民出版社 1985 年版，第 43 页）陈云在 1977 年 8 月 23 日同遵义会议纪念馆负责人的谈话中说：“遵义会议后决定让张闻天在中央负总责，这是毛主席的策略。是否叫总书记我记不清。”（《陈云文集》第 3 卷，中央文献出版社 2005 年版，第 435 页）五、彭德怀写的自传材料在讲到 1935 年八九月间张国焘对张闻天的态度时说：“当时张闻天是总书记，他们并没有放在眼下。”（《彭德怀自述》，人民出版社 1981 年版，第 202 页）六、杨尚昆 1997 年 3 月 22 日同刘英谈话，说：“遵义会议以后，不知你们注意没有，有一段时间没有总书记。这是什么原因呢？这是因为闻天同志谦虚。在遵义会议上，形成比较一致的意见是由洛甫代替博古担任总书记。但闻天同志非常谦虚，再三推辞。毛泽东同志也说自己参加军事指挥较好。于是这个问题就搁置起来。拖了二十来天，不能再拖了，中央常委作出决定，闻天同志这才挑起这副担子。张闻天当时当总书记，是得到大家拥护的。”（《百年潮》1998 年第 6 期）七、伍修权在回忆长征和张闻天的文章中说：“会后解除了博古同志的总书记职务……选举张闻天为总书记。”（《伟大的长征》，《回忆与研究》，中央党校出版社 1991 年版，第 125 页）；“尔后他又被选为中央总书记，取代博古主持了中央领导工作”。（《追求真理锲而不舍》，同上书，第 560 页）八、黄克诚在一篇文章中说：“遵义会议的情况，我是在三军团听毛主席亲自传达的……但担任总书记的是张闻天（洛甫）同志。”（《关于对毛主席评价和对毛泽东思想的态度问题》，1981 年 4 月 10 日《解放军报》）。九、1981 年 1 月 5 日胡乔木致夏衍信说，“中央书记处于［1937 年］12 月进行了改组，中央不再设总书记”，张闻天“才不任总书记”。（《胡乔木书信集》，人民出版社 2002 年版，第 311 页）。十、1982 年 12 月中共中央批准的《关于“六十一人案”的调查报告》中说：“一九三六年，张闻天同志是中央的总书记，他的批复应该看作是代表中央的。”（转引自《刘少奇传》上，中央文献出版社 1998 年版，第 229 页）本书为行文方便，依邓小平所致悼词用“总书记”的习称来指称遵义会议后负中共中央总的责任的张闻天。

另外，决定博洛交接的常委会开会的具体地点不能完全确定。有人说，从实地察看，常委会开会在花房子的可能性大些。这里有一所木结构的、有雕花装饰的房子，五开间，是周围较大的房子。不过，据当时目击者称，这里有不少电线，还架设了天线。估计驻扎的是通讯部门。我认为，中央常委开会的地点很可能在紧靠花房子西边一点的村庄高坎。

** 毛泽东 1964 年 4 月 16 日的一次讲话，转引自何方：《何方谈史忆人》，世界知识出版社 2010 年版，第 27 页；同日本社会党人士的一次谈话，1964 年 7 月 10 日。又，张培森《为总书记张闻天正名》一文（载《炎黄春秋》2006 年第 7 期）引毛泽东 1964 年 7 月 10 日同日本社会党人士谈话说：我们这个党有过“几朝领袖”，第一代是陈独秀，第二代是向忠发、李立三，第三代是陈绍禹（王明），“第四代是张闻天”，“以后就是轮到我了。”

上篇　历史选择了张闻天

一　同毛泽东王稼祥一起踏上长征路

毛洛王组成中央队三人团

1934年10月10日晚，张闻天（当时通用名洛甫）同毛泽东、王稼祥一起，从瑞金的梅坑出发，向赣南省会于都集结，准备渡过于都河作战略转移。

当时还没有“长征”这个名词，更不知道要走二万五千里那么长的路。那时红军是向西边走，最初的目标是到达湘西同贺龙、萧克的红二、六军团会合，故尔一开始都把这次战略转移的军事行动称为“西征”。

长征出发时，按照由博古、李德、周恩来组成的“最高三人团”的意见，毛泽东、张闻天等人都要分散到各野战军团中去。毛泽东和张闻天商量后提出异议，博古同意毛、张的意见，让他们留在总部。毛泽东邀约张闻天、王稼祥一路行军，一起宿营。就这样，毛、洛、王三人走在一起，自然而然地也形成了一个“三人团”。为了跟“最高三人团”相区别，称为“中央队三人团”。

“中央队三人团”并不是一个正式机构。三个成员中，毛、王两人，一病一伤。毛泽东恶性疟疾刚止住，体虚血亏，走不动路。王稼祥在第四次反“围剿”中被敌机炸伤，肚子里还有弹片。他们两人都坐担架。张闻天身体好些，基本上是骑马行军。他们随军委第二纵队（代号为“红章”纵队）行动。这个纵队由党中央和中央政府机关、供给部、卫生部、红军大学、军委二局等组成。

长征出发时，毛、洛走在一起不是偶然的。促使他们走到一起的主要有两个相互影响的因素：一是博洛矛盾的加深，一是毛洛合作的发展。

1932年冬，中共临时中央从上海迁到瑞金后，在中央苏区反“围剿”斗争和实际工作中，以“博洛矛盾”（即中央两位主要领导人博古和洛甫的矛盾）的加深为标志，中央“左”倾领导集体已经出现裂痕，开始分化；而以“毛洛合作”的发展为标志，受“左”倾领导集团打击、排挤的毛泽东的正确路线，已经被实践证明为正确，毛和洛已经在同“左”倾错误的矛盾、斗争中取得一致，建立了战友的情谊。

“博洛矛盾”加深

1932 年秋冬，张闻天在上海接受“左”倾错误在实践中不断碰壁的教训，就已开始了由执行“左”倾路线到反对“左”倾路线的转变。到中央苏区后，张闻天从思想认识到方针政策，直至策略路线，逐步挣脱“左”的桎梏。这一艰难的转变过程，同时也是同犯“左”倾错误的中央主要领导人博古之间的分歧和矛盾产生、发展、加深的过程。所谓“博洛矛盾”，在重要的历史转变时期，产生过很大的影响。

1931 年秋，王明赴莫斯科，博古接任中共临时中央总负责人。在此期间，张闻天作为中央政治局常委，与博古共事，虽然工作作风不完全一样，对若干具体问题难免有不同意见，但在政治上，革命目标一致，在推行王明“左”倾冒险主义方面，相当一段时间里，没有什么原则分歧，两人关系可以说是亲密团结的。

随着时间的推移，张闻天在实践中逐渐觉察到“左”的危险性，认识到“左”倾也会成为革命前进中的最大的障碍物，反对“左”倾的一面开始滋长。而博古却没有及时觉醒过来。

既然如此，两位领导人之间就不可避免地会在政治上，在重要的方针、政策上，产生分歧和矛盾。

博洛之间政治上的分歧，首先产生在对于“共同抗日三条件”的理解上，也即关于统一战线策略变化的认识上。

1933 年 1 月 17 日，在日本帝国主义继续扩大侵略，占领山海关，向华北进犯的形势下，中共驻共产国际代表团以中华苏维埃临时政府、工农红军革命军事委员会的名义发表宣言，提出：在立即停止进攻苏区、保证民众的民主权利、武装民众三个条件下，愿与任何部队订立共同作战的协定。在国内、国际都引起广泛的注意和强烈的反响。然而，博古却从下层统一战线和打击中间力量的共产国际的“左”的固定公式出发来理解共同抗日三条件宣言，认为我们的宣言只是对群众说的，只是对士兵说的，或者至多是对国民党军队下级军官说的。至于国民党上级军官，那决不会接受我们的条件，我们也不会去同他们谈什么条件，同他们订立什么共同作战的战斗协定。宣言上的提议只是个宣传口号，是用来揭破国民党的造谣污蔑的。张闻天则接受了淞沪抗战事实的教育，对在日本侵略下国内阶级关系的变动开始有所认识，纠正了“一·二八”事变后对国民党十九路军军官的过“左”的策略思想，所以，他对在三条件下与任何武装部队订立共同的对日作战协定的理解同博古大为不同。他认为：“三条件是宣传的，也是行动的号召”，不仅是对下层士兵与广大工农群众讲的，“也是对上层军官说的”。[①] 围绕着对“共同抗日三条件”应怎样理解的问题，张闻天同博古进行了争论。博古没有采纳张闻天的意见，所以，“宣言”发表以后，苏维埃政府与红军没有采取任何

① 张闻天：《从福建事变到遵义会议》，见《遵义会议文献》，人民出版社 1985 年版，第 76 页。

主动行动，“宣言”发表以后的八九个月里，也没有同任何一支国民党部队订立反日作战协定。

第二，关于对资本主义经济的认识与政策。

这是博洛之间的又一个分歧点。先是博古发表《论目前阶段上苏维埃政权的经济政策》[①]，重复共产国际关于中国革命反帝、反封建与反对资产阶级并列的特点。博古认为，目前的中国革命不但要“反对封建残余，反对军阀制度，反对帝国主义者，而且同时要进行反对中国民族资产阶级的无情的斗争”，这是工农民主专政的特点之一。博古主张对资本主义政策的基点是“限制”，“在发展苏维埃经济中间、在相当的容忍资本主义发展中间来有系统的限制资本主义剥削”。张闻天在《论苏维埃经济发展的前途》、《五一节与〈劳动法〉执行的检阅》、《苏维埃政权下的阶级斗争》等文章中论述了“利用”私人资本发展苏维埃经济的主张，提出应该允许资本主义发展，采取利用、限制、竞争、斗争的政策。显然同将资本主义作为“反对”对象，采取“系统限制”政策大相径庭。博古在随后发表的《论目前阶段上苏维埃政权的经济政策》的第三部分[②]中对张闻天的观点进行了严厉批评。博古强调：“资产阶级将成为我们当前的惟一的最主要的敌人，所以，与资产阶级妥协的政策是不可允许的”。他认为，对于资本家，“不是‘妥协’政策，而是坚决的发展阶级斗争”；除了消灭他们的反抗，限制他们的剥削之外，应该是“强迫”他们为苏维埃工作。博古不点名地指责张闻天主张的“让步”、“妥协”政策是“机会主义”的政策，甚至认为这种“对资本家的投降情绪”，是目前苏区职工运动中的“主要危险”，提出要以“坚决的无情的火力反对这种危险”。

第三，博洛之间更大的分歧发生在“福建事变”前后关于同十九路军的联合和怎样对待“福建事变”上。

1933年六七月间，蒋介石利用签订《塘沽协定》后日本暂停南侵之机，坐镇庐山，调兵遣将，部署对中央苏区进行第五次“围剿”。这时红一方面军执行临时中央“长电”[③] 的错误指示，实行“两个拳头打人”，分为中央军和东方军两路反第五次“围剿”，企图在两个战略方向上同时求胜。从7月至9月，彭德怀统率的东方军在对十九路军作战中发展顺利。连城大战之后，随即进军闽北，每战皆捷，形成挺进福州之势。十九路军陷入进退维谷的窘境。蔡廷锴等十九路军将领原本就同蒋介石有深刻的矛盾，在此形势下，听从周围一批进步人士的劝说，决

① 此文先发表了第一、二两部分，载《斗争》第8期（1933年4月15日）。

② 载《斗争》第16期（1933年6月25日）。此文发表第三部分后即中断。

③ 1963年6月13日，中共中央致电朱德、周恩来，转告共产国际远东局军事总顾问拟定的以中共临时中央名义发出的关于夏季军事计划的指示电。该电文很长，故被称为“长电”。此电批评红一方面军前段军事行动的缺点在于把主力集中于一个单独的作战单位，即方面军，这就不可能从各方面配合作战，这样做束缚了主力，以致不能“有力打击”北方的敌人即蒋介石的嫡系部队。为在闽赣两个战略方向上同时取胜，提出从红一方面军抽出若干部队，组成东方军团，进行分离作战。中共中央强调要“切实执行这一作战计划”，提出以红三军团为东方军团的基干，入闽作战，红一、五军团依计划在抚河、赣江作战。

定变“剿共抗日反蒋”的方针为“联共反蒋抗日”的方针。他们响应中国共产党共同抗日三条件宣言，主动派代表秘密前往红军驻地商谈停战反蒋事宜。

第一个来到延平（今南平）前线同红军联络的代表，就是当年张闻天在上海从事新文化运动时的朋友吴明（即陈公培）①。吴明于1933年9月22日晚在王台八角楼红三军团总部会见了彭德怀。第二天又同彭德怀、袁国平举行会谈。此后，吴明即于10月初陪同十九路军秘书长徐名鸿秘密到达瑞金，进行正式谈判。

对于同十九路军谈判，博洛态度很不相同。博古警惕性很高。他没有拒绝谈判，但疑虑重重。他看不到十九路军将领的进步，总以为他们来谈判很可能是为求一时缓和以待援兵而施的狡计。他仅仅把谈判看成一种宣传性的措施，只想通过谈判来揭露十九路军将领的欺骗，提高共产党和红军的威望。十九路军代表到瑞金谈判时，博古没有会见。张闻天十分重视这次谈判，认为这正是实现共同抗日三条件宣言的一个具体行动。如果谈得好，同十九路军停战并进而合作抗日，对粉碎第五次“围剿”，对整个反蒋反日斗争，都有重大的积极影响。张闻天当时是中共中央局内具体指导谈判、签约的领导人之一。他同毛泽东、周恩来、朱德、彭德怀等热情接待十九路军全权代表徐名鸿，促使谈判顺利进行。参加谈判的红军和苏维埃政府的全权代表潘行健（汉年），从白区到苏区，都是张闻天的得力助手。谈判进行了近一个月，双方全权代表于1933年10月26日草签了《反日反蒋的初步协定》。草签初步协定之后，苏维埃政府又委派潘汉年为常驻福州代表，同徐名鸿、吴明等十九路军谈判代表一起赴闽。临行那天早晨，张闻天同毛泽东、林伯渠、邓发等前往送行。

1933年11月20日，十九路军将领蔡廷锴、陈铭枢、蒋光鼐与国民党内李济深等一部分反蒋势力发动“福建事变”，在福州成立联共抗日反蒋的“中华共和国人民革命政府”（简称“福建人民政府”）。22日，中华苏维埃临时中央政府、工农红军与福建人民政府、十九路军正式签订抗日反蒋协定。当天，张闻天在党内刊物《斗争》上发表《关于苏维埃政府的〈宣言〉和反机会主义的斗争》②，批评对十九路军和福建人民政府采取的关门主义方针。指出在全国的民族危机面前，“个别的国民党军阀有接受我们宣言的可能”。我们应该“利用这种可能”，“在个别地方进行上层统一战线”，“号召一切反动营垒中真正爱国的分子同我们一起为中国民族的生存而战”。他认为：“对这种国民党军阀，我们是不怕同他们订立反日反蒋的作战的战斗协定的。我们的任务在这里不是关起大门来表示自己无产阶级的纯洁，而是经过这种协定来更进一步的开展民族革命战争”，“我们并

---

① 郭沫若在《创造十年》中叙述：1922年夏天，“那时候肯到寓所来的有张闻天、吴明、汪馥泉诸人，他们当时似乎住在民厚北里，差不多每天都要来一次。”见《沫若文集》第7卷，人民出版社1958年版，第126页。吴明，即陈公培（1901—1968），湖南长沙人。曾参与中共早期建党活动。1920年秋留法勤工俭学。1921年9月因参加里昂学生运动而同李立三、蔡和森等108人被遣送回国。1924年底入黄埔军校，为二期毕业生。北伐时在第四军政治部工作，继任十一军师政治部秘书。参加过南昌起义。潮汕起义失败后经香港赴上海。不久声明脱党。后为陈铭枢幕僚。新中国成立后，曾任政务院参事。

② 此文发表于1933年11月26日《斗争》第36期，署名洛甫。

不拒绝这种妥协”。他嘲笑“自命清高、否认一切这种妥协的可能的‘左’倾幼稚病者，往往把这种谈判当儿戏，或简单的‘玩把戏’”。他严厉地指责道：“这除了表示出他们对于‘现代科学社会主义’一窍不通以外，没有别的。”

张闻天“进行上层统一战线”的主张，对“左”倾幼稚病者的尖锐批评，并没有使他们将大门敞开。“福建事变”爆发以后，他们不仅不作有力声援，不去推进联合，积极配合，反而进行揭露、批判，采取诋毁、排斥、打击的策略。

“福建事变”爆发之际，正是中央苏区反第五次“围剿”战争遭到重大挫折之时。“福建事变”使得蒋介石对中央苏区包围圈的东线出现了一个大缺口。如果红军同十九路军真能联合起来，不仅蒋介石的“围剿”计划必将破产，而且可以对南京政府构成直接威胁。所以，“福建事变”爆发之后，蒋只好改变原来的作战计划，迅即从“围剿”前线抽调九个师，入闽“讨伐”，蒋自任“讨逆军”总司令。这就大大分散了“围剿”中央苏区的兵力，打乱了蒋原来的军事部署，为红军粉碎第五次“围剿”提供了一个绝好的机会。然而，博古和刚来到中央苏区的军事顾问李德却没有利用这个机遇，他们不同十九路军直接配合，争取主动，粉碎“围剿”，他们不听在北线指挥作战的彭德怀的建议，也不采纳总政委周恩来的主张，而是忠实地执行远在上海的共产国际军事代表团的指示。他们没有指挥红军东出侧击“讨逆军”，反而向赣江方向活动去攻击永丰地域的敌人堡垒，企图越过赣江，进逼南昌。张闻天得知红军西调，立即提出“反对”，主张红军应该东调援助十九路军。张闻天认为，只有在军事上采取与十九路军直接配合的方针，我们才能在当时这一重要关键上不失去消灭蒋介石主力，粉碎第五次“围剿”的机会。军委采纳了张闻天的建议。然而，等到这时才把红军东调，为时已晚。当红三军团在彭德怀、杨尚昆指挥下于1934年1月4日到达沙县的富口地区待机时，“讨逆军”已经进入福建腹地，“侧击”之机早失而只能“尾随”了。而十九路军在蒋介石的军事压力之下内部发生分化，福建人民政府已呈颓势。1934年1月9日十九路军参谋长到瑞金求援。1月13日，维持了53天的福建人民政府解体。

第四，“博洛矛盾”从暗的分歧发展到明的冲突，是在广昌战役开始之前和失败之后。

广昌是中央苏区的北大门，坐落在盱江左岸。1934年3月，敌人集中11个师兵力，自盱江两岸夹江南下，缓缓地向广昌作堡垒推进。毛、洛坚决反对组织广昌战役。博古、李德决定全力保卫广昌，与敌“决战”。他们调集红军主力九个师，采取以集中对集中、堡垒对堡垒的阵地战和“短促突击”战术，企图“御敌于国门之外”。从4月10日至28日，红一、三、九军团进行了历时18天的广昌保卫战。敌人依仗空军、炮兵的优势，以平均每天2公里的速度，步步为营，向广昌推进。坚守广昌的红军部队虽然英勇战斗，大量杀伤敌人，但由于战争指挥的根本错误，兵力消耗巨大，终于不得不在4月28日放弃广昌。广昌战役的失败是李德、博古不接受毛、洛正确主张，推行单纯军事防御路线的结果。

广昌战役失败后，在5月中旬中革军委的一次会议上，张闻天提出了严正的批评，指出：广昌战斗中同敌人死拼，是不对的。这是一种拼消耗的打法，使红军主力遭受了不应有的巨大损失。博古不承认错误，反过来给张闻天扣右倾帽子，说张闻天这种指责是普列汉诺夫反对1905年俄国工人武装暴动那样的机会主义思想。

张闻天一向温和沉静，面对博古的指责，当即予以批驳，指出：普列汉诺夫在1905年12月俄国工人武装起义失败后责备党，说什么“本来是不需要运用武器的”，那是根本反对武装起义，以为工人可以用和平手段得到胜利。今天批评广昌战斗，是说同敌人死拼这种拼消耗的打法是错误的。敌人空中每天有三四十架飞机分批轮番轰炸，地上有一个炮兵旅的大炮轰击，兵力又大大强于我们，在这种情况下，想靠野战工事来坚守阵地，怎么可能？我们绝不应该单纯防御，死守硬拼！应该保存主力，用别的办法战胜敌人。同普列汉诺夫根本反对武装暴动有什么相同之处？张闻天越说越激动：博古同志说我是普列汉诺夫，是机会主义，这是污蔑！我坚持，广昌战役同敌人死拼是不对的！张闻天在发言中还批评博古过于重用李德，说：我们中国的事情不能完全依靠李德，自己要有点主意。

博洛二人在会上争得面红耳赤，相持不下，会也没法开下去了，结果不欢而散。到会的其他同志，没有一个作声。①

其实，军委大多数同志是赞成洛甫的意见的。只是在那样的场合，不便发表而已。三军团司令员彭德怀在广昌战斗后就曾当面斥责李德是“图上作业的战术家”，说他们把好不容易创造的根据地断送掉，是“崽卖爷田心不痛！”

事后，博古曾找洛甫交谈，似乎是传达李德的意思，说：“这里的事情还是依靠于莫斯科回来的同志。”意思是博洛二人不应该闹磨擦。张闻天无意与莫斯科回来的同志抱成一团，对这种提示未予理睬。更重要的是，博古他们丝毫没有从广昌战役的失败中吸取教训，在军事行动上仍然坚持“短促突击”、“分兵把口”等战术，在敌军新的进攻面前，又兵分六路，实行全线防御，红军完全陷于被动挨打的境地。博洛之间的分歧当然无从缩小以至弥合，更何况博古他们还在组织上排挤洛甫呢！

“毛洛合作”发展

在“博洛矛盾”逐步加深，博古同洛甫的关系逐渐疏远以至发生冲突的同时，“毛洛”之间却逐渐接近，以至互相信任，亲密合作起来。

张闻天和毛泽东的关系可以追溯到1920年初。1919年12月，张闻天加入了当时的青年进步组织“少年中国学会”。1920年1月，毛泽东也参加了这个组织。他们两人入会的消息，一起发表在1920年2月出版的《少年中国》第1卷第8期

① 关于这次中革军委会上博洛争论的情况，据张闻天：《1943年延安整风笔记》；并据伍修权：《纪念遵义会议，怀念闻天同志》，见《回忆张闻天》，湖南人民出版社1985年版，第91—92页。

上。以后毛、张的行踪在《少年中国》上时有披露。由会友这一层关系，他俩早已相互知道对方了。只是毛泽东对“少年中国学会”的活动并不怎么热心，张闻天又时去国外，在20年代两人未曾会面。

1931年2月张闻天从莫斯科回国以后，在上海期间，对中央苏区与毛泽东的情况时有所闻。那时，从临时中央政治局到苏区中央政治局，对毛泽东总的说来不仅不尊重，而且还排斥、打击。张闻天在文章中、在会议上同样采取这种态度。他在1932年4月4日根据中央会议精神写成的那篇批评所谓“党内机会主义动摇”的社论中，否定毛泽东在反“围剿”中创造的“坚壁清野”、“诱敌深入”的策略，认为是“浓厚的等待主义”；在1932年10月6日政治局常委会讨论中央苏区工作时，博古批评“泽东的观点是保守、退却”，认为“应该做坚决斗争”，张闻天也提到“泽东可调回后方做苏维埃的工作”。这个意见同中共苏区中央局10月上旬宁都会议作出的决定（“泽东同志回后方负中央政府工作的责任”）是一致的。张闻天这些错误主张和做法，是当时“左”倾冒险主义错误指导方针下势所必致的。不过，当时他同毛既未共事也无直接冲突，在个人关系上并没有什么嫌隙。

张闻天同毛泽东会面、相识，是在1933年初进入中央苏区之后。开始，张闻天对毛泽东的思想和才干并不真正了解，关系平常。不久，张分工管理政府工作，同毛接触的机会多起来，对毛也有所了解，并逐渐接近。如上所述，毛洛二人，在执行“共同抗日三条件”宣言、同十九路军签订协定和支持、援助福建人民政府等重要问题上观点一致而同博古等人有重大分歧。

张闻天在瑞金的住所——沙洲坝下霄村下屋场

毛洛合作的历史契机是中共六届五中全会及其后的人事变动。

1934 年 1 月中旬在瑞金召开的中共六届五中全会，使“左”倾路线的错误发展到了顶点。经过这次全会，张闻天在党内的职位没有什么变化，但实际担负的工作有了较大的变动。在六届五中全会上，张闻天被补选为中央委员，当选为中央政治局委员、中央书记处（又称中央政治局常委会）成员、中央党报委员会主任。全会以后，接着举行了中华苏维埃第二次全国代表大会，张闻天取代毛泽东，当选为中华苏维埃共和国中央执行委员会主席。单从表面上看，似乎张闻天得到了重用。然而，身处党内高层矛盾旋涡中的张闻天，却已经比以前“更明显的感觉”到，这是一种极为巧妙的“排挤”。他后来回顾这段历史时写道：“由于这些矛盾的发展，博古开始排挤我。五中全会后，我被派往中央政府工作，就是把我从中央排挤出去的具体步骤。”“派我担任人民委员会工作，对于李德、博古同志说来，是‘一箭双雕’的妙计。一方面可以把我从中央排挤出去，另一方面又可以把毛泽东同志从中央政府排挤出去。”① 在行动上，张闻天当然还是服从中央集体的决定。这样，从 1934 年 2 月起，张闻天的办公地点和住处，从党中央所在地观音山搬到了沙洲坝，同毛泽东在一处办公，住地也紧靠在一起。

洛甫担任人民委员会主席后，并没有按照博古等人排斥毛泽东的意图去做。相反，他采取同毛泽东合作、尊重毛泽东的态度。洛就职以后，同毛长谈了好几次，倾听毛移交工作的意见。主持人民委员会开会时，总是请毛参加和指导。经济工作本来是毛管的，洛接任以后，还是让国民经济部部长吴亮平经常向毛汇报和请示；毛仍然参与经济方面重大问题的决策。这样，毛洛关系不仅没有趋向紧张，反而更加密切起来。

从以下几件具有标志性的大事，可以清楚地看到“毛洛合作”发展的进程，以及毛洛之间的关系到长征出发之际达到了何等亲密的程度。

①洛发表毛的调查报告，并与毛合著《区乡苏维埃怎样工作》一书。

1934 年 1 月至 2 月，洛甫在他主编的刊物《斗争》上分六期连载毛泽东的两个农村调查报告：《兴国长冈乡的苏维埃工作》和《上杭才溪乡的苏维埃工作》。这是毛泽东两个调查报告的首次发表。不仅如此，洛还效法毛的办法，研究基层苏维埃的工作。1934 年 4 月，标明“张闻天、毛泽东合著”的《区乡苏维埃怎样工作》一书出版。这是毛的《乡苏维埃怎样工作》和洛的《区苏维埃怎样工作》的合集。这本书的出版，可以看做“毛洛合作”的一个标志。

②在广昌战役问题上，毛洛一致采取反对态度。

前面已经提到，在博古、李德准备组织广昌战役时，洛毛一致反对；在广昌战役失败后，博洛在军委会上激烈争论，毛是支持洛的。广昌战役问题上的分歧或一致，使得“博洛矛盾”又加深一层，而“毛洛合作”则前进一步。

---

① 张闻天：《从福建事变到遵义会议》，见《遵义会议文献》，人民出版社 1985 年版，第 78 页、第 81 页注 6。

③长征出发前毛洛两人在“云山古寺”的坦诚交谈。

1934 年 8 月 1 日敌机轰炸瑞金后，毛洛的住处都搬到云石山上的一座小庙“云山古寺”里。堂屋一侧厢房住毛一家，另一侧厢房就是洛的房间。两人朝夕相处，感情融洽，生活上也相互关心。1934 年 9 月，毛在于都得了恶性疟疾，高烧不止。赣南省委给洛甫打电话求助，洛立即派傅连暲星夜赶去诊治。

长征出发时，洛毛两人之所以能倾心交谈，根本原因，是他们在不少重大问题上看法比较一致，在党内生活中有共同的遭遇和感受。

广昌战役失败后军委会上那场争论之后，1934 年 7 月上旬，博古、李德又采取了一个“排挤”洛甫的部署：派洛甫到闽赣省巡视工作。其实，在这之前，项英（中央政治局委员、中央书记处书记）在闽赣省已经做了较长时间的巡视检查，刚刚回到瑞金。完全没有必要再派一个中央领导同志前往。所谓去闽赣“巡视”云云，完全是博古他们把洛甫实际上从政府领导岗位上调开的一个由头。

洛甫服从决定，7 月上旬即赴闽赣。巡视工作进行了四五十天。到 8 月下旬才返回瑞金。这时，洛甫实际上已经被剥夺了参与最高决策的权力。红军战略转移前的准备工作以及所有高级干部的去留，都已由“最高三人团”决定。在组织人事方面，洛甫有权能做的事，只是提出中央政府随军转移的中级干部名单，交

瑞金城西云石山上的云山古寺

“最高三人团”批准。当时担任教育人民委员的瞿秋白，被“最高三人团”列入“留”的高级干部名单之中。瞿秋白向人民委员会主席张闻天表示希望“走”。张闻天深表同情，随即向博古陈情。博古一点没有商量余地，硬是以病弱为由把瞿秋白留了下来。洛甫在延安整风时写的自传中谈到此事，说当时感觉到自己“已经处于无权的地位”，“心里很不满意”。[①]

洛甫此时的这种感受，在毛泽东的心里早已郁积多年。从赣南会议（1931年）到宁都会议（1932年），到六届五中全会（1934年），毛泽东一再受到排挤打击。毛当时在党内的境遇比洛差得多。毛从于都回到瑞金已经是10月初了。

这时，洛和毛都住在“云山古寺”。眼看反“围剿”战争节节失利，现在又不得不离开这块血汗浇灌的红色土地，他俩心中都充满抑郁、愤懑之情。有一天，洛毛二人坐在住处前黄桷树下的石凳子上聊起天来。洛向毛倾吐了心中的不快、不满。洛毛之间这次坦诚的交谈，使他们的关系，在踏上长征征途的前夕，进入了一个称得上是战友的全新的阶段。

张闻天发表动员长征的“战略社论”

长征出发前夕，在1934年9月29日的中华苏维埃中央政府机关报《红色中华》上，发表了一篇张闻天署名的题为《一切为了保卫苏维埃》的社论。社论发表后，红军总政治部立即发布“政治指令”，要求全军根据这篇社论就即将开始的军事行动，“在部队中进行充分的宣传解释工作”。董必武在1936年写的回顾长征的文章《出发前》中，称它是“一篇关于红军战略的社论”。他和何叔衡是读了这篇社论后，立即意识到红军即将进行战略转移了。这篇社论，实际上是红一方面军长征的宣言书和动员令，是对毛泽东军事思想的概括，标志着张闻天的思想已经跃进到了一个新的高度——比较自觉地认识中国革命规律、反对“左”倾路线的高度。它清晰地说明，张闻天已经完全摆脱了“左”倾错误的桎梏，同毛泽东的军事思想完全合拍和一致，走到了毛泽东为代表的正确路线的一边。

红军战略大转移的决策，在广昌战役失败后博古主持的5月中央书记处会议上就已作出。向共产国际报告后不久即得到同意。战略转移的准备工作也在博古、周恩来和李维汉等组织下积极进行。正如陈云在向共产国际报告中所说，“首先，在我军主力纵队撤出中央苏区向西部进发之前，党先派一部分部队打出苏区，深入敌后。尤其是我们派了抗日先遣队红七军团向福建方向和赣闽边界地区挺进，于是我们的部队插到了东北方向敌人的后方。”“第二个行动：派部队从湘赣边区打到湖南去。”此外，“为红军主力部队补充了青年战士。我们吸收了三万名志愿者参军”；“我们培养了一批基本干部和部队的骨干”；“我们筹集了60万担粮食，供红军西征开始阶段用”；“还加紧生产弹药，弹药生产增加了六倍到三十倍。还

① 张闻天：《从福建事变到遵义会议》，见《遵义会议文献》，人民出版社1985年版，第78页。

给战士置备了特制的军服，筹集了必需的通信器材”。[1]

中央确定从赣南突围之后，红军代表潘汉年同“南天王”陈济棠的粤军的谈判即紧锣密鼓地进行，进展相当顺利。停战协定的签订，为红军西征开出了一条通道。博古领导下的中央局对于突围行动这一巨大的战略转变，进行了紧张准备，但军事行动计划处于高度保密状态，直到9月下旬，博古要张闻天撰写一篇社论，从理论上对红军战略大转移作出解释，以统一全党全军的思想。

红色中华

一切為了保衛蘇維埃！

張聞天

动员长征的战略社论《一切为了保卫苏维埃》

由于“博洛矛盾”的加深和“毛洛合作”的发展，张闻天在广昌战役失败后对“左”倾冒险主义错误的认识更加深刻、更加自觉了。他写于1934年6月24日的《反对小资产阶级的极左主义》就是他基本上挣脱“左”的桎梏、自觉地站到正确路线一边的标志。在这篇文章中，张闻天已经毫不含糊地“最尖锐的提出同这种‘极左主义’进行坚决斗争的极端必要”。他指出，“如果不反对小资产阶级的‘极左主义’与一时的狂放的革命性”，那么，同样地，“党的正确路线的执行是不可能的”。张闻天鲜明地批评“‘左’倾总要比右倾好”的流行观点，指明“极左主义是机会主义另一种形式的表现”，“不要惧怕‘左倾革命家’的威吓”。[2] 文章具体分析了“极左主义”在党内思想斗争中、在检举行动中、在对待地主富农的政策上、在经济政策中的种种表现和严重危害，激励大家拿出勇气，去反对“极左主义”。通过对闽赣的巡视调查，张闻天对“左”倾路线在军事策略方面的表现和危害有了进一步认识。7月26日，他在闽赣战地委员会扩大会议上作报告，尖锐地批评博古、李德“分兵把口，困守堡垒的办法”，说将地方武装用来“死守堡垒，对于我们是致命的打击”。指出“这种公式必须立刻粉碎，我们的同志必须立刻从堡垒、从空机关走向群众”。认为闽赣党的第一任务是“武装广大群众，发展游击战争”。[3]

---

① 《陈云文集》第1卷，中央文献出版社2005年版，第1页。

② 张闻天：《反对小资产阶级的极左主义》，写于1934年6月24日，载中共苏区中央局机关报《斗争》第67期。收入中共党史出版社1995年出版的《张闻天文集》第1卷。

③ 张闻天：《闽赣党目前的中心任务》，1934年7月26日在闽赣战地委员会扩大会议上的报告，载中共苏区中央局机关报《斗争》第71期。收入中共党史出版社1995年出版的《张闻天文集》第1卷。

长征出发前博古要他撰写一篇社论，正好给了他一个系统阐述在斗争实践中得到的新认识的机会。

张闻天在社论中回答了当时最迫切需要解决的问题：红军为什么要实行战略大转移？

张闻天从总结反五次“围剿”的经验教训入手，批评了“左”倾的进攻路线。指出：“我们党的总的进攻路线，决不能解释成为只要采取进攻的斗争方式，就可使我们得到胜利。这种见解，实际上是把革命当作只是一种向上的、直线式的、不断胜利的行动，或是一次的、短时期的、在一个战线上的英勇的决斗和突击。这种对于革命的抽象的了解，必然会想出种种‘抽象的公式’或‘教条式的药方’来限制自己的活动，其结果是很明显的，或者是我们拿一种固定的斗争去束缚运动，或者是由于我们的成见与固执，放弃了其他斗争的领导。”

在此基础上，张闻天对“进攻路线”作出新的解释，说明依照当时的环境，不单采取进攻、反攻，就是采取“防御以至退却的斗争方式”，“一切这些斗争方式的运用，都是为了实现党的进攻路线。”这就在那时允许的范围内突破了只准讲进攻、不准谈退却的教条。张闻天又正面提出正确的方法论原则：“根据于每一具体环境的分析与了解，决定在当时何种斗争方式最为有利，并且跟随着环境的变化而变化我们的斗争方式。”据此，他分析了实践中运用的各种各样斗争方式，并以十分醒目的表述，肯定了放弃某些苏区与城市以便“缩短战线”，突破封锁“转移地区”，是在敌人优势兵力压迫、堡垒层层封锁之下可取的保存有生力量、争取战争胜利的方式，相当明确地预示了中央红军即将突围转移的战略意图。

张闻天还进而从中国革命的长期性和不平衡性这一中国革命基本问题的层次上，阐明应该怎样看待突围转移的战略决策。张闻天指出：“国内战争的战线是延长在全中国”，“这种国内战争是整个时期的长期的死战，而不是几天几月甚至几年完成的。在这种决战中，我们可以在某些区域得到空前的伟大的胜利，在有些区域则可遭受部分的挫折”。他自觉地运用这一带规律性的认识对第五次反“围剿”中“左”倾军事路线的发展轨迹作出概括，进行批评。并指出，一切机会主义者，由于不了解中国革命这一基本问题，取得某些胜利时，就会被“胜利冲昏头脑”，“放弃了继续不断的，坚持的，残酷的斗争”；一旦遇到阻碍或停滞，就会“悲观失望”，“失去了革命的信心和前途”，在“转移地区或缩短战线时”，就会“走到灰心绝望中去”。在这里，“‘左’倾机会主义者同右倾机会主义者完全表现了他们相反的一致”，其症结就在于“看不到整个国内战争的实质。”

从以上毛洛关系发展的几件事情，特别是张闻天写的被称为“战略社论”的《一切为了保卫苏维埃》中可见，到长征前夕，张闻天的思想已经有了突飞猛进的发展变化。他对中国革命基本问题的认识，特别是对中国革命战争基本规律的认识，同毛泽东的认识已经非常接近以至基本一致。同六届五中全会断定中国存在着“直接革命形势”、第五次反“围剿”“即是争取中国革命完全胜利的斗争”等观点完全不同，他已经清醒地认识到中国的革命战争是“长期”的战争，不是在几年内就能够完全胜利的。用这样的战略思想武装全党全军，来指导中国革命，其意义是不可低估的。张闻天虽然还没有冲破“进攻路线”的外壳，但已经十分明确地在实际上否定了“左”倾军事路线进攻中的冒险主义，防御中的保守主义，退却中的逃跑主义，提出并阐明了灵活运用各种斗争方式，尤其是采取退却、缩短战线、转移地区的方式，以保存有生力量争取胜利的观点。对于主力红军的突围西征来说，这是到那时为止得到深刻表述的以毛泽东为代表的正确的指导思想。

总之，在踏上征途时，毛洛走在一起，不是偶然的。在同“左”倾错误领导共同斗争中达成的对中国革命战争战略、策略及其规律性认识的一致，建立起来的深厚的战友情谊，是他们在长征出发时走到一起的坚实基础。

二　长征路上的争论

毛洛王征途上的交流

长征出发后，“最高三人团”博古、李德、周恩来忙于指挥战事，把“中央队三人团”毛泽东、张闻天、王稼祥放在一边。长征开始阶段的这种特定环境，给毛洛王三人提供了经常在一起交换意见的机会。话题很自然地集中在不能打破敌人第五次“围剿”的主要原因上面。洛向毛王讲述从福建事变到广昌战役同博古的种种争论，对李德、博古军事指挥上分兵把口、拼命主义等做法很为不满。毛就第五次反“围剿”失败的过程，同前几次反“围剿”胜利的经验对比，细致地分析李德、博古军事领导上采取单纯防御路线、否定运动战的战法等错误。这一路的随意交谈和充分讨论，使毛洛之间感情上更加亲近，思想、观点也更趋一致。对于第五次反“围剿”失败的原因，洛和王都接受毛的观点，认识到主要是在主观方面，是军事领导上的战略战术错误所致。

“中央队三人团”这个集体，及其长征出发后的一路交谈，对于遵义会议的

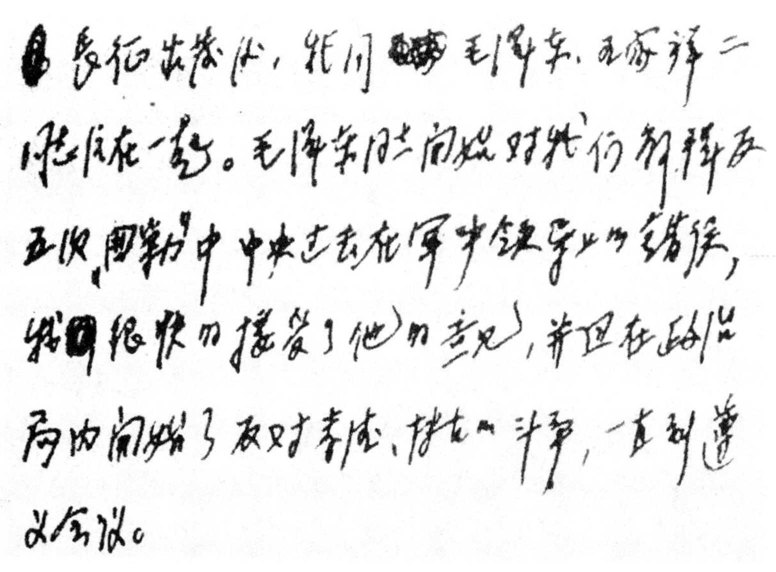
长征出发后，我同毛泽东、王稼祥二同志住在一起。毛泽东同志开始对我们解释反五次“围剿”中中央在军事领导上的错误，我们很快的接受了他的意见，并且在政治局内开始了反对李德、博古的斗争，一直到遵义会议。

张闻天在延安写的整风笔记中对长征开始时他与毛泽东、王稼祥组成“中央队三人团”的记述手迹（中央档案馆提供）。

胜利召开，对于中国共产党实现历史转折，具有特别重要的意义。美国记者哈里森·索尔兹伯里在他的《长征——前所未闻的故事》一书中就此专门写了一章。他以西方人的机智和幽默，为这一章拟了一个标题：《担架上的“阴谋”》。张闻天也十分重视“中央队三人团”的作用。不过，他在总结这一段历史时，以东方人的深沉和睿智，采用了富有哲理的语言。他写道：在长征出发时，“他（指毛泽东）要我同他和王稼祥同志住在一起——这样就形成了以毛泽东同志为首的反对李德、博古领导的‘中央队’三人集团，给遵义会议的伟大胜利放下了物质基础。”①

过了老山界以后

红军西征开始时，好像大搬家，恨不得把根据地所有“家产”全都搬走。从兵工厂的机床到刚造出来的炮弹，从印刷钞票和书报的机器到办公桌椅，从发电机、电台到成捆的电线，更不用说各种文件、档案和中央金库的金银财宝了。用驮子和挑子组织起来的运输队绵延好几里。所有野战部队都成了掩护队，行动迟缓，被动挨打。

过敌人第一、二、三道封锁线，因为同“南天王”陈济棠的粤军签了停战协议，所以还算顺利。但到1934年11月底突破敌人布置在湘江沿线的第四道封锁线时，遇到了凶猛的阻击。红军损失惨重，从突围西征时的8万多人锐减到3万多人。这时，西征的红军已经失去了原定的到达湘西与二、六军团会合的先机，陷入了困境。“最高三人团”在如此严重的挫折面前几乎丧失了指挥能力。博古一筹莫展，有时还用手枪对着自己的脑袋比划。军事顾问李德老发脾气，不但不认错，还把湘江战役的惨败归结于没有及时执行他的决策，认为是意见分歧延误了战机。②

张闻天和毛泽东、王稼祥感到，对中央的错误领导再也不能保持沉默了。

1934年12月4日至6日，中央红军翻越地处湖南、广西交界的逶迤苍茫的老山界，即五岭之一的越城岭，进入苗族聚居区。部队暂时摆脱了追击的敌人，张闻天同毛、王一起，开始批评中央军事指挥的错误。用张闻天日后的话说，“在政治局内开始了反对李德、博古的斗争，一直到遵义会议。”③

周恩来后来回忆说：“从湘、桂、黔交界处，毛主席、稼祥、洛甫即批评军事路线，一路开会争论。从老山界到黎平，在黎平争论尤其激烈。”④ 博古也说：

---

① 张闻天：《从福建事变到遵义会议》，见《遵义会议文献》，人民出版社1985年版，第78页。

② 见［德］奥托·布劳恩（即李德）：《中国纪事（1932—1939）》，现代史料编刊社1980年12月印刷，第120—121页。

③ 张闻天：《从福建事变到遵义会议》，见《遵义会议文献》，人民出版社1985年版，第79页。

④ 周恩来在中央政治局会议上的发言（1943年11月27日），见《遵义会议文献》，人民出版社1985年版，第64页。

“长征过程中，毛主席起来反对错误领导，从湘南争论到遵义会议。”[①]

张闻天和毛泽东、王稼祥对李德、博古的批评，首先集中在第五次反“围剿”与突围西征的军事指挥的错误上。他们指出，第五次反“围剿”的失败，是由于军事领导上战略战术的错误造成的。红军本应运用前四次反“围剿”的经验，采取决战防御，集中优势兵力，选择敌人弱点，在运动战中消灭敌人的一部分或大部，各个击破敌人的方针；而李德等人却否认这些成功经验，采取单纯防御，短促突击，打阵地战的办法。开始时实行“全线出击”，在敌人进逼下又变为“全线防御”，致使敌人持久战和堡垒主义的战略战术得逞。他们批评此次撤出苏区的突围又成为惊惶失措的逃跑，西征变成了搬家式的行动，一路避战，对孤立疲惫之敌也不主动反击。

过了老山界后行军途中一路争论的最主要的问题，还是亟待解决的红军战略行动方针问题。张闻天和毛泽东、王稼祥指出，李德、博古坚持认为只有到达湘西同二、六军团会合，才能放下行李，打仗消灭敌人，这个方针是错误的。

通道“转兵”

在红军部队前进到湘西通道地区时，得到情报，蒋介石已经识破了中央红军前往湘西的战略意图，在湖南洪江、藏江，贵州石阡、铜仁、松桃一带集结了五六倍于红军的强大兵力，设了四道防线，形成一个大口袋，等红军去钻。在这样的情势下，博古、李德仍然坚持到湘西与二、六军团会合的方针。他们在12月9日给各军团首长的命令中重申“总的前进方向不得改变”，硬是要往这个口袋里钻。[②] 张闻天了解到战局的这个重要变化后，立即找到毛泽东，告诉毛敌人的部署，商量解救危局的对策。张闻天同毛泽东、王稼祥一起向周恩来提出：在去湘西的路上老蒋已经设置了重兵，原定中央红军到湘西与二、六军团会合的先机已经丧失，建议转向敌人薄弱的贵州进军，建立川黔边根据地。

1934年12月11日，红军攻占湖南省通道县县城县溪镇。12月12日，在县溪镇的恭城书院举行了中央领导人的紧急会议——通道会议，讨论红军行动方向。

李德全然不顾变化了的、不利于红军的情况，还是机械地要向二、六军团所处地区推进。李德提出：是否可以让那些在平行线上追击我们的或向西面战略要地急赶的敌军超过我们，我们自己在他们背后转向北方，与二军团建立联系。我们依靠二军团的根据地，再加上贺龙和萧克的部队，就可以在广阔的区域向敌人进攻，并在湘黔川三省交界的三角地带创建一大片苏区。[③] 这实际上是自投罗网，

---

① 博古在中央政治局会议上的发言（1943年11月13日），见《遵义会议文献》，人民出版社1985年版，第103页。

② 参见罗明：《关于通道转兵一些情况的回忆》，载《中共党史资料》第9辑，中共党史资料出版社1984年版。

③［德］奥托·布劳恩（即李德）：《中国纪事（1932—1939）》，现代史料编刊社1980年12月印刷，第124页。他在此处说的到达黎平之前的“一次飞行集会”即指“通道会议”。

把三万多红军往虎口里送。

会上，毛泽东首先坚决反对李德的方针，建议向贵州进军。这个建议本来就是毛同洛王商量后提出的，张闻天当然坚决支持，强调应该按照已经变化了的情况来改变自己的行动方针。周恩来也支持向贵州进军。博古作会议总结说：看来，只有照毛泽东同志的提议办，放弃去湘西的计划。中革军委即于当晚 19 时 30 分发布红军于 13 日入黔的命令。但是，会后李德仍固执己见，否定多数人的决定，重又命令各军团仍按与二、六军团会合的方针行动。经争论，中革军委于 14 日又发布命令，令红军夺取贵州黎平、锦平，开辟前进道路。

黎平决策

1934 年 12 月 15 日，红军攻占黎平。红军向何处去？这个战略方针问题再一次十分紧迫地提到日程上来。

12 月 18 日，在黎平城内，由周恩来主持召开了中央政治局会议。会上，张闻天、毛泽东和李德进行了激烈的争论。① 博古没有支持李德的观点。②

关于黎平会议的情况，陈云向共产国际领导人作了以下报告，从中可见会上争论之激烈程度——

> 在黎平，领导人内部发生了争论，结果我们终于纠正了所犯的错误。我们对此前“靠铅笔指挥”的领导人表示不信任。在湘桂边界，敌人集结了四五倍于我军的兵力严阵以待，以为我们会沿着红六军团从前进军的路线行进。桂军则从南面进攻我们的后卫部队。此外，后面还有大部队追击。
>
> 原来的领导人坚持直线前进的做法，认为此后也必须照此办理。我们坚决加以反对，指出这一计划只能有助于敌人，不会给红军和中国革命带来任何好处。原来的领导人竟要将持此种意见的人送上军事法庭。我们回答说：应该交付法庭审判的是你们这些领导人，而不是我们。③

通过激烈争论，毛泽东、张闻天、王稼祥的意见被黎平中央政治局会议接受。会议作出了《关于战略方针之决定》，否定了李德、博古等要中央红军去湘西与二、六军团会合，在湘西建立根据地的方针，也否定了有人提出的折入黔西的主张，通过了毛洛王在通道地区就已提出、并得到周博支持的战略方针，决定在

① 关于黎平会议，李德说：“我因为发高烧没有出席。”（《中国纪事》第 125 页）周恩来在 1940 年共产国际监委会审查李德的会上发言，肯定李德参加了黎平会议并与毛泽东争论（据杨奎松在莫斯科查阅的档案）。

② 据吴葆朴、李志英：《秦邦宪（博古）传》，中共党史出版社 2007 年版，第 159 页。

③ 《陈云文集》第 1 卷，中央文献出版社 2005 年版，第 7 页。

"川黔边区地区，在最初应以遵义为中心之地区"，建立新的根据地。会议还作出了另一项至关重要的决定：召开遵义会议——到遵义地区后，中央政治局开会总结第五次反"围剿"以来军事指挥上的经验教训。

洛王橘林谈话

黎平会议后，中央红军继续西进，准备渡乌江北上。李德对黎平会议否定了自己的意见非常恼怒。在继续前进的路上，李德仍然不甘心放弃他的错误战略方针。洛甫对此深为焦虑。他意识到，让李德继续掌握军事指挥大权，错误指挥就很难避免。他开始考虑变换军事领导人的问题。

1934年12月20日，军委纵队到达贵州黄平。在一片茂密的橘林里，张闻天和王稼祥的两副担架放下来休息。其时是农历十月下旬，南方正值深秋，绿树上挂满了金黄的、橙红的橘子。他们两人头靠头躺着，议论当前的形势，都忧心忡忡。

王问洛：红军最后的目标，中央定在什么地方？

洛说：没有一个确定的目标。又说：这仗这样打，看起来不行。还是要毛泽东同志出来。毛泽东同志打仗有办法，比我们有办法。

王稼祥当晚就把张闻天的这个想法打电话告诉彭德怀，然后又告诉毛泽东。

这消息在刘伯承等几位将领中一传，大家都赞成，要让毛泽东出来指挥。①

十天后，1935年1月1日，中央政治局在贵州省瓮安县猴场镇（草塘）外宋家大院开会。猴场会议批评了一不过乌江在川黔边地区建立革命根据地，二要回头和二、六军团会合的错误主张，坚持执行黎平会议决议，决定强渡乌江，发布了《关于渡江后新的行动方针的决定》。在以后的行军路上，又停止了李德对红军的指挥。②

综上所述，从1934年12月上旬过了老山界起，张闻天和毛泽东、王稼祥等一起，为挽救党、挽救红军进行了积极的斗争，一步一步地向胜利迈进。通道会议为战略方针的转变奠定了基础，黎平会议则实际解决了当时最为紧迫的进军方向问题，实现了通道会议提出的"转兵"任务。这是湘江战役失利后"中央队三人团"对"最高三人团"错误领导进行批评、展开斗争的结果，是以毛泽东为代表的军事思想在长征途中取得的第一个重大胜利。而洛王黄平橘林谈话则是变换军事领导的富有决定意义的酝酿；猴场会议坚决执行了黎平会议决定的战略方针，巩固了黎平会议的胜利；会后，在行军途中停止共产国际派来的军事顾问李德的军事指挥权，不仅是组织上的一个重大胜利，而且是中国共产党独立自主解决自己面临的问题而摆脱共产国际束缚的一个标志。所有这一切，都为遵义会议的召开，做好了思想上、组织上的准备。

---

① 据耿飙1990年8月29日在纪念张闻天90诞辰座谈会上的发言。

② 周恩来：《党的历史教训（节录）》（1972年6月10日），见《遵义会议文献》，人民出版社1985年版，第6页。

三　遵义会议

袭占遵义

1935年元旦，红军强渡乌江取得胜利。

1月7日凌晨，红军先头部队“袭占遵义”。一下子把十几万“追剿”敌军甩在了乌江以东和以南。“追剿”军司令何键此时率20个团在湖南常德地区与红二、六军团作战。四川军阀刘湘的部队摆在长江南岸一线，搞不清虚实，不敢轻进。蒋介石命令粤、桂军队赶快北上遵义，但贵州并非他们的地盘，行动迟缓，仍滞留在黔南榕江等地。黔军诨名“双枪军”（黔军多吸鸦片，士兵有两支枪：一支步枪，一支烟枪）。不经打，一触即溃。这时，敌军中只有蒋介石的嫡系薛岳纵队和周浑元纵队比较积极，但被乌江阻隔，难以很快采取行动。这就为中共中央在遵义召开政治局扩大会议提供了宝贵的时机。

遵义会议的准备和召开

1935年1月15日至17日在遵义举行的中央政治局扩大会议，在中国共产党历史上是一个生死攸关的转折点。

上面已经说到，在遵义地区召开政治局扩大会议是黎平会议就已作出的决定。因为军情紧迫，黎平会议只在1934年12月18日开了一天，解决了当时最紧迫的战略方向问题。对于在湘南及通道的各种争论，亦即第五次反“围剿”和突围西征以来军事路线上的是非问题，当时来不及讨论。因此，黎平会议决定渡过乌江到达遵义地区后再召开政治局扩大会议进行讨论。

1935年1月7日红军先头部队袭占遵义后，军委纵队随即于1月9日入城。中央领导成员立即忙着为这次会议做准备。当时，“中央队三人团”毛泽东、张闻天、王稼祥住在新城古寺巷（今幸福巷）黔军旅长易怀芝的官邸。这是一幢建筑精致的二层楼房。张闻天住楼下西厢房。他的楼上是毛泽东的住处。毛泽东对面，楼上右前室住的是王稼祥。他们三人住下以后，围绕即将召开的会议主题进行了商议。张闻天根据商议的意见写成一个比较详细的提纲。

1935 年 1 月 15 日，决定党和红军命运的遵义会议——中央政治局扩大会议开始举行。出席会议的有：中央政治局委员（按姓氏笔画为序）毛泽东、朱德、陈云、洛甫、周恩来、博古（秦邦宪）；政治局候补委员王稼祥、邓发、刘少奇、凯丰（何克全）；红军总部和各军团负责人刘伯承、李富春、林彪、聂荣臻、彭德怀、杨尚昆、李卓然；[①] 共产国际派来的军事顾问李德。参加会议的还有邓小平和伍修权。邓小平当时是中央队秘书长，担任会议记录；伍修权是李德的翻译。会场设在军委纵队司令部的驻地遵义老城枇杷桥国民党第二十五军第二师师长柏辉章公馆。这是一座相当宽敞的两层楼。会议就在公馆楼上东厢房举行。房间不大，居中放一张栗色的柏香木长条桌，四周围着一些木椅、藤椅和长凳。博古坐在长条桌中间的位置，主持会议。其他人随便坐。聂荣臻脚伤还没有好，每天坐担架赴会。王稼祥腹部伤口未愈，不能久坐，躺在藤榻上参加会议。[②] 正是隆冬季节，开会至深夜，屋里生了木炭火盆取暖。

遵义会议会址

遵义会议要解决的第一个问题是“决定与审查黎平会议所决定的暂时以黔北为中心，建立苏区根据地的问题”[③]。当时敌人企图把红军压迫在长江以南、横江以东、乌

---

① 九军团军团长罗炳辉、政委蔡树藩因部队在东北湄潭、兴隆一带担任警戒，故未出席会议。五军团军团长董振堂亦未出席会议。五军团政委李卓然因故迟到。三军团军团长彭德怀会议中途因有战斗任务提前离开。

② 据伍修权：《生死攸关的历史转折》、《聂荣臻回忆录》和遵义会议纪念馆关于会议情况的调查。现在会址陈列摆放的 18 张木边藤心靠背椅，并非当时原貌。

③ 陈云：《遵义政治局扩大会议传达提纲》，见《遵义会议文献》，人民出版社 1985 年版，第 34—35 页。

江以北和以西地区，然后紧缩包围圈，“聚而歼之”。摆在红军面前的紧迫任务是跳出敌人设下的包围圈。所以，遵义会议开始后首先讨论行动方向问题。会议同意刘伯承、聂荣臻提出的建议，“一致决定改变黎平会议以黔北为中心来创造苏区根据地的决议，一致决定红军渡过长江在成都之西南或西北建立苏区根据地”。①

博古作报告

遵义会议的主要议题是“检阅在反对五次‘围剿’中与西征中军事指挥上的经验与教训”。② 首先由博古作第五次反“围剿”总结报告。博古在解释为什么不能粉碎敌人的第五次“围剿”、胜利地保卫苏区时，虽然也说到了一些主观上的指挥上的错误，也不曾明显地把它放在次要的地位，但是，实际上他过分强调了客观的困难。博古认为，第五次反“围剿”失败的主要原因是：反动力量过于强大，敌人直接用于进攻中央苏区的兵力50万，还有帝国主义的经济援助和军事顾问帮助；苏区物质条件不好；白区广大工农群众反帝反国民党斗争与日常斗争的领导没有显著进步；游击战争的发展与瓦解白军工作依然薄弱，苏区周围的游击战争开展不够；各苏区红军呼应配合不够紧密。博古的分析，实际是用客观原因掩盖军事领导上战略战术错误造成的恶果。军委副主席、总政委周恩来接着作副报告：关于军事方面，他没有把失败的原因推给客观，着重就中央红军的军事战略和战术进行回顾、总结。

张闻天作反报告

在听了博古的报告和周恩来的副报告以后，张闻天首先起来作反对中央领导单纯军事防御路线的报告。这个报告，通称为“反报告”。张闻天列举事实说明反五次“围剿”的失败和退出苏区西征途中遭到严重损失，其主要原因是博古、李德在军事上犯了一系列严重错误，违反了过去红军在长期作战中形成的基本原则。

张闻天作“反报告”时，手里有一个“提纲”，基本上是照着“提纲”讲的。这个“提纲”实际上是“中央队三人团”的集体创作而以毛泽东的观点为主导、由张闻天执笔写成的。③ 此刻由张闻天在会上讲出来，分量很重。因为张闻天是中央政治局委员、书记处书记，还是人民委员会主席。当时，中央书记处（同时称常委）四人：博古、洛甫、周恩来、项英。在遵义会议的参加者中，张闻天在党内的地位仅次于博古而与周恩来相当。他在政治局扩大会议上首先站出来，旗帜鲜明而

---

① 陈云：《遵义政治局扩大会议传达提纲》，见《遵义会议文献》，人民出版社1985年版，第34—35页。

② 同上。

③ 据杨尚昆：《坚持真理，竭忠尽智——缅怀张闻天同志》，见《回忆张闻天》，湖南人民出版社1985年版，第5页。

又有系统地批评第五次反“围剿”和西征途中的错误的军事领导，为遵义会议彻底否定单纯防御军事路线定下了基调。同时，张闻天首先站出来作这个“反报告”，也是他从“左”倾中央领导集团中分化出来，同“左”倾错误路线决裂的标志。

毛泽东的发言和会议的进展

由于到目前为止，遵义会议记录没有找到。张闻天的提纲和依照提纲所作的“反报告”以及张闻天作“反报告”后的会议情况，毛泽东、王稼祥等的发言，虽然其基本内容都包含在《遵义会议决议》之中，但没有直接的文字材料。非常值得庆幸的是，20世纪80年代初中央党史征集、研究部门在中央档案馆收藏的历史档案中发现了一件珍贵的文献——陈云的《遵义政治局扩大会议传达提纲》手稿（以下简称《传达提纲》）。这份写成于1935年二三月间从威信到鸭溪行军途中的重要文件，为弄清遵义会议的真实情况，提供了可靠的依据。对遵义会议讨论的概况，《传达提纲》作了如下简要的述评：

> 扩大会中恩来同志及其他同志完全同意洛甫及毛王的提纲和意见，博古同志没有完全彻底的承认自己的错误，凯丰同志不同意毛张王的意见，A同志完全坚决的不同意对于他的批评。[①]

陈云当年所作的这段权威性的述评，十分清楚地告诉人们，张闻天的“反报告”是他同毛泽东、王稼祥商量后拟定的，他作“反报告”时手里拿的那个批评错误军事路线的“提纲”，以及毛泽东、王稼祥在会上发表的“意见”，是遵义会议上的主导意见，得到了周恩来和除博古、凯丰和李德以外的其他同志的“完全同意”。也就是说，“洛甫及毛王的提纲和意见”代表了党中央政治局多数同志和各军团首长的共同意见。

根据现有史料，在张闻天作“反报告”后，会议继续进行的情况大致是这样的：[②]

首先，毛泽东作了长篇发言，讲了大约一个多小时。他发言的主要内容是说当前首先要解决军事问题。他深刻地分析了错误军事路线的症结所在，指出“左”倾冒险主义的“消极防御”方针的主要表现是：防御时的保守主义，进攻时的冒险主义，转移时的逃跑主义。他尖锐地批评李德错误的军事指挥，说他只知道纸上谈兵，不考虑战士要走路，要吃饭，还要睡觉，也不问走的是山地、平原还是河道，只知道在地图上一画，限定时间打，当然打不好。毛泽东又用一、

---

① 《遵义会议文献》，人民出版社1985年版，第42页。A，指李德。

② 以下会议进行情况主要依据下述材料：伍修权：《生死攸关的历史转折——回忆遵义会议的前前后后》（1982年）；聂荣臻：《打开遵义，中央召开政治局扩大会议》（1983年）；杨尚昆：《坚持真理竭忠尽智——缅怀张闻天同志》（1985年）。

二、三、四次反“围剿”胜利的事实，批驳了用敌强我弱的客观原因为第五次反“围剿”失败辩护的观点。他指出，正是在军事上执行了“左”倾冒险主义的错误主张，才导致了第五次反“围剿”的失败，造成了红军在长征中的重大损失。

紧接着发言的是王稼祥。他旗帜鲜明地支持张闻天的“反报告”和毛泽东的发言，并提出由毛泽东来指挥红军。

朱德素来谦虚稳重，这次会上也声色俱厉地追究临时中央领导的错误，谴责他们排斥毛泽东，依靠外国人李德，丢掉了根据地，牺牲了多少人的生命。

在前线担任指挥的各军团领导同志，都以亲身经历批评“左”倾军事路线的错误，赞同张闻天的反报告和毛泽东的发言。只有一军团军团长林彪例外。他在第五次反“围剿”的“左”倾错误中是一员干将，在遵义会议上受到批判的“短促突击”等，是林彪鼓吹过的。

周恩来是军委负责人，他在副报告中承认红军第五次反“围剿”失利的主要原因是军事领导的战略战术的错误，并主动承担责任；同时批评李德、博古的错误。对张闻天的“反报告”和毛、王的发言，他表示“完全同意”。他还全力推举毛泽东来指挥红军。周恩来态度的转变也不是偶然的。周恩来曾经分析过自己在遵义会议上与博古的态度不同的原因，他说：“……在黎平争论尤其激烈。这时李德主张折入黔东。这也是非常错误的，是要陷入蒋介石的罗网。毛主席主张到川黔边建立川黔根据地。我决定采取毛主席的意见，循二方面军原路西进渡乌江北上。李德因争论失败大怒。此后我与李德的关系也逐渐疏远。我对军事错误开始有些认识。军事指挥与以前不同，接受毛主席的意见，对前方只指出大方向，使能机动。因此遵义会议上我与博古的态度有区别。”①

博古是会上被批评的主要对象之一，态度还是比较端正的。他主持会议，却没有利用职权压制不同意见，表现了民主作风和光明磊落的态度。他也并非毫无自我批评精神，但受认识的局限，他在报告和发言中，“只承认在苏区工作的政策上有个别的错误，在军事指挥上，有个别政策的错误，不承认是路线的错误，不承认军事领导上的错误”。② 陈云的《传达提纲》中说他“没有完全彻底的承认自己的错误”，是恰如其分的。

在政治局扩大会议上，公开反对“洛甫及毛、王的提纲和意见”的只有凯丰。他对会议表示了保留意见。

李德完全处在被批判的地位。别人都围坐在长桌子四周，独有他坐在房门口。他一个劲地抽烟。他听着伍修权翻译与会者的发言，神情十分沮丧。他表示“完全坚决的不同意对他的批评”。会议过程中，他还发言为错误军事路线辩护，把责任推到客观原因和临时中央身上。李德这种恶劣态度并没有阻挡中国共产党独立自主地

---

① 周恩来在中央政治局会议上的发言（1943 年 11 月 27 日），见《遵义会议文献》，人民出版社 1985 年版，第 64 页。

② 秦邦宪在中国共产党第七次代表大会上的发言（1945 年 5 月 3 日），见《遵义会议文献》，人民出版社 1985 年版，第 107 页。

对这位共产国际派来的“大人物”的错误进行正确的批评和果断地作出结论。当然，遵义会议以后，毛泽东、张闻天等中共中央领导人也并没有因为李德的严重错误与恶劣态度而影响他在红军队伍中发挥他能够发挥的作用。李德在陕北也曾检讨过自己的错误，并提出“请国际讨论我的错误，并做出必要结论”。① 但他离开中国以后，终其一生都顽固地坚持自己的错误。晚年还写书为自己辩解，编造事实，把遵义会议歪曲为派别斗争，发泄对毛泽东、张闻天、周恩来的不满。

遵义会议的胜利

遵义会议就“在反对五次‘围剿’中与西征中军事指挥上的经验与教训”进行总结，展开讨论。会议得出的结论是：博古的总结报告“基本上是不正确的”。会议认为：“不能粉碎‘围剿’的主要原因不是客观的而是主观的，即我们在军事领导上犯了单纯防御路线的错误，违反了中国国内战争中战略战术的基本原则。”② 会议指出：“我们党正是由于军事指挥上在这个时期以及西征中是基本上错误的，因此在保卫苏区与顺利的粉碎五次‘围剿’的意义上来说，以及达到西征军预定的湘西目的地来说，是没有完成自己的任务。”③ 这就分清了反第五次“围剿”与长征第一阶段中红军战略战术的是非问题，指明了军事指挥上路线的错误。同时，遵义会议对军事领导上的严重错误又明确了责任：“扩大会议指出军事上领导错误的是A、博、周三同志，而A、博二同志是要负主要责任的。”④“政治局扩大会议特别指出××同志在这方面的严重错误，他代表中央领导军委工作，他对于华夫同志在作战指挥上所犯的路线上的错误以及军委内部不正常的现象，不但没有及时地去纠正，而且积极的拥护了助长了这种错误的发展。政治局扩大会议认为同志在这方面应负主要的责任。”⑤ 既然分清了是非，明确了责任，那么就势必要转变路线，变换领导。因此，政治局扩大会议决定：“必须彻底纠正过去军事领导上所犯的错误，并改善军委领导方式。”⑥ 为此，遵义会议在1月17日结束时作了下列决定：

> 一、毛泽东同志选为常委。
>
> 二、指定洛甫同志起草决议，委托常委审查后，发到支部中去讨论。
>
> 三、常委中再进行适当分工。
>
> 四、取消三人团，仍由最高军事首长朱、周为军事指挥者，而恩来同志是党内委托的对于指挥军事上下最后决心的负责者。

---

① 李德1937年12月22日在中共中央会议上的检讨。据会议记录。

② 中央书记处致二、六军团、四方面军、中央军区电（1935年2月28日）。

③ 陈云：《遵义政治局扩大会议传达提纲》，见《遵义会议文献》，人民出版社1985年版，第36页。

④ 同上书，第41页。

⑤ 《遵义会议决议》。××，指博古。华夫，即李德。

⑥ 《遵义会议决议》。

遵义会议推选毛泽东为常委，从此毛泽东进入中共中央领导核心。这在中国共产党和中国红军的历史上是一件大事。

会议决定“常委中再进行适当分工”，“指定洛甫同志起草决议”，这意味着将解除博古党中央总书记的职务而由洛甫接替。据遵义会议的出席者、时任三军团政委的杨尚昆回忆：“在遵义会议上，形成比较一致的意见是由洛甫代替博古担任总书记。但闻天同志非常谦虚，再三推辞。毛泽东同志也说自己参加军事指挥较好。于是这个问题就搁置起来。拖了二十来天，不能再拖了，中央常委作出决定，闻天同志这才挑起这副担子。”①

会议关于“取消（最高）三人团”的这一项决定，不仅撤销了博古对军事的指挥，而且正式撤销了李德的指挥权。这在中国共产党同共产国际的关系史上是破天荒第一次。以此为起点，中国共产党开始独立自主地解决中国革命的问题。

遵义会议的胜利，是中央政治局和各军团领导同志一起团结斗争的结果。在这中间，“毛洛合作”起到了关键作用。对此，毛泽东多次给以肯定。毛泽东在 1945 年 6 月 10 日中共七大会上曾说：“遵义会议是一个关键，对中国革命的影响非常之大。但是，大家要知道，如果没有洛甫、王稼祥两位同志从第三次‘左’倾路线分化出来，就不可能开好遵义会议。同志们把好的账放在我的名下，但绝不能忘记他们两个人。”② 张闻天延安整风时写的《反省笔记》中，对遵义会议的历史意义、毛泽东的功绩和自己的贡献，也曾作过评价。只是对自己贡献的评价太过谦虚了些。他说：

> 遵义会议在我党的历史上有决定转变的意义。没有遵义会议，红军在李德、博古领导下会被打散，党中央的领导和大批干部会遭受严重损失。遵义会议在紧急关头挽救了党，挽救了红军，这是一。第二，遵义会议改变了领导，实际上开始了以毛泽东同志为领导中心的中央的建立。第三，遵义会议克服了‘左’倾机会主义，首先在革命战争的领导上。第四，教条宗派开始了政治上组织上的分裂。这个会议的功绩，当然属于毛泽东同志，我个人不过是一个配角而已。③

《关于若干历史问题决议》说，遵义会议“开始了以毛泽东同志为首的中央的新的领导，是中国党内最有历史意义的转变。”

《关于建国以来党的若干历史问题的决议》说，“遵义会议，确立了毛泽东在红军和党中央的领导地位。”

这样的历史评价是客观公正的，是恰如其分的。

---

① 据《1997 年 3 月 22 日杨尚昆和刘英的一次谈话》，载《百年潮》1998 年第 6 期。参见杨尚昆为刘英《我和张闻天命运与共的历程》一书写的《序》，中共党史出版社 1997 年版，第 2 页。

② 毛泽东：《关于第七届候补中央委员选举问题》，见《毛泽东在七大的报告和讲话集》，中央文献出版社 1995 年版，第 231 页。

③ 张闻天在 1943 年 12 月写的《反省笔记》，现通称《延安整风笔记》。《遵义会议文献》编者胡乔木节录《从福建事变到遵义会议》收入该书。引文见《遵义会议文献》，第 79—80 页。

中篇　挑起历史的重担

四　扎西会议

2月5日：博洛交接

遵义会议开完以后两天，1934年1月19日，中央红军就由遵义地区北上，向土城方向开进，拟在泸州上游一线北渡长江，同红四方面军一起实行总的反攻，争取“赤化”四川。不意受到川军的顽强抵抗而失利，乃果断决定撤出战斗。1月29日拂晓前，中央红军主力分三路从猿猴场（今元厚场）、土城西北地区西渡赤水河，向四川北部边沿的古蔺、叙永地区前进。

2月3日，中央纵队抵达叙永县的石厢子宿营。2月4日，在这里收到留守中央苏区的中共中央书记处书记项英发给党中央和中央军委的电报。项英批评中央和军委“自出动以来无指示，无回电，也不对全国布置总方针”，提出“目前行动方针必须确定”，究竟采取什么方针“应早定”。

这时党中央总书记还没有变换。遵义会议以后，事实上博古已经无法领导中央工作。他接到项英来电后，没有召集会议讨论，也无从确定行动方针以答复项英。

项英不见回答，2月5日又以中央分局名义致电中央，提出关于中央苏区“行动方针”的“两个意见”和“对各苏区的领导”问题，“请立复”。项英要中央赶快作出决策，进行领导。真是到了十万火急、刻不容缓的地步。

红军中央纵队2月5日从石厢子开拔，向扎西（云南省威信县县治）进发，行进在叫做“鸡鸣三省”的地域。在云南、贵州、四川三省交界、赤水河和渭河交汇处有个渡口，当地称“岔河”，旧地图上标地名为“鸡鸣三省”。意思是这里地处三省交界，雄鸡打鸣，三省都能听到。当地习惯，“鸡鸣三省”不单指渡口，也泛称渡口附近三省的乡镇。2月5日，中央纵队拟在“鸡鸣三省”地域属于威信县的一个小镇水田寨宿营。不想，团匪据守两座炮楼阻挠，红军不能立即攻克。时已将近黄昏，军委纵队只好绕过水田寨，在小镇西边二三里路的楼上、花房子、高坎、芭蕉湾等几个小村寨住下。总部的通讯部门住花房子，中央负责同志住高坎。

这时，张闻天感到，项英这两天接连来电，不能不复；此时再不变换领导，要误大事。现在是到了执行遵义会议决定的“常委中再进行适当的分工”的时候了。于是就提出“要变换领导”。本来，在遵义会议上政治局许多同志都推举张闻天接替博古当总书记，这一天晚间常委开会讨论分工，作出决定，以洛代博，由张闻天在党内负总的责任。为此，党中央还发表了一个撤销博古总书记职务的声明，正式宣布博洛交接的完成。

当时，政治局成员都赞成这个决定。只有政治局候补委员凯丰在背后叫博古不要交权。博古没有听。他服从政治局多数同志作出的决定，把装有中央重要文件、记录、印章的几副挑子交给了张闻天。博古留任中央常委。

张闻天受命于危难之际，他立即倾注全部精力和才智，在总书记的岗位上，同毛泽东配合合作，团结政治局和军委的负责同志，贯彻遵义会议精神，纠正“左”倾军事路线错误，把领导全党、全军实现战略转变，粉碎敌人围追堵截的历史重任承担起来。

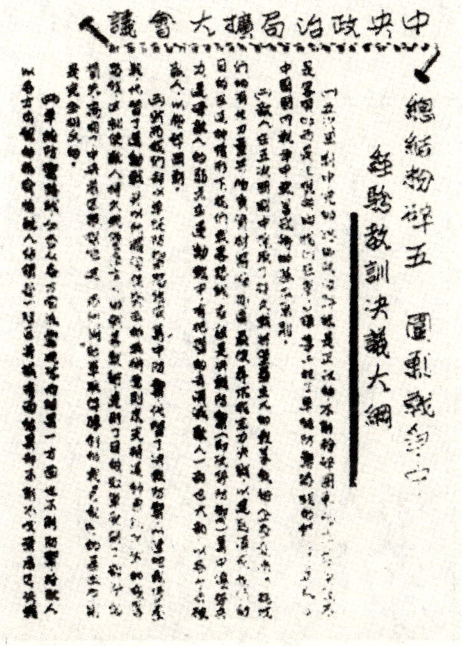
中央政治局擴大會議

總結粉碎五次圍剿戰爭中經驗教訓決議大綱

张闻天起草的《遵义会议决议大纲》（中央档案馆提供）

从2月5日晚上到2月9日这四五天里，中央红军在威信境内，从水田寨的花房子、到石坎、再到大河滩的庄子上、直到扎西镇的行军途中，张闻天连续主持中央政治局会议（史称扎西会议），通过了《关于粉碎敌人五次“围剿”的总结决议》（即《遵义会议决议》），并作出一系列重要决策。2月5日张闻天就任总书记以后主持召开的“扎西会议”，是遵义会议的继续和最后完成。从此，开始了“毛洛合作”（即党中央总书记洛甫和红军实际上的最高统帅毛泽东配合合作）领导全党全军进行长征的历史新篇章。而1935年2月的扎西，是领导全党全军完成伟大历史转折的总指挥部所在地。

下面，我们基本上按照扎西会议的顺序，叙述毛洛合作的党中央在这里继续和最后完成遵义会议的任务、指挥全党全军实现伟大历史转折的过程。

2月5日：决定中央苏区的战略方针和组织问题

2月5日中央政治局常委会实行“博洛交接”后，张闻天立即主持中央政治局扩大会议，讨论当时必须立即作出回答的最为紧迫的问题：中央苏区的战略方针和组织问题。

经讨论作出决定后，张闻天立即于2月5日当夜以中央名义致电项英转中央分局，对他们2月4日、5日来电明确答复。关于战略方针，复电指示："分局应在中央苏区及其邻近苏区坚持游击战争"，"对这一基本原则不许可任何动摇"；并指出："要立即改变你们的组织方式和斗争方式，使与游击战争的环境相适应，而目前许多庞大的后方机关部队组织及许多老的斗争方式是不适合的"。关于组织领导，决定成立革命军事委员会中央军区分会，"以项英、陈毅、贺昌及其他二人组织之，项为主席。"这就改变了长征出发以来中央没有指示的状况，及时地传达了遵义会议的主要精神，指明了中央苏区的战略方针，任命了领导干部，重新建立起了新的中央与中央苏区的组织联系和领导关系。恢复受排挤的陈毅的军事领导职务，体现了遵义会议的精神。

长征途中张闻天主持中央重要会议及所作重要报告的地点示意图

2月13日，中央又给苏区中央分局发去长电，详告2月5日"决议详情"。在得到19日、21日项英报告具体贯彻情况的复电以后，23日，中央书记处复电项英转中央分局，详告执行中央指示中应注意的具体问题。由此，中央苏区开始实行战略转变，明确了坚持赣南游击战争的方向。

2月7日：作出"回兵黔北"决策

2月6日，军委纵队从高坎进至石坎子，7日到达大河滩。张闻天连续主持政治局扩大会议，总结土城战役失利的教训，讨论当前最为紧要的中央红军的战略方向问题。

会议冷静地分析了当时的形势，认为敌人已经加强了长江沿岸防御，并以优势兵力向中央红军围追堵截，在目前这样的情况下，按遵义会议原定的渡江北上"在成都之西南或西北建立苏区根据地"的计划"已不可能实现"。如不改变计划，红军势必在长江边上腹背受敌，后果不堪设想。于是果断地决定改变战略方向，放弃在泸州、宜宾之间渡江入川的计划，利用敌人主力集中在川南一线，黔北比较空虚的时机，“回兵黔北”，“以川滇黔边境为发展地区”。

2 月 7 日 19 时，中革军委在大河滩向各军团首长发出《关于我军向川滇黔边境发展的指示》，通报了“党中央和军委决定”：改取“以川滇黔边境为发展地区，以战斗的胜利来开展局面”的方针。并命令各军团迅速摆脱四川追敌，改向川滇边的扎西地区集中。这一战略方向的改变，为使红军脱离当时的艰险处境争得了主动。

会议同时又讨论了红军部队“缩编”的问题。为适应当前战斗的需要，并充实各连队的战斗力，以便有力地消灭敌人有生力量，便于连续作战，决定对各军团的战斗单位实地缩编。

2 月 8 日：通过《遵义会议决议》

2 月 8 日，中央纵队继续在崇山峻岭中向扎西方向前进，当天到达庄子上。在这里，张闻天继续主持中央政治局会议，讨论并通过了《遵义会议决议》。这个决议的全称是：《中共中央关于反对敌人五次“围剿”的总结决议》。

在 1 月中旬的遵义会议上决定：“指定洛甫同志起草决议，委托常委审查后，发到支部中去讨论。”[①] 在遵义会议后二十多天的征战途中，张闻天抓住一切可以利用的时间，以他在遵义会议上所作的“反报告”为基础，吸收会上毛泽东、王稼祥、周恩来及其他同志的发言，并结合会后形势发展变化和新的决策，起草了《遵义会议决议》这个具有伟大历史意义的文献。

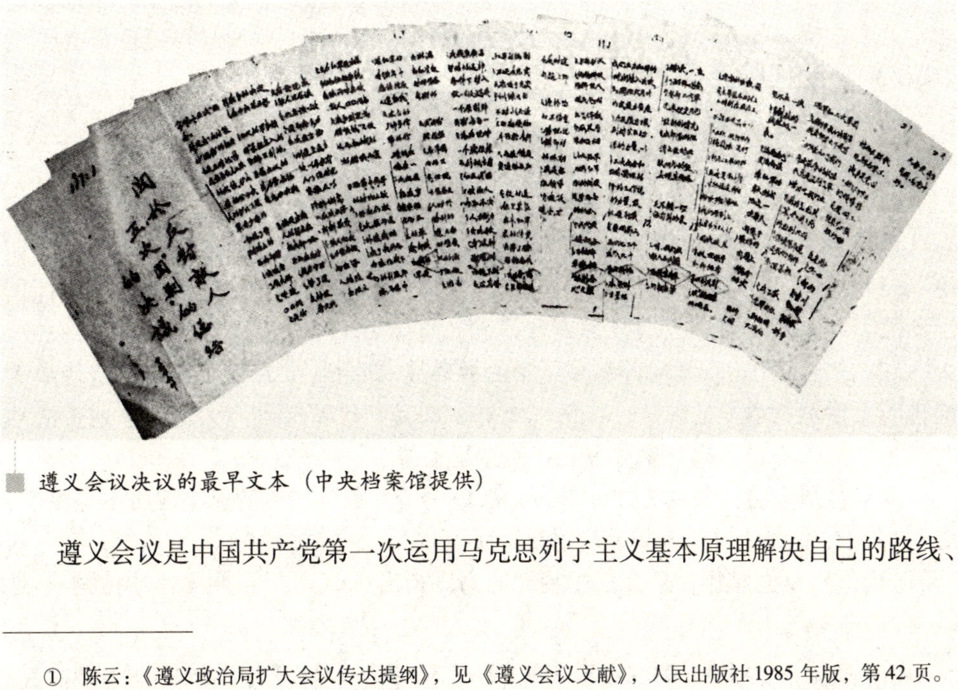

遵义会议决议的最早文本（中央档案馆提供）

遵义会议是中国共产党第一次运用马克思列宁主义基本原理解决自己的路线、

① 陈云：《遵义政治局扩大会议传达提纲》，见《遵义会议文献》，人民出版社 1985 年版，第 42 页。

方针和政策的会议。它是中国共产党历史上一个生死攸关的转折点，标志着中国共产党从幼稚达到成熟。《遵义会议决议》阐述了遵义会议的内容和成果，概括了遵义会议的精神，是集中体现这一伟大转折的历史文献。它是反“围剿”战争经验教训的总结，是党和军队集体智慧的结晶，是以毛泽东的军事思想为主导、又是对毛泽东关于中国革命战争的战略战术的第一次系统论述。作为遵义会议上“发言提纲”的执笔者、“反报告”的发言人、《决议》的起草人，张闻天有着不可磨灭的功绩。当然，张闻天之所以能够完成这一历史赋予的使命，同得益于毛泽东的教育、帮助是分不开的。他说过：“遵义会议前后我从毛泽东同志那里第一次领受了关于领导中国革命战争的规律性的教育，这对于我有很大益处。”① 应该说，《遵义会议决议》也是“毛洛合作”的杰作。

《遵义会议决议》明确指出：博古同志关于五次“围剿”总结的报告“基本上是不正确的”，“在他的报告中过分估计了客观的困难”，“这必然会得出客观上五次‘围剿’根本不能粉碎的机会主义的结论”。《决议》针锋相对地提出，“不能在军事领导上运用正确的战略战术”，“对军事领导上战略战术基本上是错误的”，正是第五次“围剿”不能在中央苏区粉碎的主要原因。

《遵义会议决议》（以下简称《决议》）用大量篇幅，通过反“围剿”战争中正确的与错误的两种战略战术的对比，极有说服力地论证了上述结论，系统地批判了博古、李德军事领导上战略战术的错误，系统地论述了以毛泽东为代表的、红军集体创造的、符合中国革命战争规律的战略战术原则。主要体现在以下四个方面：

①在运用兵力上，应“集中优势兵力”而不是“分散兵力”。

《决议》批评单纯防御路线的领导者，“为了抵御各方面敌人的前进，差不多经常分散（主要是一、三军团的分散）兵力”。“这种分兵主义的结果，就使我们经常处于被动地位，就使我们的兵力处处薄弱，而便利于敌人对我们各个击破”。《决议》论述了正确的原则是“集中优势兵力”，“各个击破敌人”。指出只有这样才能使红军经常掌握住主动权。

②粉碎堡垒主义的方法，是“运动战”而不是“阵地战”。

《决议》指出，单纯防御路线的领导者“绝然否认过去运动战的经验，绝然否认诱敌进来给以消灭的战法”。他们制造了一种“胜利只能起始于战术的理论”，以为只有分兵抵御与短促突击才能对付堡垒主义。他们抛弃了红军的特长运动战，而采用了对敌人有利而对红军极端不利的阵地战，导致了战争的失败。《决议》论述了用运动战粉碎堡垒主义的战略战术原则：“在堡垒线内即是待敌人前进时大量消灭敌人的部队；在堡垒线外，即是在红军转到广大无堡垒地带活动时，迫使敌人不得不离开堡垒来和我们做运动战。”

③对付敌人持久战的方法，是整个战争的持久战与战役的速决战而不是相反，应“保持有生力量”、“等待有利时机”而不能采取“拼命主义”。

《决议》从总结中国革命战争规律的高度指出：“必须明白中国国内战争不是

---

① 张闻天：《从福建事变到遵义会议》，见《遵义会议文献》，人民出版社 1985 年版，第 80 页。

一个短时期的战争，而是长期的持久的战争。”因此，红军在有利条件下应该从防御转入反攻，消灭敌人；在不利条件下则可以暂时退却以保持红军的有生力量，等待与争取新的反攻与进攻的有利时机。“这是第一个基本原则。”《决议》又指出另一个基本原则，“即为了进行长期的持久战，对于每一次‘围剿’与每一个战役，必须极力争取战局的速决”。单纯防御路线的领导者不了解“战争的持久战与战役的速决战”这一中国革命战争的辩证法，在反第五次“围剿”中同敌人“拼消耗”，“把保持有生力量与保卫苏区对立起来”，“这是把战争当儿戏”，是“罪恶”。《决议》申述，为了保持有生力量，等待有利时机，“即使放弃一部分苏区的土地，甚至主力暂离开苏区根据地，都是在所不辞的”。因为有了坚强的红军，即使苏区受到损失也终究能够恢复，而且也只有依靠红军，才能创造新的苏区。《决议》还从反倾向斗争高度指出，“在战争持久战的原则之下”，要反对保守主义和冒险主义两种错误倾向。

④对福建十九路军事变，在军事上应该采取“直接配合”的方针而不是相反。

《决议》指出，利用敌人内部的冲突，“是我们粉碎敌人‘围剿’的重要战略之一”。福建十九路军事变是粉碎敌人第五次“围剿”的“重要关键”，应要军事上采取“与十九路军直接配合的方针”。然而当时博古等却在战略上采取了相反的方针，从而“失去了这一宝贵机会”。

《决议》还对实行战略转移与突围西征的过程作了系统的总结，对其间博古、李德等的原则错误作了深刻的批评。首先，在实行战略退却的问题上既延误了时机，又“完全忽视”“有生力量的保持问题”。采取“一方面预备突围，一方面又‘用一切力量捍卫中区’的矛盾态度”，给红军造成很大损失。接着，也是更为严重的，是将突围的行动基本上看做不是坚决的和战斗的，“而是一种惊惶失措的逃跑的以及搬家式的行动”，从瑞金出发到黎平，指导突围西征的基本的战略方针是“避战主义”。结果使得三个月的突围战役，红军差不多经常被动挨打，差不多处处成为掩护战，使得以红军战略转变迫使敌人转变其中央苏区的整个计划，以粉碎五次“围剿”，乃至高度保持红军有生力量的基本任务，都不能完成。最后，到了湘黔边境，博古、李德等又不知按照已经变化了的情况来改变自己的行动与方针。《决议》将突围行动同反第五次“围剿”战争联系起来考察，指出“单纯防御路线发展的前途：或者是不顾一切的拼命主义，或者是逃跑主义”。

《决议》是马克思主义与中国革命实际相结合的光辉文献。它是在全党内开展与深入进行“反对军事上的单纯防御路线的斗争”，“彻底纠正过去军事领导上所犯的错误，并改善军委领导方式”，实现“从阵地战战术（短促突击）到运动战战术的坚决的迅速的转变”的纲领性文献，为中央红军和全国各地红军突围转移，粉碎敌人的围追堵截，取得长征胜利奠定了思想理论基础。《决议》又是对以毛泽东为代表的军事思想的第一次系统概括。它所扼要地论述的符合中国革命战争特点的军事路线与战略战术的基本原则，不仅在长征中被运用并得到丰富和发展，而且在抗日战争、解放战争中更为广泛地被运用并得到丰富和发展。毫无疑问，毛泽东军事思想是人民战争的产物，是毛泽东、朱德和人民军队将帅们智慧的结晶。张闻天则以他起草的《决议》，在对毛泽东军事思想的理论概括方面，作出了不可磨灭的贡献。

《决议》也是张闻天彻底摆脱“左”倾教条主义，转变到正确路线上来的一个标志，是他生平、事业的一个高峰，思想飞跃的一个界碑。张闻天能够从“左”倾集团中分化出来，能够起草并主持通过《决议》，完全是出于自主、自觉。人们可以清楚地看到，《决议》采用了张闻天自福建事变到长征前夕发表的不少文章中的若干正确思想、观点，以至使用了表述这些思想观点的语言。① 联系张闻天的革命经历与思想发展，完全可以看到，张闻天遵义会议的“转变”的必然性。这是他认真学习马克思列宁主义又在中央领导岗位上接触了中国革命实际，从理论与实践、主观与客观的矛盾中逐步认识“左”倾错误、逐步认识中国社会和中国革命规律的结果；是他在党内矛盾和党内斗争中，从思想、理论到路线、方针、政策，通过事实的教育，反复地对比，分清了是非，彻底否定了博古、李德的错误领导，肯定并接受了毛泽东的正确思想和军事战略战术的结果。这也说明，中央政治局多数同志推选张闻天代替博古担任中共中央总书记不是出于偶然，而是历史的选择。

在充分肯定《决议》伟大意义的同时，当然不应该回避《决议》存在着“转变”时期或尚未完全觉察、或难免需要暂时保存的旧的痕迹。毋须讳言，这同时也反映出《决议》起草人张闻天的“转变”还有不够彻底的地方。如：《决议》在批判军事上单纯防御路线错误的同时，依然肯定“党中央的政治路线无疑义的是正确的”；《决议》对于博古、李德等错误的主要倾向分辨不清，认为其性质是“党内具体的右倾机会主义”；《决议》批评并排斥了共产国际派来的军事顾问，第一次独立自主地解决了中国革命战争的路线、方针、战略战术问题，然而在行文中还是不时引用国际指示作为批判的武器；《决议》对于福建事变中的十九路军，也还囿于下层统一战线的传统观念而笼统地认为它是“反革命内部的一个派别”。

《遵义会议决议》经2月8日政治局会议讨论通过后，立即刻印“发到支部中去讨论”。在印发决议全文之前，为了尽快向各级干部传达会议精神，张闻天写了《中央政治局扩大会议总结粉碎五次“围剿”战争中经验教训决议大纲》（以下简称《遵义会议决议大纲》），在《遵义会议决议》通过的同一天，以中共中央书记处的名义发布。这个文件以两千多字的篇幅简明扼要地叙述了《遵义会议决议》的大意和要点。没过多少天，其全文用电报发给了红二、六军团，红四方面军和中央军区。② 这样，《遵义会议决议》的大意和要点，在2月即传达到了全军。

---

① 张闻天自福建事变到长征前夕发表的不少文章中至少有以下诸篇其内容同《遵义会议决议》有着某种直接的联系：《关于苏维埃政府的〈宣言〉与反机会主义的斗争》（1933年11月21日）、《我们无论如何要胜利》（1934年4月27日）、《反对小资产阶级的极左主义》（1934年6月24日）、《闽赣党目前的中心任务》（1934年7月26日）、《一切为了保卫苏维埃》（1934年9月26日）。

② 此件发电时间，中央档案馆所存油印本为1935年2月28日。已收入《遵义会议文献》。

2月9日：决定中央红军“缩编”

1935年2月9日，张闻天、毛泽东、周恩来等一行到达扎西镇。该镇地处扎岭之西，清代命名为“扎西”，同时兼取当地少数民族彝族的语音，意思是水多的地方。这个镇不小，是威信县政府所在地。张闻天立即在镇上的江西会馆召开中央政治局扩大会议，讨论中央红军的“缩编”问题和红二、六军团战略方针与组织问题。

2月7日大河滩会议已经作出改变战略方针、“回兵黔北”向川滇黔边境发展的决策。9日召开的江西会馆会议为贯彻这个战略方针毅然决定“缩编”中央红军各军团的战斗单位。第二天，2月10日，军委颁发《关于各军团缩编的命令》，指明这次缩编的指导思想是：“为适应目前战斗的需要，并充实各连队的战斗力，以便有力地消灭敌人的有生力量，便于连续作战”。陈云组织领导了这次缩编。全军除干部团外，共编为16个团。还抽调部分干部率几百人成立“中国工农红军川南游击队”，在川滇黔边境地区坚持斗争。

中央政治局扩大会议会址：扎西镇江西会馆外景。

2月9日：决定红二、六军团的战略方针和组织问题

对红二、六军团的战略方针和组织问题，政治局会议也作出了决定。

1935年2月11日，中共中央和中革军委致电湘鄂川黔省委及红二、六军团负责同志，提出：“总的方针是决战防御而不是单纯防御，是运动战而不是阵地战”。指示他们“应利用湘、鄂敌人指挥上的不统一与何键部队的疲敝，于敌人

离开堡垒前进时，集结红军主力，选择敌人弱点，不失时机，在运动战中各个击破之”，“对敌人需采取疲敝、迷惑、引诱、欺骗等方法，造成有利于作战的条件”。关于红二、六军团的军事领导问题，电文指示“应组织革命军事委员会的分会，以贺、任、关、肖、王为委员，贺为主席，讨论战略战术的原则问题及红军行动的方针”。①

红二、六军团收到中央2月11日电报以后，意识到这次中央的提法“和过去的提法大不一样”，“于是电问中央”。② 张闻天主持的中央书记处立即将《遵义会议决议大纲》全文用电报发给红二、六军团，同时也发给了中央军区和红四方面军。

对于红四方面军，张闻天接任总书记以后也十分关注。除上面所说的及时电告《遵义会议决议大纲》之外，于2月16日即电告红四方面军中央红军战略方针的改变。电文说：“（中央红军）于一月二十八日在土城附近与川敌郭、潘两旅作战未得手，滇敌集中主力亦在川滇边境防堵，使我野战军渡江计划不能实现。因此军委决定我野战军改在川滇黔边区广大地区活动，争取在这一广大地区创造新的苏区根据地。”③

2月10日：传达遵义会议精神

张闻天从2月5日接替博古担任中共中央总书记以后，短短四五天时间，从水田寨西的高坎，到石坎子，到大河滩，到庄子上，最后到扎西镇，一路行军，一路开会，通过了《遵义会议决议》，作出了“回兵”和“缩编”的决策，决定了中央苏区和红二、六军团的战略方针和组织领导，及时同红四方面军建立了联系，很快就把领导全党全军实现伟大战略转变的历史使命及时、有效地担当了起来。在最急迫的任务完成之后，张闻天又把也是十分重要的工作——向中央红军传达贯彻遵义会议精神，及时地提上了日程。

1935年2月10日上午9时，军委纵队在扎西镇召开营、科长以上干部会议，张闻天作《五次反“围剿”的总结和目前任务》的报告。④

会场临时用木板搭了个台子，连标语之类的布置都没有。参加会议的干部随便坐在长凳子上，聚精会神地听新任总书记作报告。

① 二、六军团军分会委员名单中之贺为贺龙，任为任弼时，关为关向应，夏为夏曦，肖为肖克，王为王震。

② 肖克：《红二、六军团会师前后》，载《近代史研究》1980年第1期。

③ 转引自力平等著：《中国红军长征史》，中共党史出版社1996年版，第130页。遵义会议后，中央政治局和军委曾于1月22日电告红四方面军，中央红军决定“转入川西”，“约二月中旬即可渡江北上”，指示四方面军给以配合，“集中红军全力”，“向嘉陵江以西进攻”。

④ 张闻天报告的时间、地点、会议名称、报告题目均据伍云甫日记所记1935年2月10日“洛甫报告”的记录。该日记收入《红军长征日记》一书，档案出版社1986年出版。见该书第177页。伍云甫时任中央军委三局副局长、政委，领导无线电通讯工作。

张闻天告诉大家，上月攻克遵义以后，在那里召开了政治局扩大会议，对反对敌人五次“围剿”和西征作了总结。他说，我们不能粉碎“围剿”的主要原因不是客观的而是主观的。我们在军事领导、作战指挥方面犯了错误，敌人采用的是持久战和堡垒主义的战略战术，我们应该用决战防御，即攻势防御，集中优势兵力打敌人的弱处，在运动战中吃掉他一路或一部分，各个击破敌人，这样来粉碎“围剿”。而华夫（即李德）用“短促突击”的战术原则来作战，使我们不能在运动战中消灭敌人。在苏区边界上到处造堡垒，以堡垒对堡垒，跟敌人拼消耗、拼子弹、拼人力，结果使中央苏区不能粉碎“围剿”。

张闻天指出，决战防御的战略当然首先要寻找有利时机，与敌人决战，以转入反攻和进攻。但是在不利的条件下则要退却，避免战斗，以保持红军的有生力量。为了寻找有利时机，就是放弃一部分或大部分苏区的土地也是应该的。由此他讲到，这次退出苏区过迟了。七八九三个月，我们消耗了不少力量。其实，在广昌战役后，就应该退出中央苏区，保存有生力量。而10月开始西征的时候，我们思想上又没有明确转移是为了打仗，不是避难搬家。结果来了个大搬家，坛坛罐罐全带上，后方机关庞大，战斗部队只能变成掩护队。

张闻天向大家宣布了毛泽东当选为中央政治局常委，取消“最高三人团”等中央组织变动的情况。

张闻天做报告时，会场气氛很活跃，不时引起议论。报告之后是自由发言，谁要讲就上台去讲。

罗迈（李维汉）首先发言，表示拥护遵义会议各项决定和《遵义会议决议》，还点名批评了凯丰的错误态度。[①] 大多数发言的同志就自己亲身经历的事情，批判单纯防御路线的错误。指名道姓，不仅指责博古、李德，还涉及凯丰、罗迈。[②] 凯丰在会上对自己的错误也作了初步的自我批评。[③] 从第五次反“围剿”到西征，大家深受“左”倾军事路线之苦，本来就有许多不满和牢骚，现在张闻天代表新的中央领导传达遵义会议精神，干部们心里豁亮了，情绪高昂起来，把郁积在心里的意见都倒出来。报告会成了对“左”倾错误领导的批判会。

会议最后通过了《决议案》，表示：“完全同意洛甫同志关于反对五次‘围剿’总结的报告，一致拥护中央政治局的决议。”[④]

说来真巧，那时刚过春节，连日阴雨，下得人心烦。2月10日张闻天作了关于反对五次“围剿”总结报告以后，当天夜里竟下了一场大雪。第二天早晨，军委纵队离开扎西镇时，遍地皆白，仿佛是天公有意给红军另造了一个世界。不久放晴，红艳艳的太阳悬在空中。极目远眺，真是红妆素裹，分外妖娆。听过传达的干部们心头乐融融的，感到格外温暖。

---

① 据李维汉（罗迈）：《回忆与研究》（上），中共中央党校出版社1986年版，第354页。

② 据刘英：《在历史的激流中》，中共党史出版社1992年版，第62—63页。

③ 据《凯丰自传》。

④ 《军委纵队党的干部会议决议案》，载1935年2月19日印发的《红星报》第10期。

张闻天在扎西传达《遵义会议决议》精神以后，毛泽东、陈云也到各军团干部会上去传达《遵义会议决议》。参加遵义会议和扎西会议的各军团负责同志也用电报或个别告诉等形式向团以上干部通报。在扎西参加报告会的军委纵队干部，回到自己所在单位，即利用行军休息的机会向下传达，组织讨论。这在当时负责无线电通讯工作的伍云甫的日记中有记载："2 月 16 日，在白砂休息。……在一分队驻地开机、报员会议，传达洛甫的报告及征求报务人员的意见。"①

2 月 16 日这一天，中共中央与中革军委发布《告全体红色指战员书》，传达刚刚开过的扎西会议的战略决策，进行广泛的动员。《告全体红色指战员书》指出："过去党中央与中革军委为了要赤化全四川，同四方面军取得更密切的联系与配合，曾经决定中央红军渡过长江向川北发展，所以当时决计放弃以遵义为中心的川黔边地区，向长江边继续前进。然而这一决定由于川滇军阀集中全力利用长江天险在长江布防阻拦我们，更由于党中央和中革军委不愿因为地区问题牺牲我们红军的有生力量，所以决计停止向北发展，而最后决定在云贵川三省地区中创立根据地。"提出："打大胜仗消灭敌人"是"我们目前最中心的任务"；为了提高我们的战斗力，"充实连队与加强连队的战斗力，是我们目前的迫切任务"；而"缩编"，"正是为了达到这一目的"。《告全体红色指战员书》还正面阐述了关于"经常转移作战地区"、"寻求有利的时机与地区去消灭敌人"的运动战的作战原则。所有这一切的贯彻实施，为红军二渡赤水，重占遵义，取得长征以来第一次大胜利，奠定了精神与物质基础。

此后，张闻天为遵义会议精神的传达、贯彻继续做了许多工作。他曾专门向做地方工作的干部传达遵义会议的精神，指出：现在我们地方工作的政策也要改变。打土豪时，不要扫地出门，只没收部队需要的东西，如粮食、钱财等，部队不需要的东西一律不动，也不要破坏，再不要打烂三缸（米缸、菜缸、水缸）了。② 3 月初，二占遵义以后，中央军委在天主教堂内召集团以上干部开会，由张闻天传达遵义会议精神。毛泽东、周恩来、朱德、王稼祥等都出席会议。传达后也进行自由发言，有的同志高兴得流泪。③ 后来，张闻天在礼州向九军团干部作报告时，也传达了遵义会议精神。④

加强对白区工作领导，恢复与共产国际的联系

加强对白区工作的领导，恢复与共产国际的联系，也是贯彻、落实遵义会议精神的重要方面。《遵义会议决议》指出："白区党的工作，必须建立与加强。对

---

① 中国革命博物馆编：《红军长征日记》，档案出版社 1986 年版，第 179 页。

② 李坚贞：《我的回忆》，《中共党史资料》第 31 辑，中共党史资料出版社 1984 年版，第 46—47 页。

③ 宋任穷：《忆红色军中的长征干部团》，见《中共党史资料》第 20 辑，中共党史资料出版社 1986 年版，第 46—47 页。

④ 5 月 19 日张闻天在礼州天主教堂内作报告。见林伟：《"战略骑兵"的足迹》，战士出版社 1983 年版；《何长工回忆录》，解放军出版社 1987 年版。

白区群众斗争的领导方式，必须有彻底的转变。”张闻天和毛泽东一起，为此作出了安排。

1935年3月5日，张闻天等接到红二、六军团任弼时来电，告知上海中央局派人来联系，说：上海中央局、共青团、工会和特科组织“均受极大破坏，干部牺牲很多”，工作完全坍台，望中央注意与之联系。[①] 张闻天随即代表党中央派他的得力助手潘汉年（时任红军总政治部宣传部部长兼地方工作部部长）前往上海，一方面设法恢复上海党组织和工作，一方面设法恢复同共产国际的联系。潘汉年改名杨涛，化装成不法商贩，编入一帮被红军拘捕的贩卖“云土”（云南出的鸦片）的商贩队伍中间。潘同这帮人很快混熟，策划他们一起脱逃，红军并不追赶。他们对这位“杨涛大哥”感佩异常，一路护送，所经关卡，通行无阻，直到贵阳。在那里，潘汉年通过党的关系，转途柳州、梧州，经香港到达上海。[②]

另外，在4月17日渡北盘江之前，张闻天主持中央会议，讨论要派一位负责同志出去做白区工作。张闻天提议由他自己前往，大家都不赞成。[③] 在四渡赤水、南渡乌江、直逼昆明之际，中央曾决定派中央政治局常委、组织部部长陈云回上海恢复白区党的组织。想从昆明走，不果而折回。[④] 过泸定桥以后，5月31日，张闻天主持中央常委会又议此事，决定派陈云、罗迈（即李维汉）到白区工作。6月初，张闻天同他们二位谈话，说明白区工作很重要，中央拟派他们去上海恢复白区党的组织。[⑤] 后罗迈因中央另有安排没有去，陈云则在6月七八日红军攻占天全、芦山后，随军到达天全县北面雪山脚下的灵关殿，只身悄悄离开。陈云由地下党员、灵关小学教员席懋昭护送，并故意让一个被红军扣留的国民党天全县教育局长溜掉，让他与假装躲避红军外逃的陈云、席懋昭相遇后结伴同行。这样一路顺利通过检查，经天全到了那个教育局长的荥阳县城的家里，后经雅州（今雅安）抵成都。陈云带着刘伯承的信，找到刘伯承在成都美丰银行任职的朋友。陈云托他给上海章乃器（时任浙江实业银行副总经理）汇去请章转交上海地下党的活动经费，并托人在成都《新新新闻》报上化名刊登一则“遗失私章”的《廖家骏启事》，向中央发出平安到达成都的信号。陈云离开成都后经内江直奔重庆，又持刘伯承亲笔信找到刘在重庆开中药铺的弟弟刘叔禹。在刘叔禹家住了十

---

① 任弼时给中央的电报（1935年3月5日），转引自《陈云传》（上），中央文献出版社2005年版，第179页。按：1935年2月19日夜，国民党根据担任过中共上海中央局书记的叛徒李竹声、盛忠亮（即盛岳）的告密，勾结工部局，进行全市性的大逮捕，上海中央局和文委等领导同志三十多人被捕。

② 潘汉年派出的时间和契机，据黄启钧：《关于一九三五年陈云、潘汉年前往共产国际的经过情况》，《党的文献》1990年第2期。

③ 据张闻天：《1943年延安整风笔记》。

④ 陈云在《我的自传》（1940年7月10日）中说：“到昆明时，中央决定派我去沪”，“想从昆明走，不果，折回红军中”。转引自《陈云传》（上），中央文献出版社2005年版，第171页。

⑤ 据李维汉：《回忆与研究》（上），第359页；陈云：《关于泸定桥会议》（1985年2月），见《党的文献》1993年第2期。

多天，登上民生公司的轮船直航上海。①

8月间，陈云同上海地下党组织取得联系，并同先期到达上海的潘汉年接上头。上海地下党在1935年2月和7月连遭大破坏，白色恐怖严重，经与共产国际联系并经组织决定，潘汉年与陈云先后离开上海前往莫斯科。潘汉年参加了8月举行的共产国际七大。陈云于9月中旬到达莫斯科。10月15日，就在莫斯科穆霍瓦雅大街1号共产国际总部的会议室里向共产国际执委会书记处会议作了《关于红军长征和遵义会议情况》的报告。②

---

① 据《陈云传》（上），中央文献出版社2005年版，第178页。《陈云传》的作者所据材料为：陈云：《我的自传》手稿，写于1940年7月10日；陈云的一次谈话记录，1940年7月22日。

② 这个报告的俄文记录稿标题为《共产国际执行委员会书记处1935年10月15日史平同志报告》。史平是陈云的化名。中文版发表于《党的文献》2001年第4期，题为《在共产国际执行委员会书记处会议上关于红军长征和遵义会议情况的报告》，收入《陈云文集》第1卷，中央文献出版社2005年版。

五　张闻天支持确立毛泽东军事领导地位

毛泽东重返军事领导岗位

长征是一次史无前例的、特别艰难的军事行动。军事领导与指挥者处于最重要的地位。所以，遵义会议关于变换领导人的决定除了总书记以洛代博之外，最为重要的就是军事领导人的变换。张闻天拥护毛泽东担任军事指挥，从黄平橘林谈话开始，为确立毛泽东在红军中的领导地位，作了不懈的努力。虽然其间不无即有不无小的曲折，但总的说来，张闻天与毛泽东在这一重大关键问题上是配合合作得很好的。

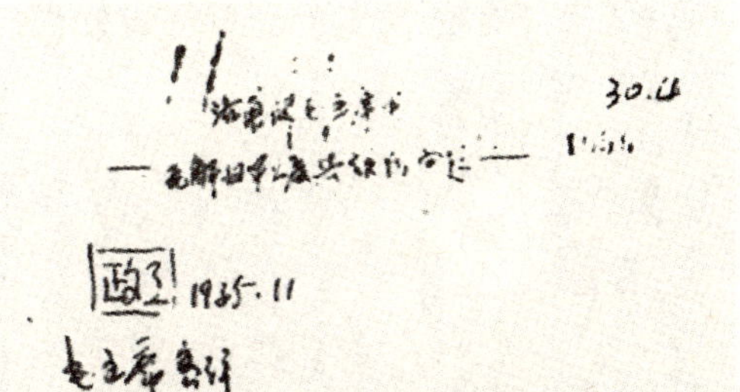

张闻天回复毛泽东的电报（中央档案馆提供）

毛泽东在遵义会议上被选为常委。这时政治局常委共五人：张闻天、周恩来、毛泽东、博古、陈云。在遵义会议前和遵义会议上，张闻天、王稼祥等提议恢复毛泽东的军事领导权，但还没有正式决定他参加军事领导。遵义会议开完后的第二天，1月18日，又接着召开了政治局会议。会上常委进行分工，决定：“以泽东同志为恩来同志的军事指挥上的帮助者”。[1] 从此毛泽东又重新回到军队领导

① 陈云：《遵义政治局扩大会议传达提纲》，见《遵义会议文献》，人民出版社1985年版，第42页。

岗位，直接参与对中央红军的军事指挥。

二渡赤水，再占遵义

毛泽东参与红军的军事指挥以后，中央红军根据敌情变化，采取了高度灵活机动的运动战方针。部队在扎西缩编以后，即执行“回兵黔北”的决策，挥师东进，在太平渡、二郎滩第二次渡过赤水河，向遵义进发。出敌不意，杀了一个回马枪。

2 月 25 日，中央红军攻克桐梓。途中经半天激战，抢占娄山关，于 28 日再取遵义城。这一仗，击溃王家烈 8 个团，消灭吴奇伟 2 个师，缴获枪支 2000 多，俘虏约 3000 人，是长征以来打的第一个大胜仗。毛泽东运动战的战法得胜，非常高兴，在马背上吟成一首词：《忆秦娥・娄山关》，歌咏娄山关战斗的胜利，抒发由沉郁转为开朗的心情。词云：

西风烈，
长空雁叫霜晨月。
霜晨月，
马蹄声碎，
喇叭声咽。

雄关漫道真如铁，
而今迈步从头越。
从头越，
苍山如海，
残阳如血。

中央红军上上下下欢欣鼓舞，充满胜利的喜悦。军委纵队于 3 月初再次进入遵义城。

张闻天请毛泽东担任前敌总指挥

从作出“回兵黔北”的战略决策，到二渡赤水取得娄山关大捷，中央红军取得的一个又一个胜利，使张闻天更加相信毛泽东的战略战术原则是正确的，更加佩服毛泽东的军事指挥才能。他更加确信，毛泽东在前方指挥战斗更有胜利把握。在二占遵义以后，张闻天提议成立一个前敌司令部，请毛泽东到前方担任前敌总指挥。①

---

① 据张闻天：《1943 年延安整风笔记》。毛泽东 1943 年在一次中央会议上讲话中也说“洛甫提议要我为前敌总指挥”。转引自《遵义会议文献》第 134 页。

3 月 4 日，中革军委主席朱德和副主席周恩来、王稼祥签发命令："为加强和统一作战起见，兹于此次战役特设前敌司令部，委托朱德同志为前敌司令员，毛泽东同志为前敌政治委员。"① 当年，前敌政治委员，实际上就是前敌总指挥。这一新的建置与任命，显然是把前方机动灵活地指挥战役的权力交给了毛泽东。不过，红军的整个军事领导的体制并未改变，周恩来仍是军事上下最后决心的负责者。

毛泽东就任前敌总指挥后，即随前敌司令部离开遵义到达鸭溪、苟坝一带。此后，王稼祥发些议论，经常要求中央开会讨论军事行动。张闻天鉴于博古过去领导缺乏民主，采纳了王稼祥的意见，召集过几次这样的会议。② 张闻天那时不了解，日常的军事指挥需要完全的集权。召开这种会议，对前方指挥者按军情变化作出必要的专断处置是会有妨碍的；而会上的争论，更会扰乱前方指挥者的部署。

关于"打鼓新场战斗"的争论

重大的争论围绕着要不要攻打打鼓新场③的问题爆发了。

1935 年 3 月 10 日 1 时，一军团林彪、聂荣臻致电军委，建议攻打打鼓新场。3 月 10 日白天，张闻天即在鸭溪召开中央政治局扩大会议，讨论要不要发动"打鼓新场战斗"问题。④ 到会的大多数同志都主张打，只有毛泽东坚持主张不打。毛泽东认为，红军 12 日才能赶到新场，那时滇军也赶到那里同黔军会合，同时川军可侧击红军，所以反对打。毛泽东说，不能打，打又是啃硬的，损失了部队不值得，还是应该在运动战中消灭敌人嘛。但他未能说服众人，大家还是要打。会上争持不下。毛泽东急了，以"去就前敌总指挥的职务力争"。有人发言说："少数服从多数，不干就不干。"张闻天主持会议，以一般地执行少数服从多数的民主制原则，作出了攻打打鼓新场的决定。毛泽东刚刚担任前敌总指挥没有几天职务便被撤销，前敌总指挥由彭德怀暂代。⑤

散会以后，毛泽东实在放心不下，深感攻打打鼓新场会给红军带来极大损失。于是，连夜提着马灯去找周恩来谈，要他晚一点发攻击的命令，再想一想。周恩来采纳了毛泽东的意见。当晚 21 时以军委名义发出电令，部队在平家寨、枫香

① 引自《文献和研究》1985 年第 1 期载《遵义会议前后的四十一份军事电报》。按红军中惯例，政治委员是党在军队中的最高领导人，所以前敌政治委员习惯上称为前敌总指挥。

② 据张闻天：《1943 年延安整风笔记》。毛泽东 1943 年在一次中央会议上讲话中也说："在打鼓新场，洛甫每天要开二十八人的中央会议。"转引自《遵义会议文献》第 134 页。

③ 打鼓新场，今贵州省金沙县县治，简称新场。

④ 以下叙述这次会议的情况据：张闻天《1943 年延安整风笔记》；周恩来：《党的历史教训（节录）》（1972 年 6 月 10 日在党中央召集的一次会议上讲话的一部分，转引自《遵义会议文献》，第 69 页）。

⑤ 彭暂代毛一节，据张闻天在"文化大革命"中写的《我的思想检讨》（1969 年 6 月 28 日）、《关于反革命分子林彪的一点材料》（1972 年 3 月 28 日）。

坝、花苗田地域集中，以便寻求新的机动。第二天一早，张闻天再次主持会议讨论这个问题，毛、周把大家说服了。军委即给一、三、五军团发出《关于我军不进攻新场的指令》。①

这件事无论对于确立毛泽东的军事领导地位，还是对于红军保持有生力量、保证作战胜利，意义都十分重大。在毛泽东的记忆里留下很深的印象。二十多年后，毛泽东在1959年4月5日中共八届七中全会上讲“工作方法”的第一条“多谋善断”时，还拿这件往事来做例子。他说：“比如苟坝会议，我先还有三票，后头只有一票。我反对打打鼓新场，要到四川绕一个圈，全场都反对我。那个时候我不动摇，我说，要么就听我的，我要求你们听我的，接受我的这个建议。如果你们不听，我服从，没有办法。散会之后，我同恩来讲，我说，不行，危险。他就动摇了。睡了一个晚上，第二天又开会，听了我的了。”②

张闻天赞成毛泽东参加新的军事“三人团”

关于要不要攻打打鼓新场的争论，最终按毛泽东的意见作出不打的正确结论，避免了军事上可能造成的损失。事后，毛泽东向张闻天提议：成立一个新的“三人团”全权指挥军事，成员为毛泽东、周恩来、王稼祥。张闻天很赞成毛泽东的这个提议。③ 关于打鼓新场战斗的争论，说明还是毛泽东高明。从这件事，张闻天也认识到军事指挥必须临机决断，经常开中央会议来决定，对军事指挥不利。自己对打仗又是外行，成立新的“三人团”，毛王之间的矛盾可以由他们自己解决，也省去召集会议的麻烦。

3月12日，在苟坝附近，张闻天主持召开中央政治局会议，将成立新“三人团”的提议提交会议讨论。会议决定：由周恩来、毛泽东、王稼祥组成新的“三人团”（又称“三人军事领导小组”）。④ 毛泽东在三十多年后谈及此事时说：“后来搞了个三人团，团长是周恩来，团员一个是我，一个是王稼祥。”⑤

至此，遵义会议变换领导的重要决策最终完成。毛泽东进入了当时最重要的军事领导机构。这表明了毛泽东的正确主张进一步为全党全军所接受，毛泽东对中国革命战争的领导地位进一步确立。

---

① 此事经过据周恩来：《党的历史教训（节录）》，见《遵义会议文献》，人民出版社1985年版，第69页。

② 转引自《毛泽东传（1949—1976）》（下），中央文献出版社2003年版，第940页。

③ 据张闻天：《1943年延安整风笔记》。

④ 成立三人军事领导小组的时间、地点，据中共中央党史资料征集委员会《关于遵义政治局扩大会议若干情况的调查报告》所作考证的结论：“三人军事小组是在1935年3月11日左右在贵州鸭溪、苟坝一带成立的。”

⑤ 毛泽东1967年的一次谈话。

四渡赤水，跳出敌人包围圈

新的“三人军事领导小组”成立以后，中央红军的军事行动在毛泽东指挥下，采取声东击西的战略，大踏步进退，在云贵川兜大圈子。3 月 16 日至 17 日，红军在酒乡茅台三渡赤水，再次入川，引得敌军纷纷向川西调动。这时，红军又出敌不意地于 3 月 21 日至 22 日在太平渡、二郎滩四渡赤水。紧接着，红军南渡乌江，佯攻贵阳。正当云南敌军增援贵阳之际，红军却已越过湘黔公路南下，然后向西疾进，直插云南，形成威逼昆明之势。毛泽东指挥中央红军对昆明虚晃一枪，即向西北方向急进，直达金沙江南岸。于 5 月初在禄劝县皎平渡抢渡金沙江。敌人得知红军的行动后，花了 11 天才追到江边。红军只用了 9 天，就全部渡江完毕。

红军取得抢渡金沙江的胜利，跳出了包围圈，把围追堵截的敌军远远甩掉，实现了遵义会议确定的渡江北上的战略目标。这是战略转移中具有决定意义的胜利。

四渡赤水之战①，充分体现了毛泽东运动战战略思想的巨大威力，也显示了毛泽东卓越的军事指挥才能。毛泽东自己也说，四渡赤水是他一生中的得意之笔。

走路与打仗的分歧

不过，在当时，对毛泽东的军事指挥认识还不统一。实行毛泽东的灵活机动的战法，经常的转移作战地区，有时向东，有时向西，有时走大路，有时走小路，有时走老路，有时走新路，而唯一的目的是为了在有利条件下求得作战的胜利。对这种战法，很多人不适应，也没有完全领会。执行这种机动作战的方针，固然打了不少胜仗，但不可能每仗必胜；迂回穿插，走了许多路，有时是为了甩掉敌人，迷惑敌人，一时看不出它的必要性；有时为了随敌情的变化而变化，看起来走了不少冤枉路，但不可避免，非走不可；当然，在这种大规模的运动战中，白走一点路也难免。在连续大踏步的进退中，部队很疲劳，减员也不少。所以，上上下下虽是服从命令听指挥，但不同意见也有，怨言也不少。分歧主要围绕着走路还是打仗展开，有人埋怨部队只走路，不打仗，部队没有打垮倒要拖垮了。

大约在 4 月中旬，刘少奇到三军团担任政治部主任不久，他将了解到的部队情绪，结合听到的意见和自己的意见，给中央军委写了一个电报，三军团政委杨尚昆也签了名，用刘、杨的名义发出。② 一军团军团长林彪一直埋怨红军走的尽

---

① 1935 年 1 月 29 日，红军由赤水县的猿猴场（今元厚镇）、土城西渡赤水河。这是一渡赤水。2 月 18 日至 21 日，在太平渡、二郎滩东渡赤水河。这是二渡赤水。3 月 16 日至 17 日，由茅台附近西渡赤水河。这是三渡赤水。3 月 21 日至 22 日，在二郎滩、九溪口、太平渡再次东渡赤水河。这是四渡赤水。

② 据《彭德怀自述》，人民出版社 1981 年版，第 196—198 页。

是“弓背路”，主张走弓弦，走捷径。说什么“这样会把部队拖垮的，像他这样领导指挥还行?”[①] 林彪还给周、毛、王“三人军事小组”写了一封信。信的大意是：毛、周、朱随军主持大计，请彭德怀任前敌指挥，迅速北进与四方面军会合。[②]“三人军事小组”中，王稼祥对毛泽东的战法也不理解，他向张闻天反映，老打圈圈不打仗，可不是办法。[③] 王稼祥要求开会解决这个问题。[④]

既然红军高层领导在战略战术问题上存在分歧，召开会议讨论解决是必要的。

会理会议克服离心倾向

红军于5月9日全部渡过金沙江，跳出了国民党几十万军队的围追堵截，取得了行动的主动权。红军过江后直逼会理城下。会理县城有川军刘文辉部的一个师死守，又有西昌等地敌人增援，红军乃放弃强攻，只加监视。利用追敌近期无法过江的空当，部队在会理地区休整。5月12日，野战军司令部发布命令：“决在会理及其附近停留五天（15号止），争取在长期行军后的必要休息和补充”。[⑤]

为了统一思想，肯定遵义会议以来毛泽东的军事指挥，张闻天同毛泽东商议后，于5月12日下午，在会理城外的铁场主持召开了中央政治局扩大会议——会理会议。

参加会理会议的有：三人军事小组周、毛、王，朱总司令，政治局常委陈云，一、三军团司令员和政委林、聂、彭、杨。为防敌人飞机轰炸扫射，临时搭了一个草棚子做会场。军团负责人的地铺就打在这个草棚子里。喝水，吃饭，由中央队秘书长刘英带警卫员送去。[⑥]

会议由张闻天主持并作报告。报告大纲，张闻天在会前同毛泽东、王稼祥商量过。[⑦] 张闻天严厉地批评林彪等人对毛泽东军事指挥的怀疑、动摇是右倾。

毛泽东在会上驳斥了林彪所谓“走了弓背”的谬论，指出：“现在为了摆脱追敌不肯多吃一点苦，将来会吃更大的苦。”[⑧] 毛泽东还指责彭德怀，认为林彪的信是彭德怀鼓动起来的。并说林的信，刘、杨的电报，都是右倾情绪的反映。[⑨]

毛泽东发言中虽然没有挑明批评张闻天参与其事，但从话音中听得出来，毛泽东怀疑张闻天是同彭德怀结合在一起的。张、彭虽然内心觉得委屈，但大敌当

---

① 据《聂荣臻回忆录》，《中共党史资料》第5辑，中共党史资料出版社1983年版，第137页。

② 据《彭德怀自述》，人民出版社1981年版，第198页。

③ 据张闻天：《1943年延安整风笔记》。

④ 据刘英：《难忘的三百六十九天》，见《刘英自述》，人民出版社2005年版，第73页。

⑤ 转引自力平等著：《中国红军长征史》，中央党史出版社1996年版，第103页。

⑥ 据刘英：《难忘的三百六十九天》，见《刘英自述》，人民出版社2005年版，第74页。

⑦ 据张闻天：《1943年延安整风笔记》。

⑧ 陈云：《我对林彪的揭发》，手稿，1971年10月8日。转引自《陈云传》（上），中央文献出版社2005年版，第173页。

⑨ 据《彭德怀自述》，人民出版社1981年版，第199页。

前，团结为重，在会上、会下都没有争辩。[①] 彭德怀“作了自我批评，说：因鲁班场和刁水两战未打好，有些烦闷，想要如何才能打好仗，才能摆脱被动局面。烦闷就是右倾。”彭德怀在会上“也批评了林彪的信：遵义会议才改变领导，这时又提出改变前敌指挥是不妥当的；特别提出我，则更不适当”。[②]

会理会议开了两三天，最后由党中央总书记张闻天作结论。[③] 他肯定从遵义会议以来，毛泽东的军事指挥是正确的，批评了林彪反对机动作战、在部队中叫苦、甚至企图改变军事领导的错误。

会理会议还讨论了渡过金沙江后的行动计划，决定红军继续北进，渡过大渡河，与红四方面军会合。会议还任命刘伯承为先遣队司令员。

会理会议是长征途中的一次重要会议，其主要结果是积极的。

第一，通过会理会议，在张闻天、周恩来、朱德等支持下，被四渡赤水之战的实践证明了的毛泽东在运动战中摆脱敌人重兵包围的方针得到了确认。怀疑或反对机动作战方针的错误认识和动摇情绪受到了批评。1935 年 10 月 15 日陈云在向共产国际报告红军长征的情况时，讲到会理会议的意义时说：“这次会议总结并肯定了红军的领导是正确的。会议指出，新的领导班子指挥有方。”[④]

第二，通过会理会议，遵义会议后确立的毛泽东对红军的领导地位得到了进一步巩固。这是同毛泽东军事思想为实践证明正确并通过争论得到确认分不开的。

会理会议在红军长征胜利以至中国革命胜利中具有重要的历史地位。从会理会议的进程可见，“毛洛合作”对这次会议的成功起着举足轻重的作用。

但同时应该看到，会理会议也有着明显的不足，其斗争方式是不尽恰当的。

张闻天在《1943 年延安整风笔记》中评价道：“会理会议基本上是正确的，同当时干部中一些离心倾向及一些动摇情绪做斗争是必要的。但是我以为斗争方式还是过火的。因为这些同志的错误，实质上不过是个别的错误，只要加以适当的批评与解释，错误就会改正的，不必用机会主义的帽子去压他们。”

还应该看到，会理会议在毛洛关系、毛彭关系上的消极影响是深远的。

毛泽东指责林彪的信是彭德怀“鼓动”起来的，是“右倾”。对此，彭德怀没有申辩，采取了“事久自然明”的态度。1959 年庐山会议上毛泽东又重提此事，林彪当场申明“那封信同彭德怀同志无关”，“写信彭不知道”。直到这时，彭德怀才出来说明原委。关于刘、杨的电报，彭说，刘少奇写好以后，“拿给我和杨尚昆签字。我觉得与我的看法不同，没有签字，以刘、杨名义发了”。至于林彪的信，彭德怀说：在会理会议时才看到，事先“没有同林彪谈过话”，此信“与我无关”；在会上，“我也批评了林彪的信”。对毛的指责，彭说：“当时听了也有些难过，但大敌当前，追敌又迫在金沙江了，心想人的误会总是有的……我

---

① 据张闻天：《1943 年延安整风笔记》；《彭德怀自述》，人民出版社 1981 年版，第 198—199 页。

② 引自《彭德怀自述》，人民出版社 1981 年版，第 199 页。

③ 据刘英：《难忘的三百六十九天》，见《刘英自述》，人民出版社 2005 年版，第 74 页。

④ 《陈云文集》第 1 卷，中央文献出版社 2005 年版，第 16 页。

就没有申明，等他们将来自己去申明。我采取了事久自然明的态度，但作了自我批评”。直到1959年庐山会议彭德怀被打成“反党集团”、此事又成一大罪状，他才感到这种坦荡之风效果不好。彭德怀后来说：“在这二十四年中，主席大概讲过四次，我没有去向主席申明此事，也没有去同其他任何同志谈过此事。从现在的经验教训来看，还是应当谈清楚的好，以免积累算总账，同时也可以避免挑拨者利用。”①

张闻天是会理会议的主持人。他在会上代表中央批评下面，自己并没有受到直接的、明显的批评。不过，毛泽东听了个别同志的猜测和判断，却一直认为是张闻天到三军团去与彭勾结反他。这种误解一直埋在毛泽东的心里，直到延安整风时才挑明。在1941年六七月间的一次小型谈话会上，毛泽东批评张闻天的缺点，特别提到张闻天“在会理会议以前严重的政治动摇”，说张“当时挑拨军队领导同志林彪、彭德怀，反对‘三人团’，要林、彭来代替‘三人团’指挥等等”。对此，张闻天当场表示“保留”。“当晚回家后，关于这件事曾写了一封申明信给毛，但后来没有发出。想事情没有旁证，说也无用。”到1943年9月政治局会议上，毛泽东又一次“提及此事”。张闻天这回才认真对待。他“利用许多同志在延安的机会，做了一点调查工作”，在随后写的“整风笔记”中作了澄清：“现在大致可以判明，说我曾经煽动林、彭反对三人团的话，是王稼祥同志的造谣！（林、彭二同志关于此事有正式声明）”②

在长征路上，大敌当前。会理会议的过火斗争，怀疑、误解，都没有影响中央领导同志和红军高级将领团结对敌。在延安整风期间，对于全党来说，这也并非大事，说过以后也就算了，并没有特别去做结论。不过，会理会议在毛洛关系、毛彭关系上却有相当深远的影响。误解延续到延安整风，确凿的事实也未能真正驱散这团疑云，而1959年庐山会议上对彭德怀、张闻天的错误打击，不能不说也蒙有会理会议的阴影。

---

① 本段引文均见《彭德怀自述》，人民出版社1981年版，第198—200页。

② 以上均据张闻天：《1943年延安整风笔记》。

六　从会合到分离

强渡大渡河前后

会理会议以后，中央红军执行在川西或川西北创建根据地的计划，沿着通往西昌的大道继续北进。5 月 19 日，中央军委纵队到了西昌城北数十里的礼州附近一个叫铁坑的地方。在这个地方，张闻天主持召开中央会议，讨论行军路线。鉴于西昌有敌军固守，会议决定放弃原定围攻西昌的计划，改为取道冕宁，过彝族区域，到安顺场渡大渡河，进入川西北，同红四方面军会合。

当天会后，中央军委纵队进驻礼州。张闻天在礼州天主教堂向红九军团干部作报告。[①] 表彰红九军团胜利完成了军委交给的“别动支队”的任务，在红军的历史上写下了光荣的一页。他传达了遵义会议精神，还传达了刚刚开过的中央会议关于行动方针的新决定，号召全军去实现。

就在这一天，按会理会议作出的决定，中央红军先遣队成立，为全军北上开路。

先遣队进入大凉山彝族区后，刘伯承司令员与沽基部落首领小叶丹歃血为盟，结为兄弟。在彝族同胞帮助下，红军部队安全通过了彝族区，到达大渡河边的安顺场渡口。

蒋介石得知红军到了大渡河畔，立即命令国民党军队在大渡河以北地区加紧布防，致电各路将令：“大渡河是太平天国石达开大军覆灭之地”，“希各军师长鼓励所部建立殊勋”。[②] 蒋介石妄想使红军成为“石达开第二”。英勇的红军没有重蹈覆辙。

5 月 25 日，先遣队红一团挑选 17 名勇士组成奋勇队强渡大渡河成功，红一团陆续渡河。但船少渡得很慢。毛泽东到渡口见此情景，当即开小会决定迅速夺

① 据《林伟日记》，《“战略骑兵”的足迹》，战士出版社 1983 年版，第 185—186 页；《何长工回忆录》，解放军出版社 1987 年版。

② 晏道刚：《蒋介石追堵长征红军的部署及其失败》，见《红军长征在贵州史料选辑》，贵州社会科学丛书 1983 年版，第 346 页。转引自金冲及主编：《毛泽东传（1893—1949）》，中央文献出版社 1996 年版，第 353 页。

取泸定桥。5 月 26 日，红军循大渡河东西两岸向上游急进。沿西岸北进的先头部队红四团 28 日一天疾走 240 里，于 29 日晨 6 时到达泸定桥，迅速占领西桥头。组织 22 人的突击队，于下午 4 时发起冲锋，冒着敌人密集的火力，攀踏悬空的铁索，一面在铁索上铺木板，一面匍匐射击前进，冲到了对岸。这样红军从安顺场和泸定桥两个渡河点过河，30 日就全部到了对岸。

5 月 31 日，张闻天随中央军委纵队走铁索桥过河到达泸定县城。在这里，他主持召开了中央政治局常委会，讨论红军渡过大渡河后的形势与任务。会议决定红军向北走雪山一线，避开人烟稠密地区。① 这次会议还决定派陈云前往上海恢复党的地下组织。

红军部队在向雅安前进途中，得知汉源有川军扼守高地，居高临下以待红军。于是决定改变方向，折向东北前往天全河边。这一改变，红军的行军路线就由大道转入山间小路，并第一次翻越四季积雪的高山。

6 月 2 日，中央纵队在海拔四千多米的花林坪驻扎。当天下午，召开中央纵队班长以上干部会，张闻天作报告，讲渡过大渡河的胜利与当前的形势与任务。当天在那里过夜，下了一场大雪。②

随后，红军北上至天全河畔，击溃守敌杨森部 6 个旅。6 月 7 日，占领天全，8 日占领芦山。继续前进，爬越终年积雪、没有人烟、没有道路的夹金山。

这时，红一方面军同红四方面军的先头部队已经相距不远了。6 月 11 日，《红星》报第 20 期发表《同四方面军会合去》的文章，说“我们在最短期间内便能与红四方面军握手见面了，两大方面军的会合，将使我们的战斗力量更加增强”，“我们无论如何要争取这一伟大任务的迅速实现”。③

懋功会师

6 月 12 日中午，红一方面军先头部队红一军团二师四团在夹金山、达维之间与红四方面军先遣团第九军二十五师七十四团胜利会师。第二天，野战军总司令部发出捷报：我四方面军“8 号占懋功，昨 12 日南进到夹金山北，已与我野战军先遣兵团会合”。两个方面军的会合，标志着遵义会议决定的中央红军北上“渡过长江直接与红四方面军配合作战”④ 的方针终于实现。6 月 15 日，《红星》报发表社论《伟大的会合》。16 日，朱、毛、周、洛复电张（国焘）、徐（向前）、陈（昌浩），庆贺两大主力的会合。⑤ 18 日，洛、毛、周、朱等会见李先念。李

---

① 据《朱德年谱》，人民出版社 1986 年版，第 141 页。

② 据伍云甫日记，《红军长征日记》，档案出版社，1986 年第 1 版，第 195 页；廉臣：《随军西行见闻录》，转引自陈宇编著：《谁最早口述长征》。解放军出版社 2006 年版，第 106 页。

③ 转引自力平等：《中国红军长征史》，中央党史出版社 1996 年版，第 132—133 页。

④ 中共中央 1935 年 2 月 16 日致红四方面军电。

⑤ 电报署名顺序按原件。本书以下引用电报均此。按中国传统习惯，二人或数人联署的函电，拟稿人一般署名在后。

时任红三十军政委，率红四方面军先头部队攻占了懋功。

一、四方面军在懋功地区胜利会师之后，战略方针问题又尖锐地提了出来。

这时，蒋介石嫡系薛岳等部在后面追赶红军，已占领夹金山以南地区。毛泽东、张闻天、周恩来、朱德等深知南面有敌重兵把守，向南已不可能。敌人在东边已集结130个团，向东过岷江取成都也已不可能了。向西是茫茫草原，且为少数民族区域，条件更加恶劣。只有向北，北上川陕甘，那里人口稠密，经济较好，便于红军扩大、发展。因此，党中央确定的方针是北进到川西北建立根据地，进而占领川陕甘。张国焘提出：西进西康、青海、新疆，到“经济落后、文化落后”的“区域发展”，或是向南，“直取成都，出长江，打到武汉去”。① 两种方针存在着严重的分歧。毛泽东、张闻天、周恩来、朱德等一起，通过电报往来，同张国焘磋商，耐心地交换意见，希望他改变主意。

6月16日凌晨2时，朱、毛、周、洛联名致电张、徐、陈，对张国焘6月2日、6月12日两次电请中央“飞示以后行动总方针”，即告“今后两军行动大计”，作出答复，提出：“今后我一、四方面军总的方针应是占领陕甘川三省，建立三省苏维埃政权，并于适当时期以一部组织远征军占领新疆。”电文并提出，目前坚决打破敌人新的大举进攻，“向着岷、嘉两江之间发展”，“坚决的巩固茂县、北川、威州在我手中，并击破胡宗南之南进是这一计划的枢纽”。毛泽东、张闻天等不同意张国焘的西进方针，明确指出：“以懋功为中心之地区纵横千余里，均深山穷谷，人口稀少，给养困难。大渡河两岸直至峨眉山附近情形略同。至于西康情形更差。敌如封锁岷江上游（敌正进行此计划），则北出机动极感困

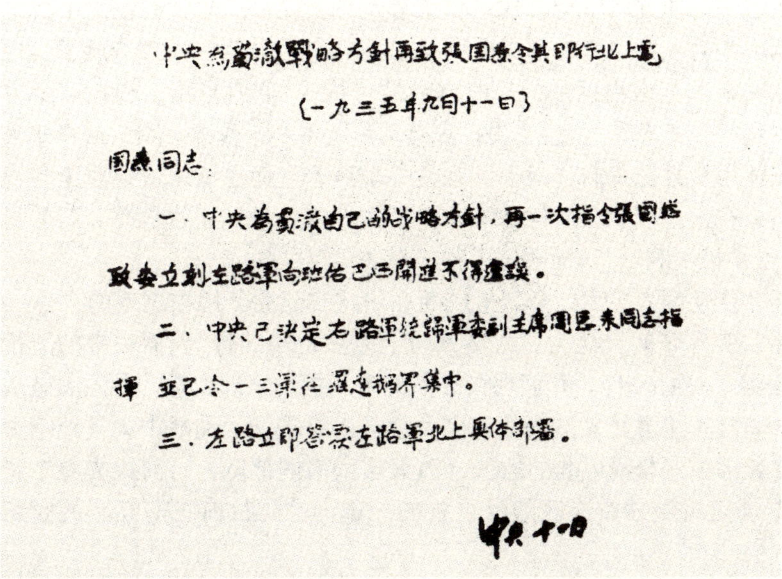
中央為貫徹戰略方針再致張國燾令其即行北上電

（一九三五年九月十一日）

國燾同志：

一、中央為貫徹自己的戰略方針，再一次指令張國燾總政委立刻左路軍向班佑巴西開進，不得違誤。

二、中央已決定右路軍統歸軍委副主席周恩來同志指揮，並已令一三軍在羅達拉界集中。

三、左路立即答覆左路軍北上具体部署。

中央 十一日

党中央令张国焘北上电（中央档案馆提供）

① 张国焘：《新的胜利和新的形势》（1935年6月13日），载《干部必读》第127期（1935年6月14日）。

难。因此邛崃山脉区域只能使用小部队活动，主力出此似非良策。”张国焘完全不考虑中央意见，坚持他的西进或者南下的方针。

6月18日晚21时，洛、周、朱、毛联名急电张国焘等，答复17日张国焘的回电。针对他的错误主张，指出：“目前形势须集中火力首先攻破平武，以为向北转移的枢纽。”电报向张国焘说明，“力攻平武、松潘，是此时主要一着”，要他即下决心北上。6月20日凌晨4时，洛、朱、毛、周再次联名致电张国焘，分析北进、西移及向川西南三种方针的利弊，再次否定西移方针，力主北进，并邀约张国焘“立即赶来懋功，以便商决一切”。

这时，张闻天和毛泽东、周恩来、朱德等都在懋功。他们在6月17日凌晨由新寨子出发，翻越了夹金山，下午至达维宿营。18日凌晨又从达维出发，午后抵达懋功。红四方面军总部设在理番县的杂谷脑镇（今理县县城）。张国焘在茂县。为了解决意见分歧，统一思想，中共中央政治局决定在两河口开会，商决一、四方面军会合后的战略方针。

两河口会议

张闻天于6月23日到达两河口，住在当地的一座关帝庙里。为了统一认识，把这次会开好，他于6月24日在这里写了《夺取松潘，赤化川陕甘!》一文，立即在当天出版的《前进报》（油印）第一期上发表。[①] 一军团政治部在25日又翻印发给干部学习。

张闻天分析了一、四方面军会合这一伟大胜利的意义：“使过去在两个战线上分开行动的两大主力现在完全放到党中央与军委的统一指挥下”，“造成了实现我们在川陕甘建立新的苏区根据地的战略方针的可能。”同时指出，现在两个方面军所在的松（潘）、理（番）、懋（功）等县地形上不利于作战，物质给养非常困难，而敌人正使用全力把我们“封锁”在这一地区，进而逐渐压迫到西康与青海草原地区，所以在这里“长久的停留”或“西进”青、康，正符合蒋介石的封锁政策，“对于红军极不利”，从而否定了张国焘的错误主张。

那么，怎样才能使两大主力会合后造成的在川陕甘建立苏区根据地的“这一可能变成 实际”呢？张闻天认为，战略方向上应该是“北进”，而关键的战役任务是“夺取松潘”。他指出：“我们现在必须集中我们的全部力量，首先突破敌人北面的防线，将红军主力转入川陕甘的广大地区内寻求在运动战中大量地消灭敌人。因此夺取松潘控制松潘以北的地区，消灭胡宗南的部队，目前成为整个野战军与四方面军创立川陕甘新苏区的最重要的关键，也是目前我们红军的紧急任务。”

张闻天的文章还论述了在创立川陕甘根据地的过程中争取“决战胜利“的战略意义和“运动战”的战略战术原则。他写道：“我们现在还处在从无后方的游

---

① 该文收入《张闻天文集》（一），中共党史出版社1995年版。

击战，转变到有后方的运动战的时期。转变的决定关键，完全依靠于决战的胜利。只有决战的胜利，我们才能建立新的苏区根据地。”“川陕甘三省是一块很广大的地区。在取得松潘之后，我们或将首先取得甘肃东南或川北一部分地区。到底在川陕甘哪一地区开始创立根据地，就决定于当时的敌情，与我们同敌人作战的胜利与胜利的大小。为了寻求运动战消灭敌人，红军主力常常不能停留在已经开始赤化的地区内，而需要转移地区。但这种转移的目的是为了寻求作战，在川陕甘建立根据地，而转移的范围，也就在川陕甘范围内。”张闻天还针对张国焘的错误主张，不点名地批评了“避免战争”的“逃跑主义倾向”。他说：“如果在目前情况下，我们仍旧以到达某一地区为我们行动的中心，实际上就是要避免战争，放弃建立新的苏区根据地的任务，而变为无止境的逃跑。”他提出：“必须同这种逃跑主义的倾向做坚决的斗争。”

张闻天《夺取松潘，赤化川陕甘!》这篇文章为两河口会议决定北上的战略方针作了重要的思想准备。在红军长征的历史上，这是最早的一篇系统阐述北上建立川陕甘苏区根据地的战略方针，明确批评张国焘右倾逃跑主义的文献。

张国焘从茂县经汶川、理番到达两河口，已经是6月25日下午了。毛泽东、张闻天、周恩来、朱德等几十人走出住地远迎，并开了红一、四方面军会师大会。毛泽东致欢迎词，张国焘致答词，气氛热烈、欢欣。

6月26日，中央政治局会议在两河口一座喇嘛庙里召开，集中讨论目前战略方针。[①] 会议由党中央总书记张闻天主持。周恩来在会上作了目前战略方针的报告，阐述必须北上到川陕甘建立根据地的理由，提出为了迅速打击松潘的胡宗南部，两个方面军要统一指挥。与会者都赞成北上方针，张国焘发言也表示同意。

张闻天在周恩来作结论之前发言。[②] 张闻天作风民主，他主持党中央工作以后，改变了过去总书记个人专断的作风。政治局会议就某一议程讨论时，通常由分管这项工作的政治局常委或政治局委员作“报告”和最后的“结论”，主持会议的总书记张闻天常常在听了报告和讨论之后、作结论之前发言，这种发言自然带有总结的性质。他在两河口会议上的发言就是这样。

张闻天首先总括大家的意见，着重指出：“北上的战略方针大家意见一致，应一致来实现。这战略方针是前进的，唯一正确的。”同时又毫不含糊地否定“西进”方针：“可以发生另外一个方针，准备过草原，把口子守了，这是退守的，不适用的。”接着，他就当前战役部署问题指出：“要实现这一战略方针，首先要进攻或控制松潘。”张闻天强调“创造川陕甘苏区只有依靠决战胜利”，“现我应用尽力量克服困难”。他又一次批评退却逃跑倾向，断然指出“放弃这（北上）方针是错误的”。张闻天还特别强调两个方面军在组织上“应统一”。同时说

---

① 这次会议的出席者，会议记录所列为（括号内名字为本书引者所加）：朱（德）、周（恩来）、刘（伯承）、王（稼祥）、洛（甫，张闻天）、博（古，秦邦宪）、少奇、凯丰、邓（发）、林（彪）、彭（德怀）、聂（荣臻）、国焘、伯渠、富春。

② 在两河口会议上的总结发言已收入《张闻天文集》（一），中共党史出版社1995年版。

明人员的调剂可以具体商量。

会议全体通过周恩来报告中提出的战略方针，委托张闻天写一个决定。1935年6月28日，中央政治局发出了张闻天写的《关于一、四方面军会合后的战略方针的决定》。指出："在一、四方面军会合后，我们的战略方针是集中主力向北进攻，在运动战中大量消灭敌人，首先取得甘肃南部，以创造川陕甘苏区根据地。""为了实现这一战略方针，在战役上必须首先集中主力消灭与打击胡宗南军，夺取松潘与控制松潘以北地区，使主力能够胜利的向甘南前进。"并明确指出："为了实现这一战略方针，必须坚决反对避免战争退却逃跑，以及保守偷安停止不动的倾向，这些右倾机会主义的动摇，是目前创造新苏区的斗争中的主要危险。"

与此同时，中革军委作出了攻打松潘的战役部署。要不是张国焘的拖延、避战和反对中央的右倾分裂活动，两河口会议创造川陕甘根据地的目标是能够实现的。

两河口会议之后

1935年6月底，毛泽东、张闻天、周恩来、朱德等率领中共中央和中央军委离开两河口。此后，即连续翻越梦笔山等大雪山，于7月10日到达黑水县的上芦花。在这里一面耐心等待张国焘执行两河口会议决议，发动攻打松潘战役，一面筹集粮食，准备北上打大胜仗。上自总司令，下至炊事员、饲养员，齐心协力，大家动手。总书记张闻天和年已五六十岁的徐特立、林伯渠也都参加收割、打场、炒麦子等劳动。歇晌的时候，张闻天还同干部、战士聊天。红一方面军都是江西、福建一带人，不习惯吃面食，也不会做。他就结合自己亲身经历，有意讲世界各国吃东西的习惯，苏联人怎么样，美国人怎么样，日本人怎么样，说：全世界百分之七十的人吃面，只有百分之三十的人吃大米，我们"北上"，就到了吃面食的地方了，可要少数服从多数啊。说得大家笑起来。

在两河口会议上，张国焘虽然表面上赞成北上方针，同意打松潘，但实际上他还是惧怕敌人，想避敌主力，西移川康边。两河口会议以后，毛洛商量、经常委会决定，任命张国焘为军委副主席。但张国焘的权欲并没有满足。没过几天，他就违背两河口会议决定，制造事端，乃至要挟中央了。

6月29日，张国焘致电中央，强调攻打松潘的困难，并要一军团去阿坝，四方面军主力往西、往南。

7月1日，张国焘又借口为了将主力迅速开到毛儿盖东北地带，消灭胡宗南部，提出"我军宜速决统一指挥的组织问题"，故意拖延四方面军主力北上的行动。接着，张国焘向李富春表示非常关心"统一组织问题"，提出"充实总司令部"等要求。

7月8日，张国焘在杂谷脑召开四方面军高级干部会议，抓住《前进报》发表凯丰写的《列宁论联邦》批评张国焘在5月底宣布成立"西北苏维埃联邦政府"一事，大肆攻击中央，挑拨一、四方面军的关系，进行反对党中央、破坏红军团结的派别活动。

在张国焘策动下，7 月 8 日当天，中共川陕省委致电中共中央，说张国焘成立的“中华苏维埃共和国西北联邦政府”“在理论上、在组织上都是正确的”，《前进报》上的文章对联邦政府的批评是不正确的。7 月 9 日，中共川陕省委又出面向中央建议，要加强总司令部，由陈昌浩出任总政委等职；军委设常委，决定军事策略问题，并催促中共中央政治局“速决速行”。7 月 10 日，张国焘急不可耐，又向中共中央提出“我军宜速决统一指挥的组织问题”，说穿了，就是要给他最高权力，给他的部属高级职位，由他掌握红军的指挥权。对于《松潘战役计划》，则极力延宕，不予执行。

张国焘为何这样明目张胆、野心膨胀呢？重要原因是他自恃兵力强、资格老。他是中共一大代表，是一大选举成立的中央领导机构中央局三个成员之一。这时红四方面军有 8 万多人，兵强马壮，红一方面军只 1 万多人，且系经过远征的疲惫之师。张国焘完全以军阀主义看待革命军队，他要用枪指挥党。

中央对张国焘延迟北上贻误战机的错误提出批评，敦促他对所率各部“真能速调，速进，勿再延迟坐令敌占先机”，并要张国焘和徐向前、陈昌浩一起速来芦花集中指挥。

与此同时，中央为了团结张国焘，对他在“组织问题”上提的要求，还是委曲求全，尽量考虑。张闻天同毛泽东就中央的人事安排问题反复商量。张闻天从团结北上的全局出发，主动表示自愿让出自己担任的党中央总书记的职位。毛泽东不同意。经商量，周恩来把总政委的职务让给了他。当时担任中央队秘书长的刘英回忆、叙述了毛洛商谈的情形：

> 毛主席说：“张国焘是个实力派，他有野心，我看不给他一个相当的职位，一、四方面军很难拧成一股绳。”毛主席分析，张国焘想当军委主席，这个职务现在由朱总司令担任，他没法取代。但只当副主席，同恩来、稼祥平起平坐，他不甘心。闻天跟毛主席说：“我这个总书记位置让给他好了。”毛主席说：“不行。他要抓军权，你给他做总书记，他说不定还不满意，但是让他坐上这个宝座，可又麻烦了。”考虑来考虑去，毛主席说：“让他当总政委吧。”毛主席的意思是尽量考虑他的要求，但军权又不能让他全抓去。同担任总政委的恩来商量，恩来一点也不计较个人地位，觉得这么安排好，表示赞同。①

沙窝会议前后

7 月 18 日，中央政治局常委扩大会议在芦花（今四川省黑水县）召开，讨论

① 刘英：《难忘的三百六十九天》，《瞭望》周刊 1986 年第 40—43 期连载。

“组织问题”。[1]

张闻天主持会议，他首先提出关于人事安排的意见：“军委设总司令，国焘同志任总政治委员，军委的总负责者。军委下设小军委（军委常委），过去是四人，现在增为五人，陈昌浩同志参加进来，主要负责还是国焘同志。恩来同志调到中央常委工作，但国焘同志尚未熟习前，恩来暂帮助之。这是军委的分工。关于总政治部本是稼祥主任，因病实际是博古，现决定博古为主任。”

在讨论中，张国焘强调要提拔新干部，提出要向中央委员会增补成员。毛泽东说：提拔干部是需要的，但不需要这么多人集中在中央，下面也需要人。张国焘只得暂时作罢。

张闻天最后作结论说，大家意见一致，很好。现在主要任务是集中力量打好这次战役。并宣布决定：张国焘为红军总政治委员，徐向前、陈昌浩为前敌总指挥部总指挥和政委，博古为总政治部主任。

7 月 18 日当天，军委即将上述决定通知各军团首长。

为了促进两个方面军的团结，统一认识，分清一些大的是非问题，从 7 月 21 日至 22 日在芦花，张闻天又主持召开了中央政治局会议，集中讨论四方面军的工作。会上，张国焘作关于红四方面军工作情况的汇报。讨论后，张闻天作总结性发言。

张闻天首先肯定四方面军“一般领导是正确的”，部队“很有战斗能力”，同时又指出其缺点和错误：在第四次反“围剿”开始时领导对形势估计上有“左”的倾向，后当敌人分兵合击时，未能抓住敌人弱点，集中打他一路；通南巴[2]打了胜仗还是放弃了，反映对根据地的重要性了解不够；退出通南巴时把所有干部、游击队通通带走也是不好的；出通南巴后缺乏明确的战略方针，没有一定的发展方向，造成了现在的一些困难。张闻天还指出，四方面军对待少数民族也有些问题，如在两河口把藏民的土地拿来分，引起群众反对；关于西北联邦问题，实际也未弄清楚怎样才算“联邦”，少数民族还没有发动就首先成立“联邦”，结果必将是徒然的。张闻天强调，在新的环境下创造新苏区是当前的中心任务，揭示过去工作的弱点是为了总结经验。

芦花会议决定张国焘担任红军总政委以后，他才勉强执行军委为补救延误战机而发布的松潘战役第二步计划，率领四方面军北上向毛儿盖地区集中。可是，到了毛儿盖以后，张国焘又进行了一系列反对中央、破坏团结的活动。他在四方面军召开了一个紧急干部会议，在会上宣布中央执行的是机会主义路线，要求将四方面军的十几个干部分别批准为中央委员、政治局委员和书记处书记。他指责遵义会议是调和路线，要求博古退出书记处和政治局，周恩来退出军委，不达目

---

① 此次会议出席人员，记录中“到会”项下仅记“朱、毛、周、洛、王、博”，记录中发言的人还有：张国焘、邓发、徐向前、凯丰。陈昌浩是否参加，无法确定。以下叙述会议情况、张闻天讲话内容，均据会议记录。

② 指四川北部之通江、南江、巴中一带，红四方面军在这里建立了川陕根据地。

的即不进兵。还在中央驻地附近，搞了一个严重的军事示威。同时，他在整个四方面军中封锁中央的声音，做了一个反对中央、反对一方面军的动员，造成了四方面军对一方面军的异常恶劣的关系，全然不顾中央号召的两军团结北上的政治任务。[①] 而这时敌方胡宗南部却已经利用张国焘延宕不进之机，集结了胡部主力，在松潘附近地区构筑了堡垒线，红军攻打松潘的有利时机已经丧失。不仅如此，各路敌军经过调集、布防，形成了围困与消灭红军于岷山以西、懋功以北雪山草地之中的态势。红军处境异常困难。如不抵制张国焘的错误方针，制止他破坏团结、反对中央的行为，红军处境将更为凶险。

在这种情况下，毛泽东、张闻天、周恩来等从全局和全党全军的团结出发，为求得共同北上，促进张国焘转变与争取四方面军，采取了特殊的、十分忍耐的方针。在这一方针指导下，8 月上旬，张闻天在松潘县毛儿盖南面约 20 里的小村庄沙窝，召开了中央政治局会议。

沙窝会议的议程为两项：（一）一、四方面军会合后的形势与任务；（二）组织问题。

会前，就这两项议程进行了比较充分的酝酿。张闻天经同毛泽东、周恩来、博古等商讨，就形势与任务问题草拟了决议草案。草案拟就后，又同四方面军的陈昌浩、傅钟等商量，得到他们的赞同。关于组织问题，张国焘先着人带给中央一个增补四方面军同志为中央委员、中央政治局委员的名单，张闻天同毛泽东交换了意见，又同陈昌浩、傅钟来回商量，基本上取得一致意见。在做了这些准备工作之后，8 月 3 日 21 时，张闻天发电通知张国焘："请准于明日十时到达沙窝开政治局会议，并请通知傅钟、博古、邓发、凯丰、富春赶来到会。"

沙窝会议从 8 月 4 日开始至 8 月 6 日结束，共开了三天。

会议开始即由张闻天就第一项议程作报告。他根据起草好的文件《中央关于一、四方面军会合后的政治形势与任务》进行了全面、系统的阐述。经过两天讨论，第三天会议开始时，由张闻天作结论。

张闻天总结两天的讨论说："对决议案大家意见无大分歧，同志们也都是一致的。这是一、四方面军胜利和前进的保障。"张闻天有针对性地着重肯定遵义会议的正确，强调遵义会议肯定的军事路线，要求四方面军中党的支部应该讨论《遵义会议决议》。关于西北联邦问题，张闻天再一次指出，"是过早的，这在决议中应指出"。对于四方面军同志对一方面军的批评，张闻天首先肯定"是好的，是帮一方面军来纠正缺点的"，同时又指出，"但须注意可能发生的不好影响——过分的批评会妨碍团结的"。他认为，切实紧要的是"现在就是要实际去作"，即通过整顿部队来纠正缺点。张闻天最后说：基本上通过决议案，由常委作些修改后印发。

8 月 9 日，中央印发了沙窝会议通过的由张闻天起草的《中央关于一、四方面军会合后的政治形势与任务的决议》（以下简称《沙窝会议决议》）。

《沙窝会议决议》是一个具有重大现实意义和深远历史意义的文件。它针对

① 据 1936 年 7 月 14 日中共中央书记处致共产国际的电报。

两个方面军会合后一个多月来出现的主要问题，运用马克思列宁主义基本原理，总结历史经验，分析当前现实情况，作出了深刻而又具体的回答，有力地然而又是很有策略地抵制和批评了张国焘“西进”、“南下”的错误战略方针，抵制了他枪指挥党的军阀主义倾向，破坏两个方面军团结的行为，和避战退却逃跑的右倾机会主义动摇。创造了在特殊情况下正确处理党内矛盾的一个范例。

《沙窝会议决议》肯定6月28日两河口会议决定的“向北进攻”的战略方针“无疑是正确的”，“创造川陕甘的苏区根据地，是放在一、四方面军前面的历史任务”。还进而提到了在川陕甘及广大西北地区“创造出西北苏区根据地”的设想。这实际上是对一、四方面军会合以来战略方针问题的争论作了结论，肯定并坚持了中央的“北上”方针，否定了张国焘的“西进”、“南下”方针。

《沙窝会议决议》（以下简称《决议》）从创造川陕甘根据地的必要条件立论，正面回答了两个方面军会合以来出现的主要问题，不指名地批评与抵制了张国焘的种种错误。《决议》强调：“必须在一、四方面军中进一步的加强党的绝对领导，提高党中央在红军中的威信。”指出，“没有中国共产党就没有中国工农红军”，党中央在遵义会议以后的军事领导“无疑义的是完全正确的”。《决议》对两个方面军分别作出了全面的估价，而且相当严格地批评了一方面军的弱点并提出“必须立刻整顿部队”的任务，强调“一、四方面军的兄弟的团结”，这就有力地抵制了张国焘破坏团结的言行。《决议》还从两个方面军会合的地域正在少数民族区及今后在西北地区活动的实际出发，指明“争取少数民族”“对于中国革命胜利前途有决定的意义”；指出在少数民族地区“一般的组织工农民主专政苏维埃是不适当的”；对“西北联邦”这个引起争论的问题，也作出了“目前建立西北苏维埃联邦政府是过早的”结论。

《决议》提出12项“目前的中心工作”，包括了军队建设、少数民族工作、白区工作、地方工作、保卫工作、组织工作、苏区工作等各个方面，是执行上述战略方针和原则的具体任务和措施，也是对以往斗争经验的概括。

《决议》指出了“日本帝国主义的占领华北，造成‘华北国’的实际行动”，却未能再前进一步，指出由此带来的国际国内形势和阶级关系的巨大变动。《决议》维护了《遵义会议决议》和党中央的集中统一领导，却仍然没有认识到四中全会以来政治路线的错误，还要求学习五中全会的决议。所以，从总体上它还未能及时地开始从土地革命与苏维埃运动到民族革命和抗日民族统一战线的转变。这一重大转变，还有待于由于日本侵略的加剧而引起的民族危机的更加深重，有待于在莫斯科召开的共产国际七大的推动。就在《沙窝会议决议》形成前不久，中共驻国际代表团写出了《为抗日救国告全体同胞书》（即《八一宣言》）①。历史造成的这种认识落后于形势的局限当然是不应该苛求的。聚集在沙窝的毛、洛、

① 《八一宣言》公开发表的时间是1935年10月。其原因，据王明在1937年12月9日中央政治局会议上的报告说：“当《八一宣言》决定时，首先便是刘佐夫起来反对……经过两个月的讨论，经过国际书记处看过才发表。”

周、博等党中央领导人正倾注全部精力解决最迫切的关系到红军的生存和发展的战略方向问题，正在为团结张国焘、率领红军冲破重围、北上创立川陕甘根据地而努力，长征的环境也使他们无法了解国内外形势的变化。《沙窝会议决议》存在的不足与局限，丝毫不影响其积极意义和历史地位。

沙窝会议的第二项议程是组织问题——“吸收四方面军干部参加中央工作”。张闻天代表政治局提出预先经过磋商的名单，提升三个正式中央委员：徐向前、陈昌浩、周纯全，三个候补中央委员：何畏、李先念、傅钟；两位同志进政治局：陈昌浩为政治局正式委员，周纯全为政治局候补委员。①

对这个名单，张国焘不满意，说：在坚决提拔工农干部上还可以多提几个人嘛！

毛泽东回应他说：四方面军中有很多好的干部，现在我们提出这六位同志，是很慎重的。照党章规定，本来政治局不能决定中委，现在是在特殊情况下才这样做的。其他干部可以更多地吸收到各军事、政治领导机关工作。

张国焘又迂回曲折地从另一方面提出要求：本来我们的意见，要提这几个同志都到政治局的，这样可以提拔工农干部，他们有实际经验，又可以学习领导工作。

毛泽东既肯定“国焘同志的意见是很好的”，又一点不松口，说四方面军的好干部“将来很可以吸收到中央机关及其他部门”。②

8 月 6 日的会议主要在这个问题上争来争去。毛、洛等看透张国焘的用心，是企图形成多数来控制党中央（这当然只是张国焘的一厢情愿。事实上沙窝会议吸收为中央委员和候补中央委员的同志大多数是党的好干部而不是张国焘的人），所以在增加中央委员的人数上毛、洛口径统一，维持原议。但为了从大局出发，尽一切可能同张国焘搞好团结，在组织问题上还是作了一些让步：最后决定进政治局的两位同志都是正式委员。③ 在组织问题上，还决定恢复红一方面军总部，由周恩来任红一方面军司令兼政委；中国工农红军总政治部由陈昌浩任主任，周纯全任副主任。④

毛儿盖会议前后

沙窝会议以后，为执行《夏洮战役计划》，中共中央决定，会合后的两个方面军组成左、右两路军继续北上。右路军由红一方面军的一、三军团和红四方面军的四军、三十军组成，由中共中央和毛泽东、周恩来、徐向前率领，以毛儿盖

① 会议议程和张闻天提出的名单均据 1935 年 8 月 6 日沙窝会议记录。

② 以上讨论组织问题时毛泽东、张国焘发言情况据刘英《难忘的三百六十九天》，并查核了中央档案馆收藏的 1935 年 8 月 6 日沙窝会议记录。刘英时任中央队秘书长，担任会议记录。

③ 据 1935 年 8 月 6 日的沙窝会议记录。

④ 引自张培森主编：《张闻天年谱》（上），中共党史出版社 2000 年版，第 258—259 页。

为中心集结，向班佑、巴西地区开进；左路军由红四方面军的九军、三十一军和红一方面军的五、九军团组成，由朱德、张国焘带领，以马塘、卓克基为中心集结，向阿坝地区开进，到达后即东进，到班佑同右路军靠拢，然后齐头并进，向甘南进军。

张国焘又一次玩弄两面派伎俩。他在会上赞成《沙窝会议决议》，会后继续同中央的北上计划对抗。他回到毛儿盖后即召开四方面军军以上干部会议，再次提出，西出阿坝，占领青海、甘肃边远地区的方针，而不执行中央经阿坝北进东出的计划。

针对张国焘这一破坏北进战略部署的错误主张，中共中央于8月15日致电张国焘，指出："不论从敌情、地形、气候、粮食任何方面计算，均须即时以主力从班佑向夏河急进，左路军及一方面军全部应即日开始出动。万不宜再事迁延，致误大计。""目前洮、夏敌备尚薄，迟则堡垒线成，攻取困难。气候日寒，非速到甘南夏河不能解决被服。""班佑以北，粮房不缺，因此，一、四方面军主力均宜走右路，左路阿坝只出支队，掩护后方前进，五军、三十二军即速开毛［儿盖］。""目前应专力北上，万不宜抽兵回击抚边、理番之敌"。[①] 张国焘对中央的耐心说服教育和明确指示置之不理。

为了克服张国焘的新的阻挠，中央决定再次召开政治局会议。

在召开这次政治局会议的前一天，8月19日，张闻天主持召开了中央政治局常委会。[②] 到会者为毛泽东、博古，王稼祥列席。周恩来因病缺席。会议讨论了对张国焘错误的方针问题，常委分工问题，宣传工作问题。

会议认为：应该加强常委会的工作，发挥常委会的作用。决定："常委会每周至少一次，各部有临时发生事件，由各部与书记商量，［必要时］召集临时常委［会］。"会议经过充分讨论，确定中央分工如下：张闻天负总责之外兼管组织部，罗迈副之；毛泽东负责军事；博古负责宣传部；王稼祥负责红军政治部；凯丰负责少数民族委员会。这一决定，将领导权集中统一于常委会和党中央总书记手里，军事领导权则掌握在毛泽东手里，这在当时张国焘拥兵自重、向党争权，党内矛盾趋于尖锐的形势下，是十分必要的。对日后战胜张国焘的个人野心和分裂活动，具有关键性的作用。

会议决定加强对宣传工作的领导，《干部必读》和《斗争》分别成立编委会。《干部必读》由张闻天兼主编，编委成员罗迈、陈昌浩；《斗争》由博古主编，张闻天、王稼祥为编委。

8月20日，中央政治局会议在毛儿盖召开，集中讨论红军行动方针。[③] 会议由张闻天主持，毛泽东作关于夏洮战役后行动问题的报告。与会者一致同意毛泽东提出的以岷州、洮河为中心向东发展，以便取得甘、陕广大地区的行动计划，

---

① 引自张培森主编：《张闻天年谱》（上），中共党史出版社2000年版，第259页。

② 会议情况与内容均据会议记录。

③ 会议内容据会议记录。

并指出，目前左路军应迅速向右路军靠拢。毛泽东作结论，他说，我们应该坚决向东打，以岷州、洮河为中心，向东发展，不应因为有一些困难而转移向西。最后，张闻天说："由泽东同志起草一决议，补充上次政治局决议。"会后，发出了《中央政治局关于目前战略方针的补充决定》，对 1935 年 6 月 28 日两河口会议《目前战略方针的决定》作了补充。

张国焘没有出席毛儿盖会议。张闻天等通过各种方式将会议决定电告张国焘，明确要求左路军"迅速出墨洼、班佑，出洮河左岸，然后并肩东进"。但张国焘仍然按兵不动，不执行从两河口会议、沙窝会议到毛儿盖会议再三商讨确定的北上东出方针。这样一直拖延到 8 月 30 日，张国焘才命令左路军集结后向班佑前进。但是才走一天，8 月 31 日，张国焘又犹豫动摇，却步不前。

毛儿盖会议后，张闻天带领中央机关随毛泽东、周恩来、徐向前率领的右路军行动。8 月下旬，从毛儿盖出发，进入纵横几百里，渺无人烟、气候变幻莫测的茫茫草地。走了五天，终于在月底通过草地，到达四川、甘肃交界之班佑、巴西地区。

8 月 29 日至 31 日，右路军在徐向前指挥下，以红三十军为主，在包座地区歼灭胡宗南部第四十九师，打开了向甘南进军的大门。从这里到西固、岷州只有五六天的路程。如果左路军能迅速向东靠拢，红军集中向东北开进，将能迅速打开新的局面。但张国焘却仍然迟延不前。

对张国焘的等待与争取

这时，中央机关到达包座西北的潘州城。张闻天在这里写了一篇论北上、南下的文章，准备在《干部必读》上发表。写罢，他照例拿到编委会上讨论。参加讨论的有陈昌浩、凯丰、杨尚昆。文章词句并不尖锐，但观点很鲜明：北上是正确路线，南下是退却逃跑。文章还没有念完，陈昌浩就火冒三丈，强烈反对。张闻天坚持自己的观点，但从团结出发，还是对陈昌浩让步，这篇文章没有发表。[①]

不管张国焘及一时追随张国焘的同志怎样反对北上方针，毛泽东、张闻天等还是宽容忍让，耐心等待。到达班佑、巴西地区以后，右路军部队就停止前进，进行休整、整顿，等候左路军到来。9 月 2 日，张闻天主持召开了中央政治局会议，讨论整顿红一方面军的工作方针。由毛泽东作报告。张闻天发言要求政治局的同志需要亲自深入连队。会后，张闻天起草了关于红一方面军整理训练工作的中央指示信。

张国焘对中央的劝告、命令一概置若罔闻。9 月 2 日，他复电中央，借口左路军自阿坝出发在行军途中遇"噶曲河水涨，上下三十里均无徒涉点"为由，停止向右路军靠拢。9 月 3 日，张国焘更变本加厉，不仅决定左路军退回阿坝，而

① 据杨尚昆：《坚持真理，竭忠尽智——缅怀张闻天同志》，见《回忆张闻天》，湖南人民出版社 1985 年版，第 5—6 页。

且不顾朱德反对，竟以红军总司令部的名义，发电要中共中央和右路军南下。9月5日，张国焘以朱（德）、张（国焘）的名义正式发出退兵命令："左路军先头兵团决定转移阿坝补粮改道灭敌"。

毛、洛、周等当然不同意张国焘的错误主张和行动，但是他们还是期望能够争取张国焘北上。毛、洛、周就怎样答复张国焘要求中共中央和右路军"南下"、红军下一步究竟应该怎样行动这些问题，同徐向前、陈昌浩等多次讨论。毛、洛、周仍然力图通过和缓的商讨劝说张国焘放弃南下主张而取北上方针，他们的表态既不失原则而又留有余地，甚至表示南下如果真有利的话不是不可以交换意见。同时，让徐向前、陈昌浩向张国焘把问题讲透，便于张国焘转圜。

9月8日上午，徐、陈联名给张国焘发了一份电报，从中可以清楚地看出毛、洛、周争取张国焘改弦易辙的良苦用心。徐、陈的电报说：

> 中政局正考虑是否南进，毛、张皆言，只有南进便有利可以交换意见；周意北进便有出路；我们意以不分散主力为原则，左路速来北进为上策，右路南去南进为下策，万一左路若无法北进，只有实行下策。

徐、陈要张国焘"即明电中央局商议，我们决执行。"

但是，张国焘一意孤行，竟致电前敌总指挥部，要求"一、三军暂停向岁达前进，右路军即准备南下，立即设法解决南下的具体问题。"陈昌浩、徐向前商议后，即向中央报告。张闻天即于9月8日晚召集毛泽东、周恩来、博古、王稼祥、陈昌浩、徐向前等在周恩来的住处开了一个非正式的会议，[①] 细致冷静地分析南下、北上的利弊。会议经过充分讨论，决定由七人联名致电劝告张国焘执行北上方针。

9月8日晚22时，由周恩来、张闻天、博古、徐向前、陈昌浩、毛泽东、王稼祥七人联名的电报发出，力促张国焘北进。电报文辞十分恳切，开头说："目前红军行动是处在最严重关头，需要我们慎重而又迅速的考虑与决定这个问题。"电报将"弟等仔细考虑结果"一一条列陈述，指出"右路军如果向南行动，则前途将极端不利"，因而，"务望兄等深思熟虑，立下决心"，"改道北进"。并告以行动计划："拟于右路军中抽出一部，先行出动，与二十五、六军配合行动，吸引敌人追随他们，以利我左路军进入甘肃，开展新局。"电报最后说："以上所陈，纯从大局前途及利害关系上着想，万望兄等当机立断，则革命之福。"真是一片至诚，溢于言表。

危急关头

对于8日徐、陈传递毛、张、周、博、王意见电报和七人联名电报的透彻分

---

① 据1935年9月12日俄界会议记录中毛泽东的报告。

析，热忱期待，张国焘全然不顾，一概不听。9月9日，张国焘复电徐、陈并转周、张、博、毛、王，依然以种种困难为借口，反对北进，鼓吹其“乘势南下”的主张。

更为严重的是，张国焘于9月9日发密电给陈昌浩，背着中央令陈率右路军“南下，彻底开展党内斗争”。①

译电员送交这封密电的时候，恰好陈昌浩在会上作报告，讲得兴高采烈。他没想到这是张国焘给他的一封密电，示意坐在旁边的前敌总指挥部参谋长叶剑英先阅。叶剑英一看电文，立即敏锐地洞察张国焘企图分裂红军和危害中央的阴谋，遂机警地离开会场，赶到巴西党中央驻地报告。② 他第一个遇到了毛泽东。毛随即用铅笔将密电抄录在香烟壳纸上。叶带着密电仍旧返回会场。

毛泽东感到情况紧急，立刻找张闻天和博古商量对策。他们三人一致认为事态十分严重，等待张国焘率部北上已经绝无可能，继续滞留下去将会招致不堪设想的后果。张闻天和毛泽东、博古三人很快赶到三军团驻地阿西，与在那里治疗的周恩来、王稼祥举行中央常委紧急会议，果断地决定党中央同四方面军暂时分离，即率右路军中的红一、三军团和军委纵队先行北上，速出甘南，并通知已经率红一军团北上进至俄界的林彪、聂荣臻，行动方针有变化，要他们在原地待命。

会后，立即分头秘密布置脱离险区的行动。张闻天亲自向李维汉布置了任务，叫他负责把党中央机关、政府机关、总政治部等单位在次日凌晨带到巴西，会同党中央一道北上。张闻天叮嘱他，上述决定要绝对保密。李维汉接受指示后，立即分别通知了凯丰、林伯渠、杨尚昆，叫他们明天凌晨就走。对下只说到黑水打粮，叫各单位负责人准备好。③

脱离险区

9月10日凌晨两三点钟，毛泽东、张闻天、周恩来等中央领导人一起率领三军团、红军大学离开危险地区。军委纵队各单位也以“上山打粮”为名，随党中央一道北上。

出发时，毛泽东率部在前，彭德怀率部在后掩护。张闻天也策马前后照应，亲自向干部讲明当时危险处境，还与彭德怀一起布置三军团部队在山上警戒。④

9月10日当天，张闻天和毛泽东、周恩来、博古等到达阿西，立即以中央政治局名义致电陈昌浩等下达指令，指出：张国焘电令你们南下，显系违背中央累次之决定及电文。中央为不失时机地实现自己的战略决定，已令一方面军主力向

---

① 密电内容据1937年3月中共中央会议记录中毛泽东的发言，转引自《周恩来年谱（1898—1949）》，人民出版社、中央文献出版社1989年版，第291页。

② 对叶剑英这一功绩，中共十二届四中全会给叶剑英的致敬信写道：“长征途中，您同张国焘企图危害中央和中央红军的阴谋进行了英勇机智的斗争，为党立了大功。”

③ 据李维汉：《回忆与研究》（上），中共党史资料出版社1986年版，第364页。

④ 刘英：《难忘的三百六十九天》，《瞭望》周刊1986年第40—45期连载。

罗达、拉界前进。四军、三十军归你们指挥，应于日内尾一、三军后前进。并郑重声明：“本指令因张总政治委员不能实行政治委员之责任，违背中央战略方针，中央为贯彻自己之决定，特直接指令前敌指挥员（党员）及其政委并责成实现之。”并通知他们，“右路军统归军委副主席周恩来指挥。”同时，张闻天等以中央名义致电张国焘，申明：“阅致徐、陈调右路军南下电令，中央认为完全不适宜的。”指出：“目前方针只有向北，才是出路”，“中央认为，北上方针绝对不应改变，右路军应立即北上。”

与此同时，9月10日在阿西，发布了毛泽东写的《共产党中央为执行北上方针告同志书》，指出：“自从我们翻过了雪山，通过了草地之后，我们一到包座，即打胜了仗，消灭了白匪军49D①。目前的形势是完全有利于我们，我们应该根据党中央正确的战略方针，继续北进，大量消灭蒋介石、胡宗南的部队，创造川陕甘新苏区。”《告同志书》指明了南下方针的危害，对其断然予以否定：“南下是草地、雪山、老林，南下人口稀少，粮食缺乏，南下是少数民族的地区，红军只有减员，没有补充，敌人在那里的堡垒线已经完成，我们无法突破。南下不能到四川去，南下只能到西藏、西康，南下只能是挨冻挨饿，白白的牺牲生命，对革命没有一点利益。对于红军，南下是没有出路的。南下是绝路。”《告同志书》号召：“应该坚决拥护中央的战略方针，迅速北上，创造川陕甘新苏区去。”

作为党中央总书记，张闻天在危急关头临危不乱，镇定自若，同毛泽东、周恩来、博古、王稼祥、彭德怀、叶剑英、杨尚昆等中央和红军的领导同志团结一致，密切配合，使党和红军又一次脱离了生死攸关的险境。

俄界会议

9月12日，张闻天在俄界（今甘肃省迭部县高吉村）主持召开中央政治局紧急扩大会议，讨论张国焘的分裂错误和红军今后的行动方针。

毛泽东在会上作报告，回顾了一、四方面军会合后，同张国焘就战略方针进行争论的过程。毛泽东指出：我们现在背靠一个可靠的地区是对的，但不应靠前面没有出路、后面没有战略退路、没有粮食、没有群众的地方。“所以，我们应到甘肃才对，张国焘抵抗中央决议是不对的。”② 他明确指出：现在我们不应依靠共同北上，而应该单独北上。

毛泽东作报告以后，彭德怀作了改变军队编制等问题的报告。

在与会者充分开展讨论后张闻天作总结性发言，对毛泽东的报告作了补充和发挥。③

---

① 49D，即在包座被红军歼灭的胡宗南的第49师。D，英文Division的缩写。

② 毛泽东在俄界会议上的报告记录，转引自《毛泽东传（1893—1949）》，中央文献出版社1996年版，第364页。

③ 张闻天在俄界会议的发言，以《关于张国焘的错误》为题收入《张闻天选集》。以下引文见该书，人民出版社1985年版，第60—61页。

关于同张国焘斗争的性质，张闻天明确指出：“这是两条路线的斗争。一条是中央的路线，一条是右倾的军阀主义——张国焘主义。”张闻天分析了张国焘的军阀主义路线形成的过程，并着重指出其性质：“从退出通南巴起，已经形成了反对中央的路线。对敌人是惧怕的。在红军建设上，不要党的领导。红军变成个人统治的军队。对干部的培养，是要拥护他个人。无论从哪一方面，都充分表现了军阀主义倾向，这是很明显的。”

对于张国焘错误发展的前途，张闻天同意毛泽东所作的“反对中央，叛变革命”的估计，并且具体指出：“其前途必然是组织第二党。”不幸而被言中，后来张国焘果然另立中央，最终叛变而去。张闻天简要回顾了争取张国焘的过程：“过去中央站在布尔什维克的路线上，如同一方面军一样看待他，后来知道他的错误，才用许多办法来争取他。用了许多方式，派代表，谈判，让步等，但终于分裂了。中央争取他的这些步骤是失败了”。说明“中央是采取了许多正确的办法的”，并指出“就是现在，只要还有一线可能，我们还要争取他。”

张闻天还指出：“因为一、四方面军分开，我们的力量削弱了，所以我们的战略方针不能不有变更。”他同意彭德怀的提议，“目前队伍的编制要缩小”，指出：“要注意干部的保存。现在要指定一些同志负责改编队伍，到麻牙即行改编。”

俄界会议作出了《关于张国焘同志的错误的决定》。当时因为时间紧迫，会议原则通过了这个决定。到达哈达铺以后，在9月20日举行的常委会上，决定：“关于国焘问题的决议的起草，由洛甫负责。”这个决定由张闻天写成通过以后，没有立即发布。到1935年12月间才在党中央委员范围内公布，在一方面军高级干部中口头传达。

俄界会议还决定，将北上红军缩编为中国工农红军陕甘支队，彭德怀为司令员，毛泽东为政委。由彭德怀、林彪、毛泽东、王稼祥、周恩来组成“五人团”指挥军事。

根据俄界会议精神，中共中央于9月14日再次致电张国焘和徐向前、陈昌浩，严正指出张国焘的错误和责任：“一、四方面军目前行动不一致，而且发生分离行动的危险的原因，是由于总政委拒绝执行中央的战略方针，违抗中央的屡次训令与电令。总政委对于自己行动所产生的一切恶果，应该负绝对的责任。”电文还指出：中央“再一次的要求张总政委立即取消南下的决心及命令，服从中央电令，具体部署左路军与四军、三十军之北进”。①

但是，张国焘继续顽固坚持其错误主张，率领左路军和右路军中原四方面军的四军、三十军南下，在反党分裂主义的道路上愈走愈远。

---

①《中共中央文件选集》(10)，中共中央党校出版社1991年版，第559—560页。

七　到陕北落脚

到达哈达铺

1935年9月13日，张闻天同毛泽东、彭德怀等一起，率领红军陕甘支队离开俄界，迅速北上。

迎面而来的关隘是天险腊子口。这个山口宽仅30米，真是一夫当关，万夫莫开。过了这个关口，就可以进入甘南的开阔地带。当时腊子口已被国民党新编十四师鲁大昌部控制，如胡宗南的援兵赶到，严密封锁山口，红军就很难过去了。在这紧急关头，红军先头部队红四团于9月17日英勇机智地歼灭守敌两个营，夺取了腊子口，打开了主力红军北进甘南的通道。

9月18日，先头部队进驻没有守备的甘南小镇哈达铺（今属甘肃省宕昌县）。毛、洛、周、博等翻越岷山，于20日到达。当天，张闻天在哈达铺的一座关帝庙里主持召开中央政治局常委会，主要讨论组织部工作和部队整编问题。①

张闻天讲话强调要爱护干部，说有的老同志有能力，但人拖瘦了。对干部的处理要“宽大一些”，“现在有马的，不必取消”。②

毛泽东支持张闻天的意见，在讨论中说：我们现在的干部是精华，应该注意保护。组织部应该调查了解干部，既要了解高级干部，又要了解中下级干部。③

会议决定了整编方案：陕甘支队下设三个纵队，原来的一、三军团分别改为第一、第二纵队，中央机关、红军总政治部等组成第三纵队。第三纵队由叶剑英任司令员，邓发任政治委员。会议还讨论了白区工作，张闻天提出，“设法派人与白区取［得］联系，建立白区工作。”会议同意他的提议，决定派谢觉哉、毛泽民到新疆去建立交通站，“可能的话与国际接头”。④

---

① 据会议记录，出席会议的为：洛（洛甫，即张闻天）、博（博古，即秦邦宪）、泽（毛泽东）。参加者有：稼（王稼祥）、迈（罗迈，即李维汉）、德怀、尚昆。

② 据会议记录。

③ 转引自金冲及主编：《毛泽东传（1893—1949）》，中央文献出版社1996年版，第365页。

④ 据会议记录。谢、毛二人当时未成行，后毛泽民到新疆。

张闻天写读报笔记

常委会开过以后，张闻天和毛泽东、博古等读到一批报纸，主要是七八月间的天津《大公报》。这些报纸，大多是两天前先头部队进入哈达铺时从当地邮局得到的。另外，红军侦察连在军阀鲁大昌部的一个少校军官的行李中也缴获了几份报纸，聂荣臻即送给了毛泽东。张闻天和毛泽东、博古阅读这些报纸，真是喜出望外。他们从报纸上登载的消息确切地知道：陕北仍然有红军！有游击队！仍然有苏区根据地！而且比原来有了很大的发展！这对于经过万水千山，最终从险境中冲出来的这支8000人的红军队伍来说，其欣喜是无法用言语来形容的。“即使给敌人打散，我们也可以做白区工作”——毛泽东在俄界会议上所作的这种最坏打算，现在是完全可以避免的了！原本就想在川陕甘创建根据地，因张国焘的延宕、动摇、反对、分裂而坐失良机，现在得知陕北有一块红军的地盘，那么，到陕北落脚，在那里建立根据地——作出这个决定，真如水到渠成。

9月22日，张闻天写下一篇“读报笔记”，题为《发展着的陕甘苏维埃革命运动》[①]，将天津《大公报》上所披露的陕北苏区根据地和红二十五军、红二十六军等情况摘引并加以分析，在此基础上表示了中央红军前往陕北落脚的意向。

张闻天用白区报纸上的材料，告诉大家几条振奋人心的消息：

第一，红二十六军力量相当强大，控制了大块陕北苏区根据地。用《大公报》载阎锡山的话说，“全陕北二十三县几无一县不赤化，完全赤化者八县，半赤化者十余县。现在共党力量已有不用武力即能扩大区域威势”。整个陕北形势同1931年江西中央苏区相仿。

第二，红二十五军“取得许多伟大胜利”，在徐海东率领下已“突围”过蓝田北出终南山口，威逼西安。估计现在“已与陕北之二十六军取得了联系”。

第三，甘南的东部尤其在毗连陕西、宁夏边区庆阳一带，也有红军游击队活动。

张闻天由上述材料得出结论：“红军与赤色游击队在陕甘两省内正在普遍的发展着”，“我们中国工农红军主力之一部，已经开始进入甘南的重要地区。”

据此，他提出陕甘支队前进的方向和任务：“响应着陕甘红军与赤色游击队的活动”，“同二十五、二十六军及通南巴游击区取得配合，协同动作及汇合，并给在这个地区中开展着的游击运动以帮助、组织、领导”，完成8月20日毛儿盖会议《中央关于目前战略方针之补充决定》提出的任务：“联系存在于陕甘边之苏维埃游击区域成为一片的苏区”。

博古根据报载材料也写了一篇文章：《陕甘苏维埃运动的发展与我们支队的任务》，提出把发展着的陕西苏维埃运动“转变为巩固的苏区根据地”，是“我们支队的战略目标”。

---

① 这篇读报笔记已收入《张闻天文集》（一），中共党史出版社1995年版。

张闻天和博古的文章同时登在9月28日刚刚恢复出版的《前进报》第三期上。这两篇文章大致反映了中央落脚陕北的意向。

毛泽东在陕甘支队团以上干部会上讲话，也提出了“到陕北去”的主张。①

毛泽东赋长征诗

离开哈达铺继续前进，突破渭河封锁线，到达通渭县县城榜罗镇。

9月27日，张闻天在这里主持召开了中央政治局常委会议，讨论了当前的形势，认为应该改变俄界会议确定的行动方针，并正式决定到陕北去，在陕北保卫与扩大革命根据地，“以陕北苏区来领导全国革命”。② 这是一个具有重大历史意义的决定。由此，陕北成为领导全国人民进行解放斗争的中心。

经过两万多里的长途跋涉，跨越了万水千山，冲破了敌人的围追堵截，眼看红军就可以在陕北落脚，开辟新的根据地了。毛泽东非常振奋。他后来描述过这时的心情：“万里长征，千回百折，顺利少于困难不知有多少倍，心情是沉郁的。过了岷山，豁然开朗，转化到了反面，柳暗花明又一村了。”③

到了通渭，毛泽东诗兴勃发，写就一首七律，歌咏史无前例的长征。在干部会上讲话时，他用那浓重的湖南乡音，清脆响亮地即兴朗诵了一遍④：

红军不怕远征难，
万水千山只等闲。
五岭逶迤腾细浪，
乌蒙磅礴走泥丸。
金沙水拍云崖暖，
大渡桥横铁索寒。
更喜岷山千里雪，
三军过后尽开颜。

翻越六盘山，向陕北苏区挺进

1935年9月28日清晨5点钟，为躲避敌人飞机的骚扰，陕甘支队在一个空旷的晒麦场上召开了全支队连以上干部大会，进行突破长征最后两道封锁线，到陕北革命根据地去的政治动员。毛泽东、彭德怀、张闻天、林彪相继讲话。

---

① 据金冲及主编：《毛泽东传（1893—1949）》，中央文献出版社1996年版，第365页。

② 引自1935年10月22日中央政治局会议毛泽东报告的记录。毛在报告中追述了榜罗镇会议的决定。

③ 毛泽东对《清平乐·娄山关》的自注，见《毛泽东诗词集》，中央文献出版社1996年版，第53—54页。

④ 据蒋建农、郑光瑾：《长征途中的毛泽东》，红旗出版社1993年版，第271页。

此后，红军陕甘支队经过回民地区，连续突破了会宁—静宁之间与平凉—固原之间的两道公路封锁线，于10月7日到达固原县青石咀。毛泽东指挥陕甘支队采取两侧迂回和正面突击的战术，击溃了尾追而来的敌骑兵两个连，顺利翻越海拔约3000米的六盘山。登上六盘山，眼看胜利在望，毛泽东又发诗兴，填《清平乐·六盘山》一首，表达胜利的豪情和投入新的战斗的渴望——

天高云淡，
望断南飞雁。
不到长城非好汉，
屈指行程二万。

六盘山上高峰，
红旗漫卷西风。
今日长缨在手，
何时缚住苍龙？

翻越六盘山后，中央红军过环县，向陕北根据地挺进。10月18日，部队经陕西省定边县境抵达铁边城（今属吴旗镇）。再往前走，就进入陕北苏区了。

在即将进入陕北苏区，同红二十五、二十六军会师的前夕，张闻天在铁边城主持召开了一次中央政治局常委会，讨论今后方针。

张闻天就当前形势与任务作了发言。他指出，过去决定要到达一个地区，现苏区已经在前边，这一任务一般地已胜利完成。他估计在这种形势下，敌人对付红军的“趋势必从追击进到会剿”。因此，当前我们的任务“应巩固、扩大苏区，而不是放手休息”。张闻天提出，“应批准”上次榜罗镇会议关于“在陕北创造苏区”的决定。张闻天还指出：与二十五、二十六军关系，应更虚心，不是消极批评，而是积极提议。告诉部队要敬重二十五军、二十六首长，而不要自夸。① 在中央红军结束长征、落脚陕北之际，在同二十五军、二十六军会合，开创新局面的前夕，张闻天的这些意见，对全局是具有重要意义的。

铁边城会议后一天，1935年10月19日，陕甘支队到达吴起镇。这里已是陕甘边和陕北的边境。中央红军的长征，跋涉25000里，纵横11个省，到这里终于胜利完成了。新的艰巨的任务又摆到了毛泽东、张闻天面前，这就是要巩固、扩大苏区根据地，及时实行从土地革命战争到民族解放战争的转变，并在这一伟大转变的过程中，实现红军三大主力的胜利会师。

---

① 据张培森主编：《张闻天年谱》（上卷），中央党史出版社2000年版，第270页。

进驻吴起镇

1935年10月19日，中央红军进驻吴起镇。当地群众因为闹不清开来的是什么部队，都跑散了。在这个相传战国名将吴起曾在这里屯兵的古镇上，已经看不到一点有关吴起的古迹了。镇子街头，破旧的窑洞墙上，随处可见的是“打土豪，分田地”、“拥护刘志丹”、“中国共产党万岁”等标语，一个窑洞门口还挂着一块牌子：“赤安县第六区苏维埃政府”。对于长途跋涉的红军来说，没有比这更亲切，更令人振奋的了。说明这里确实已经是苏区了，中央红军确实到了陕北根据地了！

中国工农红军二万五千里长征的终点——陕北吴起镇

张闻天与毛泽东、周恩来、博古等在镇上宗湾子关帝庙后面的油房院里住下。他们决定，部队在这里休整几天，摸清情况，然后去同红十五军团会师。一个月前，原在鄂豫皖的红二十五军，由军长程子华、副军长徐海东率领，经陕南、陇东长征十个月到陕北，于1935年9月16日在延川县永坪镇与刘志丹率领的陕北的红二十六军、二十七军胜利会师，合编为红十五军团。

中央红军这时只剩下七千多人，在吴起镇周围驻扎下来。地方党政、游击队和广大群众很快就了解到，是“咱们的红军来了”，都跑回来，筹粮食，送猪羊，欢迎红军。

这时，马鸿宾的骑兵和东北军的骑兵，尾随追来。毛泽东说：切掉尾巴，不要把敌人带进根据地。10月21日，彭德怀指挥了一场打骑兵的“切尾巴”伏击战，歼灭敌人一个骑兵团，击溃敌人三个骑兵团，把追击中央红军的这条“大尾巴”切掉，保卫了陕北根据地的安全。毛泽东写诗赞扬彭德怀：

山高路远坑深，
大军纵横驰奔。
谁敢横刀立马？
唯我彭大将军！

10月22日、27日，张闻天在吴起镇先后主持召开了中央政治局会议和中央政治局常委会议。

毛泽东在22日政治局会议上作了关于目前行动方针的报告和结论。毛泽东在报告中指出：陕甘支队从俄界出发已走了两千里，“到达这地区的任务已完成了，敌人对于我们追击堵截不得不告一段落”。我们的任务是保卫和扩大陕北苏区，以陕北苏区领导全国革命。陕、甘、晋三省是发展的主要区域。①

张闻天赞成毛泽东的报告，在最后发言中分析了长征胜利后的形势和面临的新的任务。他指出：到达苏区根据地，长征的任务最后完成了。这是一个历史时期的完结，一个新的历史时期的开始。现在新的任务是保卫与扩大这一苏区，变为直接的民族革命战争。要把反帝和土地革命直接结合起来。② 张闻天在10月18日铁边城会议上已经提出巩固、扩大苏区的任务，这时，他又将这一具体任务同日本帝国主义侵入华北，全国抗日救亡运动高涨的政治形势联系起来，指明了新的历史时期的战略任务：将土地革命战争变为民族革命战争。

毛泽东在结论中指出：结束一年长途行军，开始了新的有后方的运动战。提高战斗力，扩大红军，解决物资问题，是目前部队的中心工作。要加强白区、白军工作和游击工作的配合。要尊重地方干部和群众的意见，要依靠他们。

这次政治局会议批准了榜罗镇会议落脚陕北的战略决策，宣告了中央红军长征的结束。

对于军事行动方向，在10月27日的常委会上，毛泽东提出：南下同红十五军团会师，隆冬之前解决战斗，打破“围剿”，扩大苏区。张闻天支持毛泽东的“南下”方针。其时，红十五军团共有七千多人。9月18日合编以后，即挥师南下，反对敌人的第三次“围剿”，在甘泉县境内打了两个漂亮仗：10月1日劳山战斗，歼灭东北军一一〇师；10月25日榆林桥战斗，又歼灭了东北军一〇七师六一九团，挫败了敌人的南线战役。

10月27日的常委会还讨论了常委分工和组织人事安排。会议同意张闻天提出的方案如下（记录称“提议方案”）：毛泽东负责军事工作，周恩来负责中央组织局和后方军事工作，博古负责苏维埃政府工作。会议决定任命：李维汉任组织部长；宣传部无适当人选，先由吴亮平做工作；王稼祥任红军政治部主任；刘少奇负责工会；凯丰任少共书记；保卫局负责人由常委同志兼，王首道为副。会议

① 1935年10月22日中央政治局会议记录，转引自金冲及主编：《毛泽东传（1893—1949）》，中央文献出版社1996年版，第367页。

② 据1935年10月22日中央政治局会议记录。

同意总书记提出的方案。[①] 由此，毛泽东不仅在实际上而且在名义上正式全面负责军事领导。

张闻天、毛泽东在吴起镇过问的另一件大事是，及时纠正肃反中的严重错误。

张闻天、毛泽东等到吴起镇后就向当地干部打听刘志丹，得知：刘志丹被逮捕关押在瓦窑堡；前方红二十六军中也进行了肃反，红二十六军营以上干部有几百人被捕，其中有些人已被当做“反革命”错杀。刘志丹1925年入党，是陕北根据地的创始人。在陕北干部群众中威信很高。人们亲切地称他“老刘”。当时任红十五军团副军团长兼参谋长。将这样的“群众领袖”、“革命英雄”当做肃反对象，明显是一种过激的“左”倾疯狂病。这一严重错误使陕北党、红军和根据地陷入危机。

张闻天、毛泽东一起，立即采取紧急措施制止和纠正错误。首先派贾拓夫携带电台到永宁山约陕甘特委书记到甘泉下寺湾集中，组织部长罗迈同行。[②] 贾拓夫遇到陕甘特委负责同志后，证实了刘志丹被捕等事，当即电告张闻天、毛泽东等。张闻天、毛泽东即以党中央名义下令：停止逮捕，停止审查，停止杀人，一切听候中央来解决！

下寺湾决策

中央红军在吴起镇经过短暂休整，即按10月25日政治局常委会决定的方针沿洛河南下，11月2日到达甘泉县下寺湾。陕北高原这时已经进入初冬。在吴起露宿，已经是“露天麦地覆棉裳”，“天明始觉满身霜”（谢觉哉诗句），到下寺湾，竟下起雪来了。早几天先行出发的贾拓夫、罗迈已经同郭洪涛（陕甘晋省委副书记）、聂洪钧（西北军委主席）联系上了。中央红军到达下寺湾时，受到边区政府、列宁小学师生和当地群众夹道欢迎。

毛泽东、张闻天到下寺湾后，直接听取了陕甘晋省委副书记郭洪涛关于肃反情况的汇报。郭洪涛回忆当年情况说，洛、毛听了汇报，“一致表示，陕北肃反搞错了，要纠正，要快放刘志丹同志”。“后来，具体处理过去的冤案，释放刘志丹等同志，这些工作都是张闻天同志领导的”。[③]

在下寺湾听取郭洪涛汇报后，张闻天立即派保卫局执行部长王首道先去瓦窑堡接管陕甘边区保卫局，把事态控制起来，避免进一步恶化。还组织了一个五人“党务委员会”（通称“五人小组”，成员为：董必武［主任］、王首道、张云逸、李维汉、郭鸿涛），在博古指导下负责审查错误肃反事件。张闻天亲自过问五人小组的工作。到瓦窑堡后，很快释放了刘志丹、高岗、习仲勋等被关押的干部。

---

① 据1935年10月27日中央政治局常委会会议记录。

② 据1935年10月25日中央政治局常委会议记录；李维汉：《回忆与研究》（上），中共党史资料出版社1986年版，第370页。

③ 郭洪涛：《张闻天同志初到陕北》，见《回忆张闻天》，湖南人民出版社1985年版，第96页。

不到一个月，1935 年 11 月 26 日，党中央即作出《审查肃反工作的决定》，指出陕甘晋省委“在肃反工作中犯了小资产阶级的‘极左主义’和‘疯狂病’的严重错误”。[①] 11 月底，张闻天主持了为刘志丹等平反的活动分子会议。陕北错误肃反得到及时制止、迅速纠正，挽救了陕北的党、红军和根据地，为党中央在陕北落脚创造了重要的内部条件。

到下寺湾的第二天，在旧戏楼前召开了欢迎大会。

在欢迎大会前，张闻天主持召开了政治局常委扩大会议。洛、毛、周、博四位常委出席。到会的有彭德怀、王稼祥、刘少奇、罗迈、林伯渠、凯丰。李德也参加了。会上，郭洪涛和聂洪钧详细汇报了陕北苏区和红军艰苦曲折的发展历史，介绍了陕北根据地现在的政治、经济、军事、地理情况。得知：1935 年 2 月，中共西北工作委员会和西北军事委员会建立，实现了原来陕北、陕甘两个苏区党组织和红二十六军、红二十七军两支红军的统一领导。在刘志丹的统一指挥下，红二十六军、红二十七军粉碎了国民党军队的第二次“围剿”，解放了安定、延长、延川、安塞、保安、靖边六座县城，原来被分割的陕甘边和陕北两个苏区遂连成一片。面积 3 万平方公里，人口 80 万，建立了 20 多个县级苏维埃政府，主力红军扩大到 5 千人。

在欢迎大会后，张闻天又主持召开政治局会议，讨论当前的行动方针和组织问题。张闻天分析了陕北根据地内外的政治、军事形势，指出当前的紧迫任务是，“怎样去彻底粉碎敌人三次‘围剿’”。对行动方针，张闻天提出：“中央分两部分”，“一部分同志到前方去，一部分可在后方做动员工作”。大家都赞成。会议还讨论了新的西北革命军事委员会的组成问题。张闻天提议由毛泽东担任军委主席，并赋予军委决定军事指挥问题的全权。他说：“大的战略问题，军委向中央提出讨论，至于战斗指挥问题，可由他们全权决定。”经过讨论，张闻天宣布了中央军委成员名单：毛泽东为军委主席，周恩来、彭德怀为军委副主席，成员为：王稼祥、聂洪钧、林彪、徐海东、程子华、郭洪涛。[②]

兵分两路

下寺湾会议以后，中共中央即分两部分行动。

毛泽东、周恩来、彭德怀率领红一方面军南下，于 11 月 5 日到达甘泉县道佐铺红十五军团司令部，同徐海东、程子华会合。毛泽东指挥了 11 月下旬在直罗镇战役，歼灭东北军一〇九师和一〇六师六一七团，彻底粉碎了敌人的第三次“围剿”，巩固了根据地，为党中央把革命大本营放在西北举行了奠基礼。

张闻天同博古、刘少奇、邓发、李维汉、董必武、林伯渠等 11 月 4 日送毛、

---

① 1935 年 11 月 3 日政治局会议决定党中央对外称“西北中央局”，故这个“决定”全称为《西北中央局审查肃反工作决定》，见《六大以来》（下），人民出版社 1981 年版，第 372 页。

② 本段记述均据 1935 年 11 月 3 日政治局会议记录。

周、彭南下以后，没有立即离开下寺湾。11月5日，张闻天在这里又召开中央会议，讨论根据地工作。张闻天就反倾向斗争、土地问题、武装群众、苏维埃选举、党的建设等问题作了比较系统的讲话。他在会上还宣布了将原陕甘特委改为陕北省委的决定。这次会后，张闻天即率领中共中央机关北上，经高桥、安塞、蟠龙，于11月10日到达安定县瓦窑堡。

在陕北，瓦窑堡算得上是一个繁荣、体面的城镇。镇上石窑洞、砖瓦窑洞较多，瓦窑堡因此得名。镇子周围有兵工厂、造币厂、弹药厂。离这里不远的清涧，有机械修配厂、被服厂。南边百里延长一带，蕴藏石油。瓦窑堡当时是陕甘省委驻地，陕北根据地的政治、经济中心。

中央机关和红军进瓦窑堡的那天，刚下过一场雪。当地组织了隆重的欢迎仪式，数千人齐集在南门口到磁窑一带，敲锣打鼓，非常热烈。红军战士、干部虽然衣衫褴褛，疲惫不堪，但情绪很高昂。驻下以后，粮食、蔬菜、被服等给养很快都得到了供给。

1939年春，张闻天与刘英在延安枣园（刘英提供）。

红一方面军自从1934年10月突围西征，离开南方的老家江西瑞金以后，一年多来，一直辗转流动，无根据地作战，历尽千辛万苦，现在终于在陕北的瓦窑堡安上了新家。这是中国共产党和红军战胜千难万险取得的一个伟大胜利。

革命有了落脚点，张闻天才成了家。同他结为终身伴侣的，是和他一起走过二万五千里征程的刘英。刘英是湖南长沙人。1925年3月入党，在五卅运动中走上职业革命家的道路。1927年5月“马日事变”后转入地下斗争，任湖南省委候补委员兼妇女部长。1929年春受党中央派遣到莫斯科中山大学学习，在那里认识了张闻天。刘英后来转入国际无线电学校。1932年冬被共产国际派回中国。在中央苏区先后担任少共中央局宣传部长、组织部长。长征开始后，她担任“红章”纵队三梯队政治部主任。遵义会议后不久，接替邓小平任中央队秘书长。与张闻天朝夕相处，产生了感情。到瓦窑堡后，他们就在下河滩田家院的一孔窑洞成了家。没有举行任何仪式，也没有请客。熟悉的同志来坐一坐，说几句祝贺的话，喜事就办了。倒是毛泽东到瓦窑堡后，来窑洞闹了闹，算是补了“闹新房”这一课。毛好说笑，又刚在直罗镇打了大胜仗，情绪很高，他踏进窑洞就嚷开了：“你们要请客！结婚不请客，不承认！不算数！”碰到开玩笑的场合，张闻天口讷，不知对答。刘英伶俐、泼辣：“拿什么请客呀？又没有钱，又没有东西！”毛还是不放松，笑着说：“那——不承认！”闹了一阵，毛泽东又说：“我倒是真心给你们贺喜来了，还写了一首打油诗呢！”接着就当场念了起来。这首诗除了贺新婚外，还将张闻天的民主作风夸了一番。那时，毛洛二人，不仅路线、策略一致，思想感情也是很融洽的。

八　拉开从内战到抗战的序幕

提出新策略

陕北是红军长征的落脚点，又是新的革命征程的出发点。摆在中共中央和它的领导人面前的，有三项互相关联的重要使命：一项是巩固、扩大根据地，党中央和中央红军自身能够生存下来并得到发展；再一项是实现从内战到抗战的战略转变，担负起民族解放的重任；又一项是战胜张国焘另立中央的反党分裂活动，引领二、四方面军完成长征，实现红军三大主力的胜利会师，团结、壮大中国共产党领导的革命武装力量。党中央总书记张闻天和红军统帅毛泽东密切合作，为完成这三项历史使命作出了贡献。

1935 年秋冬，中央红军到达陕北的时候，中华民族的危机达到了空前深重的地步。

在这年夏季，日本侵略华北的行动急剧升级。5 月，日本借口中国破坏《塘沽协定》，要求中国铲除华北抗日行动，撤退军队及国民党军政机关。6 月到 7 月，国民党北平军分会代理委员长何应钦与日本华北驻屯军司令官梅津美治郎秘密订立《何梅协定》，国民政府全部接受日本的无理要求：河北省主席于学忠去职；中央军、东北军撤出河北；宪兵第三团南调；河北省内和平津两市的国民党党部与秘密机关一概取消；禁止河北省境内之一切抗日活动。照此办理，实际上把非武装区从冀东各县扩大到了整个河北省。6 月底，察哈尔省代主席、民政厅长秦德纯又和日本关东军特务机关长土肥原贤二以换文方式订立《秦土协定》，规定取消察哈尔境内的国民党机关，解散抗日机关和团体，免去宋哲元察哈尔省主席职务，撤退宋哲元的第二十九军，成立察东非武装区。按照这两个卖国协定，国民党嫡系力量基本上退出了河北、察哈尔两省。1935 年 9 月，日本新任中国驻屯军司令官又发表声明，鼓吹华北五省（河北、山西、山东、察哈尔、绥远）“联合自治”。10 月，日本内阁又通过“鼓励华北自主案”，图谋把整个华北变成第二个“满洲国”。11 月，日本侵略者嗾使汉奸殷汝耕在北平城东 40 里的通县组织“冀东防共自治政府”，使冀东 22 县脱离中国政府的管辖，成为被日本操纵的一片敌伪统治区。接着，日本又逼迫南京国民政府接受华北政权“特殊化”的要求，妄图在北平设立“冀察政务委员会”，虽然名义上仍归南京政府管辖，实际上就是“冀东防共自治政府”的翻版。华北主权断送，中华民族到了最危险的时候！正当其时，北平学生爆发了“一二·九”抗日救亡运动。

适应形势的发展变化，张闻天同毛泽东、周恩来、博古等中共中央领导人一起，及时地拉开了从内战到抗战这一战略转变的序幕。

1935 年 10 月 1 日，张闻天在甘肃通渭时，就已撰文指出：日本独占中国的侵略政策和行动“将引起国内外各种关系的变化”。英美和日本之间的矛盾正在加剧，群众中正酝酿着反抗日本侵略的怒火。文章宣告：中国共产党与红军“应该更高地举起反日、反帝的旗帜，团结全中国一切反日反帝的民众在自己的周围，开展反日、反帝的民族革命战争，以保卫中国民族的独立与领土完整。”①

10 月 19 日，中央红军到达吴起镇。在这里休整期间，张闻天于 10 月 22 日、27 日先后主持召开中央政治局会议和中央政治局常委会议，及时地提出了历史大变动时期的新的战略任务：把保卫和扩大苏区的斗争变为直接的民族革命战争。②

接着需要解决的问题是，中国共产党通过哪些环节、运用怎样的策略来实现停止内战，进而转变为直接的反对日本帝国主义的抗战？

1935 年 11 月 13 日，张闻天主持中央政治局会议，明确提出实现战略转变的任务和灵活运用广泛的统一战线策略。他在会议最后作总结发言，指出：陕北苏区的战略地位是“处在最前线的地位，领导民族革命战争的地位”；我们的“历史任务”是“要巩固和扩大这一苏区成为领导的中心；反日反蒋的根据地”，进而“在陕、甘、绥、宁、新建立反日中心”；当前的任务是“发动群众，粉碎敌人进攻，准备与日本帝国主义作战”。③

在这里，张闻天已将笼统的“反帝”或“反日、反帝”并提的提法改变为“反日”和“反日反蒋”；“直接的民族革命战争”也明确地解释为“与日本帝国主义作战”。显而易见，战略目标开始集中到当前最主要的敌人身上了。

11 月 13 日当天会后，中共中央发布了两个文件，一个是《为日本帝国主义并吞华北及蒋介石出卖华北出卖中国宣言》（以下简称《宣言》），一个是《关于开展抗日反蒋运动工作的决定》（以下简称《决定》）。与上述张闻天在会上所作“总结发言”参读，可以认定，这两个文件无疑是在张闻天主持下写成，或者就

---

① 见《察哈尔事件和日本帝国主义的侵吞华北》（1935 年 10 月 1 日），载《前进报》第 4 期，署名洛甫。

② 据会议记录。这篇发言以《长途行军结束后的新任务》为题收入《张闻天文集》（二）。

③ 据 1935 年 11 月 13 日西北中央局会议记录。这篇总结发言以《把陕北建成领导反日的中心》为题收入《张闻天文集》（二）。当时把反日和反蒋并提的背景是：“华北事变”确实引起了国内外关系的变化。南京政府和蒋介石也从中认识到，日本在华北的扩张，严重危及英、美帝国主义在华的经济利益，也损害了蒋宋孔陈等家庭和派系的利益，威胁着蒋介石在华北的统治地位，因此，蒋在 1935 年 11 月的国民党“五大”上表示了转变对日政策的意向。然而，蒋当时的基本方针还是“攘外必先安内”，蒋当时积极专注的事情，还是消灭初到陕北、立脚未稳的中央红军。所以，粉碎国民党军队的“围剿”，保卫与扩大陕北苏区，就成了当时红军的迫切任务，“反蒋”与“反日”也就不能不并提，成为那时互相联系、并行不悖的目标。

是出自张闻天之手。

《决定》指出："陕甘苏区是处在反对日本帝国主义侵掠的前卫地位"，"目前陕甘苏区党前面最迫切的任务"，是"扩大与巩固陕甘苏区，准备同日本帝国主义直接作战"。《决定》对实现任务的途径作了具体说明："使土地革命战争转变为民族革命战争"就是"由反蒋战争进到反日战争"。

《宣言》指出："抗日反蒋是全中国民众救国图存的唯一出路"，"抗日"与"反蒋"的关系是"不可分离两位一体的任务"。特别值得注意的是，这两个文件在提出战略任务的同时，还着重提出了策略路线问题。重申苏维埃政府与工农红军愿在1933年1月"共同抗日三条件"之下与任何武装队伍订立共同对日作战协定；愿意实际地援助一切方式的抗日反蒋的组织。强调要运用1934年4月20日发表的民族武装自卫的"六大纲领"并使之具体化与实际化，来发动广大群众，开展抗日反蒋运动。文件对统一战线的广泛性与灵活性作出了新的解说，提出："一切抗日反蒋的中国人民与武装队伍""都应该联合起来"，"一切斗争方式""都应该用来"抗日反蒋。

过了四天，11月17日，张闻天又写了《日本帝国主义的新进攻与民族革命战争的紧迫》一文。[①] 除了对《决定》和《宣言》进行阐述和发挥之外，文章在分析当前"国内外各种关系变化"的基础上，对统一战线的策略思想有不少极其重要的发展。在这篇文章中，张闻天将实现策略转变，灵活运用广泛的统一战线提高到党的中心任务的位置；他明确提出为了达到"抗日"这个崇高目的，要利用上层统一战线的策略，重点对象是同蒋有矛盾的各派军阀的武装队伍。文章还明确提出统一战线中的领导权的问题，指出中国共产党与红军担负着"民族革命战争的组织者与领导者"的任务，要把中国民族革命战争"放在自己的领导之下"。而这种领导者的地位，要在灵活运用广泛的统一战线策略的过程中取得。

总之，毛泽东、张闻天等率领中央红军落脚陕北以后，就同中央领导集体中其他成员一起，根据当时新的政治形势，独立作出判断，开始实行从内战到抗战的转变，抗日民族统一战线的策略方针已经逐渐明确，战略转变的序幕已经拉开。

"国际代表"到达瓦窑堡

就在张闻天、毛泽东等中共中央领导人根据当时新的政治形势，独立作出判断，开始战略转变的时候，受共产国际派遣从莫斯科回中国的张浩（本名林育英），于11月18日到达瓦窑堡。

张浩是中共驻共产国际代表团成员、中华全国总工会驻赤色职工国际代表。1935年七八月间，他参与了《八一宣言》[②] 的酝酿、讨论和修改工作，出席了在

① 载《斗争》第74期（1935年11月21日），署名洛甫。收入《张闻天文集》（二）。

② 全称为《为抗日救国告全体同胞书》。1935年8月1日由中共代表团以中华苏维埃中央政府、中国共产党中央委员会名义签发。10月1日在中共于巴黎创办的《救国报》上发表。

莫斯科召开的共产国际第七次代表大会（1935年7月25日至8月20日）。鉴于共产国际和中共驻共产国际代表团同中共中央的电讯联系已经中断将近一年，国际七大精神和《八一宣言》内容急需向中共中央传达，中断的电讯联系亟待恢复，所以，在国际七大会议中途，通过两个决议案之后，张浩就被派回国。

张浩1922年2月入党，是中国最早的工人党员之一。在国内长期从事白区工作，斗争经验丰富，智勇双全。他在党内有相当高的威望，是人们熟知的工人运动领袖和党的活动家，所以共产国际挑选他当此重任。张浩回国，走的是蒙古这条艰苦的近路。他风餐露宿，跨越沙漠。为应付盘查，他穿一件光板皮袄，挑一副货筐，装扮成货郎，沿途打听消息。经过三个月的长途跋涉，终于寻到了在瓦窑堡的中共中央。

张浩到瓦窑堡后，张闻天即同他彻夜长谈。张浩向张闻天传达了共产国际七大关于改变以往对社会民主党的策略，不再将中间力量看做危险的敌人，建立反法西斯统一战线和人民阵线等精神，以及中共驻共产国际代表团起草的以苏维埃中央政府和中共中央名义发表的《八一宣言》关于抗日联军、国防政府等内容。张浩还带回了与共产国际联系的密码。所有这些，都不可能带书面材料，全凭记忆。

11月20日，张闻天主持政治局会议讨论陕北土地问题，即请张浩出席。会上对富农问题有不同意见。张浩发言说："反富农要注意"，"目前阶段策略上最紧急的要反对的敌人，是日本帝国主义、蒋介石及地主。"现在不要提"没收富农，消灭富农"。张浩还指出，现在宜提"人民共和国"。如果要没收富农、消灭富农就势必牵涉到中农、白区斗争、知识分子等许多方面。富农还是长期的斗争问题，不是一下就能消灭的。张闻天这时在对富农问题上也还没有摆脱"消灭地主，反对富农"的政策的束缚。他在发言中认为："消灭富农是不对的"，"对地主的应声虫富农应反对"。在张浩发言之后说："在白区发展大的斗争时，可暂与他们妥协"，"在阶级斗争深入的地方则不同。"① 不过，他很快就按照共产国际七大的精神，改变了对富农的策略。

张浩受共产国际派遣回国，带回来共产国际转变策略的重要的新精神，张闻天等中央领导人都很敬重他，称他为"国际代表"。此后，他就以"国际代表"的身份在党和红军中活动，特别是在制止张国焘的反党分裂活动，促成红军三大主力会师上发挥了很大作用，立了大功。

张闻天毛泽东的配合合作

11月20日当天，张闻天即派专人送信给在直罗镇前线的毛泽东等人，通报张浩回来及他传达的国际七大精神与《八一宣言》要点。同时，他立即同张浩和在后方的党中央领导同志一道，认真研究国际七大精神，结合中国革命的经验，

① 据会议记录。

特别是九一八事变以来的教训，依据当时国内外各种关系变动的情况，作出战略和策略转变的重大决策。

11月21日，毛泽东等从前线致电张闻天等，报告直罗镇大捷的喜讯："洛甫及中央各同志：捷报。敌一〇九师及一一一师一个团，昨日侵入直罗镇，方面军本二十一日包围该敌，激战至十二时，被我一军团将一〇九师之两个团及其师直属队整个消灭，未逃脱一人一枪，缴获丰富，正清查中。"

11月24日，洛（甫）、博（古）联名致电毛泽东，估计敌三次围剿已经终结，建议开一个详细讨论各项问题的会，即后来召开的瓦窑堡会议。[①]

11月25日，张闻天又派专人送信给毛泽东，并附在后方的党中央领导同志研究后草拟的文件（包括拟由中华苏维埃共和国中央政府主席毛泽东、中国工农红军革命军事委员会主席联名发表的《抗日救国宣言》和中共中央《关于改变对富农策略的决定》），就抗日统一战线的策略、红军行动方针、改变对富农的策略等问题，征求毛泽东和前方领导同志的意见。

11月27日，洛甫致电毛泽东，建议释放俘虏的东北军军官，以"扩大我们抗日反蒋的影响与同盟者"。[②]

12月1日，毛泽东在鄜县（现名富县）东村复电洛甫，表示："反将统一战线的策略内容及具体的口号和纲领，完全同意。宣言请立发。""对富农策略的转变，基本同意"，还提出了若干补充意见。

自遵义会议以来，张闻天遇事总是同毛泽东商量。他作风民主，对毛很尊重，处处以"配角"自居，同毛配合合作得很融洽。党中央总书记同红军最高统帅的高度一致，是保证当时打开中国革命新局面的重要关键。在历史档案里可以看到，从1935年10月初到陕北起，到1938年9月六届六中全会，有洛甫（或张闻天）署名的电报为451件，其中"洛、毛"或"毛、洛"联名者达286件之多，占了百分之六十四。可见"毛洛合作"在实行战略策略转变、促成红军三大主力会师中的关键作用。

统一战线策略的新内容

张浩到达瓦窑堡传达共产国际七大精神之后，张闻天对于实行广泛的统一战线的策略，确有不少新的认识，新的发展。

1935年11月29日，张闻天召集政治局会议，专门讨论统一战线问题。他就"反对日本帝国主义侵略"的策略问题作了报告和结论。[③] 会前，他主持发布了

---

① 据张培森主编：《张闻天年谱》（上卷），中共党史出版社2000年版，第281页。

② 据张培森主编：《张闻天年谱》（上卷），中共党史出版社2000年版，第281—282页。该电收入《张闻天文集》（二）。

③ 张闻天在这次会上的"报告"和"结论"记录整理稿以《日本帝国主义对中国的侵略与扩大民族统一战线》为题首次发表于《中共党史资料》第22辑（中共党史资料出版社1987年6月出版）。后以《反对日本帝国主义的策略》为题收入《张闻天文集》（二）。

《抗日救国宣言》（11 月 28 日）；会后，写了题为《拥护苏维埃政府与工农红军的抗日宣言》的文章。[1] 在这些文件中，张闻天除了继续阐述已经提出的以抗日反蒋为内容的广泛的统一战线的策略思想之外，又增加了许多新的内容、新的步骤。这是以张闻天为总书记的中共中央将共产国际七大精神同中国实际情况结合起来，对灵活运用广泛的统一战线策略所作的重要充实和发展。主要之点是：

（1）提出共同组织抗日联军与国防政府，大大扩展了统一战线的范围，大大提高了统一战线的组织形式。《抗日救国宣言》宣告："不论任何政治派别、任何武装队伍、任何社会团体、任何个人类别，只要他们愿意抗日反蒋，我们不但愿意同他们订立抗日反蒋的作战协定，而且愿意更进一步同他们组织抗日联军与国防政府。"张闻天在政治局会议上指出："就是在军阀中间也有对日本侵略不满意的"，"我们采取主动，联合军阀，反对日本帝国主义。""按照六大纲领，我们可以和国民党队伍结成反日反蒋同盟。"张闻天强调："抗日联军、国防政府要真正做起来"，"统一战线不只是限于宣传，要变成实际行动"。张闻天在文章中还指明，抗日联军与国防政府，是苏维埃政府与红军在民族危机加深的情况下"采取的新的步骤"，"这一主张，即是目前争取抗日反蒋群众到我们领导之下的一个主要环子"。

（2）提出抗日救国的十大纲领，作为抗日联军与国防政府的共同纲领，统一战线联合行动的具体方针。

（3）强调"反对目前最主要的敌人"。张闻天既从军事学和政治学的基本原则，又从列宁主义的策略思想，来说明"我们的中心目标是在集中最广大的力量去反对目前中国人民最主要的敌人，并在斗争过程中去取得党对于最大多数基本群众的领导权"。在这一策略思想指导下，张闻天对统一战线的广泛性作了具体的阐述："不论是过去同我们处于敌对地位的军阀，或是过去是坚决反对我们的政治派别，只要他现在在抗日反蒋上同我们有共同之点，那我们可以完全不念旧恶，同他们联合一起"，"为了整个民族的生存和利益，我们欢迎一切人民到抗日反蒋的运动中来。"国内是如此，对国际帝国主义国家，也要看到日本"独占"中国与英美"瓜分"中国之间的矛盾，变更我们的策略："不论是英国或美国帝国主义，如果他们现在能够对中国的民族运动表示同情赞成或守善意的中立，那我们即可以同他们建立亲密的友谊关系。"

（4）强调同党内"左"的关门主义开展最坚决的斗争。张闻天指出，"灵活的运用广泛的统一战线，是我们党目前最中心的任务"；而"最阻碍我们工作的是关门主义"，"关门主义成了我们党内最主要的危险"。"这种关门主义倾向如不克服，就根本无法去取得对于千千万万广大群众的领导权"。张闻天系统地、具体地分析了关门主义的特点、表现、产生的原因及危害，并用现实斗争中的例子，

---

① 此文写于 1935 年 12 月 1 日，发表于 12 月 5 日印发的中共西北局机关报《斗争》第 76 期，署名洛甫。部分内容以《关门主义是目前党内主要危险》为题收入《张闻天选集》，人民出版社 1985 年版。全文收入《张闻天文集》（二）。

结合历史的经验教训，说明应该怎样克服关门主义，灵活运用广泛的统一战线策略。在这方面，张闻天特别强调主动性和灵活性。他指出："我们不应在宣言发表之后被动的、消极的等待人家来找我们，同我们谈判抗日反蒋的联合行动，而且还要主动的积极的到处去活动。"在灵活性方面，张闻天指出，"革命的形势是千变万化的"，要"把握住各种不同的情况，而提出不同的策略"，要"利用敌人内部的每一冲突、每一矛盾"，要"争取各种机会、利用各种方式，反对日本帝国主义"。还说，在谈判时，也不一定都要反日反蒋；只反日不反蒋，或者反蒋不反日，也可以。

就在这时，在张闻天指导下，我方同国民党军八十四师高桂滋部就停战、合作等进行的谈判"已有初步成绩"，"协定草约已由双方代表同意后送上级批准"。[①]

上述11月至12月间的这些新的内容，新的步骤，具体的口号和提法，都是11月中旬及以前的文章、讲话、宣言、决定中所没有的或不够明确的。这当然同张浩到达瓦窑堡、传达共产国际七大精神密切相关。可贵的是，张闻天和中共中央领导集体并没有照搬共产国际七大的词句，而是结合中国实际贯彻国际七大的精神，对已经独立提出的灵活运用广泛的统一战线的策略作了重要的补充和发展，注入了新的内容，提到了新的高度。

改变对富农的策略

纠正过去"左"倾政策的实际步骤首先从改变对富农的策略开始。为此，张闻天派罗迈、王观澜（西北办事处土地部部长）、郭洪涛等对陕北土改情况进行调查研究，弄清陕北土地问题的特殊性，了解过去土改中执行"左"的政策的情况及其对农牧业和工商业带来的消极影响。在此基础上，草拟了关于改变对富农政策的文件，送前方征求毛泽东和其他中央领导同志的意见。

12月1日，张闻天接到毛泽东表示"基本同意"的复电。他在吸收毛泽东和前方领导同志意见对文件进行修改后，即于12月6日主持召开中央政治局会议，讨论改变对富农的策略。

张闻天在会上作"报告"和"结论"。[②] 张闻天在报告中指出：现在是民族危机加深的时期，广大阶层都参加了革命斗争。在这种情形下，富农所采取的态度与以前不同了。"现在我们要在全国范围内争取广大群众到革命方面来，反对我们的主要敌人日本帝国主义及蒋介石。因此富农态度的变更，我们是欢迎的。我们现在如采取加紧反对富农的策略，把他们推到地主豪绅方面去，显然是不适宜

---

① 1935年11月26日洛甫致毛泽东电，见《张闻天文集》（二），中共党史出版社1993年版，第14页。

② 张闻天的"报告"和"结论"以《改变对富农的策略》为题收入《张闻天选集》，人民出版社1985年版。

的。”并指出：“现在我们改变策略，使群众觉得不仅政治上可以自由，而且可以大大地发展生产，使生活更加好起来。我们必须了解，在目前革命阶段上，资本主义的发展对我们不是可怕的，而是有利的。”“总之，我们认为，在目前情形下，要改变我们对富农的策略。”应该采取怎样的策略呢？张闻天说：“现在，在白区，在反对地主豪绅的斗争中，一般可以联合富农，造成统一战线。在斗争深入时，分配土地、消灭豪绅地主势力时，则要求得富农善意的中立，使他们不做地主豪绅的应声虫，以孤立地主豪绅势力。”“在苏区，只消灭富农的封建剥削”，“富农也应平均分得土地，不应特别分给坏田地。除此之外，富农的钱及用具，不管有没有，都是不能动的。”

张闻天在讨论后做的结论中强调：“现在要建立广泛的统一战线，集中力量反对主要敌人，在广泛的统一战线中争取党的领导。”在富农问题上，“要改变策略，为的是集中力量，反对主要敌人。”“在苏区，对于富农的‘左’的办法在纠正。这不是假的政策。政府过左的行政办法要纠正，党、工会也是一样。过左的要求，我们都是反对的。”“总之，对于策略的转变，各方面都要坚决贯彻执行。要在党内进行广泛的教育，使我们的同志懂得，目前无论如何都要转变策略。”最后，张闻天还对几个具体的政策界限作了明确的规定：“第一，富农自己经营的土地不动，出租的土地没收。第二，出租的牛羊可以分。第三，土地是否平均分配由中农决定。第四，合作社可以让富农投资，但不能让他们参加政权。”

会议作出了《关于改变对付富农策略的决定》，指出“加紧反对富农”的策略无论从目前的中心任务和长期的实践经验来看，都“已经不适当了”。现在对于富农的政策是：“只取消其封建式剥削的部分，即没收其出租的土地，并取消其高利贷。富农所经营的（包括雇工经营的）土地、商业以及其他财产则不能没收。苏维埃政府并应保障富农扩大生产（如租佃土地，开辟荒地，雇用工人等）与发展工商业的自由。”①

富农问题不是一个孤立的问题，它牵涉面广，政策性强，涉及中农、工商业、知识分子以及白区工作等各个方面的政策。张闻天当时清醒地看到，“目前无论如何都要转变策略”，“对于各方面策略的转变，各方面都要坚决贯彻执行”。② 而实行对富农政策的改变，正是系统纠正过去“左”倾错误政策首先采取的一个重大步骤，是此后转变各项具体政策的一个良好开端。

① 《中共中央文件选集》（10），中共中央党校出版社1985年版，第585、586页。
② 引自《改变对富农的策略》，见《张闻天选集》，人民出版社1985年版，第70页。

九　主持瓦窑堡会议

瓦窑堡会议的召开

前面已经说到，在直罗镇大捷、粉碎敌人三次“围剿”的胜利形势下，11 月 24 日，洛（甫）、博（古）就致电毛泽东，建议召开一次详细讨论当前形势与各项任务、实现策略转变的政治局会议。毛泽东和前方的中央领导同志均表赞同。12 月 8 日，毛泽东致电洛、博，约他们一起到安塞会面并在那里开会。洛、博和张浩即如约到安塞等候。12 月 14 日深夜，张闻天接到毛泽东的电报，知道毛泽东已于 12 月 13 日到了瓦窑堡，遂立即返回。

瓦窑堡会议会址——瓦窑堡下河滩田家院

中共中央领导同志自 11 月 14 日在甘泉下寺湾分两部分行动以后，已经一个多月，现在又胜利会合了。12 月 17 日起，具有伟大历史意义的瓦窑堡中央政治局会议开始举行。

开会的地点就在张闻天、刘英住的窑洞。它是下河滩田家院内一排窑洞中的一孔，坐落在半山坡上。窑洞内陈设简陋，临窗一张条桌，是张闻天平时办公写文件的地方。窑洞中间有一张旧方桌和几条粗笨的凳子，就是来客或开会的坐席。窗纸是新糊的，使整个窑洞显得亮堂而有生机。出席会议的毛泽东、张闻天、周恩来、博古、刘少奇、邓发、张浩等人随便坐定，讨论两个主要议题："政治形势与策略"和"军事战略"，① 这是关系中国共产党、中国工农红军与中华民族命运的两件大事。

出席会议的政治局委员们个个情绪高昂，精神振奋。毛泽东、周恩来在直罗镇前线打了胜仗，敌人对陕甘根据地的第三次"围剿"被粉碎了；同共产国际中断了一年多的联系如今恢复了；建立广泛的统一战线的策略基本上已经明确，重大的政策改变已经开始，从内战到抗战的伟大战略转变的序幕已经拉开了；从国民党统治区又传来了北平学生"一二·九"反日游行示威的消息，一个抗日救亡运动的新高潮正在全中国兴起。中国革命摆脱了危机，走出了困境，一个新的大变动时代来到了！

通过张闻天起草的《关于目前政治形势与党的任务决议》

张闻天主持这次会议并就第一项议程——政治形势与策略作了报告。报告的内容都写进了他起草的《关于目前政治形势与党的任务决议》（通称《瓦窑堡会议决议》）之中。张浩在会上作了共产国际七大的传达报告。他凭记忆传达了共产国际为适应新形势的发展，改变在"第三时期"理论②指导下的"左"倾政策，

---

① 据 1935 年 11 月 17 日中央政治局会议记录。

② "第三时期"理论，是 1928 年 7 至 9 月召开的共产国际六大提出的"左"倾冒险主义理论。这一理论把第一次世界大战以来的世界政治形势划分为三个时期，第一时期是资本主义制度陷于严重危机，无产阶级采取直接革命的时期，这个时期在 1921 年达到了顶峰，而以 1923 年德国无产阶级革命的十月失败而告终；第二时期是资本主义制度渐趋稳定、资本主义经济逐渐复苏时期，也是无产阶级大军为几次严重失败所削弱后继续进行自卫斗争的时期；第三时期是世界资本主义经济迅速发展，资本主义内容矛盾愈演愈烈的时期，经过这一时期，将导致一个新的时代。"第三时期"理论最主要的错误在于对 1928 年以后的世界形势作了错误的估计，认为在不久的新时代里，将发生帝国主义国家之间的帝国主义战争、帝国主义国家反对苏联的战争、反对帝国主义的民族解放战争。战争必然引起革命，从而不可避免地导致资本主义制度的总崩溃。1929 年 7 月召开的共产国际执委会第十次全会，进一步肯定了"第三时期"理论。全会要求各国共产党反对右派，同时反对对右派的调和派，并从组织上对其加以清除，以"下层统一战线"和"阶级反对阶级"的口号代替广泛的统一战线策略。结果各国共产党把一些本来可以团结的力量，如社会民主党、民族资产阶级等都排斥在联合的范围之外。九一八事变发生以后，在"第三时期"理论支配下的共产国际却强调"帝国主义者打算牺牲苏联以谋求摆脱危机的出路"，认为"已经中国开始的战争就是朝着反苏战争的方向前进的一步"，所以号召各国工人和劳动群众"用你们的生命保卫苏联"。同时，还错误地规定，中国共产党必须"在群众反帝斗争中广泛持续地适用下层的统一战线策略"，"反对一切帝国主义分子，推翻帝国主义的代理人——国民党。"这就忽视了九一八事变之后日本同其他帝国主义国家存在着复杂矛盾的客观现实，也忽视了九一八事变后中国国内阶级关系的新变化，必然采取一系列"左"倾政策。

实现革命战略转变等主要精神。

从12月17日至19日，政治局委员们围绕张闻天的报告展开了充分的讨论，从中国实际出发，具体地分析了国内外形势，确定了抗日民族统一战线的策略方针。毛泽东对会议很满意。他在12月19日20时给当时正在指挥围攻甘泉的彭德怀发去电报，说："政治局会议开了三天，关于总的政治问题（形势与任务）讨论完了，真是一次很好的讨论，可惜你没有来参加。"当天子夜24时，毛泽东在致林彪、彭德怀、叶剑英、程子华的电报中又说到："政治局已开了三天会，很好的讨论了当前的形势、力量与任务。"

张闻天受政治局委托，起草了《瓦窑堡会议决议》，经12月25日政治局会议通过。该决议分六部分：（一）目前形势的特点；（二）党的策略路线；（三）国防政府与抗日联军；（四）苏维埃人民共和国；（五）党内主要危险是关门主义；（六）为扩大与巩固共产党而斗争。

《瓦窑堡会议决议》对当时国内外的形势、阶级关系的变化作了全面的分析，确定并系统地阐明了党的抗日民族统一战线的策略路线和各项方针政策。《决议》指出，日本企图"单独吞并中国"的侵略行动引起了国际国内关系的急剧变化，帝国主义内部矛盾空前紧张，中国掀起了新的民族革命高潮。在新形势下，"一部分民族资产阶级与军阀"也有"直接参加"反日战线的可能。即使"在地主买办阶级营垒中间"也可能发生分化。"党的策略路线，是在发动、团结与组织全中国全民族一切革命力量去反对当前主要的敌人——日本帝国主义与卖国贼头子蒋介石"。《决议》对"最广泛的反日民族统一战线（下层的与上层的）"作出新的解释。提出：只要反日反蒋，"不论什么人，什么派别，什么武装队伍，什么阶级"，"都应该联合起来开展神圣的民族革命战争"；"我们的任务，是在不但要团结一切可能的、反日的革命力量，而且要团结一切可能的反日同盟者，是在使全国人民有力出力，有钱出钱，有枪出枪，有知识出知识，不使一个爱国的中国人不参加到反日的战线上去。这就是党的最广泛的民族统一战线策略的总路线。"《决议》宣告：把"苏维埃工农共和国"改变为"苏维埃人民共和国"；"国防政府与抗日联军是反日反卖国贼的最广泛的与最高的民族统一战线的组织"，实行"十大政纲"；决定改变对小资产阶级群众、知识分子、富农、民族资本家以及白军官兵的政策。《决议》要求全党"大胆的运用广泛的统一战线"，在实际的群众斗争中"表现出他们是无坚不破的、最活泼有生气的中国革命先锋队"，去争取民族革命战争的领导权。为此，必须同党内的主要危险关门主义作坚决的斗争，同时要警惕"一九二七年时期的陈独秀主义，在新的大革命中，在部分的党部与党员中的复活"。

通过毛泽东起草的《关于军事战略问题的决议》

军事问题也是瓦窑堡会议的重要议程。12月23日，毛泽东在会上作军事问题报告。报告分三部分：（一）关于战略方针；（二）关于作战指挥上的基本原则；（三）关于行动方针。当天，政治局会议通过了毛泽东起草的《关于军事战略问题的决议》。确定“把国内战争同民族革命战争结合起来”、“准备直接对日作战”、“扩大红军”的战略方针；确定红一方面军行动部署的基础应放在“打通苏联”与“巩固扩大现有苏区”这两项任务之上，并把“打通苏联”作为中心任务；强调基本原则还是运动战，提出游击战争在民族革命战争中的战略作用；确定做好渡黄河的准备，到山西去开辟局面。

张闻天在讨论军事问题时发言，结合自己的认识过程，充分肯定毛泽东总结土地革命战争经验而概括出来的积极防御、诱敌深入、大踏步进退、集中兵力于主要方向、战略的持久战与战役的速决战等作战的基本原则，并自觉地作自我批评说，过去我在上海对毛泽东游击战争的作战原则“未能了解”，还说什么是“机会主义的动摇”，五次反“围剿”战争和长征都证明这些战略战术原则是正确的。张闻天提出，要汲取历史教训，“教育我们同志，使同志能灵活运用”。[①] 张闻天自己对毛泽东的军事思想领会是深刻的，确实能够自觉地灵活运用。就在一个多月前，1935 年 11 月 18 日，张闻天主持召开了专门讨论游击战争问题的中央政治局会议并作了总结，论述了游击战争的战略地位，相当系统地提出了发展陕甘游击战争的指导思想和具体意见。会后作出了《中央关于发展陕甘游击战争的决定》。

瓦窑堡会议的传达贯彻

瓦窑堡会议开启了中国革命历史的新篇章。会议一开完，张闻天和毛泽东一起立即为传达、贯彻会议精神而紧张忙碌地工作。

12 月 27 日，中共中央在瓦窑堡龙虎山下西北办事处礼堂（原教堂）召开了党的活动分子会议。会议由张闻天主持，毛泽东作《论反对日本帝国主义的策略》报告，传达《瓦窑堡会议决议》，系统、精辟地阐述了抗日民族统一战线的策略。毛泽东指出，中国正处在大变动的前夜，即处在新的全国大革命的前夜，这是现时革命形势的第一个特点。又一个特点是，帝国主义还是一个严重的力量，革命力量的不平衡状态是一个严重的缺点，要准备打倒敌人必须准备作持久战。这两个特点就要求我们必须勇敢地抛弃关门主义，采取广泛的统一战线。党的任务就是把红军的活动和全国工人、农民、学生、小资产阶级、民族资产阶级的一切活动汇合起来，成为一个统一的民族革命战线。

会后，张闻天连续主持召开中央政治局会议，贯彻《瓦窑堡会议决议》，转变各项政策，全面部署工作。

1935 年 12 月 29 日，政治局开会，讨论北方局工作方针和组织领导。

1936 年 1 月 2 日，讨论新形势下组织工作的转变。

1 月 3 日，讨论工会工作怎样纠正“左”的倾向，按照统一战线策略来发展

---

① 张闻天 1935 年 12 月 23 日在中央政治局会议上的发言记录。

工人运动。

1月10日和17日，先后召开常委会和政治局会议，决定红军渡黄河东征的作战方针和组织领导。

1月22日，政治局会议，讨论了少共（即青年团）工作，张闻天要求彻底转变工作方式，克服第二党倾向，在青年中实现广泛的统一战线。① 同时讨论了正在进行中的联合东北军的工作。

总之，在瓦窑堡会议后短短一个月时间里，张闻天同中共中央领导集体一起，对政治策略和军事行动作了一系列部署，领导党中央各项工作自觉地实行转变，为“组织千千万万民众进入伟大的民族革命战场上去”②，建立起广泛的抗日民族统一战线而努力奋斗，打开了一个全新的局面。

---

① 上述六次会议内容均据会议记录。

② 引自《中央关于目前政治形势与党的任务决议（瓦窑堡会议决议）》，载《中共中央文件选集》（9），中共中央党校出版社1985年版，第609页。

十　打开新局面

为达到瓦窑堡会议提出的目标和作出的部署，张闻天同毛泽东紧密合作，团结中央领导集体，克服内部矛盾和外部困难，在不长的时间里，打开了新局面。为战胜张国焘的右倾分裂，实现红军三大主力会师，胜利结束长征，奠定了基础。同时，又为改变对蒋策略，建立以国共第二次合作为中心的广泛的抗日民族统一战线而不懈地、卓有成效地努力。

东征山西

瓦窑堡会议确定红军行动的主要方向是“放到东边的山西和北边的绥远等省去”，这是经过一段时间的酝酿讨论后才确定下来的。

在中央红军刚刚落脚陕北的时候，张闻天就提出巩固和扩大陕北根据地的任务，并把它同“打通苏联”的方针联系起来。这一基本方针得到毛泽东、周恩来等中央领导同志一致赞同。中央红军在陕北立定脚跟后，大家进一步认识到：陕北太穷，经济落后，人口有限，补充兵员，解决给养都成问题，更加坚定了向外出击，打通抗日路线，以求发展的决心。然而，对于向外发展的方向、时机，看法并不一致。张闻天在 1935 年 11 月 20 日和 25 日给毛泽东的信中曾提出北上宁夏然后东进绥远抗日前线的方案。毛泽东不赞成，认为应该东征山西，尔后北出绥远。毛泽东 12 月 1 日复张闻天的电报中说：“我不同意的是时间和径路问题。第一，目前红军必须增加一万人。在四个月内我们必须依据陕北苏区用空前努力达此目的。第二，最好是走山西与绥远的道路。这是用战争、用开展、用不使陕北苏区同我们脱离的方针与外蒙靠近。”在 12 月 23 日瓦窑堡会议讨论军事问题时，毛泽东在报告中阐述了东渡黄河，进军山西，开辟山西西部五县以上地区为初期苏区的计划。张闻天认识到，毛泽东提出的红军发展方向应对着日本前进方向的主张很有道理，坚决予以支持。明确表示改变自己原来的向宁夏发展的方案，“同意向山西方向”，并强调“党的中心工作是在山西”。[1] 瓦窑堡会议通过的《军事战略问题决议》决定：1936 年 1 月“扩红”5000，赤化宜川、洛川，完成

---

① 张闻天 1935 年 12 月 23 日在政治局会议上的发言记录。

渡河准备；2月过黄河东征，用半年时间将山西西部吕梁山区开创为初期根据地；尔后相机北出绥远，对日直接作战。

在瓦窑堡会议讨论军事问题前，林彪曾致电中央，建议将战略重点放在陕南。张闻天、毛泽东在12月21日以洛、毛联名复电予以否定。电文说："林来电悉。在日本进占华北的形势下，陕南游击战争不能把他提到比陕北等处的游击战争还更加重要的地位，实际上后者是更重要的。"① 因为华北是当时日本侵略的重点，平津一带不断掀起抗日救亡高潮，华北已经成为所有矛盾集中的地方，是首先爆发民族革命战争的地区；而阎锡山当时反蒋不抗日，实行与日寇"共同防共"的政策，把山西沿黄河二十余县划为"防共区"。所以，红军东征讨阎，是高举抗日旗帜，直接指向日本侵略者，政治上、军事上都是有利的。如向南发展，势必同正在与红军商谈联合抗日的东北军和西北军冲突，而蒋介石的嫡系部队则可趁机进入西北，显然不利。

瓦窑堡会议以后，对于怎样处理好巩固与发展（扩大）根据地的关系，也有不同看法；对东征的决策，也有人想不通。有人提出问题：目前红军刚到陕北，刚立住脚，是巩固一段时间再往前发展呢，还是马上去发展呢？有人怕渡不过去，也有人怕渡过去后撤不回来。张闻天坚决支持毛泽东"在发展中求巩固"的战略指导思想。他认为应汲取第五次反"围剿"失败的教训，局促于一个地区并不能巩固。红军行动应更加广泛、更加灵活一些。扩大与巩固，现在应该特别着重于扩大。对张闻天支持东征决策，有人不理解，说他不该老是跟着毛泽东跑。张闻天听到这类议论，总是坦然地说："真理在谁手里，就跟谁走。"②

在行动上，张闻天抓得很紧。继1月10日政治局常委会决定渡河东征的作战方针之后，1月17日，张闻天又在政治局会议上代表中央常委宣布："中央领导随主力行动，到红军中去。"表示了坚定不移地进行东征的决心。在这次会上，他还宣布了中共中央政治局成员的分工：毛泽东、彭德怀、张闻天、张浩、凯丰随军行动；周恩来、博古、邓发留在后方组成中央局，周任书记，王稼祥病愈后参加会议。另外还成立了地方工作委员会，由罗迈、张浩、王观澜、刘晓等11人组成，随军事行动的发展做扩红、筹款、发动群众、开辟根据地的工作。③

1936年2月初，张闻天到达黄河西岸前线，立即同彭德怀会面。他对彭解释东征山西的战略意义，告诉彭，作战方案已经采纳了彭的意见，可以确保过河主力部队不与陕甘根据地脱离，必要时可以安全撤回黄河西岸。④ 在此之前，洛、毛联名发电告彭，过河东征，"跃进深入敌后"，要在"无隔断危险时才行之。同时保证第二批退回渡河船只"。

---

① 此电发彭德怀转林彪。

② 据刘英回忆。参见杨尚昆：《坚持真理，竭忠尽智——缅怀张闻天同志》，载《回忆张闻天》，湖南人民出版社1985年版，第5页。

③ 据1936年1月1日政治局会议记录。

④ 据张闻天1967年7月25日写的一份材料。参见《彭德怀自述》，人民出版社1981年版，第211页。

2月上中旬，东征部队由子长县出发挺进至黄河西岸的清涧县高杰村一带休整，准备渡河东征。毛泽东随军行动，住在袁家沟，在这一带侦察渡口，督促渡河准备。这时，毛泽东的东征决策经过解释、讨论，得到张闻天、彭德怀等的赞同、支持，即将付诸实施，他的心情愉快，情绪高昂。2月上旬，这里下了一场大雪，毛泽东填了一首《沁园春·雪》，从眼前陕北雪景，联想到数千年中国封建王朝的历史和今天共产党与红军肩负的历史使命及将要成就的功业，抒发内心的抱负和豪情。词云：

北国风光，
千里冰封，万里雪飘。
望长城内外，惟余莽莽；
大河上下，顿失滔滔。
山舞银蛇，原驰蜡象，
欲与天公试比高。
须晴日，
看红妆素裹，
分外妖娆。

江山如此多娇，
引无数英雄竞折腰。
惜秦皇汉武，略输文采；
唐宗宋祖，稍逊风骚。
一代天骄，成吉思汗，
只识弯弓射大雕。
俱往矣，
数风流人物，
还看今朝。

1936年2月20日夜20时，红一方面军以“中国人民红军抗日先锋队”的名义，在毛泽东、彭德怀率领和指挥下，发起东征战役。红一军团和红十五军团沿黄河西岸北起绥德的沟口、南至清涧的河口这200里宽地段内的几个渡口同时东渡黄河，突破晋军苦心构筑的黄河堡垒防线，长驱直入，锐不可当。接着，又打退了晋军的拦击，控制了吕梁山区石楼、中阳、孝义、隰县之间广大地区，建立了临时后方根据地。

张闻天在先头部队突破河防以后即从无定河口渡过黄河，到达东岸。在石楼的一个小村庄里和毛泽东会面。当时军事形势发展很快，毛泽东急于上前方，遂将贺子珍托付给张闻天和刘英照顾。

在随军行进途中，新从苏联回国的刘长胜带来了共产国际七大的文件。张闻天非常高兴，立即认真阅读、研究。其时，红军进展顺利，主力在南北两线占领了晋西南和晋西北的广大地区，前锋分别进逼同蒲铁路和太原近郊。原先进入陕北“围剿”红军的晋军四个旅，被迫撤回河东救援，陕北根据地的形势随之好转。张闻天遂通知在瓦窑堡后方留守的政治局成员周恩来、博古、邓发、王稼祥以及林伯渠等来前方开会。

3 月中旬，张闻天和毛泽东等政治局同志一起在山西隰县大麦郊地区（今属交口县）先后听取北方局联络处长王世英、上海地下党前来传递南京当局欲同中共谈判联合抗日问题信息的张子华、刚与张学良进行过洛川会谈的李克农汇报情况。3 月 20 日，张闻天就在大麦郊镇附近的上益千村主持召开中央政治局会议。随后，从这里向石楼方向移动。从 3 月 23 日至 27 日，一路上在石口、罗村、四江村、石楼附近继续开会，史称“晋西会议”。[①] 会议着重讨论了共产国际七大决议、统一战线问题及战略方针问题。

张闻天在会上作了关于共产国际“七大”决议与我党抗日统一战线方针的报告。[②]

4 月 1 日，西北革命军事委员会主席毛泽东和副主席周恩来、彭德怀发布关于红一方面军改编的训令，将红一方面军全部改为“中国人民红军抗日先锋军”，“以华北五省为作战范围，在第一阶段以在山西创造对日作战根据地为基本方针”。训令重申“以发展求巩固”的方针，要求先锋军在 7 个月内完成 5 万人的编制并武装起来，以扩红为总方针的第一等任务。[③]

张闻天接受部分同志的意见，决定会后党中央不再随军行动。3 月 27 日会议结束后，张闻天即同周恩来、博古等一起于 28 日离开石楼，经义牒渡河，于 4 月初回到瓦窑堡。

就在这时，蒋介石为阻拦红军东进抗日和援救阎锡山，任命陈诚为山西“剿共”军总司令，调集 10 个师，号称 20 万人，分两路进入山西；同时命令黄河以西的国民党军队与之配合，企图封锁黄河，消灭红军，摧毁陕甘根据地。在此形势下，晋西会议确定的第一期经营山西，向河北、河南、绥远三省作战役跳跃，以及“红军与一切抗日军队集中华北”的战略意图就无法实现了。

为了避免内战，保存抗日力量，并促进抗日统一战线工作的开展，4 月 28 日，毛泽东、彭德怀决定红军撤回河西。张闻天赞成这个决策，并于 5 月初赴延长一带迎接从山西回师陕北的红军。毛泽东、彭德怀等指挥红一方面军主力自 5 月 2 日晚起分批经清水关、铁罗关西渡黄河，至 5 月 5 日全部渡完，进至陕西延长、延川、永坪地区休整。

---

① 因这次会议在山西西部一带召开，故称“晋西会议”，此处叙述会议时间、地点均据会议记录。唯“上益千”，会议记录上作“上义贤”。《毛泽东年谱》写作“上贤村”。

② 这个报告收入《张闻天选集》，人民出版社 1985 年版。

③ 据逄先知主编：《毛泽东年谱（1893—1949）》上卷，人民出版社、中央文献出版社 1993 年版，第 530 页。

东征山西虽因军事形势发生变化而未能完全达到预期目的，但不论是在军事上还是政治上，都取得了很大的胜利。张闻天说，红军东征“充分表示他们是抗日的先锋队”。[①] 毛泽东用四句话来概括：“打了胜仗，唤起了民众，扩大了红军，筹集了物资。”东征历时75天，消灭国民党军7个团，俘敌（包括阎锡山的团长郭登瀛）4000余人，缴枪4000余支，炮20余门；取得江河作战经验，提高了战斗力；迫使原来侵入陕北的晋绥军撤回山西，巩固了陕北根据地的东部地区；红军扩大新兵8000余人，筹款30余万元，发展并壮大了红军和根据地的力量；在山西20多个县开展了群众工作，宣传了中国共产党的抗日主张，建立了一些抗日游击队和游击区，为以后开辟抗日根据地打下了基础。[②]

回师宣言与西征决策

5月5日，中华苏维埃人民共和国中央政府主席毛泽东、中国人民红军革命军事委员会主席朱德，向南京政府军事委员会、全国海陆空军、全国各党派、各团体、各报馆和一切不愿当亡国奴的同胞，发出《停战议和一致抗日通电》（通称《五五通电》），呼吁“在全国范围、首先在陕甘晋停止内战，双方互派代表，磋商抗日救亡具体办法。”

红军东征和发表《五五通电》回师西渡，在全国影响巨大，发挥了动员全国各界奋起抗日救亡的作用。上海许多抗日团体，鲁迅、茅盾、宋庆龄、覃振等知名人士，都致信中共中央表示拥护“停止内战，一致抗日”的主张。李济深也发表拥护通电。冯玉祥主张抗日与不打红军。[③] 鲁迅、茅盾在庆贺红军东征胜利的信中说：“英勇的红军将令和士兵们，你们的的英勇的斗争，你们的伟大的胜利是中华民族解放史上最光荣的一页！全中国民众期待着你们更大的胜利。”“在你们的身上寄托着人类的光荣和幸福的未来。”[④]

为了总结东征山西的经验，确定今后的行动方向，张闻天于5月8日至9日在延长交口太相寺主持召开政治局扩大会议，政治局成员和各军团首长出席。

会上，毛泽东作《目前形势与今后战略方针》的报告。毛泽东指出：东征动员了全国。现在反日反法西斯的运动在暴风雨中。在这种情形下，两方面对群众的争取都表现得很紧张激烈。一方面是革命的方面，以共产党为首。以停止内战，一致抗日的新的政策来动员民众，鲁迅、茅盾等都公开拥护，据说李济深也拥护。可以说党的新政策广大群众是已经接受了。工农商学兵各界都要抗日救亡。他们

① 引自《张闻天选集》，人民出版社1985年版，第88页。

② 引自金冲及主编：《毛泽东传（1893—1949）》，中央文献出版社1996年版，第384页。

③ 据1936年5月20日林育英、张闻天、毛泽东、周恩来等十二人给朱德、张国焘等电，见《中共中央抗日民族统一战线文件选编》（中），档案出版社1985年版，第148页。

④ 引自《斗争》第95期载“中国文化界领袖的来信”（1936年4月17日）和《火线》第61期载杨尚昆的文章《前进！向着抗日战争的胜利前进！——纪念1936年的“八一”》。

不愿当亡国奴，要反抗，要斗争。另一方面是敌人，日本领头，提出防共统一战线，企图以此击破我党的人民统一战线。我们的任务，总的是建立全国人民的统一战线，战胜日本帝国主义和蒋介石。具体的政治任务，目前是建立西北国防政府。口号是争取直接对日作战，以红军作先锋，可以转到同东北军一齐去干。对南京的态度，在我们方面是发一个回师宣言，主张停战议和。红军东征抗日，蒋阎阻止，现红军自动停战，要求议和。不和，那么你是卖国贼，我们就要打卖国贼。

关于行动方向，毛泽东作了分析，他说，在山西立足，从目前我们的力量来看，还有困难，或是不可能的。“东边的路，是将来必走的，是长时期内战略进攻的方向。”下一步的行动，是要在陕南、甘肃、陕北、宁夏“四中择一”。他从政治、经济、军事等方面作了比较：陕北，没有饭吃，地域狭小，不能去；宁夏，黄河南岸不大，虽有金马池，但从政治、经济观点着眼不应去，因为马鸿逵可能争取或守中立，军事上此地不能守，绥远亦然；陕南是重要的战略区域，又有红军，但须注意，或者去时易回时难，或者国民党军队在西安、襄阳间筑堡垒，不能出东方；“甘肃是上述几条路的必由之路。地方虽不好，但有极重要的意义。再在三边及甘北弄它一块。地广人稀，敌人以后进攻困难。这是这一时期的任务。”他说：“最好的路，是得到炮兵，向南去。否则只有把蒋调到甘肃，乘其疲而击之。粮食有了，再往东边。”①

张闻天最后发言，同意毛泽东报告和会议讨论中对形势的分析和对东征的总结，指出现在的形势是抗日与卖国的两极分化，“联日反共”或“联共抗日”尖锐地提到人们面前，中间周旋的余地越来越小。现在群众事实上并不怕共产党的帽子。群众根据切身的经验知道共产党是抗日的。有的群众已经看到：“共产党得势之时，即中华民族独立之日。”现在最重要的是要使中国共产党成为中国人民自己的党，他说：“只要党成了千千万万人拥护的党，革命就成功了一半。”故策略方面，要坚持统一战线，勿被“左”的和右的情绪所动摇。他指出：党的基本口号仍是“争取迅速对日作战”；“苏维埃红军要做抗日的火车头”。对东征回师后的战略方针，张闻天赞成毛泽东的意见，现在要以西北国防政府为主要一环，在目前形势下将行动方向“移向甘肃”，进行西征，同时又指出“将来还是要向东”。②

太相寺政治局扩大会议作出了进行西征的决定。5月18日，组成了以彭德怀为司令员兼政委的西方野战军。5月下旬至6月上旬，各路部队相继踏上征程，向陕、甘、宁三省边界国民党军事力量薄弱的地区进军。至7月底，西征取得重大胜利，占领了定边、盐池、豫旺、环县四城，开辟了一块纵横八百余里、与陕甘老苏区连成一片的新根据地，并为适时配合红二、四方面军南北夹击，夺取陕

① 以上毛泽东报告内容主要引自金冲及主编：《毛泽东传（1893—1949）》，中央文献出版社1996年版，第384—385页。

② 张闻天1936年5月9日在政治局扩大会议上的发言记录。

甘大道及其以北地区，实现红军三大主力大会师做好准备。

接待美国记者斯诺

太相寺会议后，张闻天即返回瓦窑堡。这时美国记者埃德加·斯诺希望到陕甘根据地采访。他列出了一张问题单，请人带到了瓦窑堡。单子上面开列了十几个问题，涉及中国对资本主义国家的总方针以及对日本、对英美、对苏联的估计和政策，都是国际上关心的重大问题。中共中央欢迎外国记者前来采访。通过回答斯诺的这些问题，中国共产党可以向全世界公开宣布自己的对内对外政策，促进中国人民和各国人民之间友好关系的发展和广泛的反日统一战线的建立。在中国共产党的历史上，在革命根据地接待外国记者采访，这是第一次。

张闻天对这件事非常重视，于1936年5月15日专门召集会议进行讨论。参加这次会议的有毛泽东、博古、王稼祥、杨尚昆、吴亮平、陆定一等。张闻天就回答问题的指导思想发表了意见："我们主张统一战线反对日本"，"我们立场站在反日统一战线上，故回答方向放在日本方面去，因此需顾及到其他帝国主义国家及其人民之利益，要把这些利益与中国人民利益联系起来"。张闻天说明，我们的总方针是在国际关系上运用广泛的统一战线策略，同一切不反对中国自由、独立、领土完整的帝国主义国家建立友好关系，把斗争矛头集中指向企图灭亡中国的日本帝国主义。他还指出，建立国际反日统一战线的关键，是要使英美各国认清它们与中国有共同的利益关系，中国要处理好同英美各国的利益关系。也就是要向外国记者说清楚，日本侵略中国，危害与威胁中国的利益，同时也危害与威胁英美各国的利益、太平洋的和平与世界和平；我们对日本的在华利益要取缔，对同情、支持中国反对日本侵略的各国的在华利益要顾及。关于"是否欢迎外国资本在中国投资"，张闻天表示，只要是不侵略中国的，我们都欢迎。关于"对美国政府与群众希望什么"的问题，张闻天说：美国是反对日本的，我们欢迎。但美国目前是消极的。有部分美国人认为日本侵略对美国影响很少，是错误见解。我们希望美国能更积极反对日本，并应联合各国。关于对英国的关系，张闻天指出：英国外交现在是在歧路上。英国希望与日本共同妥协后瓜分中国，反对苏联，是不可能的。日本侵华影响到英国在东方的统治，对英国是不利的。英国应改变政策。[①]

斯诺于6月间从北平出发，经过西安，于1936年7月初进入陕甘根据地。7月9日到达安塞百家坪，第二天正式访问了周恩来。大约在7月13日，斯诺到达中共中央所在地保安。博古主管"外交部"，负责接待工作。他接到周恩来发来的斯诺即将到保安的电报后，就在他住的窑洞隔壁"外交部"内为客人预备好了住处。当时，在这一排窑洞居住的有毛泽东、张闻天及随同他们的机要科、写印组，林伯渠和他的中央银行。这排窑洞位于保安城东南一座山的山麓。为欢迎斯

① 本段所说斯诺的问题单子、5月15日会议情况、张闻天发言内容，均据1936年5月15日中央会议记录。

诺，还开了一个热闹的晚会，毛泽东、张闻天都出席了。晚会上除演出节目外，大家还拉三位女红军蔡畅、刘英、刘群先（博古夫人）唱歌。她们唱了一支《渔光曲》，由邓颖超定音起头。斯诺高兴地为她们照了相。①

斯诺到保安后同中央领导人进行的第一次谈话，就是由毛泽东回答他早先递送的那张问题单子上提出的问题。毛泽东根据5月15日中央会议讨论的精神做了回答。② 斯诺同毛泽东再次长谈（7月16日，主要谈反对日本帝国主义的民族解放战争问题）以后，即于7月19日采访张闻天。张闻天同斯诺进行了长时间的谈话。斯诺写道，洛甫“用英语和我谈话，谈话时没有其他任何人在场”，“洛甫给我讲了自传”（自传后来在尼姆·威尔斯的《红色中国内幕》一书中发表），并“根据我所提出的问题作答”。斯诺在保安期间同张闻天还有过“多次简短会晤”。7月19日的谈话内容广泛而深刻，涉及关于中国革命性质、特点、道路，关于党的历史、党的建设，关于抗日统一战线等方面。斯诺在他的名著《红星照耀中国》（即《西行漫记》）的《在保安·共产党的基本政策》一节中，为了让读者了解“共产党和南京之间长期斗争的性质”，以便理解“中国共产党人今天的基本政策”，用相当大的篇幅“转述了洛甫的话”。后来，又将张闻天同他谈话的内容，以《洛甫论党的问题》为题作为单独的一篇（第十二篇），写到他的《红色中华散记》中去。张闻天向斯诺阐述了五四运动以来中国革命发展的历史，说明“现在同过去的主要差别是对红军和苏维埃的政策作了调整，以适应把民族解放作为阶级解放的先决条件的需要”。张闻天论述了中国共产党建立国际反日统一战线的策略，指出：“现在对中国的经济以至对中国的政治主权最大的直接威胁是日本帝国主义。我们在现阶段所关心的，是要取缔日本帝国主义的［在华］利益，因此我们主张立即没收这类企业，剥夺其经营权，来为正在进行民族解放斗争的中国人民造福。对于其他外国帝国主义，我们愿意采取温和的方针，按照苏维埃法律购买其重大利益，对帮助我们进行抗日战争或同我们合作的列强给以特别的照顾。”③ 这同5月15日中央会议讨论的精神也是一致的。

---

① 访问刘英谈话（1980年8月16日）。

② 斯诺记述了毛泽东和他的这次谈话。斯诺说明：“谈话先是全部用英文写出，之后在毛的要求下重新译成中文，再经他审阅通过。”这次谈话以《中国共产党和世界事务——和毛泽东的一次谈话》为题，载美国《美亚》（Amerasia）杂志1937年8月号。中译文收入《毛泽东一九三六年同斯诺的谈话》（人民出版社1979年版），部分内容写入《红星照耀中国》的第三篇《在保安》“共产党的基本政策”一节。经将这篇谈话同1936年5月15日下午1时开始的中央会议记录对照，毛泽东这次谈话的内容显然是答复斯诺到陕北之前、5月就已送到中共中央的问题单子。故笔者判断这次谈话先于7月16日《论反对日本帝国主义》那一次。因此，7月16日毛同斯诺的长谈并非通常所说的“首次”，而是“再次”。由于7月16日访问记和9月23日访问记（《论统一战线》）内容对当时局势特别重要，更为受众关心，斯诺将它们先行发表（1936年11月5日定稿于北平，11月11日发表于上海《密勒氏评论报》（The Weekly Review），是合适的。

③ 见斯诺《红星照耀中国》第三篇《在保安》中“共产党的基本政策”一节和《红色中华散记》第十二篇《洛甫论党的问题》。引文据《红色中华散记》（奚博铨译本），江苏人民出版社1991年版，第99页。

斯诺在1936年10月离开陕北根据地后，广泛报道了“红色中国”与红军的真实情况，积极宣传了中国共产党的抗日主张，成为头一个为统一战线所必需的、建立友好关系的工作铺路的人。①

开展白区工作

瓦窑堡会议后张闻天担负的主要任务之一是对统一战线工作的领导，一方面，积极促进“一二·九”运动后全国人民的抗日救亡运动；另一方面，通过各种途径、运用各种方式向国民党上层人物和军队将令宣传党的抗日主张。统一战线工作在当时形成两个重点：白区工作和联合东北军工作。张闻天和毛泽东配合合作，把这两项艰难的工作卓有成效地开展起来。

瓦窑堡会议一开完，张闻天就把加强对白区工作的领导、转变白区工作的策略提上了议事日程。在1935年12月29日的政治局会议上，具体讨论了北方局的工作。张闻天就北方局的工作方针和领导人员提出了主导意见。他指出，北方局“管理范围很大，与满洲、太原、热河、察哈尔都有关系。为加强对北方局的领导，需派得力的同志前往”。② 派谁到华北反日斗争最前线去当此重任呢？张闻天挑选了刘少奇。他同刘少奇在上海临时中央期间开始共事。他赞赏刘善于从实际出发，有独立见解，敢于坚持原则。在党内高级领导干部中很少有人像刘少奇那样对白区工作熟悉，富有斗争经验。实践已经证明，20世纪30年代初临时中央将刘少奇的正确主张作为机会主义来批判，并进行组织处分，完全是“左”倾路线的错误。从那以后，刘少奇在党内的作用就没有得到充分发挥。张闻天看到，现在正是起用刘少奇的时机。会前，他先同刘少奇个别交谈，要他肩负这项重任，刘表示接受。张闻天在会上说明自己已经和少奇“商量”、“已得到少奇同意”的情况，郑重提出：派刘少奇去，以“中央驻北方局代表”的名义，“代表党中央在那里领导”。他还指出，“中央代表机关的设立更需要社会化”。对于北方局的工作方针，张闻天提出：“主要是党的新的路线在实际环境中具体运用”，也就是从实际出发贯彻瓦窑堡会议决议，具体运用抗日民族统一战线策略路线。政治局会议同意张闻天的提议，作出了关于北方局工作的决定。此后，北方局工作由张闻天分管。③

刘少奇（化名胡服）于1936年春到天津就任中央代表（后为北方局书记）。他贯彻张闻天提出、中央政治局会议决定的北方局工作方针，很实际地去了解环境，了解情况，很实际地去布置、计划与指导工作。他发表了《肃清立三路线的残余——关门主义冒险主义》、《肃清空谈的领导作风》等文章，阐述了建立广泛

---

① 对斯诺的这个评语出自毛泽东。转引自吴黎平为《毛泽东一九三六年同斯诺的谈话》一书写的前言，见该书第6页。

② 此处和本段以下引文均见张闻天1935年12月29日在中央政治局会议上的讲话记录。

③ 1936年4月5日中央常委会讨论分工，明确“北方局甫管”。

的民族统一战线的策略思想，结合党内教育和实际工作，切实纠正关门主义和冒险主义。不过三四个月，北方工作就“有了基本的转变”。在党的组织建设方面，不仅加强了北平、天津市委的工作，“帮助环绕河北各省建立党的组织，而且能够顾及到上海、西南、武汉等地党的建立等等”。①

1936年7月，刘少奇派王同志带致张闻天汇报北方局工作的长信到保安。张闻天和中央领导都很重视北方局创造的新经验。8月5日，中央给北方局和河北省委发了“指示信”。8月9日，张闻天给刘少奇回复了一封信。② 对北方局的工作进行具体指导。张闻天指出，对蒋介石系派别，我们党应“揭破”其“欺骗”，利用其“允诺”；“要善于经过各种社会团体在某些抗日问题上公开向他们提议实行统一战线”。“同其他各党派的统一战线，亦应具体进行。”还明确指出，“陈铭枢派应很好的与之合作”；在华北，对宋哲元的二十九军中的工作“现在特别重要，我们应该用最大的力量去进行”，并且“特别要抓住官长工作”，改变过去只做士兵工作不做官长工作的错误做法。对于各种群众运动，张闻天也一一提出指导意见：工人运动，“应该从底下做起”，“不是争取公开，而是利用公开”，即“利用合法”，“所有同志应到黄色工会、国民党工会中去活动”；要成立学生委员会，挑选学生领袖，让他们在党的学运方针指导下开展具体工作；要通过共同协商的方式领导救国会等群众团体；对于文化工作的同志，“更应该采取比较灵活的与机动的领导方式”，“狭小的左联、社联等组织应该取消”；“要利用各种各样的公开的名称组织青年群众”，“C. P是应该取消的”；吸收入党的公开的学生领袖、群众团体的领导人以及白军官长等，应该是秘密党员，“特别党员”，他们应“埋藏在内部”，以适合于所处环境的方式利用公开身份进行活动。总之，要克服“一切旧的关门主义的传统”，“迅速转变斗争的方式”。针对北方局工作的现状，张闻天指示：“你处现在应该避免多头的领导，而着力于华北工作的建立与开展。”

张闻天同刘少奇紧密合作，很快在党中央与北方局之间建立了两条秘密交通线，并设置了秘密电台。通过无线电密码，张、刘之间联系频繁。对于刘少奇的请示、询问和建议，张闻天十分重视，总是及时给予答复。从总的策略方针、重大事件到具体的经费、人员情况，张闻天都及时向刘少奇通报、安排、指示。对此，张闻天在“文化大革命”中写的材料中坦然地说：1936年“兼管着北方局的白区工作”，写过“对白区工作的策略问题的看法的材料”，“对北方局来电写些复电”。③

红军渡河东征以后，党中央接到鲁迅、茅盾、宋庆龄等的来信；3月中旬，又有从上海再次来陕北的张子华汇报了上海地下党的情况；同国民党和南京政府

---

① 引文见《中央给北方局及河北省委的指示信》（1936年8月5日），载《中共中央文件选集》(11)，中共中央党校出版社1989年版，第60页。

② 这封长信收入人民出版社1985出版的《张闻天选集》。

③ 张闻天1968年6月8日写的一份材料。

联合抗日的秘密谈判刚刚开始，也需要进行联络。于是，张闻天又及时把同上海党组织建立联系、开展统一战线的工作抓了起来，决定派冯雪峰作为中央特派员前往上海。上海地下党是经过几次大破坏后留存下来的，情况复杂，同党中央又长期失去联系。派冯雪峰去，首先是因为他过去在上海活动的时间长，同鲁迅、茅盾、胡愈之等熟识，可以先通过鲁迅等摸清情况，然后开展工作。张闻天同冯雪峰相知很深。早在 20 世纪 20 年代初，张闻天就知道这位在杭州一师读书的“湖畔”诗人了。30 年代初在上海，冯在张闻天领导下主持中央文委工作。1932 年 11 月张化名“歌特”著文纠正文艺战线上的关门主义，冯转变及时，贯彻得力。到中央苏区后，冯又在张兼任校长的马克思共产主义学校任教务主任，后来参加了长征。东征山西，冯是地方工作委员会 11 名委员之一。冯在吕梁山区率领游击队开展游击战争，很有声色。周恩来在中央政治局会议上夸奖他。[①] 以冯雪峰的忠诚、机警和才干，他去上海是合适的人选。

张闻天亲自向冯雪峰交代任务：第一是“外交”，同南京方面联络，促进联合抗日；第二是同上海各界救亡运动领袖（沈钧儒等）、群众团体建立关系，传达抗日民族统一战线的策略，扩大统一战线的组织；第三，恢复党中央与上海地下党的联系，建立上海党的工作，并发展上海原来已有的工作；第四，附带管一管文艺界工作。周恩来亲自交给冯雪峰“建立一个电台”的任务，以便及时将情况报告中央，同中央联系。[②] 临行前，张闻天邀冯雪峰到自己的窑洞里吃晚饭，为他饯行。张闻天叮嘱雪峰：“到上海后，务必先找鲁迅、茅盾等，了解一下情况后再找党员和地下组织。”[③]

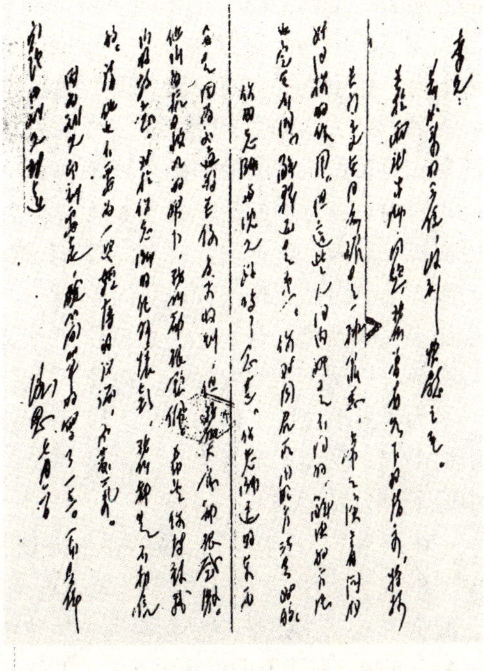

1936 年 7 月 6 日，张闻天与周恩来联名写给冯雪峰的指示信（中央档案馆提供）。

冯雪峰化名李允生，于 4 月中旬同返回上海的张子华一起从保安出发，经肤施（延安）、洛川于 21 日抵西安。

① 据周恩来在 1936 年 4 月 6 日中央政治局会议上的发言记录。

② 据冯雪峰：《回忆鲁迅》，人民文学出版社 1986 年版，第 120 页；冯雪峰：《有关 1936 年周扬等人的行为以及鲁迅提出“民族革命战争的大众文学”的口号的经过》，载《新文学史料》1980 年第 1 期；张闻天：《1943 年延安整风笔记》；1936 年 7 月 26 日、30 日两次政治局会议记录。

③ 据程中原访问刘英谈话（1981 年 12 月 6 日）；张闻天：《1943 年延安整风笔记》；胡愈之：《我的回忆》，江苏人民出版社 1986 年版，第 307 页。

从这里立即登上东去的列车赴南京。他在南京稍事逗留后即到上海，在一家小客栈里住下，第二天就去见了鲁迅。冯雪峰按张闻天的指示开展工作，统一战线和党的工作都有进展。5月31日，全国各界救国联合会在上海成立，制订《抗日救国初步政策》，宣言响应中国共产党“停止内战，一致抗日”的主张。冯雪峰在其间参与做了工作。他还及时了解了情况，联系了留在上海分散坚持活动的一些已经知道是可靠的党员，同2月成立的江苏省临委①接上关系，实施领导，并开始重建党的组织的工作。冯雪峰与从莫斯科回国和国民党方面接洽谈判国共合作问题的潘汉年、胡愈之也接上了头，并互相配合开展工作。

1936年7月6日，张闻天和周恩来在安塞联名复信给冯雪峰，指示他进一步发展上层统一战线和群众抗日救亡运动，进一步克服关门主义，推动“停止内战，一致抗日”。信中还表示了对鲁迅和茅盾深切的思念之情，对他们“为抗日救国的努力”很钦佩，要冯雪峰向他们“转致我们的敬意”。② 7月下旬，张闻天主持召开中央政治局会议，“上海工作”是此次会议讨论的问题之一。会议肯定冯雪峰去后上海工作“正在展开”，“是有进步的”。同时又看到冯雪峰的“工作范围太复杂，在外交方面、政治方面都要他负责，事实上是做不来的”。会议认为上海工作很重要，需要派人去加强领导，并酝酿“派政治局的常委去，或者派较强的干部去”。对今后上海工作的发展，张闻天指出，主要是扩大统一战线。现在，对黄色工会的策略转变还不够；文化界的团体，救国会，组织上都比较狭隘；对南京各方面的活动也要扩大。会后，张闻天给冯写信，指示他对统一战线更加扩大起来，要他重点抓建立上海党的工作，注意划分公开工作与秘密工作。上海方面的白区工作一直由张闻天分管。1936年9月政治局会议后中央又派潘汉年任中共谈判代表赴上海，后来又任命潘为中共驻沪办事处主任，冯为副主任。随着统一战线工作的发展，上海地下党发挥了越来越重要的作用。

为了推动白区工作的转变，1936年秋在保安办了一个白区工作训练班，专门培训干部。张闻天亲自为学员讲授《关于白区工作中的一些问题》。讲稿还印成小册子广为发行。③

1936年10月19日，鲁迅在上海逝世。中央发表了“表示最深沉痛切的哀悼”的三个文件：《为追悼鲁迅先生告全国同胞和全世界人士书》、《致许广平女士的唁电》、《为追悼与纪念鲁迅先生致中国国民党中央委员会与南京国民党政府电》。同时，张闻天即电示刘少奇：“鲁迅的死对于中国民族是巨大的损失，必须立即进行公开追悼鲁迅的动员。”电报详告党中央向南京方面提出的“鲁迅先生遗体举行国葬”等八点要求以及整个根据地举行追悼大会等六项纪念活动，并告诉刘中央悼念鲁迅的三个文件自10月28日起由C32全文广播（文字）的时间，

---

① 江苏省临委是中共江苏省临时工作委员会的简称。1936年2月由左翼文化总同盟（简称“文总”）党团决定成立。书记为邓洁，委员为胡乔木、王翰、王新元、丁华。

② 该信手迹存中央档案馆，全文载《党的文献》1992年第4期。

③ 此件收入《六大以来》（下），其中第一、二部分收入《张闻天选集》。

“请接收”。[1] 在国民党统治区，悼念鲁迅的活动同发扬民族精神、进行抗日救亡直接联系起来，成为“一二·九”运动以后又一次大规模的群众抗日救亡运动。直接组织这次活动的，在平津是刘少奇，在上海是潘汉年、冯雪峰和救国会领袖胡愈之，而代表中共中央进行具体指导的，是在保安的张闻天。

联合东北军和西北军

中央红军到达陕北以后，党中央就十分重视联合东北军的工作。

1935 年 10 月 22 日，张闻天在吴起镇中央政治局会议提出将保卫苏区的斗争变为直接的民族革命战争的同时就指出，要加强白军工作。[2] 当时，陕甘苏区周围敌人共 173 个团，其中东北军 60 个团，第十七路军（通称西北军）20 个团。[3] 会议认为，在陕甘苏区周围的敌军中，东北军是“围剿”陕甘苏区的主力。然而他们流亡关内，怀念故土，厌烦内战，要求抗日，对他们进行联合工作是可能的、有利的。

到达瓦窑堡后，张闻天于 1935 年 11 月 13 日主持发布《关于开展抗日反蒋运动工作的决定》，其中确定白军工作“首先应该是东北军”，重申苏维埃政府与红军愿在共同抗日三条件下同一切抗日反蒋的武装部队订立作战协定。[4] 11 月 28 日的《抗日救国宣言》宣告愿意更进一步同他们组织抗日联军与国防政府，呼吁“立刻互派代表协商具体进行办法”。[5]

这时，毛泽东、彭德怀指挥红军在南线取得了直罗镇战役（11 月 20 日至 24 日）的胜利。张闻天于 11 月 26 日致电毛泽东，提出对所俘东北军军官给予优待的政策。电文说：“为了扩大我们抗日反蒋的影响与同盟者，此次所俘东北军军官（师长亦在内）应给以优待，晓以抗日反蒋大义后大都释放。同时表示，红军不但不杀白军士兵，而且也不杀军官，以进一步瓦解白军上层。”这是将上层统一战线策略具体落实到东北军工作中的一个重要政策。毛泽东在这一天致函东北军五十七军代军长董英斌，告以优待政策，表示东北军部队凡愿抗日反蒋者，红军愿与之订立条约，互不侵犯，一同打日本打蒋介石。[6]

1936 年 1 月中共中央同东北军统帅张学良直接联系的建立，就是对被俘军官实行优待政策的结果。在 1935 年 10 月 25 日榆林桥战役中，红十五军团俘虏了东北军六十七军六一九团团长高福源。高毕业于日本士官学校，与张学良、王以哲（六十七军军长）关系密切。红军给他治伤，将他留在红军军事学校工作。通过参观学习和在红军中的生活，高接受了共产党“停止内战，一致抗日”的主张，

① 据 1936 年 10 月 22 日和 23 日洛甫致胡服电。C32，红色中华新闻社即红中社的英文缩略语。
② 据 1936 年 10 月 22 日政治局会议记录。下文对东北军的分析亦据此。
③ 据 1936 年 1 月 1 日毛泽东致朱德电。
④ 见《中共中央文件选集》(9)，中共中央党校出版社 1985 年版，第 565 页。
⑤ 《中共中央文件选集》(10)，中共中央党校出版社 1985 年版，第 582 页。
⑥ 此电收入《张闻天文集》(二)。

主动提出愿意回去劝说张学良、王以哲同红军联合抗日。

高福源于1936年1月初离开瓦窑堡，到洛川向王以哲、张学良当面汇报了他在苏区的见闻和红军联合一切抗日力量、停止内战、共同抗日的主张。

张学良在九一八事变中执行蒋介石的密令，不战而退，将东北三省拱手让给日本，遭到国人唾骂，被斥为“不抵抗将军”，内心非常苦闷。东北军流落关内，全军上下要求抗日，一心想“打回老家去”，蒋介石却调他们打红军，先在鄂豫皖，后又到陕甘苦寒地区，受尽冷遇；而在“剿共”战争中又迭遭败绩，损兵折将，军心涣散。张学良正彷徨歧路。他同日本帝国主义是家仇国难，不共戴天。他总是想凭借东北军的实力光复东北，不愿打红军消耗兵力。他意识到长此下去不是办法，希望找一条新的道路。1935年10月下旬，他到上海，同因“新生事件”而被关在狱中的爱国领袖杜重远密谈。杜批评张过去执行不抵抗政策以及执行“攘外必先安内”政策的错误，提出西北大联合的建议，要他联共抗日。12月中旬，张又在上海秘密会见东北义勇军将领李杜。李杜同杜重远的意见一致。所以，在高福源同张学良长谈之前，张思想上已经准备联俄联共抗日了。听高详谈共产党和红军的主张和情况后，张学良要高福源速回苏区联络，请红军方面派正式代表前来商谈。

高福源于1936年1月16日返回甘泉红军驻地，要求红军派代表去谈判。张闻天、毛泽东、周恩来等即同前线的彭德怀商定，派中共中央联络局局长李克农赴洛川。李1月19日晚先同王以哲晤谈。20日会见张学良，会谈了3个小时。21日，党中央收到李克农自洛川来电报告：张学良表示愿意为成立国防政府奔走。东北军中同情中共抗日主张者不乏其人，他们对“剿共”态度消沉，表示愿意目前各守原防，恢复通商。①

李克农返回瓦窑堡汇报后，张闻天、毛泽东、周恩来等商量，决定立即采取主动行动，推进同东北军的联合和促成国防政府和抗日联军的建立。1936年1月25日，中共中央公开发表的《红军为愿意同东北军联合抗日致东北军全体将士书》② 提出，在“誓死不当亡国奴”的口号下，红军愿意首先同东北军联合起来，为全中国人民抗日的先锋，来共同实现组织国防政府与抗日联军的主张，去同日本帝国主义作战。

2月初，党中央决定再次派李克农前往洛川，同六十七军军长王以哲谈判。

2月上旬，王以哲同我方交换了密码本，以便建立通讯联系。张闻天即将“与王通报之密本呼号”着人送交周恩来。③ 当时六十七军军部驻在洛川，肤施、甘泉、鄜县都是它的防区，在南部与东部对陕甘苏区形成包围之势，所以，张闻

---

① 转引自中共中央文献研究室编：《周恩来年谱（1898—1949）》，人民出版社、中央文献出版社1989年版，第299—300页。

② 该件收入《中共中央文件选集》（11），中共中央党校出版社1989年版。

③ 据1936年2月8日张闻天致周恩来电。1936年1月15日毛泽东致彭德怀电谈与张学良、王以哲谈判应提出的条件，其中之一就是“立即交换密码”。

天十分重视同六十七军的关系。2 月 16 日致周恩来的电报中特别交代，提议召集全国抗日救国代表大会的通电“单独给王以哲拍发一次。”

2 月 21 日，以中华苏维埃人民共和国中央政府的名义，就红军渡河东征，向全国发表通电，提出“召集全国抗日救国代表大会，正式组织国防政府与抗日联军”的主张。这个电报是张闻天同周恩来、博古等反复商量，几经修改（如：将“抗日讨蒋”改为“抗日讨逆”）写成的。

2 月 21 日，张闻天、毛泽东、彭德怀从东征前线向留守瓦窑堡的中央局就同东北军谈判事发去中共中央和中央军委给李克农的训令。指出，张学良同意抗日，愿意同中共订立互不侵犯协定，但不同意打蒋；不反对国防政府、抗日联军口号，但不同意马上实行这个口号。因此，我们的策略是：“处处把张学良和蒋介石分开”；“求得互不侵犯协定的订立”；“坚持抗日救国代表大会”，“坚持抗日同讨伐卖国贼不可分离”；“要求停止内战，不拦阻全国红军集中河北，不反对红军充任抗日先遣队”；“原则不让步，交涉不破裂”；等等。①

李克农等 2 月 25 日到达洛川。先同王以哲谈判，达成红军与六十七军共同抗日的口头协定。确定互不侵犯，各守原防的原则，商定恢复公路上的交通运输及经济通商，六十七军可向当地苏区群众采购粮秣，恢复红白区之间通商等事项。②这就保证了红军主力东征以后陕甘根据地的巩固，后方的安全。

3 月 4 日，张学良架飞机抵达洛川，5 日凌晨即同李克农谈判，气氛融洽、坦诚。张学良提出，为什么共产党的抗日民族统一战线不包括蒋介石？他认为现在中国的国家力量几乎全部掌握在蒋手里，蒋也有抗日的可能，因此要抗日必须联蒋。李克农说明了不把蒋列入抗日民族阵线中的理由，并说，如果蒋放弃反共、反人民、不抵抗日本的反动政策，我们是可以考虑的。会谈最后，张学良提出，请中共在毛、彭、周、博中选一位来肤施，与他共商抗日大计，时间由中共方面确定。③ 张闻天等 3 月 5 日当天即收到李克农关于会谈情况的报告，随即复电慰勉，并要李克农等到山西石楼前线当面汇报。

3 月 16 日，洛、毛、周、彭等在山西石楼前线听取了李克农洛川会谈详细经过的汇报，认真研究了张学良的意见和要求，即决定派周恩来为全权代表，到肤施同张学良谈判。④

在周恩来与张学良会谈之前，张闻天于 4 月 5 日在瓦窑堡召集了一次常委会，商讨同东北军联合抗日等问题。针对当时蒋介石下令张学良进攻陕甘根据地的新情况，张闻天指出，同东北军、张学良联合的方针不变。他说，张学良若向苏区

---

① 张培森主编：《张闻天年谱》上卷，中共党史出版社 2000 年版，第 303 页。

② 据 1936 年 3 月 5 日张闻天、毛泽东、彭德怀、博古、周恩来致红一方面军各军、中共陕甘、陕北两省省委负责人电。

③ 关于张学良提出请中共派一负责人同他再次会谈一事，没有异议。但对他提的名单，诸说不一。张学良致蒋介石回忆西安事变的长函中说是在毛、周中选一人。四人择一说据《西安事变简史》，中国文史出版社 1986 年版，第 6 页。

④ 据 1936 年 3 月 16 日彭德怀、毛泽东致王以哲电。因张学良生病，谈判推迟进行。

前进，我们还是要加强对他的联合工作。同时加强我们的武装力量，规定恰当的宣传口号，开展争取东北军下层士兵的活动。

4月7日，周恩来由李克农陪同从瓦窑堡启程前往肤施。原定谈判于8日晚8时开始举行，因肤施地区大雨、大雪而推迟。4月9日肤施地区天气晴朗，张学良自驾飞机前来。陪同者有六十七军军长王以哲和上海中共党组织派去的代表刘鼎。周恩来等晚8时入城，当即与张学良、王以哲在城内天主堂作彻夜长谈，直到第二天凌晨才结束。张学良完全同意“停止内战，一致抗日”；认识到要抗日只有以国防政府、抗日联军为出路，他愿酝酿此事；对十大政纲，表示待研究后再提出意见；对蒋，张认为蒋是在歧路上，部下有分化，但他“反蒋做不到”，在公开抗日之先不能不受蒋令进占苏区，再不进兵无以回答蒋；希望共产党方面派有政治头脑而色彩不浓的人到他那里做事、活动。① 周恩来后来谈起这次会晤的感触，说：我从那次接触中，感到汉卿是一个痛快汉子，敢于作自我批评。那次汉卿还给我们部队送了三万法币。②

4月10日，张闻天就收到周恩来发来的关于会谈情况的电报。4月13日，周恩来回到瓦窑堡。张闻天立即召开常委会议，听取周恩来关于肤施会谈的详细报告。会议决定派一批干部加强对东北军的工作，派刘鼎到张学良处继续谈判，“做事活动”；派白坚驻张学良处任联络员；命李克农与王以哲保持密切关系；等等。还决定在肤施、宜川、洛川、茶店子、西安建立中共与白区的交通机关。鉴于张学良不能不执行蒋进犯苏区的命令，会议决定在关中加强军事力量，作出相应部署，并加紧抗日宣传，争取东北军不打红军。

张闻天根据这次常委会精神，具体指导了陕甘省委和白区工作部对东北军的工作。张闻天分析了张学良与蒋介石嫡系之间的矛盾，看到：东北军若向苏区推进，蒋的嫡系部队就可趁机跟随进入东北军的防区，且将东北军同红军一起圈在里面。张闻天电示朱理治、萧劲光抓住这一矛盾，向张学良方面“要切实的善意的解释，东北军如果现在不反对蒋介石的命令，向苏区推进，构筑封锁线，对于东北军是极不利的”。③ 以此削弱与阻扼他们向苏区的进攻。再者，当时我方对东北军的做法是“暗中协商，明则敌对”。其结果是同上级军官“和”，同下级军官与士兵“打”。对东北军上级军官有利而对我方则不利。张闻天又及时电示张浩、朱理治：“现在所要改变的即是把这种协商的方法一直推行到中下级军官、士兵中去”。④

4月底，东征红军决定回师。当时的环境推动了红军同东北军的联合，中共对东北军的工作也已经有了相当的开展，张闻天又提出进一步发展对东北军统一

---

① 据1936年4月10日周恩来致洛、毛、彭电。

② 据《周恩来年谱（1949—1976）》（中卷），中央文献出版社1997年版，第421页。

③ 1936年4月26日张闻天致朱理治、萧劲光电。据《张闻天年谱》（上卷），中共党史出版社2000年版，第316页。

④ 1936年4月26日张闻天致朱理治转张浩电。据《张闻天年谱》（上卷），中共党史出版社2000年版，第316页。

战线工作的指导意见。5月1日，张闻天主持召开政治局常委会。他在总结发言中指出，对东北军的方针“基本上是政治争取使其走上抗日。我们争取的方法有两种：一种是武装力量争取，一种是政治争取。”对东北军工作的重点，过去主要是在王以哲的六十七军，这是正确的。现在应该加紧争取五十七军（当时军长为董英斌，后为缪徵流）。争取的方法，六十七军与五十七军应有区别。有两种方法，一是“武装力量争取”，一是“政治争取”。对六十七军，基本上是政治争取。对五十七军，要“军事、政治双方进行，须以相当武装对付”，同上级的谈判和对下级的工作要同时展开。他提出派李克农前往五十七军做工作。对于争取东北军的策略，张闻天明确提出“我们现在还不是叫东北军立即变为红军”。①

5月23日，常委会再次讨论东北军工作。周恩来同意张闻天5月1日提出的“争取”方针和不把东北军变为红军的策略，说：“我们现在不是瓦解它，而是巩固它。”毛泽东赞成张闻天关于东北军工作重心的意见，说：“工作中心摆在五十七军。”张闻天作总结性发言，进一步指明：“我们现在是要巩固、壮大东北军。”针对东北军工作中提出的问题，张闻天阐述了许多重要意见。指出：要促进“东北军与蒋之分裂”，要在反日问题上“猛烈的攻击蒋介石”；“对政训处也要反对”，还要“分裂它的内部”；对东北军的工作“主要是从外面去影响他，派人去要真正起作用”；在东北军中，“中国人不打中国人”是好的口号，“枪口朝天放”可做一运动；“抗日组织要加紧扩大，党的组织要谨慎，突击不相宜”；对苏区群众要好好解释我们对东北军所采取的策略，告诉他们东北军“是抗日部队”。

5月份中共中央还有几次会议也讨论了东北军工作。通过多次讨论，决定将统一战线工作的中心放在局部的抗日统一战线的建立上，使东北军、十七路军、红军结成“三位一体”，争取首先建立“西北国防政府”，实现“西北抗日大联合”。这就把东北军工作放到了影响全局的关键位置。

为进一步加强领导，在5月17日的常委扩大会上决定成立东北军工作委员会，周恩来为书记。6月20日，中共中央发布了《中央关于东北军工作的指导原则》。这个文件就是按照四五月间多次政治局会议和常委会会议的意见形成的。当时表面上看来东北军王以哲部是在进剿红军，实际上双方的联合进入了一个新的阶段。6月21日，国民党军高双城部袭击瓦窑堡，红军组织力量将它包围，让东北军于23日进驻瓦窑保，党中央机关迁到保安。这事就是中共与东北军事先达成了谅解的。1936年6月14日，中共中央政治局会议就作出了撤离瓦窑堡的决定。6月19日，周恩来电告王以哲：如果中央军将占领瓦窑堡我们必事先通知你们，由东北军占领。

---

① 张闻天1936年5月1日的这篇发言以《对争取东北军工作的一些意见》为题收入《张闻天文集》（二）。

其时，两广事变[1]爆发，毛、洛认为“西北国防政府有了迅速组织的可能和必要，我们应以西北的发动去配合两广的发动”。为力争此着的实现，张闻天即约派在张学良那里联络的刘鼎到安塞开会，商讨进一步开展东北军的工作。7月5日，毛、洛、周一起出席安塞会议。他们听取了刘鼎的汇报，要刘鼎放手大胆当好代表，争取张学良。特别强调，对东北军不是瓦解、分裂或把它变成红军，而是帮助、团结、改造，使之成为抗日的力量，成为红军可靠的友军。8月9日，洛、周、博、毛复函张学良，建议“兄部须立即准备配合红军选定九十月间有利时机决心发动抗日局面，而以占领兰州，打通苏联，巩固内部，出兵绥远为基本战略方针”；提出“对南京坚持表面不破裂，实际则随时准备作战，但他不来攻我不去打”的策略；表示立即派潘汉年前往西安与张学良面商行动大计，并准备派潘汉年、朱理治、叶剑英到西安同刘鼎一起协助张学良工作。当时，红二、四方面军将北出甘南，而蒋介石解决两广问题后有极大可能转而进攻西北。此信将“发动抗日局面”的行动计划提到张学良的面前，是为实现西北大联合、也是为实现红军三大主力会合的重要一着。按党中央的决定，叶剑英、彭雪枫、朱理治9月到西安，进行了卓有成效的工作，促成了红军与东北军、十七路军“三位一体”的联合，为日后西安事变的发动、进而全国抗战的发动作了准备。

张闻天和毛泽东对联合杨虎城及其西北军即十七路军的工作也很重视。杨时任西安绥靖公署主任、第十七路军总指挥，是陕西实力派的领袖。1935年12月，党中央就派汪锋持毛泽东的亲笔信去见杨虎城，提议“共组抗日联军，设国防政府”。1936年3月中旬，张闻天、毛泽东等中央领导人在山西前线听取了北方局联络处长王世英的汇报，了解到北方局几年来对十七路军做了不少工作，有较好的基础。《八一宣言》发表以后，1935年10月，北方局即派申伯纯同杨商谈联合抗日，经多次磋商，已于1936年2月同杨达成红军与十七路军共同抗日、互不侵犯的四项协定。3月晋西会议肯定了北方局同杨联合的方针和工作。4月5日在瓦窑堡召开的常委会上，又着重讨论了对杨联合的问题。杨虎城在1927年国共分裂后，仍然坚持孙中山“联俄、联共、扶助农工”的三大政策，保护了一些共产党人。他曾有要当贺龙的愿望，申请加入共产党。中共中央“允其加入”，可惜未能履行入党手续。[2] 1931年他任陕西省主席时，还任用共产党员南汉宸为省政府秘书长。九一八事变后，他多次请缨赴前线抗日，均遭拒绝。他对蒋介石的独裁统治和“攘外必先安内”政策是坚决反对的。所以，张闻天在会上指出，对杨虎城的联共抗日应充分估计，要看到在国民党部队的将领中，国共分裂后“能保存我们同志者是很少的”。肯定杨虎城是可靠的同盟者。同十七路军“我们可以诚

---

① 1936年6月1日，广东的陈济棠和广西的李宗仁、白崇禧组织集会，正式要求南京政府对日宣战。接着粤军与桂军以“北上抗日”名义联合出兵湖南。蒋介石则调兵拦阻。6月12日，中华苏维埃人民共和国中央政府、中国人民红军革命军事委员会发表《为两广出师北上抗日宣言》。

② 1928年10月9日中共中央给东京市市委的信中说：“杨虎城，中央已允其加入，交由你们执行加入手续。”转引自冯建辉：《中共中央曾批允杨虎城加入共产党》，载《党史研究资料》1987年第10期。冯文分析杨未能履行入党手续的原因是中央信件到达日本较晚，而杨于1928年11月中旬以前已回国。

恳谈判，困难可设法同他解决，表示对他好意”。张闻天还提出，十七路军“受威胁时”，红军“可配合行动”；对十七路军的工作应抓紧进行，批示“电台快去”，“林先去西”。[①] 会后，王世英即赴西安与杨商谈，向杨转告党中央意见，说明现在蒋介石调军队入晋，令张、杨出兵，实即日本帝国主义“广田三原则”的具体实施，请杨采取“瞒上不瞒下”的办法应付，十七路军进入某些部分苏区后即止，使“你我皆无大损失”；并请杨同张学良改善关系。此后，党中央又续派张文彬（于8月）、汪锋（于9月）到西安地区开展对杨虎城及十七路军的争取、联合工作。为进一步加强对十七路军的统一战线工作，还成立了由贾拓夫等组成的西北军工作委员会。在一段时间里，对十七路军的统战工作由总书记张闻天直接领导。

在联合东北军和西北军的同时，张闻天也没有忽略对其他地方实力派的联合工作。他在4月5日的政治局常委会上提出，我们对各种派别的态度现在要转变，我们应该相信在抗日问题上可以结成联盟。我们不应简单地痛恨他们，而要争取同他们在抗日或某些问题上订立协定。他还具体地指出，“马占山部队中可大大活动”；“阎（锡山）、宋（哲元）、孙（殿英）等部分可分化其部队”；“孙部我们不是替他去招兵买马，主要活动在抗日问题”；对民团及土匪，负责侦查、情报工作的特科，“可用红军名义去活动”。[②]

东征回师以后，中国共产党同各地方实力派的统一战线工作广泛开展起来。到1936年夏、秋，通过各种渠道，先后同宋哲元、刘湘、傅作义、阎锡山、李宗仁、李济深等都建立了程度不同的联系。

为了适应与国民党各派部队统一战线日益发展的形势，1936年7月27日中央政治局会议赞成张闻天的提议，成立了“白军工作部”，由周恩来负责领导。[③] 这一机构的建立，进一步推动了共产党对国民党军队的统战工作。

---

① 据张闻天1936年4月5日在常委会上的发言记录。“林先去西”中之林，疑即指王世英。会后王世英即赴西安。

② 据张闻天1936年4月5日在常委会上的发言记录。

③ 据1936年7月27日政治局会议记录。

十一　实现三大主力会师

中央对张国焘的团结争取和朱德等同张国焘的斗争

1935年9月12日俄界会议作出了《关于张国焘同志的错误的决定》，但为了团结、争取张国焘，这个决定当时只发给中央委员，没有下发。

会后，中共中央即于9月14日致电张国焘等，要他从错误中自拔，服从中央电令，率部北上。电报指出：一、四方面军目前行动不一致，而且发生分离行动的危险的原因，是由于张国焘拒绝执行中央的战略方针，违抗中央的屡次训令与电令。张国焘对自己行为所产生的一切恶果，应该负绝对的责任。只有张国焘放弃自己的错误立场，坚决执行中央的路线时，才说得上内部的团结与一致。一切外交的词句，决不能掩饰这一真理，更欺骗不了全党。中央先率领红一、三军北上，只是为了实现中央的战略方针，并准备以自己的艰苦斗争，为左路军及右路军的四军、三十军开辟道路，以便利于他们的北上。红一、三军的领导与全体指战员不顾一切困难，坚决担负起实现中央的战略方针的先锋队的严重任务，是中国工农红军的模范。张国焘不得中央的同意，私自把部队向对于红军极端危险的方向（阿坝和大小金川）调走，是逃跑主义最实际的表现，是使红军陷于日益削弱，而没有战略出路的罪恶行动。中央为了中国苏维埃革命的利益，再一次地要求张国焘立即取消南下的决心及命令，服从中央电令，具体部署左路军与四军、三十军北进。①

但是，张国焘不理睬中央的电报，反而在阿坝的一个喇嘛庙里召开中共川康省委扩大会议，会场上打出“反对毛周张博北上逃跑”的横幅。会议作出决议，污蔑党中央率红军北上是“机会主义”、“右倾逃跑”，而把自己的“南下”主张美化为“进攻路线”。张国焘还扬言要对“经过斗争和教育仍不转变的分子”，给以“纪律制裁”。

在这个会上，张国焘对朱德发动突然袭击，逼迫朱德接受他的“南下”主张。朱德斥责了他的错误主张，并耐心地对他进行说服教育。朱德说：我来左路

① 转引自力平等：《中国红军长征史》，中共党史出版社1996年版，第174—175页。

军工作，是执行党中央的决定。我的任务是和四方面军的同志一道，执行党中央的决议，坚决北上。北上，这是党中央的英明决定。一切听从党中央的指挥，这是我们党的组织原则。朱德表示：我相信，四方面军的广大指战员是识大体、顾大局的，他们是不会同意你们这样做的。总有一天，他们会走到党中央身边的。①

张国焘组织了对朱德、刘伯承的围攻，逼迫朱德发表反对中央北上的宣言，并以枪毙相威胁。朱德大义凛然，严词拒绝说：你可以把我劈成两半，但是你绝对割不断我和毛泽东同志的关系。并说：北上是中央的决议，中央的路线是正确的，我是举过手的，我不能反对。刘伯承也在会上明确表态说：我同意北上，中央毛儿盖会议是正确的。从全国形势来看，北上有利。你们南下，是要碰钉子的。薛岳、李抱冰并没有走，你们向南去，就会碰到薛岳和川军，打得好可以蹲一段，打不好还得转移北上。

张国焘拒不接受中央的命令，也根本不听朱德、刘伯承的批评、告诫，于9月15日和17日先后发布《大举南进政治保障计划》和“南下”命令，驱使红军向天全、芦山、大小金川一带退却。张国焘鼓吹：“我们目前的战略方针是集中主力，大举向南进攻，消灭川敌残部，在广大地区内建立巩固的根据地，首先赤化全川”，还诅咒中央：“孤军北上，不拖死也会冻死”，“至多剩几个中央委员到得陕北”。②

张国焘另立“中央”

张国焘在反党的右倾逃跑主义道路上越走越远，一直走进了反党分裂、另立中央的泥坑。

1935年10月5日，张国焘在理番县卓木碉（今马尔康县白莎寨），公然宣布另立中国共产党的“中央”，自封“中央主席”，组织了这个“中央”的中央政治局、中央书记处、中央军事委员会和常务委员会，并通过决议，宣布“毛泽东、周恩来、博古、洛甫应撤销工作，开除中央委员及党籍，并下令通缉。杨尚昆、叶剑英免职查办”。

张国焘成立第二“中央”后，再次逼迫朱德表态。朱德严厉地驳斥张国焘反对党中央的言行，说：我们红军在全中国、全世界都是很有名的，谁都知道朱毛，要朱反对毛是不可能的。他强调党要团结，红军要团结，团结起来打敌人。张国焘要朱德当他那个“中央”的“中央委员”，朱德拒绝接受，并表示自己不反中央，在这里是“以个人名义做革命工作”。③

11月12日，党中央对红四方面军发出电报，告诉他们“我一、三军团已同

---

① 此处和以下叙述阿坝会议情况均据力平等：《中国红军长征史》，中共党史出版社1996年版，第174—175页。

② 转引自《中国红军长征史》，中共党史出版社1996年版，第176页。

③ 引自力平：《驳张国焘》，香港中华儿女出版社2003年版，第156页。

二十五、二十六、二十七军在陕北会合”，现在“正与白区党及国际取得联系”，指示四方面军：“你们战况及工作情形，应随时电告党中央”，并向张国焘指出，国民党和日本关东军司令部和何应钦的讲话和文件中，污蔑我党中央是逃跑主义，以此来贬低中共中央威信，托派分子也在这样攻击党中央，“党内起而应声”，“请你们严重注意”。同时，党中央没有把张国焘排除在外，如11月中华苏维埃共和国中央执行委员会关于在陕甘晋苏区设立苏维埃中央政府驻西北办事处的布告，仍然以主席毛泽东、副主席项英、张国焘的名义发布。同日，张国焘的电报，俨然以“中央”自居，不称合法的中共中央为中央。电报中通报四方面军已占领天全、芦山，吹嘘已经打开了川西门户，奠定了建立川康苏区的基础，标榜“这是进攻路线的胜利”，并继续坚持错误，攻击中央，说这“证明了向南不利是胡说”。并“指示”党中央：“甚望你们在现地区坚决灭敌，立即巩固扩大苏区和红军，并将详情电告。”

12月5日，张国焘致电党中央，竟狂妄地提出四条：“甲、此间已用党中央、少共中央、中央政府、中革军委、总司令部等名义对外发表文件，并和你发生关系。乙、你们应以党北方局、陕甘政府、北路军，不得再冒用中央名义。丙、一、四方面军名义已取消。丁、你们应将北方局、北路军和政权组织状况报告前来，以便批准。”

在这之前，9月底，张国焘收到同中共中央久已失去联系的红二、六军团电台的空中呼号，遂利用红军总部的密码和总政委的名义，同二、六军团建立了通讯联系。从此，二、六军团同党中央的直接联系被张国焘切断。[①] 张国焘以为用这样的阴谋手段就可以将二、六军团置于自己的控制之下。

与张国焘反党分裂活动的斗争

面对张国焘的反党分裂活动，毛洛配合合作，团结全党，以最大的耐心，把原则性与灵活性很好地结合起来，采取恰当的方法，开展了积极有效的斗争。他们相信随左路军行动的朱总司令以及刘伯承等同志同中央是一致的，尽可能通过朱德等做教育争取张国焘的工作。同时估计到在当时仅以党中央出面做工作，对执迷不悟的张国焘未必能够奏效，还必须借助共产国际的权威。张闻天、毛泽东与林育英（即张浩）商量，由林育英以“国际代表”的特殊身份出面来教育、帮助张国焘。党中央同张国焘之间的组织关系，也用变通的办法处理。林育英支持中共中央的态度和办法，接受张闻天、毛泽东给他的任务，不断单独或与洛毛等联名致电张国焘，批评其分裂党的错误，要他改弦易辙，接受共产国际的意见，北上与中央会合。

1935年12月22日，林育英致电张国焘，劝告他注意党内团结，并就组织统一问题提出意见：“可以组织中共中央北方局、上海局、广州局、满洲局、西北

① 党中央与二、六军团的直接联系，直到1936年5月18日中央向张国焘索要了密码后才恢复。

局、西南局等，根据各种关系，有的直属中央，有的可由驻莫中共代表团代管，此或为目前使党统一的一种方法”。要张国焘“熟思见复”。1936 年 1 月 6 日，张国焘复电林育英，表示“一切服从共产国际的指示”，继续自称“中共中央”，继续攻击党中央在一、四方面军会合后北上是“放弃向南发展，惧怕反攻敌人”，是“向北逃跑”，是“一贯机会主义路线”。

针对张国焘不听国际代表劝告，坚持反党分裂的错误，张闻天于 1936 年 1 月 13 日致电张国焘，给予严肃批评，劝诫他“自动取消”另立的“中央”。电文中说：

> 我们间的政治原则上争论，可待将来作最后的解决，但另立中央妨碍统一，徒为敌人所快，决非革命之利。此间对兄错误，未作任何组织结论，诚以兄是党与中国革命领导者之一，党应以慎重态度出之。但对兄之政治上错误，不能缄默，不日有电致兄，根本用意是望兄改正，使四方面军进入正轨。兄之临时中央，望自动取消。否则长此下去，不但全党不以为然，即国际亦必不以为然，尚祈三思为幸。

1 月 16 日，中共中央秘书处又将《瓦窑堡会议决议》摘要电告张国焘。

然而张国焘一意孤行，坚持反党分裂错误，于 1 月 20 日致电国际代表林育英，宣称以张闻天为总书记的合法的党中央是“假冒党中央”，竟然要求党中央“自动取消中央名义”。张闻天乃于 1 月 22 日主持召开中央政治局会议，作出《关于张国焘同志成立第二“中央”的决定》。全文如下：

> 张国焘同志自同中央决裂后，最近在红四方面军中公开的成立了他自己的“党的中央”、“中央政府”、“中央革命军事委员会”与“团的中央”。张国焘同志这种成立第二党的倾向，无异于自绝于党，自绝于中国革命。党中央除去电命令张国焘同志立刻取消他的一切“中央”，放弃一切反党的倾向外，特决定在党内公布一九三五年九月十二日中央政治局在俄界的决定。
>
> 中央政治局①

不过，在党的组织关系上，仍采取变通办法。1936 年 1 月 23 日，身处红四方面军中、同张国焘分裂行径坚持斗争的朱德致电张闻天，认为“现值革命新的高涨，党内急需统一”，为避免“对外不一致，会使革命有损失”，他“提议暂时此处以南方局，兄处以北方局名义行使职权，以国际代表团暂代中央职务，统一领导”。张闻天于 1 月 24 日复电朱德，表示“接读来电，至为欢迎”，关于组织

① 引自《中共中央文件选集》(10)，中共中央党校出版社 1985 年版，第 3 页。

问题，在张国焘“放弃第二党组织”的前提下，同意采纳朱德的提议。电文如下①：

> （一）党内统一一致，才能挽救殖民地危险，才有利于中国革命。接读来电，至为欢迎，兄与国焘兄均党内有数同志，此间同志均取尊重态度。弟等所争持者为政治路线与组织路线之最高原则，好在国际联络已成，尽可从容解决。既愿放弃第二党组织，则他事更好商量。
>
> （二）兄处仿东北局例，成立西南局直属国际代表团，暂时与此间发生横的关系，弟等可以同意。原有之西北局、北方局、上海局、南方局的组织关系照旧，对内对外均无不妥。

在这里，张闻天提出的是一个既坚持“最高原则”（党中央为全党的最高领导机关，不称北方局，张国焘必须放弃第二党组织），又从当时实际出发作出一定妥协（党中央暂不垂直领导四方面军而只发生平行关系）的方案。

同日，林育英以共产国际代表的身份致电张国焘，告之：“共产国际完全同意于中国党中央的政治路线，并认为中国党在共产国际队伍中，除联共外是属于第一位。中国革命已成为世界革命伟大因素，中国红军在世界上有很高的地位，中央红军的万里长征是胜利了。”并指示：“兄处即成立西南局，直属代表团。兄等对中央的原则上争论可提交国际解决”。

在这样的情况下，张国焘于1月27日复电林育英、张闻天，在表示同意“应急谋党内统一”，同时还是不承认合法的党中央而坚持他的第二“中央”，提出：“强迫此间承认兄处中央和正统，不过在党史中留下一个不良痕迹，一方让步，必是种下派别痕迹的恶根。互相坚持必是互相把对方往托陈派、罗章龙路线上推”。他还提出：“此时或由国际代表团暂代中央，如一时不能召集七次大会，由国际和代表团商同我们双方意见，重新宣布政治局的组成和指导方法，亦可兄处和此间同时改为西北局和西南局。”② 同一天，张国焘对《瓦窑堡会议决议》表示原则赞同但提出补充、修改的电报，也用“张闻天并转中委同志”的台头，以表示他不承认党中央的立场。林育英、张闻天断然拒绝张国焘的无理要求，坚持合法的党中央的领导地位。

2月9日张闻天复电张国焘并转诸同志，2月14日（林）育英、（张）闻天联名致电朱德、张国焘，说“兄等对政治决议（引者按：指《瓦窑堡会议决议》）既原则上同意，组织上亦用西南局，则对内对外均告统一，自是党与革命的利益，弟等一致欢迎。”“关于党的最高领导机关问题，已见弟等前电所述，此外办法国际都不能同意。”对张国焘来电提出的关于《瓦窑堡会议决议》的“增修意见”逐条进行了答复，并说明《瓦窑堡会议决议》和《抗日救国宣言》，包括统一战

---

① 此电以《为谋党内统一复朱德电》为题收入《张闻天文集》（二）。

② 转引自《驳张国焘》，中华儿女出版社2003年版，第182—183页。

线基本策略方针、国防政府与抗日联军口号、十条纲领、富农政策等等，都是按照国际指示确定的，原则上并无不妥，且已在全国宣布，“此时不宜再有变更”。提出“统一对外步骤”，“希兄方采取一致办法”，发展抗日民族统一战线。有力地肯定了党中央领导的正确性和权威性。

关于战略方针，提出：四方面军和二、六军团“一过岷江，一过长江，第一步向川北，第二步向陕甘，为在北方建立广大根据地”。在军事上也坚持了中央对四方面军和二、六军团的指挥。

张国焘被迫取消第二“中央”

张国焘悍然与党中央和红一方面军分裂，于 1935 年 9 月 17 日发布“南下”命令，率左路军向川康边进军。经过六十多天连续行军作战后，于 11 月中旬在百丈与川军决战。经过 7 天 7 夜的恶战，英勇的红军虽毙伤敌军 15000 余人，自身伤亡亦近万人。百丈战斗的失利，是张国焘“南下”方针碰壁的标志。

百丈战斗之后，红四方面军停留在懋功、丹巴、宝兴、天全、芦山地区，蒋介石和四川军阀的部队联合起来包围红军。他们从南、东、西三面加紧封锁，准备进攻。红军处在危险境地，南下或东进都不可能，而控制的地域人口不过几十万，物产不丰，地瘠民贫，粮食、被服、药品发生很大困难，兵员得不到补充。在被围困的情况下，张国焘进退维谷，无所适从。至 1936 年 2 月下旬，南下时的 8 万红军，只剩下了 4 万人。这时不但粮食即将吃尽，军事形势也更加严重。张国焘只得变计“西进”，鼓吹先在康（西康）、川（四川）、青（海）边少数民族地区发展。

虽然“南下”方针已然破产，但张国焘还是死不认账。在部队到达道孚后，张国焘于 3 月 15 日召开了一个干部会议，他在会上作了关于中国苏维埃运动发展前途的报告，还是弹他的“南下”方针“完全正确”、反对毛洛周博“完全正确”的老调。说什么“要回马枪，乘敌的空虚突然南下，这是非常正确的。”“至于我们此次的北上，是在达到了预定的目的以后，我们主动的向北发展。”“在相当意义上说，南下是胜利，达到了我们预定的目的。”他还鼓吹“我们在这里不是借路经过，而是要整理部队，建立政权。”4 月 1 日，张国焘又在机关活动分子会上作关于中国苏维埃运动发展前途和我们当前任务的报告，继续攻击中央的“北上”方针，散布他的偏安西北边陲的谬论。他对张闻天、凯丰等过去批评他擅自成立“西北联邦政府”耿耿于怀，说什么“我们要了解西北联邦政府的正确性，了解它的前途，它的历史需要”，“要立即开始与加强西北联邦政府的工作，并要强固的树立其威信”。① 张国焘说：“我们要在四川、陕北、甘肃、青海、新疆、西康的几省中建立广大革命与抗日的根据地”。② 张国焘不愿与党中央合作，要到

① 本段叙述据《驳张国焘》，中华儿女出版社 2003 年版，第 173—174 页。
② 转引自《中国红军长征史》，中共党史出版社 1996 年版，第 191 页。

西北另创一个局面的用心暴露无遗。

5月初，张国焘在甘孜建立了“波巴依得瓦政府”（藏族人民政府）。但甘孜一带是藏民居住区，人烟稀少，粮食缺乏，几万红军被困西康一隅，难以生存发展。严峻的现实证明了党中央“南下是绝路”的预言和张国焘分裂活动、逃跑方针的破产。张国焘自己也不得不承认，“主力红军如果比较长久停留在川、康区域内是不利的”。[①] 走到这条绝路尽头的张国焘，这时不得不回头，提出：“我们目前的革命战略是在夺取西北地区，创立西北广大地区的抗日根据地。”[②] 虽然张国焘的夺取西北仍然是以“我”为中心的自行发展，他并不想要去同中央会合，但处在绝境中的张国焘终于期待“陕北红军采取配合行动”了。[③]

1936年5月上旬，张闻天、毛泽东、周恩来等在总结东征、部署西征以后，又讨论了继续团结、争取张国焘的问题。这时，任弼时、贺龙、肖克、关向应已率领二、六军团北渡金沙江，快要同四方面军会合，党中央同二、六军团的直接电讯联系也终于恢复了。

1936年5月20日，林育英（张浩）、张闻天、毛泽东、周恩来、博古、邓发、王稼祥、凯丰、彭德怀、林彪、徐海东、程子华联名致电朱德、张国焘、刘伯承、徐向前、陈昌浩、任弼时、贺龙、萧克、关向应、夏曦诸同志并转各负责同志，通报瓦窑堡会议以来党中央领导下取得的巨大胜利，分析当前国际国内形势，说明目前党和红军的任务。电报首先通报与二、四方面军最密切相关的红军同东北军联合工作的进展：

> 关于红军与东北军密切合作，已进到西北大联合建立西北国防政府，打通苏联，同苏联及外蒙订立抗日互助条约的计划，我们正在进行全国性的政治、军事、经济、外交各方面的布置，必须严密对付日帝与蒋介石的阴谋破坏与军事进攻，对外尤须严守秘密。

接着，电报评述了国内、国际形势。关于国内形势，电报指出：

> 党的十二月政治决议及七次大会政治宣言与绍禹同志在七次国际大会上的报告，均得到全国广大人民包括知识界最大多数人的同情与拥护。红军的东征引起了华北、华中民众的狂热赞助，上海许多抗日团体及鲁迅、茅盾、宋庆龄、覃振等均有信来，表示拥护党与苏维埃中央的主张，甚至如李济深亦发表拥护通电，冯玉祥主张抗日与不打红军，南京政府内部分裂为联日反共与联共反日的两派正在斗争中，上海拥护我们主张

---

① 张国焘的第二“中央”于1936年5月21日作出的《关于中国苏维埃运动发展的前途和目前紧急任务决议大纲》。

② 同上。

③ 同上。其中这句话的原话是：“建立西北抗日根据地，有吸引陕北红军采取配合行动的可能。”

的政治、经济、文化之公开刊物多至三十余种其中大众生活一种销数约达二十余万份，突破历史总记录，蒋介石无法制止。马相伯、何香凝在上海街上领导示威游行，许多外国记者赞助反日运动，从蓝衣社、国民党起至国家主义派止，全国几十个派别在联共反日或联日反共的问题上，起了分裂、震动与变化，我党和各党各派的统一战线正在积极组织中，所有这一切都证明，中国革命的发展是取着暴风雨的形势。

关于国际形势，电报指出："共产国际的统一战线号召，已在许多国家得到胜利"，"国际已三四次派人来找我们，希望我们在西北成立大局面。"

电报最后提出当前任务："弟等与国焘同志之间现在已经没有政治上与战略上的分歧，过去的分歧不必谈，唯一任务是全党全军团结一致反对日帝与蒋介石，北等对于兄等及二四方面军全体同志之艰苦奋斗表示无限敬意，对于采取北上方针一致欢迎"，为求革命胜利，应"以和协团结、努力奋斗为目标"。完全是一种真挚诚恳的态度，采取的是宽容大度，绝不恃强压人的姿态。

5月25日，林育英、张闻天、毛泽东、周恩来、博古、彭德怀、林彪、徐海东又联名致电朱德、张国焘、刘伯承、徐向前、陈昌浩并转任弼时、贺龙、萧克、关向应、夏曦，分析国内国际形势和西北的战局，说明"红军西渡后向陕、甘、宁发展，策应四方面军与二方面军，猛力发展苏区，渐次接近外蒙"，要求红四方面军与红二方面军"宜趁此十分有利时机与有利天候速定大计，或出甘肃，或出青海"。表示："在兄等大计决定之后，一方面军适时向天水、兰州出动，进一步策应兄等，使蒋军不能拦阻"。至于东北军方面，告知"已与约定不加拦阻。"

一年来的实践已经证明，党中央的"北上"方针是正确的、胜利的方针；张国焘的"南下"方针是错误的、失败的方针。一年来的实践也已经证明，瓦窑堡会议确定的策略方针是正确的，党中央领导实现战略转变、贯彻执行抗日民族统一战线策略取得的成绩是巨大的。陕甘根据地扩大和巩固了；红军发展和壮大了；同东北军、西北军结成"三位一体"、西北大联合的局面开始形成；党中央得到全国各党各派各社会团体各界人士的支持，被国民党、蒋介石视为谈判的对手，并开始进行第二次国共合作的秘密谈判；共产国际肯定和支持以张闻天为总书记的党中央，完全同意中国共产党中央的政治路线。所有这一切，使得处于绝境的张国焘再也无力同党中央分庭抗礼了。

5月28日，张闻天在瓦窑堡主持召开中央政治局会议。会议估计在目前情况下张国焘有改变错误的可能，为了团结、争取张国焘，使红四方面军与红二方面军北进甘南，大家同意毛泽东的意见，确定"组织上可以让步到不一定受我们指挥"①。

1936年3月23日，红四方面军领导人得知红二、六军团已经到达贵州、云南边境，朱德、刘伯承极力主张红二、六军团北渡金沙江前来与红四方面军会合。

---

① 引自毛泽东在1936年5月28日中央政治局会议上的报告记录。

红二、六军团确定北渡方针之后，红四方面军配合行动。4月27日、28日，二、六军团在云南丽江县之石鼓街附近全部渡过金沙江。① 朱德获悉后，立刻领衔发去贺电：“金沙既渡，会合有期，捷报传来，全军欢跃；谨向横扫湘、滇、黔，万里转战的我二、六军团致以热烈的祝贺和革命的敬礼！”② 这时，这支英勇部队约有16000人。③ 5月下旬，二军团进到巴安一带。6月3日，肖克、王震率领的六军团先头部队在雄坝与四方面军接应部队三十二军罗炳辉部会合。过不了多少天，二、六军团全部就可以到达瞻化、甘孜一带，同四方面军会师了。④ 在这样的情况下，张国焘的第二“中央”再也不能存在下去了。

就是这样，张国焘在“南下”破产，“西进”失利，陷于绝路的情况下，通过党中央领导同志毛、洛、周、博和国际代表林育英以及时在陕北的红军将令彭、林、徐等一起对他进行的反复批评、教育，在朱德、刘伯承、徐向前等帮助、敦促下，加之红二、六军团即将前来会师，张国焘的第二“中央”无法继续存在下去了。

1936年6月6日，张国焘在他的“中央”纵队活动分子会上作报告，被迫宣布取消他另立的“中共中央”，而成立“西北局”（本应成立“西南局”，因电文错译而为“西北局”⑤）。但是，他仍然坚持他的错误，并没有真正悔改。张国焘在报告中，先讲了当前形势，然后宣布“取消中央的名义”，说“我们对陕北方面的同志们不一定用命令的方式，就是用互相协商的形式也还是可以的”。同时，他又宣布，在陕北的党中央也取消中央名义，中央的职权由驻国际的代表团暂时行使。“陕北方面设中央的北方局，指挥陕北方面的党和红军工作。此外当然还有白区的上海局、东北局，我们则成立西北局，统统受国际代表团的指挥”。对陕北方面，他不得不承认“得到了发展和新的胜利”，但又说不能“过分估计”这些发展和胜利。还坚持认为“过去我们的反对逃跑路线，是站在原则上的”。张国焘仍然坚持错误，但不得不摘掉他的第二中央的牌子，在军事上，也宣布仍按一、四方面军会合时的编制，即四、五、九、三十、三十一、三十二军为红四方面军。张国焘还收缴了一切他那个“中央”的“中央文件”，予以焚毁。⑥

长征途中同张国焘反党分裂活动的斗争终于取得胜利，但由于张国焘仍然坚

---

① 据《驳张国焘》之附录二《当时国民党方面关于红军行止的记载》，第409页。

② 转引自金冲及主编：《朱德传》，人民出版社、中央文献出版社1993年版，第373页。

③ 力平等著《中国红军长征史》记载，红二、六军团过金沙江时，共有15995人，7852支枪。其中二军团9995人，4867支枪；六军团5998人，2985支枪。该书第280页。

④ 会合的经过据《中国红军长征史》记载简述如下：6月3日，肖克、王震率六军团直属队及十六师到雄坝，与四方面军接应部队会合，然后进驻甲洼。18日，六军团十七师和军团直属队到达瞻化（今新龙县），与红四方面军第四军会合。22日，六军团到达甘孜附近的普玉隆，与四方面军指挥部会合。24日，在普玉隆召开会师大会。6月30日，贺龙、任弼时、关向应率二军团到达甘孜附近的绒坝岔，与四方面军三十军先头部队会师。7月1日，二军团进抵甘孜的甘海子，贺龙、任弼时、关向应与朱德会面。该书第284—285页。

⑤ 据成仿吾：《记叛徒张国焘》，北京出版社1985年版，第128页。

⑥ 本段叙述据《驳张国焘》，中华儿女出版社2003年版，第189—190页。

持其错误立场，同张国焘的斗争并没有到此结束。要实现红军三大主力会合，还要经历一番尖锐、复杂、艰苦的斗争。

二、六军团与四方面军甘孜会师

1936年6月22日，萧克、王震率红六军团到达甘孜附近的普玉隆与红四方面军指挥部会合。朱德亲自赶到那里迎接。24日召开了会师大会。6月30日，贺龙、任弼时、关向应率红二军团到达甘孜附近的绒坝岔，与红四方面军三十军接应部队会师。7月1日，到达甘孜的甘海子。贺龙、任弼时、关向应与朱德会面。

红二、六军团进入甘孜地区时，受到红四方面军广大指战员的热烈欢迎，沿途贴满了“欢迎横扫湘鄂川滇黔康的二、六军团”、“欢迎善打运动战的二、六军团”等巨幅标语，藏民群众夹道欢迎，载歌载舞，“耶莫！耶莫！”的欢呼声持续不断。①

党中央获悉二、六军团与四方面军胜利会合的消息，非常高兴，即于7月1日，以林育英、洛甫、毛泽东、周恩来、博古、彭德怀等在陕甘根据地的党政军负责人68人联名致电朱德、张国焘、徐向前、陈昌浩、任弼时、贺龙、萧克等红军诸将令，祝贺二、六军团与四方面军在甘孜会师。贺电说：“我们以无限的热忱庆祝你们的胜利的会合，希望你们继续英勇地进军，北出陕甘与一方面军配合以至会合。在中国西北建立中国革命的大本营，与苏联、外蒙打成一片，与全国抗日人民、抗日军队、抗日党派建立抗日救国的统一战线，组织人民的国防政府与抗日联军，向着日本帝国主义及其走狗卖国贼，开展神圣的民族革命战争，挽救中国之危亡，解放中华民族于日本帝国主义的铁蹄之下。”贺电还指出：“西北的政治环境是很好的，二、四方面军北上之后，我们就有更伟大的力量来进行西北各民族、各党派、各武装势力的大联合。”

朱德6月23日与萧克、王震在普玉隆会面时，以及朱德、刘伯承7月1日在甘海子与贺龙、任弼时、关向应会面时，先后把红一方面军与红四方面军会师的情况、分歧以及张国焘另立“中央”，分裂党、分裂红军的活动，详细地告诉了他们。朱德还给贺龙等看了中央政治局两河口会议、毛儿盖会议的文件和中央严令张国焘率部北上的电报。朱德对他们说，由于张国焘的错误，红四方面军在南下后受到了严重挫折，最后不得已退到甘孜一带。经过党中央一再批评、督促，共产国际的一再斡旋，朱德、刘伯承、徐向前及红四方面军广大指战员的努力，张国焘才被迫取消了他所组织的非法中央，同意北上。但是，张国焘还是反对毛泽东、周恩来、张闻天、博古这几位中共中央的主要领导人，因此，张国焘反对中央的问题并没有解决。我们要做团结工作，也就是想办法推动他去与中央会合。党中央在毛泽东同志那里。刘伯承也与贺龙、任弼时作了深谈。刘伯承说：“对

---

① 据《迎接二、六军团》，见《长征大事典》，贵州人民出版社1996年版，第797—798页。耶莫，藏语顶呱呱的意思。

张国焘不能冒火，冒火要分裂。中央在前面，不在这里。”① 朱德也对贺龙说：“你们来了，我们一起北上，党中央在毛泽东同志那里。”②

自与二、六军团会合以后，张国焘一刻也没有放松他的分裂活动。他以迎接二、六军团为名，派出“工作团”，散布流言蜚语，散发《反对毛、周、张、博逃跑主义路线》的文件，煽动反党、反中央的情绪。他还采取软硬兼施的手段企图胁迫二、六军团领导同意他的错误路线。他的反党分裂活动，遭到二、六军团领导同志的坚决反对和抵制。

到甘孜的第一天晚上，张国焘和任弼时谈话时提出要调换红二、六军团首长，要任弼时离开，红二、六军团另派政委。任弼时把他坚决顶了回去。任弼时听到红四方面军来人谈话中攻击党中央和红一方面军的言论，立即向下布置：四方面军来的干部只准讲团结，介绍过草地的经验，不准进行反中央的宣传。送来的材料不准下发，保留一份，其余全都烧掉。③

张国焘派人向任弼时说，两个方面军首先应该一致。任弼时回答：唯有在十二月决议的基础上才能一致。张国焘要开党的会议，任弼时提出：报告哪个做？有争论，结论怎么做？张国焘又提出开二、四方面军干部联席会，想以多数压少数。任弼时同贺龙、关向应商量后回答他：不能以多数压少数。张国焘谈话中指责红一、三军团北上“是毛泽东等人的疑忌太多”，任弼时立即说，那也是四方面军中一些人的“反对呼声加强了这种疑忌”。张国焘为他成立第二“中央”狡辩，任弼时毫不含糊地指出，另立中央“似乎太过分了！”④

贺龙态度也很鲜明，他下令二方面军各部队收缴了张国焘的反党文件，制止了“工作团”的反党言行。同时，贺龙很讲策略。张国焘拉拢他，他虚与周旋，向张国焘要人要枪。张国焘把红三十二军（原属一方面军后划入左路军的红军团）划给了二方面军。

6 月 3 日，王震带领部队在甘孜以南的甲洼与四方面军的三十二军团会合时，就有张国焘组织的“总政工作团”跟随三十二军前来“欢迎”，给六军团干部战士送来了《西北问题讲座》、《干部必读》。拿到这两本书的宣传部干部打开一看，书上的标题竟是“反对毛、周、张、博”，立即向政委王震报告。王震十分气愤，把书甩在草地上，说：“你把它烧掉！立刻烧！我们是拥护毛主席的！狗娘养的才反对毛主席！”⑤ 张国焘拉拢王震，请他吃饭，送他四匹马，给他戴高帽子，还封官许愿。王震严词拒绝，说：“我们这个部队是井冈山的，是毛主席领导成长的，不能反毛。”⑥ 王震回忆那时的情况说：“和四方面军会

---

① 本段叙述摘引自《贺龙传》，当代中国出版社 1993 年版，第 202—203 页。

② 据《驳张国焘》，香港中华儿女出版社 2003 年版，第 210 页。

③ 据章学新主编：《任弼时传》，人民出版社、中央文献出版社 1994 年版，第 359 页。

④ 同上书，第 359—360 页。

⑤ 刘德元：《王震“焚书”》，载《人民论坛》月刊，1996 年第 11 期。转引自《王震传》，当代中国出版社 1999 年版，第 66—67 页。

⑥ 《中国工农红军第二方面军战史》，解放军出版社 1992 年版，第 493 页。

合后，张有阴谋瓦解二、六军团。贺、关、张是老旗帜。贺是南昌起义的总指挥之一，是革命旗帜；任、关是中委。张认为我们是娃娃，想把我和萧克及六军团买过去，反对毛、周、张、博”，“在甘孜休息时，张一个一个把我们召去谈话，送给我四匹马，给我们戴高帽子，说我们勇敢、能打。他那个军阀主义呀，简直不像话。刘帅说：送给你，你就收下。后来和贺老总一说，贺说：这是我们以前在旧军队里干的。”①

朱德经过努力，把刘伯承从四方面军调派到二方面军中去。当时刘伯承与张国焘斗争尖锐，处境不利，有被张国焘杀害的危险，朱德用这个办法让他离开，免遭不测。

7 月 2 日，在甘孜草原上，召开庆祝二、六军团和四方面军会师大会。

朱总司令发表讲话，强调执行中央北上方针，搞好团结。他说：“同志们，我祝贺你们战胜了雪山，也欢迎你们来和四方面军会合，但这里不是目的地，我们要继续北上。要北上就必须团结一致，不搞好团结是不行的。我们要有充分准备，克服一切困难。”他还说：“毛主席去年带着一方面军胜利地通过草地，到达了抗日前哨阵地——陕甘地区。现在陕甘边根据地巩固扩大了，红军也壮大了。我们要到陕北和毛泽东、周恩来率领的红一方面军会合。”②

任弼时代表二、六军团讲话，旗帜鲜明地说：目前形势很好，中央已经到了陕北，根据地有了发展，中央红军东渡黄河也取得了胜利。现在中央提出了抗日民族统一战线的口号，提出了争取东北军、西北军的问题，我们唯一的道路是北上与中央会合。③

张国焘是红军总政委，站起身讲话。这时，贺龙半真半假地给了他一句悄悄话：“国焘啊，只讲团结，莫讲分裂，不然，小心老子打你的黑枪！”④

二、四方面军的北上与一方面军的策应

庆祝大会后，在甘孜召开了两个方面军主要领导人参加的会议。任弼时讲话批评了张国焘自立中央的错误，阐明了北上方针的正确性。朱德、刘伯承、贺龙、关向应表示坚决拥护党中央的正确路线。会议通过了二、四方面军北上与中央会合的方针。

---

① 王震谈话纪要，1960 年 11 月 22 日。转引自《任弼时传》，人民出版社、中央文献出版社 1994 年版，第 359 页。

② 据王向立、力平主编：《朱德年谱》，第 153 页，人民出版社 1986 年版；谭尚雄：《甘孜会师》，《星火燎原》选编之三，战士出版社 1980 年版，第 313—314 页。转引自《长征大事典》，贵州人民出版社 1996 年版，第 774 页。

③ 引自章学新主编：《任弼时传》，人民出版社、中央文献出版社 1994 年版，第 361 页。

④ 引自《贺龙传》，当代中国出版社 1993 年版，第 203 页。

7 月初，红二、四方面军分为三个纵队[①]分别从驻地甘孜东谷、炉霍、绥靖出发，踏上共同北上的征程。

7 月 5 日，中央军委颁布命令成立红二方面军："以二军、六军、三十二军组织二方面军，并任命贺龙为总指挥兼二军军长，任弼时为政委兼二军政委，萧克为副总指挥，关向应为副政委，陈伯钧为六军军长，王震为政委。"三十二军军长和政委分别由罗炳辉、袁任远担任。中央组建红二方面军的决策，彻底粉碎了张国焘分化、吞并红二、六军团的图谋。

在东谷期间，任弼时向张国焘要来了通电的密码。7 月 6 日，任弼时就用这个密码向周恩来、林育英、毛泽东、洛甫、博古、王稼祥发电报告红二、六军团长征及与四方面军会合现正继续北进的情况，恢复了与中央中断了十个多月的直接电讯联系。[②]

红二、四方面军出发后，即进入茫茫草原。从阿坝到包座，一片水草地，到处是污水和腐草，空气稀薄，气候多变，没有粮食。四方面军这是第三次过草地了。指战员们以高昂的情绪和艰苦奋斗的精神，战胜了困难，再一次征服了草地，于 8 月 1 日到达包座地区。

二方面军分两个梯队随左纵队北进。他们是第一次过草地。从甘孜出发时，每人只带了七八天的干粮。原计划 10 天到达阿坝，实际走了 20 来天。第二梯队在贺龙、任弼时率领下于 7 月 26 日才到达阿坝地区，同于 23 日先期到达的陈伯钧、王震率领的六军团和罗炳辉率领的三十二军会合。经过短期休整、筹措粮食，即继续北上。

这时蒋介石下令集结兵力，重点堵击。在甘、青、川、康构成一条又一条堡垒封锁线。红二方面军北上，只得过川西北的水草地。严重的粮荒威胁着红军战士的生命。粮食吃光了，只能烧烤牛皮、牛羊骨以及挖野菜、钓鱼充饥。二方面军担任全军后卫，挖野菜都很不易，因为前面已有部队经过，野菜已挖过一遍了。二方面军减员很多，但这支英勇的部队终于创造了人间的奇迹，跨出了充满死亡的草地，于 8 月中旬前后到达班佑、包座一带。

在 1936 年 5 月太相寺会议决定西征的时候，中央就赋予以彭德怀为司令员兼政委的西方野战军配合二、四方面军北上的使命。彭德怀不负重托，西征取得巨大的胜利以后，就及时地作好了迎接二、四方面军北上，实现三大主力会师的准

① 三个纵队的编制是：红四方面军编为第一、二纵队，又称右纵队、中纵队，红二方面军编为第三纵队，又称左纵队。朱德、张国焘指挥三十军、四军两个团、三十二军、二方面军及总直各部为左纵队；徐向前指挥九军、三十一军两个团、四军两个团、红大、总供给部、总卫生部为中纵队；董振堂、黄超指挥五军、一军两个团及留绥靖各部为右纵队。

② 据章学新主编：《任弼时传》，第 360 页。电文为："（一）二、六军团于本月一日在甘孜与四方面军会合，现随同四方面军继续北进。（二）这次远征，计费时七个多月，行军一万余里，沿途大小战斗千余次，伤亡约五千三百人。出发时两个军共一万七千人，到甘孜会合时，为一万四千五百人，二军九千人，六军五千三百人，武器比桑植出发时稍有增加。（三）我现随朱、张行进。"引自《驳张国焘》，中华儿女出版社 2003 年版，第 218—219 页。

备。在二、四方面军甘孜会师即将共同北上之际，在张浩、张闻天、毛泽东、周恩来、博古、彭德怀等68人的联名电报中，通报了一方面军策应二、四方面军的情况："第一方面军现在转向甘肃、宁夏方面策应你们北上，又复连战皆捷，占领了定边、盐池县、豫旺县、环县、宁条滦、曲子镇、洪德城、同心城等十余个大小城镇，消灭马鸿逵、马鸿宾的许多队伍，开辟了九个苏维埃县，夺取了出产丰富的盐区，与长城外的蒙古民族及甘宁的回族，建立了良好的统一战线。"

红二、四方面军共同北上，始终受到张闻天、毛泽东等党中央领导人的关怀和指导。

从总的战略上，毛泽东、张闻天等领导人除作出西征决策，主力组成西方野战军，由彭德怀率领进行西征，配合二、四方面军北上以外，还派二十八军南下策应。与此同时，进一步发展与东北军的关系，使其对二、四方面军的北上不加阻拦。

早在5月中旬，二、六军团进军中甸时，林育英、张闻天、毛泽东、周恩来、博古、王稼祥、凯丰、彭德怀、邓发、林彪、徐海东、程子华等党中央和红一方面军领导人即联名致电朱德、张国焘、刘伯承、徐向前、陈昌浩、任弼时、贺龙、萧克等二、四方面军领导人，表示：热忱红二、六军团同红四方面军联合北上，与红一方面军会师。

5月25日，中共中央又以张闻天、毛泽东等人名义致电朱德、张国焘等人，分析国内国际形势，再次提出二、四方面军北上的方针。要求"四方面军与二方面军宜趁此十分有利时机与有利天候速定大计，或出甘肃，或出青海"，说明现在红一方面军"西渡后，向陕甘宁发展，策应四方面军与二方面军，猛烈发展苏区，渐次接近外蒙"，"兄等大计决定之后，一方面军适时向天水、兰州出动，进一步策应兄等，使蒋军不能拦阻。"

6月1日，两广事变爆发。中共中央考虑到形势的变化，于6月19日以林育英、张闻天、周恩来、博古、毛泽东、彭德怀的名义，明确提出二、四方面军会师后以甘南地区为北上的目标。电文说："关于二、四方面军的部署，我们以为宜出至甘肃南部，而不宜向夏洮地域。"电文陈述了北上甘南的四条理由："避免引起回汉冲突"，"甘南敌情薄弱"，"利于以后东出陕南"，"甘南利于补充"。

6月25日，中共中央又以毛泽东、周恩来、彭德怀名义致电朱德、张国焘，重申二、四方面军会师后北上甘南的战略目标。并询问红二、四方面军："何日开始北上？经何路？何日可达何处？敌情如何？我陕甘应如何策应？"

7月13日，毛、周、彭又致电朱、张、任，指示二、四方面军北出草地后应迅速攻占岷州，强调此举将使红军在"战略上大占优势。"①

7月22日，张浩、张闻天、毛泽东、周恩来、秦邦宪、彭德怀致电朱德、张国焘、任弼时，通报："我们正动员全部红军并苏区人民粉碎敌人之进攻，迎接

① 以上两电据《红二、四方面军共同北上》（古琳晖编写），转引自《长征大事典》上卷，贵州人民出版社1996年版，第799—800页。

你们北上”，“国际电台联络从6日起已畅通，望国焘兄将四方面军情形及意见电告，以便转达国际。”提示：“二、四方面军以迅速出甘南为有利。”告知：“待你们进至甘南适当地点时，即令一方面军与你们配合，南北夹击，消灭何柱国、毛炳文等部，取得三个方面军的完全会合，开展西北伟大的局面。”①

7月25日，张闻天又发电催询：“我们盼望你们早日北来，能于8月中旬到达甘南否？”②

7月27日，中共中央批准成立中共中央西北局，由张国焘任书记，任弼时任副书记，朱德、关向应、贺龙、徐向前、王震、陈昌浩等为委员，统一领导二、四方面军的北上行动。

以张闻天为总书记的党中央这些及时的指示，加强了领导，分析了敌情，指明了道路，鼓舞了士气。经过二、四方面军全体指战员的发扬不怕牺牲、排除万难的革命英雄主义精神，终于实现了北上甘南的战略目标。

1936年8月1日，朱德、张国焘、任弼时致电张浩、张闻天、毛泽东、周恩来、彭德怀，报告：红四方面军已到达包座地区，红二方面军已从阿坝北上。表示：“我二、四方面军全体指战员，对三个方面军大会合和配合行动，一致兴奋，并准备牺牲一切，谋西北首先胜利奋斗到底。”

张浩、张闻天、毛泽东、周恩来、博古于8月3日回电：“接八月一日电为之欣慰。团结一致，牺牲一切，我们的心和你们的心是完全一致的。”“我们已将你们的来电通知全苏区红军，并号召他们以热烈的同志精神，准备一切条件欢迎你们，达到三个方面军的大会合。”

8月初，彭德怀率领的西方野战军结束西征，转入整训，等候二、四方面军北上。

8月5日，中共中央西北局根据中共中央指示，在四川若尔盖县求吉寺（俗称救济寺）召开会议，拟定《岷（州）、洮（州）、西（固）战役计划》，拟乘敌主力尚未集中之际，先机进占岷州、洮州（今临潭）、西固（今宕昌）等地，以利北进。当天，四方面军从包座出发，9日占领腊子口，10日占领哈达铺到达甘南。

二方面军8月8日北出草地到达包座地区。稍事休整，12日即从包座出发，9月1日到达哈达铺地区。8月9日至9月7日，红军先后攻克漳县、洮州、渭源、通渭四座县城及岷县、陇西、临洮、武山等县的广大地区。这样，到8月中旬，红一方面军与红二、四方面军，形成了夹西（安）兰（州）大道（又称陕甘大道），南北呼应的有利局面。

8月15日，张闻天发表《欢迎北上抗日的二、四方面军》一文，指出：“现在已经没有任何天然的或人为的障碍，能够阻止我们三个方面军的伟大的会合

---

① 此电载《文献和研究》1986年第5期。

② 转引自《张闻天传》，当代中国出版社2006年版，第205页。

了。”“二、四方面军的到达西北，更有利于促成西北大联合的具体实现。”①

为迅速造成西北新局面，逼蒋抗日，协调9月至11月期间三个方面军的行动方针和具体部署，林育英、洛甫、周恩来、博古、毛泽东于8月30日致电朱德、张国焘、任弼时：红一方面军主力首先西出，然后南下占领西安兰州大道以北的海原、靖远、固原及以南地区。红四方面军控制甘南，占领临潭、岷县、漳县、渭源、武山、通渭地区。红二方面军速向陕甘交界出动，首先插出王均防线，之后占领凤县、宝鸡、两当、徽县、成县、康县地区，再与王均作战。红二方面军东进，一可吸引胡宗南之钟松旅于陕甘交界，使之无法西进；二可相机打击王均部；三可把陕南苏区与甘南苏区联系起来。故三个方面军的行动中以二方面军向东行动为最重要。9月8日，洛甫、周恩来、博古、毛泽东又电告朱德、张国焘、任弼时：9月至11月各方面军行动部署“即照商定办法执行”；中央已向南京国民党当局提出“联合抗日”的主张，“依情势有成就之希望”，因此在宣传上要“改造一下”，要提出“联合抗日”的口号，“不要提出‘打倒中央军’及任何中国军队的口号”。

制止张国焘的再度动摇

蒋介石发现红军三大主力即将会师，即于9月上旬命令他的第一军军长胡宗南率该军四个师从长沙开拔，兼程北上，会同王均（第三军军长）、毛炳文（第三十七军军长）两个军，抢占西兰大道之静宁、会宁、定西段，以隔断红军三大主力会合的通道。

针对蒋介石的企图，党中央决定进行宁夏战役。这是为了实现红军三大主力会师，造成西北新局面的重要一环。它的步骤是：一，二、四方面军尽可能地夺取岷州及其附近作为临时根据地，控制岷州附近洮河两岸的一段。然后以一部出陇西攻击国民党毛炳文部，威胁兰州，以便东北军于学忠部的三个师全部集中兰州为战略枢纽；以另一部出夏河攻击河州敌马步芳家乡，威胁青海，吸引西路甘、凉、肃三州马军东援，以便东北军派一部接防，使甘肃西部三州落入友军之手，并可相机消灭马军一部，促其与我讲和。中央再派较小的一支部队拒止国民党王均部队，并派人与王均交涉，也派人与毛炳文交涉。王、毛均在危惧中。交涉或能成功。用一个半月时间实行上述计划。二、四方面军利用这段时间补充人员、被服。二，完成上述任务后，三个方面军在甘北会合，准备进攻宁夏。第二步骤约在10月至11月实现。三，12月起，以一方面军负责保卫陕甘宁苏区，并策应东北军对付蒋介石之进攻。二、四方面军乘结冰渡河，消灭敌马鸿逵部，占领宁夏，完成瓦窑堡会议确定的打通与苏联联系的任务。完成第三个步骤后，进一步巩固陕北、甘北、宁夏新老苏区，扩大和巩固一、二、四三个方面军，使之成为西北局面的领导中枢。红军与东北军各出一部，联合组成抗日联军先锋军，向绥

① 《张闻天选集》，人民出版社1986年版，第101、103页。

远出动，抵抗德王和李守信蒙伪军的进攻，并以此实际行动号召全国抗日运动，推动其发展到更高的阶段。[①]

宁夏战役计划得到共产国际批准。9月14日，中共中央决定彭德怀为前方陕甘红军统帅，全力准备宁夏工作。当天18时，张浩、张闻天、周恩来、博古、毛泽东致电朱德、张国焘、任弼时，通报此事。告知："国际来电同意占领宁夏和甘肃西部，我军占领宁夏地域后，即可给我们帮助。胡宗南部第一师及四十三师、七十八师、九十七师10号从长沙开动，先头18号到咸阳，月底集中定西"。中央电报确定宁夏战役的目标为"两个月后占领宁夏"，并作出具体部署：一方面军主力9、10两月在海原、固原地区，10月底或11月初开始从同心城豫旺之线攻取灵武、金积地区，以便12月渡河占领宁夏北部。一方面军其余部队保卫陕甘北苏区；红四方面军以主力占隆德、静宁、会宁、通渭地区，控制西兰大道，与红一方面军在固原西部硝河城地区之线相当靠近，阻止胡宗南部西进，并相机打击之，10月或11月初进取靖远、中卫南部及宁安堡之线，以便12月渡河夺取宁夏南部；红二方面军在陕甘边积极活动，吸引胡宗南部在咸阳、平凉之线以南地区，与红四方面军互相策应，并联络陕南游击区。电报强调，以上部署"主要是四方面军控制西兰大道，不使胡宗南切断"；"二方面军仍在西兰大道以南，包括陕甘边和甘南，担负钳制敌军之任务"；"三个方面军须用最大的努力与最密切的团结以赴之，并与甲军取得密切之配合。"[②] 此后，中央军委又多次发电给朱德、张国焘，催促四方面军迅速占领西兰大道之静宁、会宁、定西段，否则一、四方面军将被胡宗南部隔断。

在此重要时刻，张国焘对北上方针再次动摇。他仍然坚持错误的分裂主义错误，提出西进的主张，不愿意北上与党中央和红一方面军会合。9月13日，张国焘致电红四方面军领导人称："我们大计，以快向西北进为宜，同时在有利时机不放弃迎击胡敌。"[③] 并督令红四方面军加紧进行西进青海和甘肃西北部的准备。其企图是脱离党中央领导在西北边远地区自成一个局面。

在中共中央西北局9月16日至18日在岷州附近之三十里铺召开的会议上，张国焘不同意中央作出的战略部署，提出了红四方面军渡黄河西进青海和甘肃西部的主张。这是他一贯的避敌退却逃跑和反对中央自成局面思想的继续。

朱德及陈昌浩等红四方面军领导同志与张国焘进行了严肃斗争，力主北上同中央会合。朱德在会上发言说：中央的策略路线是正确的，是随着形势发展而发展的，我们要马上执行，同时要进行传达和教育。每天会后，朱德都同张国焘争论红四方面军行动方向问题，陈昌浩也站在朱德一边。双方总争论到深夜。会议第三天，张国焘突然宣布辞职，住到岷江对岸的供给部去。朱德说：他不干，我

---

① 本段关于宁夏战役的叙述据《驳张国焘》，中华儿女出版社2003年版，第277—278页。

② 引自《文献和研究》1986年第5期。甲军，指东北军。

③ 《中国工农红军长征史概述》，解放军出版社1990年版，转引自《长征大事典》上卷，贵州人民出版社1996年版，第48页。

干！找来作战参谋，挂起地图，着手制订部队行动计划。当天黄昏时分，张国焘又派人通知到他供给部住处继续开会。与会者多数支持朱德的主张，赞成北上。张国焘只得放弃西进的意见。

泯州会议决定执行中央的北上方针，并制定了实施中央宁夏战役部署的《通（渭）庄（浪）静（宁）、会（宁）战役计划》。9月18日，朱德、张国焘、陈昌浩致电四方面军前敌总指挥徐向前，下达向静宁、会宁进军命令，告知“《静宁、会宁战役纲领》如下”：“红四方面军在胡敌未集结静宁、会宁以前，相机占领静宁、会宁及通定西大道，配合红一方面军在运动战中夹击该大道上之胡敌及静宁之骑七师，相机占领静宁，争取与一方面军会合”，并具体部署分四路纵队行动。[①] 当天18时，朱、张、陈即将西北局岷州会议决策和行动电告林育英、毛泽东、洛甫、周恩来、博古、彭德怀、徐海东。

可是，张国焘于9月20日到达红四方面军前敌指挥部所在地漳县以后，即向没有参加岷州会议的前方负责人片面宣传他的渡河西进的主张，反对岷州会议的决定，反对《静宁、会宁战役计划》。张国焘致电中央，认为“目前与胡宗南之一路军，在静、会这一四面受敌之地区决战是不利的”。[②] 他命令红四方面军转头西进，于21日21时发电给朱德，表示坚决反对静会战役计划，定要“自主即速采取第二方案（即西进方案）”，并要求朱德“负责本夜令军委纵队停止待命”，“五军仍在该地，万不可放弃岷城”，还“请你即来漳县面商”。[③] 朱德接电后即于22日凌晨致电林育英、洛甫、毛泽东、周恩来、彭德怀、贺龙、任弼时、刘伯承：“西北局决议通过之静会战役计划正在执行，现又发生少数同志不同意意见，拟根本推翻这一原案”，“现在将西北局同志集漳县续行讨论，结果再告”，并表示：“我是坚决遵守这一原案，如将此原案推翻，我不能负此责任。”一面又发电给曾传六，并请他转邀何畏、何长工一起到漳县与会。还给张国焘复了一电，电文谓：“国焘同志：电悉，不胜诧异。为打通国际路线与全国红军大会合，似宜经静会北进，忽闻兄等不加同意，深为可虑。昌浩今早可到漳，带有陕北来新译长电，表示国际态度，望详加研究。”电文还说：“接到指示，已告各方停止一切行动”，“弟等即日赴至漳县，并转告传六、何畏、长工也兼程赴漳，续商大计”。电文最后说：“会静战役各方均表赞同，陕北和二方面军也在用全力策应，希勿失良机，党国幸甚。”[④] 22日一大早，朱德即骑马直奔漳县，一天赶了120里路。

9月23日，中共中央西北局会议在漳县三岔召开。朱德在会上几次发言，坚持北上与红一方面军会合的方针和岷州会议的决定。他说：红四方面军与红一方面军会合，对整个形势是有利的。张国焘作为中共中央西北局书记，已签字同意北上计划，未经中共中央西北局重新讨论，又马上改变计划，张国焘把自己同党

① 据《中国红军长征史》，中共党史出版社1996年版，第317—318页。
② 《中国工农红军第一方面军战史》，解放军出版社1993年版，第673页。
③ 据《中国红军长征史》，中共党史出版社1996年版，第319页。
④ 转引自《中国红军长征史》，中共党史出版社1996年版，第319页。

对立起来了。能够和红一方面军会合为什么不会合？执行西进计划是要受到重大损失的。我仍坚持北上计划，我认为我坚持的意见是正确的。[①] 但张国焘把持了会议，否决了北上的正确意见，决定红四方面军西进，从永靖、循化一带渡过黄河，进到凉州、永登地区，占领甘北。24日，红军即撤出通渭。

9月26日，朱德与张国焘等致电林育英、洛甫、毛泽东、周恩来、博古、王稼祥并告贺龙、任弼时、关向应、刘伯承：红四方面军已决定西渡黄河，并已按西渡计划行动。如兄等仍以北进万分必要，西渡计划万分不妥时，则请中央明令停止西渡，并告今后行动方针，弟等当即服从。显而易见，这是朱德为挽回当时已成危局所作的最后努力。[②]

接到朱德9月22日来电后，林育英、张闻天、毛泽东、周恩来、王稼祥于23日即复电朱德、张国焘、任弼时说明，中央已向部队大动员拥护与庆祝会合胜利。24日，又致电强调中央内部的团结一致，与张国焘之间的争论应一概不谈，集中全力于团结内部执行当前军事政治任务。强调应集合三个方面军于静宁、会宁、定西一线及其南北，给胡宗南以相当打击，使其不能达到隔断红军、各个击破的企图。并说关于统一指挥等问题正等待张国焘等北上商讨一切。[③]（在此之前，中央已于21日同意任弼时、贺龙、刘伯承、关向应提出的意见，以毛、彭、王和朱、张、陈六人组成中央军委主席团指挥三个方面军。[④]）

洛毛周博和国际代表林育英等接到朱、张等26日来电，得知四方面军已按西进行动，当即果断决策，予以制止。9月27日，以毛泽东、周恩来、彭德怀的名义[⑤]，给朱德、张国焘等连发三电，既耐心说服又明令禁止。指出："一、四方面军合则力厚，分则力薄。合则宁夏、甘肃均可占领，完成国际所示任务；分则两处均难占领，有事实上不能达到任务之危险。一、四方面军合力北进，则二方面军可在外翼制敌；一、四两方面军分开，则外翼无力，将使三个方面军均处于偏狭地区。"如四方面军西渡，敌将先堵击青、兰线，次堵击凉、兰线，尔后敌处中心，我处偏地，会合将不可能，有一着不慎，全局皆非之虞。指示红四方面军的活动仍按9月18日的部署进行。"四方面军应即北上与一方面军会合。"还指出："中央明令已下，请电令通渭部队仍回占通渭，其余跟即北上。"[⑥]

其时，徐向前到临洮后经调查得知，黄河以西气候寒冷，雪山草地道路难行，人稀粮缺，渡河计划难以实现，即向朱德、张国焘提出停止西进继续北上的意见。党中央又来电明令禁止西渡黄河，张国焘只得放弃他的计划。9月27日当天，朱德、张国焘等即复电林育英、洛甫、毛泽东、周恩来、博古、王稼祥和贺龙、任

① 转引自《朱德年谱》，人民出版社1986年版，第154—155页。

② 本节叙述主要依据《朱德年谱》，人民出版社1986年版，第153—156页。

③ 《育英、洛甫、恩来、泽东、博古、稼祥关于当前军事政治任务致朱、张、任等电》（1936年9月24日），转引自李海文、熊经浴：《张浩传》，当代中国出版社2001年版，第176页。

④ 据《任弼时年谱》，人民出版社、中央文献出版社1983年版，第291页。陈，指陈昌浩。

⑤ 毛和周、彭时任西北革命军事委员会主席和副主席。

⑥ 《朱德年谱》，人民出版社1986年版，第155页。

弼时、刘伯承："为尊重你们的指示和意见，同时据考查兰州西渡河须时较长，有可能失去占领永登一带的先机之利"，"决仍照原计划东进，以出会（宁）、静（宁）会合方面军为目的，部队即出动，先头（部队）约六号到界石铺，决不再改变。"① 还有一封电报表示："关于统一领导，万分重要"，"我们提议请洛甫等同志即以中央名义指导我们。"② 张国焘终于作出了放弃与陕北保持"横的协商关系"而接受中共中央领导的表示。

由于党中央的耐心说服与明令禁止，朱德、刘伯承、徐向前、陈昌浩等的不断斗争和劝说，任弼时、贺龙、关向应等的推动，张国焘被迫停止西渡黄河计划而执行北进方针。9月28日，红四方面军总部发布《通、庄、静、会战役计划》。29日，重新下达北进命令。红四方面军随即由临潭、岷县、武山、漳县等地分六路纵队出发，向通渭、庄浪、会宁、静宁进发。可是时间已经延误了十天左右，让远道赶来的胡宗南部等得以逼近这一地区，使红军三大主力会合的地区局势变得十分严峻。

三大主力大会师

为策应二、四方面军北进，实现红军三大主力会师，彭德怀率西方野战军主力迅速进至西兰大道以北之海原、固原地区，并作出军事部署：以一方面军二师附属骑兵第二团为左纵队，"经硝河城、常家集、隆静间出庄浪，相机袭占威胁秦安"，与先期占领界石铺的特别支队靠拢；以十五军团七十三师为右纵队，出郭城驿，"向静宁方向继进，相机袭取之"。③

会宁位于定西地区，北靠靖远，西连定西、榆中，南接通渭，东邻静宁，是二、四方面军北上与一方面军会合的必经之道。迅速攻占会宁，对于粉碎国民党军企图抢占该城以截断我三军会师通道的图谋，具有战略意义。

9月30日，红十五军团以骑兵团组成特别支队，在绕过海原县城后，连续奔袭20多小时，行程300多华里，以便抢在胡宗南部之前袭占会宁。骑兵团特别支队10月2日凌晨潜入会宁城，晨5时发起突然攻击，战斗一个多小时，占领了这个当时的战略重镇。七十三师随即进驻县城。同时在城外构筑工事准备迎敌。至此，红十五军团控制了豫旺、同心城、海原、打拉池、郭城驿、会宁地区，掌握了三军会师的枢纽。红军进驻会宁后，即搭彩门，写标语，筹粮食，迎接二、四方面军到来。红一方面军上上下下，赶制棉衣、鞋袜、毛衣、手套，准备送给远道而来的战友。

10月7日，红十五军团七十三师及骑兵团在会宁县城与红四方面军先头部队

---

① 转引自《朱德年谱》，人民出版社1986年版，第155页。

② 转引自《张浩传》，当代中国出版社2001年版，第177页。

③ 彭德怀电，据《三军大会师》，甘肃人民出版社1996年版，第633页。

四军一部会合。[①]

8日，一方面军一军团一师、十五军团七十三师与抵达会宁青江驿、界石铺的四方面军先头部队会合。

9日，朱德、张国焘、徐向前、陈昌浩率红军总部、四方面军总指挥部和四军、三十一军到达会宁[②]，与一方面军会合，受到当地一方面军指战员和群众的热烈欢迎。朱德同红一师师长陈赓见面谈话时禁不住热泪盈眶。他还同在90里外界石铺的红二师政委肖华通了电话，谈了足足半个钟头。[③]

10日，中共中央、中华苏维埃中央政府、中央军委发出通电，热烈祝贺三大主力会师，指出："我们即刻就要进入一个新阶段了，这就是抗日民族革命战争的阶段，就是创造全国国防政府抗日联军民主共和国的阶段。我们要在这个新阶段中树立全国人民的模范，树立抗日战线的模范，争取一切国民党军队加入抗日民族统一战线，开通抗日前进道路，扩大抗日根据地，巩固抗日根据地，为保卫西北而战，为保卫华北而战，为保卫全国而战，为收复失地而战，为联合工农商学兵，为联合各党各派各界各军驱逐日本帝国主义出中国而战。"

当天晚上，一、四方面军在会宁文庙举行庆祝两大主力红军会师联欢大会。会上宣读了党中央的贺电。红四方面军总指挥徐向前、政委陈昌浩，红一方面军第一军团十一师师长陈赓，分别代表四方面军和一方面军致祝词。会上，红一方面军指战员向红四方面军战友赠送了大批预先准备好的慰问品。

同日，西方野战军司令员兼政委彭德怀致电西北革命军事委员会主席毛泽东，报告一、四方面军在会宁联欢及部队行动部署。

毛泽东当天致电彭德怀谈张国焘目前的态度和要彭同朱、张会面及相关事宜。电文说：朱、张已到会宁，询问见面人员与地点，中央已复。我们意见，以兄西去就他们为宜。朱、张来电称中央及毛、周、彭，自称西北军委，又一电称执行毛、周、彭所示任务，亦事实上承认我们军委。我们方面曾有两电去，称朱总司令、张总政委，以后即照此种方式解决，以便顺利执行宁夏战役。朱、张以两总名义，依照中央与军委之决定指挥各军作战。为使之增加对于执行军事任务的坚决性，防止可能的动摇性（在目前是防止对宁夏战役之某种可能的动摇性），兄须加以特别之注意。见面时对老问题请一概不谈。[④]

从10日毛致彭电可见，在一、四方面军会合后的重要一环，是争取张国焘使其坚定地执行中央方针而不再动摇。为进一步达到统一团结，张闻天于10月16日主持政治局常委会，决定请国际代表林育英前往四方面军做政治工作。早在即将同红四方面军会合的时候，中央就有此打算。现在两个方面军已经会合，林育

---

① 10月7日，周子昆致叶剑英电中说："四军一部七号在会宁与七十三师会合。"转引自孙学宝编写：《红军三大主力会师问题研究综述》，《长征大事典》下卷，贵州人民出版社1996年版，第2125页。

② 彭德怀10月10日致毛泽东电中说："朱张徐陈昨到会宁。"

③ 据《朱德传》，中央文献出版社2006年版，第387页。

④ 转引自《长征大事典》上卷，贵州人民出版社1996年版，第658页。

英此行很有必要。10 月 5 日，张闻天、周恩来、毛泽东即致电林育英："红四方面军屡次来电要求你去一次，我们觉得有此必要。请你立即结束现任工作，十月二十日前到同心城，与朱、张会面，转达国际七大精神。"

在常委会上，张闻天指出，林育英到红四方面军的任务是："代表中央传达中央和国际的决议。"工作的原则是："对一切具体问题，采取商量态度，要有弹性、有忍耐心。"①

毛泽东发言作了进一步分析、阐述和发挥。他说：四方面军拥护中央是真诚的。对四方面军应该有个整理，并且应该经过张国焘，才更顺利些。我们应该帮助他，使他的进步能更顺利，并经过他将四方面军整理好。林育英同志去的任务，主要在政治方面完成统一团结，将四方面军的政治、军事、文化水平提高一步。关于国焘过去错误的性质与程度问题，原则上是不说的。但如说到时应指出：这一错误是严重的政治上组织上的错误；另一方面应指出是个别的、是机会主义性质的（对中央路线估计不足），但不是整个路线的错误。因为就其整个历史来说，还只是某个时期个别的错误。还有一点，如果他以后不再犯这样严重的错误，将来不一定提这一错误。如果仍继续发生这样的错误，那是应与之作斗争的。② 会后，毛泽东又约林育英和同行的聂洪钧、刘导生到住地谈话，交代他们多看别人的长处，少说别人的缺点，注意搞好同二、四方面军的团结。③

林育英肩负促进统一团结的使命，即从保安启程，于 10 月 19 日到达同心城，会见二方面军领导人。11 月上旬抵达关桥堡，会见朱德、张国焘，传达国际和中央的精神，谈了不少情况，并就军事部署进行了研究。张浩对张国焘诚恳地进行说服教育，还在四方面军指战员中做了细致的政治工作，介绍国内外形势和抗日民族统一战线的发展，宣传加强团结的意义，讲解中央的决策。对消除隔阂、增进团结起了很好的作用。

红二方面军一直承担钳制敌人的任务。由于张国焘的迁延，以打击胡宗南部为目标的静会战役计划未能实现，致使在成县、徽县、两当、康县一带的二方面军陷入腹背受敌的境地。10 月 3 日，中央同意二方面军首长意见，电令贺龙、任弼时、关向应、刘伯承"你们宜乘胡敌尚未全部集中之时迅速开始转移为佳"。10 月 4 日，红二方面军即撤离成、徽、两、康地区，从天水以西渡渭河分两路纵队北移，以期实现三大主力会师。由于敌情紧迫，转移仓促，在康县活动的二军六师十七团来不及集结，被敌人包围在阳坝一带。全团指战员浴血奋战，壮烈牺牲。六军经过娘娘坝时遇敌，十六师师长张辉牺牲。通过渭河封锁线时，六军在甘谷以南之盐关镇遭敌侧击，十六师投入战斗，仅一部分突围，师政委晏福生身负重伤。部队徒涉渭河，暴雨致河水陡涨，一些战士被冲走。在通过西兰大道向

---

① 据 1936 年 10 月 16 日政治局常委会会议记录。

② 据 1936 年 10 月 16 日政治局常委会会议记录，转引自《毛泽东年谱（1893—1949）》（上卷），人民出版社、中央文献出版社 1993 年版，第 597 页。

③ 《毛泽东年谱（1893—1949）》（上卷），人民出版社、中央文献出版社 1993 年版，第 599 页。

六盘山前进途中，四师奉命在六盘山南麓阻击敌人，使二军主力胜利通过，但后勤蒙受很大损失。贺龙回顾这段历史时说："张国焘违背中央军委的指示，二方面军几乎遭到全军覆没。这是长征中最危险的一次。"①

经过艰苦卓绝的战斗，红二方面军右纵队第六军终于于 10 月 18 日到达会宁老君铺，同红一方面军二师五团会合。10 月 21 日，红二方面军总指挥贺龙、总政委任弼时等率二军团一部到达静宁县平峰镇，与红一军团代军团长左权、政委聂荣臻会面。22 日，贺龙、任弼时等率红二方面军总指挥部和左纵队到达隆德县将台堡。10 月 23 日，继二方面军总部和二军团在平峰镇、将台堡与一方面军会师后，红六军团在兴隆镇同一方面军会师。这时红二方面军还有 11000 余人。会师后，红一方面军送去粮食数万斤，羊、猪、牛 2000 多头，棉衣 1000 多套，羊皮几万张，布 500 匹，银元 30000 多块，表示欢迎和慰劳。

红军三大主力会师纪念塔（王静 摄影）

至此，红一方面军与红二方面军、红四方面军这红军的三大主力在甘肃南部会宁、静宁地区实现了大会师。

红军三大主力会师宣告了蒋介石剿共灭红政策的破产。但他不甘心失败，虽然国共之间"停止内战，一致抗日"的谈判正在进行，他还是企图乘红二、四方面军经过长途跋涉刚到陕甘宁边区，十分疲劳且立足未稳之际，集中优势兵力围而歼之。他在甘南会宁、静宁地区就集中了胡宗南第一军、王均第三军、毛炳文第三十七军和东北军王以哲第六十七军及何柱国骑兵军共五个军的兵力。10 月 22 日，蒋介石亲临西安督战。

① 转引自《长征大事典》（上卷），贵州人民出版社 1996 年版，第 731—732 页。

为战胜敌人，毛泽东、彭德怀等制定了中央军委的作战方针：逐次转移，诱敌深入，集中优势兵力给蒋氏嫡系胡宗南第一军以歼灭性打击；对第三、第三十七两军，予以钳制，相机打击；对东北军两军，积极进行统战争取工作。

10 月 31 日，红军主力向豫旺、同心城转移。进至海原之敌马鸿宾第三十五师和何柱国骑兵第六师由海原向西安州方向截击红军。红一军团一师在红十五军团七十三师及骑兵团配合下进行反击，在海原以北的何家堡地区消灭敌人两个团，俘敌 1000 余人，缴获马匹、枪支各 1000 余。残敌逃回海原。为争取东北军，红军对所俘骑兵第六师的官兵，以礼相待，经宣传教育后全部释放，并归还缴获的马匹、武器。

11 月，胡宗南部恃强骄纵，孤军冒进，分三路向豫旺地区进攻。中央军委指示，红军主力“应即在豫旺县城以东向山城堡迅速靠近，集结力量，准备一仗”。山城堡是一个小村落，在洪德城西北，属环县。这里有一股笔孔大的泉水。彭德怀估计，胡宗南部离开山城堡西北 60 里之甜水堡后，即无处找到饮水，非到山城堡不可。[①] 这里正是设伏歼敌的好地方。红军前敌总指挥彭德怀命会合后的三个方面军各部队从 11 月 16 日开始即向山城堡南北地区集结。

这时，胡宗南按照蒋介石的命令，于 11 月 17 日将所部分三路向定边、盐池前进。左路第一师一旅由惠安堡东进；中路第二旅向萌城、甜水堡前进；右路第七十八师由田家园向山城堡前进。

当此时，周恩来于 11 月 18 日到达红军前敌总指挥部所在地河连湾。他是代表中共中央来迎接二、四方面军的。周恩来 11 月 15 日离开保安，18 日赶到这里。在这个集镇的大路口，他热情地欢迎朱德和张国焘。周恩来向他们介绍了中央红军到达陕北一年来形势的巨大变化，谈了同张学良谈判的情况。[②] 张国焘感到“世界是真的变了，而他又确已得了风气之先。”[③]

11 月 19 日，周恩来会同前敌总指挥彭德怀、政委任弼时、参谋长刘伯承等一起制定了以集中主要兵力歼灭第七十八师为重点的山城堡战斗作战部署：红一、红十五军团和红四、红三十一军在山城堡之东、南、北地区隐蔽，待机出击；红二方面军集结于洪德城、环县地区，担任策应各方和迟滞东北军的任务；红二十八军在红井子一带钳制敌左路第一旅。

11 月 20 日，敌七十八师进占山城堡，企图由此继续向东攻击。21 日，预先埋伏在山城堡附近之红一、红十五军团和红四、红三十一军，在彭德怀总指挥等的指挥下，突然向进占山城堡之敌发起猛烈攻击，将敌人四面包围。敌人只得凭借围寨顽抗。经过一昼夜激战，敌七十八师二三二旅与二三四旅两个团全部被歼灭。与此同时，向盐池方向进攻之敌也被红十五军团的二十八军击溃。山城堡战斗红军获得全胜。

---

① 据《彭德怀自述》，人民出版社 1981 年版，第 217 页。

② 据《周恩来传（1898—1949）》，中央文献出版社 1998 年版，第 320 页。

③ 张国焘：《我的回忆》第 3 册，现代史料编刊社 1981 年版，第 317 页。

山城堡战斗是长征的最后一战，也是第二次国内革命战争的最后一战。

山城堡战斗是红军三大主力一起到达了长征的落脚点——陕甘宁苏区以后，在党中央指挥下一起打的一个大胜仗。这一战的胜利，粉碎了蒋介石的最后一次围追堵截，从而完全结束了长征。①

山城堡战斗推动了西安事变的爆发，并以和平解决西安事变为转机，实现了国内和平，形成了以国共第二次合作为基础的抗日民族统一战线。这一仗的胜利是彻底粉碎了国民党反动派长达十年的反革命“围剿”的标志，从而完全结束了第二次国内革命战争。

11月23日，在山城堡举行祝捷大会，三个方面军的团以上干部参加，听取了中央军委代表和各红军领袖的报告。② 朱总司令在讲话中指出：从三大红军西北大会师，到山城堡战斗，结束了长征，给追击的胡宗南部队以决定性的打击。长征以我们胜利敌人失败告终。我们要在陕甘苏区站稳脚跟，迎接全国抗日救亡运动的新高潮。③

---

① 采取朱德在山城堡战斗祝捷大会上的讲话（见下文）和刘伯承《回顾长征》、聂荣臻《结束第二次国内革命战争的最后一战——山城堡战斗》、成仿吾《长征回忆录》等文的观点。

② 据朱德、张国焘、彭德怀、周恩来、贺龙、任弼时、关向应、徐向前、陈昌浩等致毛泽东转中共中央、中央军委电，转引自《中国红军长征史》，中共党史出版社1996年版，第337页。

③ 据萧锋：《长征日记》，上海人民出版社1979年版，第191页。

十二　从“抗日反蒋”到“逼蒋抗日”

按照《瓦窑堡会议决议》，广泛的民族统一战线是在“抗日”与“反蒋”与“苏维埃人民共和国”的方针下进行的。其时，经过长征的红军刚到陕北，为了在国民党军队的包围与进剿中求得生存与发展，不得不把扩大与巩固苏区根据地和发展红军作为基本任务，统一战线的重点自然也只能放在联合东北军、西北军和发展白区工作、开展群众抗日救亡运动方面。在当时，把1927年叛变革命，十年内战中屠杀工农，与中国共产党结下血海深仇而在日寇侵略、大敌当前的形势下仍坚持其反共灭红和不抵抗政策的蒋介石视为主要敌人之一，是势所必然，是由中国革命斗争的历史情况和党与红军所处的具体环境决定的。

然而，中国共产党是以国家和民族利益为重的。广泛的民族统一战线的策略的基点在于抗日。所以，抗日统一战线是否包括蒋介石在内，并不决定于中共的主观愿望，而取决于蒋氏之是否抗日。所以，一当出现蒋氏向抗日的方向动摇的迹象，张闻天、毛泽东、周恩来等立即从实际出发，主动地、灵活地运用统一战线策略，适时地调整对蒋策略。不过从“抗日反蒋”到“逼蒋抗日”以至“联蒋抗日”，对蒋策略的改变实非易事，是在1936年至1937年同国民党南京政府反复进行政治较量和军事斗争中逐步实现的。

国共两党直接联系的恢复

1936年2月27日，受托为南京政府送密信并接洽与共产党商谈联合抗日问题的董健吾（化名周继吾）、张子华抵达瓦窑堡，国共两党中断了十年的直接联系由此恢复，这就把“抗日”与“反蒋”是否继续并提的问题提到了张闻天、毛泽东、周恩来等中共领导人的面前。在这之前，张学良在洛川会谈中表示的“不同意打蒋”的意见，已经引起张闻天、毛泽东、周恩来等中共中央领导人的重视。

1936年3月初，张闻天、毛泽东等在山西石楼前线接到博古从瓦窑堡发表的电报，得知南京当局通过关系派专人送信到瓦窑堡，表示要同中共谈判联合抗日问题，希望中共中央立即答复，促使中共对蒋方针发生变动。

同共产党和红军打了十年内战的蒋介石为什么在这时提出同中共谈判联合抗

日问题呢？决定的因素是华北事变后日本帝国主义独占中国的侵略行动直接危害和威胁英、美等国和蒋介石集团的利益。蒋氏为维护其利益、巩固其统治，不得不调整其内外政策。蒋在1935年11月国民党第五次全国代表大会上开始作出将改变妥协退让政策的表示。他虽然仍侈谈“和平”，但同时又说，“和平到完全绝望时期”，“牺牲到最后关头”，他即“听命党国，下最后之决心”。与此同时，对外，改善同苏联的关系，以争取苏联的支持和帮助；对内，企图并用政治、军事两手策略，在进行军事“围剿”的同时，通过“谈判”，收“溶共”和“收编”红军之效。

1935年12月，蒋介石对苏联驻华大使鲍格莫洛夫表示，希望苏联“能够促进国共团结”。鲍格莫洛夫拒绝苏联政府充当国共谈判的中间人。1936年1月，蒋又告诉这位苏联驻华大使，他“准备同意中共合法化，但不能让中国红军存在”。随后，蒋又表示“可以在以下基础上同共产党达成协议：红军承认中央政府及司令部的权威，同时保留自己目前的编制，参加抗日战争。”除此以外，蒋介石还在1935年底派陈立夫秘密赴苏谈判，希望订立共同对日的军事同盟。后蒋考虑时机尚未成熟，令已到德国的陈返回南京，同苏联驻华大使交涉。又令回国述职的中国驻苏武官邓文仪赶回莫斯科，同苏联一些高级将领和中共驻共产国际代表团接触。

在国内，蒋介石设法同共产党建立联系。他指派陈立夫打通同共产党的关系，同时要宋子文想办法。

陈立夫把任务交给CC系要角、铁道部次长曾养甫。曾即于1935年11月底把任务交给了铁道部劳工科长谌小岑。谌与曾是天津北洋大学同学，早年参加过“觉悟社”，同周恩来夫妇有旧谊。谌小岑通过翦伯赞邀来吕振羽，同中共北方局建立了联系。另外，谌小岑通过中共地下党员左恭认识了一位宁夏人黄先生，黄先生的真名叫王绪祥，党内名为张子华。张子华建议由国民党直接派人去陕北。

宋子文找宋庆龄商议怎样向中共中央传递国民党要求谈判的信息。1936年1月，宋庆龄把董牧师（健吾）请到家里。董是共产党员，宋子文在圣约翰大学的同学。宋庆龄交给董一封信，要他到陕北面交中共中央领导人。行前，宋庆龄又给他一张财政部长孔祥熙签署的委任董为“西北经济专员”的委任状，以保证旅途方便与安全。

上海中共特科获悉此事后，决定派张子华随董健吾同赴陕北。张子华通过谌小岑征得曾养甫同意，与董结伴西行，于1936年1月抵西安。时值隆冬，遍地冰雪，加之陕北苏区处于国民党军队包围封锁之中，董、张二人在西安滞留了40天，未能找到合适的交通工具和安全进入苏区的路线。他们只得请张学良帮忙，经东北军掩护前往。终于在1936年2月27日到达瓦窑堡。董健吾进苏区后即化名周继吾。

第二天，董健吾和张子华二人一起面见在瓦窑堡留守的中共中央常委博古。呈递了宋庆龄托带的密信，还谈了南京情况：国民党内孙科、于右任、张群、冯玉祥等均主张联俄联共；蒋嫡系中也不是铁板一块，有的主张联红反日，有的主张联日反红；蒋介石本人有与红军妥协反日的倾向。[①]

博古立即电告在山西前线的张闻天、毛泽东、彭德怀和在陕北前线检查工作的周恩来。3月2日，张、毛、彭复电要博古同董健吾等一起到山西石楼，面商同国民党谈判事宜。同时要周恩来也来石楼。这时，董感到此行已经迁延多日，如前往石楼，更要耗费不少时日，为使国共双方迅速磋商大针，宜由中共对南京当局的意向作一答复，由他急回南京、上海复命。张闻天、毛泽东、彭德怀遂于3月4日中午12时，以“张、毛、彭”三人署名复电“博古转周继吾”，表示：“弟等十分欢迎南京当局觉悟与明智的表示。为联合全国力量抗日救国，弟等愿与南京当局开始具体实际之谈判。”提出与南京当局谈判的五点意见：“我兄复命南京时望恳切提出弟等之下列意见：（一）停止一切内战，全国武装不分红白，一致抗日；（二）组织国防政府与抗日联军；（三）容许全国主力红军迅速集中河北，首先抵御日寇迈进；（四）释放政治犯，容许人民政治自由；（五）内政与经济上实行初步与必要的改革。”最后表示“同意我兄即返南京，以便迅速磋商大计。”[②] 董健吾第二天即带着这个密件离开瓦窑堡返南京。

张、毛、彭的电文，在国共两党联系中断了十年、开始在国内重新直接接触之际，提出了同国民党联合抗日的基本条件。电文中未提“反蒋”而强调“停止内战，一致抗日”，第一次向蒋介石和南京当局表示，在抗日的前提下，“反蒋”的方针不是不可变动的。

晋西会议调整对蒋策略

3月中旬，张子华随博古来到山西隰县大麦郊地区（今属交口县）。张闻天同毛泽东、周恩来、彭德怀等一起，听取了张子华关于同曾养甫、谌小岑接触的情况汇报，了解到陈立夫、宋子文寻找共产党中央希望举行秘密谈判的具体情况，获悉国民党上层人物孙科、于右任、冯玉祥、胡汉民以及陈立夫等亲英美派有联共联俄一致抗日的意向。

就在这时，中共中央北方局联络处长王世英也来到这里。王世英向张闻天等中共中央领导人汇报了北方局同南京方面接触的情况。1936年1月，北方局代表周小舟已经在吕振羽陪同下与谌小岑见面，打通了国共之间的关系。

3月16日，李克农也赶到石楼。他刚刚同张学良在3月4、5两日进行了第二次“洛川会谈”。李在3月5日已电党中央简要报告会谈结果，这时又当面向张闻天等中央领导人详细汇报。关于对将方针，张学良在1月19日第一次“洛川会谈”时就“不同意讨蒋”，这一次会谈中更坦率地陈述了自己的看法，主张抗日必须“联蒋”。其时，张学良因护送董健吾、张子华赴陕北，已经从董、张那里了解到南京当局正欲同中共中央秘密谈判联合抗日；彭德怀、毛泽东又于3月5

① 据1936年2月28日彭德怀、毛泽东致李克农电。

② 载《文献和研究》1985年第4期。

日把中共中央提出的与南京当局谈判的五项条件电告张学良；因此，张学良一方面更加放心大胆地联共联红，另一方面，更加认为老蒋有抗日的可能。

1936年3月20日至27日，张闻天在山西前线主持召开了中央政治局会议（通称“晋西会议”）。应该看到，这次会议的召开，既是因为刚从莫斯科回来的刘长胜带来了共产国际七大决议的文件，需要进一步学习、贯彻，也是因为国共两党关系上发生重大变化这一新情况，迫切需要对瓦窑堡会议确定的统一战线策略方针进行总结并作必要的调整。

在晋西会议上，张闻天就共产国际七大决议和统一战线问题作报告。[①] 他概括国际七大的主要精神，“一是集中力量反战反法西斯，二是建立广泛的统一战线”。以此衡量《瓦窑堡会议决议》，“基本上是同这些决议相符合的”。鉴于国际七大决议中关于欧洲的问题讲得多，关于中国的具体问题很少涉及，张闻天提出贯彻国际决议的指导思想：“使之民族化，使之适合于我们的具体环境。”这是中共中央领导人第一次明确提出要把共产国际指示“民族化”的思想，其实质就是不能把国际指示教条化、神圣化，而要把它同中国革命的具体实际相结合。张闻天不仅提出了这一指导思想，他的这篇报告也体现了这一指导思想。

在报告中，张闻天分析了1935年8月共产国际七大闭幕以后半年多来世界形势“新的变化”和在日本继续侵占华北情况下中国国内形势的发展变化。他指出，中国国内阶级关系有了新的变动，除了民族资产阶级“分化很明显”之外，“许多派别在抗日口号下表现活跃”，地主买办集团中有人“想找出路来联俄联共抗日”，“南京政府内部和一些军阀也在与我们接洽谈判”。这一切证明，在中国，尤其是华北，“爆发民族革命战争的局面正在形成”。在这种形势下，“中国共产党的任务是，准备开展大规模的民族革命战争，反对日本帝国主义的侵略”。在战略任务上，张闻天反复强调，党的“中心任务是抗日”，“反对日本帝国主义尤其是中心”；在策略方针上，明确指出，“我们现在主张国内和平，联合抗日”，“目前的关键，是建立统一战线——抗日的人民统一战线”；我们“必须而且可能与各种政治派别进行上层统一战线”。他认为，运用统一战线策略“没有死板的公式”，要依据不同的环境，利用每个事件，在各种阶层以至各种反动阶层中进行统一战线工作。他说：“不分析反革命派别中的各个人，视同一律，就不能有统一战线。不用策略而只背诵教义，就不能有统一战线。”

对“蒋”，虽仍指其为“最反动的法西斯分子”的代表，但在策略上，已经改变了“抗日”与“反蒋”并提的提法，而将“抗日”突出地摆到“中心”位置，出现了用“联合抗日”取代“抗日反蒋”的趋向。

张闻天还着重论述了实现上层统一战线的具体方针。他指出，应该“首先注意那些有群众的、有实力的、抗日的派别”；与各种政治派别、武装部队订立协定，可以先订部分的、地方性的协定。这种协定可以是公开的或秘密的，但一定

① 1936年3月20日张闻天在政治局会议上的这个报告以《共产国际“七大”与我党抗日统一战线的方针》为题收入人民出版社1985年出版的《张闻天选集》。以下引文据《张闻天选集》。

要“着眼于争取广大群众”，要“讲原则”，协定订立后我们一定要“忠实遵守”。他还强调，在上层统一战线中，党决不抛弃自己的立场。要“宣传中国共产党的主张是唯一正确的主张”；对同盟者决不放弃“严肃的批评”；对右派“进行最坚决的斗争，而不是迁就”。张闻天提出的这些原则，直接指导了当时秘密进行着的同南京政府的谈判，以及同东北军、西北军等地方实力派的联合工作。

关于统一战线的发展方向，张闻天没有照搬国际决议的规定。他从中国实际出发，指明：在中国建立统一战线的政权（抗日联军、国防政府）同欧洲各国相比，“有两点不同：一是革命发展的不平衡，二是已经有了苏维埃”。他提出一个重要的指导思想：在中国，“有可能在某些地区中首先建立这种政府”。张闻天还论述了同国际决议指出的产生这种政府所需要的不同的适合于中国特点的三个条件：一、某些地区的地主资产阶级的政权已严惩地瘫痪，因而无力阻止这种政权的产生；二、最广大的群众已经奋起反对日本帝国主义和汉奸卖国贼，但未进至争取苏维埃政权的斗争；三、一部分愿意抗日的当权者与群众公开要求共产党、苏维埃和红军联合一致，抗日讨蒋。他还指出，建立这种政权不应“消极与等待”，而要“从斗争中得来”。这些论述，成为独立自主地发展抗日根据地、建立抗日民主政权的指导思想。

张闻天的报告总结了瓦窑堡会议以来三个月开展统一战线工作的经验，回答了新形势下实践中提出的新问题，充实和发展了党的抗日民族统一战线策略，得到政治局的赞同。会议批准了 3 月 4 日张、毛、彭在给董健吾电报中提出的同国民党谈判的五项条件，并明确指出：日本是最主要敌人，国民党内正在分化，蒋介石、张学良都在动摇中，中央提出的五项谈判条件，不仅是对南京的而且也是与一切人交涉的基本条件和内容。会议还确定，与国民党军队的谈判集中于军委，与国民党的谈判集中于党中央常委，全部由常委指挥。会后，张闻天发表《关于抗日的人民统一战线的几个问题》一文①，概括了晋西会议关于统一战线问题的主要思想和政策原则。

1936 年 3 月底 4 月初，蒋介石命陈诚率中央军十个师进入山西，协同阎锡山阻拦红军东征，并命令东北军、十七路军等进攻陕甘根据地。在这样严重的情况下，中共中央都没有改变晋西会议确定的方针。在 4 月 6 日政治局会议上，张闻天仍然指出，“蒋介石内部起分化”，我们的策略在军事上采取“坚决的行动”，“另一方面还是积极的和他进行外交”。② 也就是继续与蒋秘密谈判停止内战联合抗日问题。

针对党内有人提出目前“讨蒋已成中心。拟由军委下令讨伐”的意见，4 月 9 日，在瓦窑堡的张闻天和在山西前线的毛泽东、彭德怀，同时互发电报谈当时应取对策，意见不谋而合，认为“目前不应发布讨蒋令”，“我们的旗帜是讨日

---

① 此文作于 4 月 20 日。发表在 4 月 30 日出版的《斗争》第 97 期，署名洛甫。收入档案出版社 1985 年出版的《中共中央抗日民族统一战线文件选编》（中），编入《张闻天文集》（二）。

② 据 1936 年 4 月 6 日张闻天在中央政治局会议上的发言记录。

令，在停止内战旗帜下实行一致抗日”，“中心口号在停止内战”。[①] 就在这天晚上，周恩来在肤施会谈中对张学良提出的逼蒋抗日、联蒋抗日主张答复说：关于对蒋介石的政策中共中央已有考虑。[②] 张闻天与毛泽东、彭德怀和周恩来四人在三地主张一致，可见中共领导集体对蒋方针确已改变。

4月25日，中共中央发表《为创立全国各类各派的抗日人民阵线宣言》，“中国国民党”的名字公开放在几十个党派团体的第一位。5月5日，为红军回师河西，中华苏维埃中央政府和中央军委发表《停战议和一致抗日通电》（通称“五五通电”），不再提“讨蒋”、“反蒋”口号，专谈“停止内战，一致抗日”，甚至有“促进蒋介石氏……的最后觉悟”的期望。可见，张闻天、毛泽东、周恩来等审时度势，不为东征受阻的表面现象所动摇，在统一战线中加进了争取南京政府，甚至争取蒋介石，同他们联合抗日的内容，表现了驾驭复杂形势、运用政治策略的成熟。

“五五通电”以后的曲折

应该看到，对“蒋”策略的变动这时还只是开始。当时，“不发讨蒋令”，不提“反蒋”口号，并不就是从“抗日反蒋”方针转变成了“逼蒋抗日”或“联蒋抗日”方针。从当时的文电、宣言、讲话可见，这样做，主要是出于策略考虑，是要“在讨日令旗帜下实行讨蒋”，“在停止内战一致抗日的大题目下，号召全国人民、蒋系官兵一致反对蒋介石接受广田三大原则，反对拦阻红军与捣乱抗日后方”，[③] 是因为“南京政府内部分裂为联日反共与联共反日两派”[④]，“联日反共或联共抗日，尖锐提到群众面前”[⑤]，采取这种策略“最能争取落后人民与蒋系部队”[⑥]，可以促使南京政府和蒋系内部的分化。但如前所说，张闻天等中共中央领导人是将国家、民族利益放在第一位的。2月以来，对蒋策略确是有了较大改变。在“抗日”与“反蒋”的关系上突出“抗日”为中心；对外不公开提“反蒋”、“讨蒋”的口号，多用“抗日讨逆”的口号取代“抗日反蒋”的口号；在联合对象上，区分南京政府、中央军内部不同派别，从联合地方实力派进到联合蒋系中的联共反日派，如此等等。所以，5月5日“五五通电”发布之后，如果蒋介石确能有所觉悟，改弦更张，切实开始联合抗日的谈判，那么，中国共产党

① 见《文献和研究》1985年第3期载毛、彭1936年4月9日致张电。

② 转引自中共中央文献研究室编：《周恩来年谱（1898—1949）》，人民出版社、中央文献出版社1989年版，第306页。

③ 1936年4月9日彭德怀、毛泽东致洛甫电，载《文献和研究》1985年第3期。“广田三原则”：日本外相广田弘毅1935年10月28日提出对华政策新方针，1936年1月21日明确为“对华三原则”：中国取缔一切排日运动；树立中、日、满经济合作；中日共同防共。

④ 1936年5月20日林育英、张闻天、毛泽东等致朱、张、刘、徐等电，见《中共中央抗日民族统一战线文件选编》（中），档案出版社1985年版，第148页。

⑤ 张闻天1936年5月8日在政治局扩大会议上的发言记录。

⑥ 1936年4月9日彭德怀、毛泽东致洛甫电，载《文献和研究》1985年第3期。

的方针由“抗日反蒋”转而为“联蒋抗日”，也就是自然的了。

然而，蒋介石并没有如中共“五五通电”所希望的那样“放下屠刀，立地成佛”。他这时不但没有真正“觉悟”，而且很不“明智”，以为红军撤回河西正是他用武力消灭红军的机会。所以，这时他毫无谈判诚意，反而调兵遣将，派汤恩伯和阎锡山的部队西渡黄河，协同高桂滋部和井岳秀部进攻陕甘苏区的东北部，要东北军和十七路军进攻陕甘苏区南部和中部，要“二马”（宁夏军阀马鸿宾、马鸿逵）的部队防堵红军西进。在国民党军队的合围、“进剿”之下，陕甘苏区逐渐缩小，连中共中央机关都不得不于6月下旬撤离瓦窑堡移往保安。既然蒋介石坚持其“攘外必先安内”的反动政策，执意反共灭红，共产党与红军当然只能与之抗衡、周旋。此时，中共中央对蒋介石的估计是：蒋在“联日反共”与“联共反日”对立的两派中，他毫无疑问把重心放到了“联日反共”的一边。所以，在东征回师陕北以后召开的中央政治局扩大会议（5月8日至9日）上，张闻天指出，此次蒋系部队开进山西拦阻红军东征，是突破了《何梅协定》不许中国军队在华北驻兵的限制，而实行了日本对华方针“广田三原则”中最重要的“共同防共”一条；中共中央政治局一致认为，要建立抗日民族统一战线，“东北军与国防政府是全局关键”，“现在中心［是］促成西北国防政府成立”。为巩固与扩大根据地，粉碎蒋的“围剿”，会议决定，立即组织西方野战军进行西征，集中力量打击坚决反共的“二马”。① 所有这一切，实在是被蒋所迫，不得不然。

应对“两广事变”

中国共产党作出根本改变“抗日反蒋”的方针和“人民共和国”口号的决策，确定“逼蒋抗日”的方针、采取“民主共和国”的口号，是通过1936年8月和9月在保安召开的两次中央政治局会议实现的。而这同“两广事变”的爆发密切相关。“两广事变”的爆发和国民党、蒋介石为解决“两广事变”引起的问题于7月10日至14日召开的国民党五届二中全会，是促使中国共产党根本转变对蒋方针的契机。

1936年6月1日，广东的陈济棠和广西的李宗仁、白崇禧正式提出要求南京政府对日宣战；接着，粤军与桂军以“北上抗日”名义联合出兵湖南。蒋介石则调兵遣将，进行拦阻。毛泽东于6月9日发表谈话声援两广“北上抗日”，张闻天于6月12日和14日连续主持政治局会议和常委会，讨论“西南问题”，会后发表了由他起草的《为两广出师北上抗日宣言》②。对两广“高举抗日义旗，出师北上”表示声援，声明“愿意同两广当局缔结抗日联盟共同奋斗”。

毋庸讳言，当时张闻天和党中央其他领导人对地方实力派的抗日反蒋军事行动是支持的，对蒋介石的南京政府采取严厉“揭破”的态度，对蒋介石的军队采

---

① 据1936年5月8日至9日政治局扩大会议记录。

② 见《中共中央文件选集》(11)，中共中央党校出版社1986年版，以下引文据此。

取分化政策，但公开宣言也没有重提“反蒋”口号，而是高举“抗日”旗帜，“要求南京政府立刻幡然悔悟，答应两广要求，动员全中国的海陆空军北上抗日”，“要求蒋介石立即实现全国人民停止内战一致抗日的号召”，并没有放弃争取联合的立场。内部指示虽然没有改变“抗日反蒋”方针，但提出“我们的策略是在使这次发动持久，扩大，充实而转变为全中国人民武装抗日的神圣的民族革命战争”[①]，提出“在全中国我们号召其他一切抗日的武装的发动，要求南京政府出兵抗日，反对拦阻两广抗日，反对发动内战。同时利用一切机会扩大抗日救亡运动”。[②] 实际上是“抗日反蒋”其表，通过武装发动与救亡运动来“逼蒋抗日”其实了。

国民党为解决“两广事变”引起的问题而定于7月10日召开五届二中全会。中共中央于6月20日致书出席这次国民党中央全会的“全体执监委员先生们”，再一次正式提议立即停止内战，立即联合起来，进行神圣的抗日战争。表示“盼望你们之中任何人走抗战的生路”，表示“我们随时都准备同贵党任何组织任何中央委员任何军政领袖进行关于合作救国的谈判”，[③] 也没有把蒋介石排拒在门外，而同南京方面的秘密谈判则通过几条渠道一直在进行之中。

总之，从1936年2月至7月，毛泽东、张闻天、周恩来等一起，适应变动着的国际、国内形势，灵活地调整了对“蒋”策略。“抗日反蒋”方针开始有所改变。“反蒋”口号随着形势的发展和蒋氏对共产党与红军政策的变化，有强弱、隐显之别，但还没有完全放弃“抗日反蒋”的方针；已经有了“逼蒋抗日”以至“联蒋抗日”的意向和某些行动，但由于蒋氏坚持反共灭红政策而时生波折，“逼蒋抗日”的方针还未能完全确立。

确定“逼蒋抗日”方针

改变“抗日反蒋”的方针，代之以“逼蒋抗日”的方针，是在1936年8月10日张闻天主持的中央政治局会议上决定的。会后，中共中央发表《致中国国民党书》，倡议第二次国共合作；对党内，发布了《关于逼蒋抗日问题的指示》。紧接着，张闻天又主持了9月15日至17日举行的政治局扩大会议，通过《关于抗日救亡运动的新形势与民主共和国的决议》。至此，抗日民族统一战线策略逐渐趋于完善，“逼蒋抗日”、促成第二次国共合作，成为抗日民族统一战线策略的主要内容。

“两广事变”的爆发和国民党、蒋介石为解决“两广事变”引起的问题于7

---

① 《中共关于两广出兵北上抗日给二、四方面军的指示》(1936年6月18日)，收入《中共中央文件选集》(11)，中共中央党校出版社1986年版。

② 1936年7月6日张闻天、周恩来给冯雪峰的信。

③ 《中共中央致国民党二中全会书》，见《中共中央文件选集》(11)，中共中央党校出版社1986年版，第46页。

月10日至14日召开的五届二中全会，是促使中国共产党根本转变对蒋方针的契机。

1936年上半年，在日本帝国主义侵略势力步步深入华北，又支持伪蒙军向绥东、绥北逼近的形势下，英美同日本的矛盾日益增长，国民党同日本的矛盾日益发展，国民党内亲英美派与亲日派之间的裂痕日益增大。蒋介石在对日外交上有改变妥协退让政策的表示，但还没有放弃同日本谈判。国民党内部主张联共抗日的爱国力量对当权者继续对日妥协退让政策更加表示不满，一些地方实力派利用抗日的旗帜反对蒋介石的统治，"两广事变"就是最突出的事件。这一切使得蒋介石的南京政府事实上已经不能继续执行对日不抵抗政策了。蒋介石在国民党五届二中全会上表示："对于外交所抱的最低限度，就是保持领土主权的完整"，"假如有人强迫我们签订承认伪国等损害领土主权的时候，就是我们不能容忍的时候，就是我们最后牺牲的时候"。这次全会表明，蒋介石的对内对外政策开始实际改变。虽然这种改变是不彻底的，但较之过去确实有了若干进步。对外，蒋介石依然没有提出立即发动抗日战争，但已表示不再继续对日妥协退让政策（在会后9月至11月间南京政府外长与日驻华大使举行的七次会谈中，蒋对日外交确实较前强硬）；对内，蒋介石依然不愿意提出联合抗日的任务，但在"现代国家"、"统一安内"的口号及"国防会议"、"国民大会"等主张中确也表示了愿谈联合以至利用统一战线的意向。

南京方面在7月中旬国民党五届二中全会以后，即致函中共中央，提出新的国共谈判的四个条件。早在5月中旬，张子华第二次到陕北时，曾经带回谌小岑以个人看法名义转告的陈立夫提出的解决国共问题的四项办法：（一）欢迎共方武装部队参加对日作战；（二）共方武装参加对日作战时，待遇同中央军；（三）共方有何意见可向将成立的民意机关提出；（四）共方可选择一地区试验其政治经济理想。[①] 8月初，中共中央接到的这封"南京来信"（称"八月来信"），内中所提出的新的四条，同上述5月所提四条有较大变化，正如毛泽东指出的，南京方面"现在是着重统一"。[②]"八月来信"的文本至今未见，所提四条没有确切的记载，从8月10日中共中央政治局会议记录来看，主要包括以下各点：（一）军队统一编制、统一指挥，取消工农红军名义；（二）政权统一，取消苏维埃政府名义；（三）容纳各派，集中全国人才；（四）共产党停止没收地主土地等政策。中心思想是"先统一后抗日"，要在国民党、南京政府和蒋介石的"集中统一"指挥与领导之下，实际解决国内的军事、政治问题，然后进行抗日。这是贯彻国民党五届二中全会"统一安内"策略所采取的一个实际步骤。与此同时，周恩来也收到了内容相应的私人来信。

就在党中央研究国共关系出现的新形势，考虑应该怎样回答南京方面的"八

① 谌小岑：《西安事变前一年国共两党联合抗日问题的一段接触》，见《文史资料选辑》第71辑，中华书局1980年版。

② 据毛泽东1936年8月10日在政治局会议上的报告记录。

月来信”，调整对蒋策略的时刻，潘汉年于1936年8月8日到达保安。潘在长征途中奉派到白区。他到上海后因情况变化，于1935年8月赴莫斯科，参加中共驻共产国际代表团的工作。1936年3月南京政府驻苏使馆武官邓文仪在莫斯科与中共驻共产国际代表团联络国共谈判问题。王明在与邓会见时提出，鉴于国共两党中央都在国内，谈判宜在国内进行，并写信介绍邓进苏区与中共中央联系（未成行）。后来，王明派潘汉年回国。潘于5月初到达香港。7月作为共产党的联络人，先在香港会见国民党的代表张冲，然后到南京与国民党的代表曾养甫会晤。潘要求即同陈果夫会谈，曾希望潘回陕北听取中共中央对两党合作谈判的意见（也就是对南京方面“八月来信”的意见）后，再来南京会见陈果夫。潘乃启程经西安赴陕北。到保安后，就在张闻天的窑洞内炕前支一张行军床住下。他立即向毛泽东、张闻天、周恩来等汇报了1936年春在莫斯科和最近在香港、南京同国民党方面联络的情况，还汇报了共产国际执委会书记处刚刚开过的讨论中国问题会议的精神（放弃“抗日反蒋”口号，以南京为首要谈判对手等）。南京方面急于要得到中共中央对他们所提新的四条的答复，更促使中共中央迅速作出决断。于是，张闻天在潘汉年回来之后两天，1936年8月10日，召集了政治局会议。

这次会议由张闻天主持，毛泽东作“报告”和“结论”。会议确定共产党“和南京谈判”。关于谈判的方针和条件，概括起来为：承认南京是一种民族运动的大的力量，明确指出抗日必须反蒋现在不适合了，要与蒋联合，与南京合作；南京政府真正抗日，给抗日的民主，我们就同他讲统一，承认统一指挥，统一编制，同意取消红军名义、取消苏维埃名称，但要保证红军部队和根据地是在共产党的领导之下；提出停止内战、抗日民主、发动抗战等实际问题作为谈判条件。①

张闻天在会上作重要发言②，比较全面地阐明了中国共产党在新形势下与蒋联合、与南京合作，结成抗日民族统一战线的策略思想。他认为，现在蒋介石、南京政府“战术有许多变动”，同时在策略上也“开始表现他的动摇”，“但不能说是基本的改变”。根据这样的估计，张闻天指出，我们的策略应该“不仅揭破他的欺骗，而是更要推动他的动摇”，也就是促使国民党、蒋介石及其军队的抗日倾向继续发展，转向真正抗日。至于怎样“推动”蒋“动摇”，怎样在承认南京政府和蒋的统一指挥又取消了红军、苏维埃名义的情况下，来争取共产党对统一战线的领导权，张闻天在发言中也作了比较全面的回答。他认为，除了“从实际行动来揭破”蒋的欺骗、退让、妥协之外，还要从以下各方面来争取领导权：一是“尽量发动群众斗争，来实现我们的领导”；二是“用统一战线来在他内部进行一切活动，特别是他的军队、他的组织内进行活动”，“联结很多力量”；三是提出“停止内战，民主自由”来“与蒋联合”；四是广泛运用统一战线来“巩固我们的力量”，“要巩固组织，扩大组织”，“把我们的党大大的巩固起来”，“巩固红军工作是非常重要的”，“要把红军力量（按：指一、二、四方面军三大主

① 据1936年8月10日政治局会议记录。

② 以下引文与概述均见张闻天1936年8月10日在政治局会议上的发言记录。

力）统一起来”。张闻天还指出，“要继续反对关门主义”。同时，他又提起大家对右的机会主义倾向的警觉，强调“防止蒋在统一战线中的叛变，记取1927年大革命的教训”。在毛泽东作了结论之后，张闻天最后又明确指出，要依据这次会议议定的内容，形成三个文件：一、公开宣言，二、秘密信，三、秘密文件。

会后，张闻天即同毛泽东、周恩来等一起，致力于落实这次会议决定，实行中国共产党对国民党、蒋介石方针的重大转变：从“抗日反蒋”到“逼蒋抗日”。

8月12日，洛甫、张浩、周恩来、博古、王稼祥、彭德怀、凯丰、毛泽东八位政治局成员联名致电朱德、张国焘、任弼时，通报八月会议的重要决定。[①] 关于对国民党、蒋介石的策略方针，电文指出：“认定南京为进行统一战线之必要与主要的对手，应与南京及南京以外之国民党各派，同时的分别的进行谈判。依据过去与南京谈判的基础，在忠实进行抗日准备，实行国内民主与实行停止‘围剿’等前提之下，承认与之谈判苏维埃红军的统一问题。”电文提出“继续停战议和请蒋抗日的号召，目前阶段实行他不来攻我不去打，……他若来攻，则一面坚决作战，一面申请议和”，“在抗日进军路上，遇到蒋介石部队和其他部队，实行先礼后兵政策”等等，并说明“所有以上对南京的策略，都是为着分化南京，揭破其欺骗，孤立其首领，争取其群众，排斥其汉奸部分，而推动其爱国部分，使之走向真正抗日救亡的道路”。张闻天等人的这份电报是传达八月政治局会议精神的第一个文献。

接着，毛泽东、张闻天即起草文件：以书信形式发表的“公开宣言”《中国共产党致中国国民党书》[②] 和“秘密文件”《中央关于逼蒋抗日问题的指示》。8月下旬，正是在文件已经起草但尚未定稿的时候，接到了共产国际执委会书记处8月15日致中共中央书记处的电报。[③]“国际电报”认为，“把蒋介石和日寇等量齐观是不对的。这个方针在政治上是错误的，因为中国人民的主要敌人是日本帝国主义，在现阶段，一切都应服从抗日。此外，不能同时有效地进行既反对日寇

---

① 电文见《三军大会师》下册，甘肃人民出版社1987年版，第603—604页。

② 见《中共中央文件选集》(11)，中共中央党校出版社1986年版。关于《致国民党书》的起草，周恩来1945年4月30日在中共七大会上发言说是“毛泽东同志写的”（见《周恩来选集》上卷，第192页）。吴亮平在1981年12月6日同萧扬、张培森和笔者谈话，说“是张闻天同志起草的”。连庆浦在1981年12月4日同萧扬、张培森谈话，也说“是洛甫同志起草”。她说：我于1936年6月底到杨家园子，那是洛甫同志的驻地。几天后，去保安。中央在保安住定后，洛甫同志的文电就要我抄写，因为他觉得我写的字较好。后来我的工作定在中央机要科，任务就是抄报。洛甫同志起草的文电经我抄写的很多。《致国民党书》是洛甫起草，拿来让我抄写的。这里面有“贵党二中全会”等字样，当时给我的印象很深。笔者曾就这个问题向刘英请教。刘英说，当时重要问题闻天都同毛主席商量，商量后写成文件、电报。文件、电报张写得多些，但重要的写后都给毛看过，经毛修改。张很尊重毛，许多重大问题主导意见是毛的。写《致国民党书》的具体经过我已记不清了。按当时情况，像这样的文件很难说是哪一个人写的。如果张起草了初稿，也必定请毛修改过。

③ 这份电报当时简称为“国际电报”或“政治指示”。1986年苏联出版的《共产国际与中国革命文献资料汇编》首次公布。《教学与研究》1988年第1期、《中共党史研究》1988年第2期先后发表了中译文。收到时间“8月下旬”据1936年9月8日洛、恩、博、泽致朱、张、任电，该电说“八月下旬国际有进一步指示”。

又反对蒋介石的斗争”。“国际电报”指出：“必须采取停止红军同蒋介石军队之间的军事行动，并同蒋介石军队协同抗日的方针”；“最好由中国共产党发表声明，主张建立统一的中华民主共和国”；“争取同国民党及其军队达成协议和建立抗日民族统一战线”，等等。八月政治局会议决定的“和南京谈判”、“与蒋联合”的方针，同共产国际上述“政治指示”精神、方向以至基本策略是一致的，但是，对蒋介石及他代表的南京当局“估计还是不足的”①。这主要表现在八月政治局会议在确定放弃“反蒋”方针实行“与蒋联合”政策的同时，仍然倾向于采取把蒋“击塌”，使其“瓦解”、“破产”的“倒蒋”政策。毛泽东、张闻天、周恩来等得到8月15日“国际电报”以后，对抗日民族统一战线的实质与性质认识更加明确了，对南京方针就“完全转变过来”了。②

毛泽东、张闻天等在接到“国际电报”后采取的第一个重要行动，是对已经起草好的《中国共产党致中国国民党书》作必要的补充后，立即于8月25日发出。这封公开信是中国共产党“新的宣言”，包括了建议第二次“国共合作”，建立“统一的民主共和国”等新内容。

这封信义正辞严地指出，“九一八”以来，日寇乘虚而入，得寸进尺，沦亡惨祸迫在中华民族的目前，这完全是国民党及其政府的错误政策招来的。“如果你们还要继续内争，不把向内的枪口转到向外，不把退让的政策转到抗战，不把分离的局面转到团结，不把涣散的情况转到统一，则祸患之来，不堪设想，而诸位先生千秋万世的罪名亦将无可以挽回。”中共中央向国民党中央委员和全体党员大声疾呼：“立即停止内战，组织全国的抗日统一战线，发动神圣的民族自卫战争，抵抗日本帝国主义的进攻。”

这封信称蒋为“蒋委员长”，承认他对国民党五次全会政策所作的新的解释“较之过去有了若干进步”，表示“诚恳的欢迎这种进步”；同时又对蒋认为目前“并未达到和平绝望的时期”、“[牺牲]并未达到最后关头”的说法提出批评。信件列数东北四省的沦亡，察哈尔大部的失去，冀东防共自治政府猖獗，冀察政委会的傀儡化，日本大军的进驻冀察，华北经济权的丧失，泛滥全中国的公开走私……直至华南自治运动的策动等等事实，说明“在全国人民看来，和平早已绝望，牺牲早已到了最后关头，除了发动全国人民全国武装力量的坚决的自卫战争外，中国领土主权的全部沦亡是无法挽救的”。

针对蒋介石、国民党强调“集中统一”，这封信一方面承认当前全国人民“迫切要求停止内战，集中统一，以便一致抗日”，一方面指出“全国人民现在所要的是抗日救国的集中统一，而不是媚外残民的集中统一”。信件尖锐地揭露，连年不绝的内战与不统一，是国民党“攘外必先安内”政策造成的。“以这种错误政策，来求集中与统一，真是缘木求鱼，适得其反”。同时，信件又提出“民主共和国”的纲领作为“现代国家”“集中统一”的纲领。在信件中，中共中央

① 1936年9月8日洛、恩、博、泽致朱、张、任电，载《文献和研究》1985年第3期。
② 张闻天1936年9月15日在政治局扩大会议上的报告记录。

郑重宣言：“我们赞助建立使全中国统一的民主共和国，赞助召集由普选权选举出来的国会，拥护全国人民和抗日军队的抗日救国代表大会，拥护全国统一的国防政府”，宣布在全中国民主共和国建立时，苏区成为其“一个组成部分”，红军愿意服从抗日联军总司令部的指挥，实际上对南京方面“八月来信”中提出的统一条件作了公开的具体答复。

这封信明确地提出了“国共重新合作”的建议。它向一切中国国民党人宣言，我们愿意同你们结成一个坚固的民族统一战线，去反对全民族的最大敌人——日本帝国主义，如像1925年至1927年第一次中国大革命时两党结成反对民族压迫与封建压迫的伟大的统一战线一样。信件向国民党尖锐地提出：“还是同日本帝国主义及汉奸们一道，建立防共统一战线即亡国统一战线呢？还是同中国共产党及全国人民一道，建立抗日统一战线即救国统一战线呢？现在是已经到了决定的关头了”。公开信最后说：“国共合作的关键，现在是在贵党的手中。”“至于我们方面，是早已准备着在任何地方与任何时候派出自己的全权代表，同贵党的全权代表一道，开始具体实际的谈判，以期迅速订立抗日救国的具体协定，并愿坚决的遵守这个协定。”

前已指出，《中国共产党致中国国民党书》是八月政治局会议决定写的，直接的动因是答复国民党五届二中全会后南京方面的“八月来信”。所以，信中对国民党五届二中全会宣言和蒋介石报告的分析、批评，对他们公开所提纲领、方针和秘密所提谈判条件的评论、答复和建议；信中对中国共产党自“九一八”以来救亡图存的一贯主张和抗日统一战线政策的阐述，“国共重新合作”的建议，立即开始具体实际谈判的表态，以至使用“贵党”、“蒋委员长”的称谓，都表达了八月政治局会议的内容和精神，体现了张闻天提出的“揭破其欺骗，推动其动摇”的策略思想。同时，这封信又是在接读了8月15日的“国际电报”之后改定发出的，所以信件中加进了共产国际提出的“民主共和国”的口号。

八月政治局会议决定放弃“抗日反蒋”而采取新的方针。至于用什么口号来代替“抗日反蒋”，还在酝酿之中，语言一时没有确定。曾有过“请蒋抗日”（8月12日洛甫等致朱、张、任电）的提法，显然不够准确。“联蒋抗日”，虽然客观反映了策略的目的和主要内涵，但是对中共和蒋之间的关系、蒋的被动以及此事实现须经过一个过程等等，难以体现出来。因为蒋氏对抗日、对统一战线还是在动摇之中，他还并不真心想同共产党联合，他也还没有放弃对苏区与红军的包围和进攻。所以，还要通过政治、军事的各种斗争，造成一种局面，使得蒋介石别无选择，不得不同意建立这种以国共两党第二次合作为主要内容的抗日统一战线。既然“请蒋抗日”、“联蒋抗日”的提法均不贴切，抗日统一战线的建立又必然要经历一个对蒋逼迫的过程，那么，用一个“逼”字（起先用“迫”字），就最为恰切了。1936年8月30日在张闻天、林育英、周恩来、博古、毛泽东联名致朱德、张国焘、任弼时的电报中，第一次用“迫蒋抗日”来概括党中央放弃“抗日反蒋”后采取的统一战线的基本方针：“迫蒋抗日，造成各种条件使国民党及蒋军不能不与我妥协，以达到两党两军联合反对日本的目的。”①

1936年9月1日，张闻天起草的中共中央《关于逼蒋抗日问题的指示》② 在党内发布，向全党说明党的策略方针转变的内容和必要性。指示说：“目前中国的主要敌人，是日帝，所以把日帝与蒋介石同等看待是错误的，‘抗日反蒋’的口号，也是不适当的。”“在日帝继续进攻，全国民族革命运动继续发展的条件之下，蒋军全部或其大部有参加抗日的可能。我们的总方针，应是逼蒋抗日。一方面继续揭破他们的每一退让，丧权辱国的言论与行动，另一方面要向他们提议与要求建立抗日的统一战线，订立抗日的协定。”“我们目前中心口号依然是‘停止内战一致抗日’”，“在逼蒋抗日的方针下并不放弃同各派反蒋军阀进行抗日的联合。我们愈能组织南京以外各派军阀走向抗日，我们愈能实现这一方针”。指示还向全党通报了国共两党将进行联合抗日的谈判；党中央赞助建立“民主共和国”，届时“苏区可成为统一民主国的一个组成部分”，“红军将服从统一的军事指挥”。这个指示的发布，标志着“逼蒋抗日”方针的正式确定。这个指示精炼地阐述的策略、方针，成为抗日战争爆发之前中国共产党行动的纲领。从此，抗日民族统一战线工作进入了一个以“逼蒋抗日”、实现国共第二次合作为主要内容的新阶段。

提出“民主共和国”口号

在适时解决了最为迫切的对蒋方针问题以后，紧接着，张闻天又主持了9月15日至17日举行的政治局扩大会议，并在会上作《目前政治形势与一年来民族统一战线问题》的报告。

张闻天详细分析了国际、国内的形势变化，指出，统一战线，根据目前形势应有部分修改。他根据八月政治局会议和“国际电报”所作政治指示，总结了一年来抗日民族统一战线策略取得的许多成绩，肯定了瓦窑堡会议决议所确定的政治路线基本上是正确的，在此基础上，分析了认识上的不足，策略上的欠缺或失当，对新的形势下抗日民族统一战线的部分修改、调整，策略内容的充实、发展，作了系统的论述。张闻天指明，“各党派联合，主要是国共联合。”统一战线的口号是：“建立民主共和国”。现在的策略是：“实现联合国民党抗日”。即用各种办法推动正在动摇中间的国民党、南京政府和蒋介石走向抗日。张闻天对“停止一切内战一致抗日”作出新的解释：应反对反蒋战争，不应同情反蒋战争，主要的战争目标要放在抗日上面；对蒋的进攻，应站在自卫的立场上来反对。张闻天还强调：“我们在统一战线中要取得领导，这是我们基本任务。我们要保持我党的独立、纯洁。”③

---

① 《文献和研究》1985年第4期。

② 见《中共中央文件选集》（11），中共中央党校出版社1986年版，第89—91页。

③ 张闻天1936年9月15日在政治局扩大会议上的报告记录。

9月17日，会议通过了张闻天起草的《关于抗日救亡运动的新形势与民主共和国的决议》（以下简称《决议》）。[①] 九月会议是八月会议的继续与深化。因而这个决议贯彻了八月会议的决定，又吸收了“国际电报”的意见，同时也鲜明地体现着张闻天本人在八月会议上阐述、九月会议报告中加以发挥与系统化的策略思想。

《决议》向全党阐明，“在目前形势下，有提出建立民主共和国口号的必要”。《决议》指出，“在日本帝国主义不断进攻之下，中国人民的抗日救亡运动现在已经进入一个新的阶段”。国民党南京政府“现在是在动摇的中间”。“在日寇继续进攻，抗日民族救亡运动继续发展，国际形势新的变动等条件之下，国民党南京政府有缩小以至结束其动摇地位，而转向参加抗日运动的可能”。“推动国民党南京政府及其军队参加抗日战争，是实行全国性大规模的严重的抗日武装斗争之必要条件”。

《决议》在准备进入国共合作、联合抗日的新阶段的关键时刻，及时提出了不少极其重要的统一战线的原则。如：绝不放松对于南京政府错误政策的严厉的批评与斗争；从广大人民的民主要求出发，领导群众的日常经济政治斗争，加强共产党在民族统一战线中的政治领导作用，决不放弃党对于苏区人民与原有武装力量的绝对领导；在统一指挥之下保持红军组织上与领导上的独立性，充分注意红军的扩大与巩固；扩大与巩固共产党，保障党在政治上、组织上的完全独立性和内部一致性，等等。如果说，实践证明，“民主共和国”的口号只是在宣传上发挥了作用，那么，这些策略原则则一直指导着共产党同国民党进行的复杂曲折的谈判。不仅如此，在整个抗日战争中，党在统一战线中都坚持和运用了这些原则，并在实践中有许多新的创造和发展。从这个意义上说，这个决议不仅对国共第二次合作的形成具有指导意义，而且对整个抗日战争的胜利也有深远的影响。

总之，九月会议后产生的“民主共和国决议”同八月会议后产生的“致国民党书”和“逼蒋抗日指示”一样，表明张闻天同毛泽东、周恩来等一起，善于使党的策略适应新的形势，变得更加完善，更加符合实际。这是指导中国革命走向胜利的重要保证。

---

① 全文收入《张闻天选集》，并见《中共中央文件选集》（11），中共中央党校出版社1986年版。

十三　和平解决西安事变

西安事变前的形势

九月中共中央政治局会议以后，中共中央为力促蒋介石停止内战，早开谈判，实现国共合作，联合抗日，派潘汉年于9月24日携带中共中央起草的《国共两党抗日救国协定草案》离开陕北，前往上海，并准备派周恩来作为中共全权代表，同国民党谈判，签订《抗日救国协定》。然而，蒋介石对于中共的倡议却不予与日俱增 。在平息“两广事变”以后，蒋介石立即增兵陕甘，“围剿”红军。他在谈判桌上翻云覆雨，态度强硬，企图以军事进攻与政治谈判双管齐下，一举解决西北问题，实现其“溶共”和收编红军的野心。中共中央在国民党军队猛力进攻之下，一方面，“从各方面造成停止进攻红军的运动”，“以此迫蒋停止剿共”①；另一方面，于11月下旬组织了山城堡战役，显示红军的声威。在谈判中，则“并不坚持过高要求”，同意“红军改名受蒋指挥。”② 然而，蒋介石仍一意孤行，反而严厉督责张学良、杨虎城“进剿”红军。

张、杨发动西安事变

张学良、杨虎城两位将军为促使蒋介石放弃“剿共”政策，实行抗日救国，在多次进谏无效反被斥责后，决定对蒋介石进行“兵谏”。1936年12月12日凌晨，张、杨联手发动了震惊中外的西安事变。他们在西安东面的临潼华清池逮捕了蒋介石，在西安市内囚禁了从南京来的陈诚、蒋鼎文、卫立煌、张冲等十几名国民党军政要员。

中共中央派驻在张学良那里的代表刘鼎在行动前一刻（12日12：30）发电报向驻在保安的党中央报告西安即将发生重大事变的情况。

张、杨在事变后立即通电全国，提出“改组南京政府”、“停止一切内战”、

① 1936年11月22日毛泽东、张闻天致潘汉年电，载《文献和研究》1985年第4期。

② 1936年11月12日毛泽东致潘汉年电，载《文献和研究》1985年第4期。

“立即释放上海被捕之爱国领袖”、“释放全国一切政治犯”、“立即召开救国会议”等八项政治主张。

怎样处置这个突发事件，一时之间成为国内中种政治力量斗争的焦点和国际上关注的一个重大问题。

张闻天主持讨论处理西安事变的方针

西安事变发生后的第二天，12 月 13 日上午，张闻天在保安自己的窑洞里召集并主持中共中央政治局常委扩大会议，讨论西安事变后的形势与应对、处理方针。由毛泽东作报告。与会者一致同意毛泽东的分析，肯定西安事变是抗日的义举，革命的行动。[①] 但是，对处理事变的方针，由于事起突然，情况还不甚清楚，认识不完全恰当，也不说一致。应该说，这是正常的，也是难免的。

像通常一样，在这次会上，张闻天是倾听了报告和讨论后才发言的。针对报告、讨论中的意见，他论述了西安事变暴露的主要矛盾和中国共产党应该采取的基本方针。[②]

1936 年 12 月 13 日上午，张闻天在这里主持中央政治局扩大会议，讨论西安事变后的形势与应对方针。

在张闻天看来，会上有两点相互关联的主张是不妥当的：一、在政权的问题上，主张以西安为中心，建立实质的“政府”，以西北为抗日前线，影响全国，领导全国抗日。二、在对蒋介石的处置问题上，主张反蒋，提出审蒋、除蒋。认

① 据这次会议记录。

② 张闻天在 1936 年 12 月 13 日常委扩大会上的发言，载《党的文献》1988 年第 3 期。以下叙述张闻天发言中涉及的别人的发言内容，均据这次会议记录。

为应该在人民面前揭破蒋的罪恶，要求罢免蒋介石，交人民以审。

张闻天在讲话中指出，在抗日问题上，主要的矛盾是抗日派同“民族妥协派”（以蒋介石为代表）的矛盾。张学良在西安的这一“突变”“是开始揭破民族妥协派的行动”。这个行动的意义是使整个局势“向着全国性的抗日方向发展”。从对西安事变矛盾性质与发展趋向的分析出发，张闻天提出了处理事变的根本方针：“把局部的抗日统一战线，转到全国性的抗日统一战线”，并预见到我们党的工作也将有一个转变：“要转到合法的登上政治舞台”。在政权问题上，张闻天明确表示，我们“不采取与南京对立方针。不组织与南京对立方式（实际是政权形式）”。张闻天认为张、杨提出的“改组南京政府的口号并不坏”，我们的正确策略应该“把抗日为最高旗帜”，“在军事上采取防御，在政治上采取进攻”，“发动群众威逼南京”，以促成“改组南京政府”口号，而不是也不可能“控制南京”以至“打倒南京政府”。至于对蒋介石的处置，张闻天明确主张“对妥协派应尽量争取，与分化、孤立”，明确提出“尽量争取南京政府正统”。这里所说的“妥协派”即“民族妥协派”，是与“亲日派”、“投降派”、“卖国势力”相区别的，当时往往用来指蒋介石嫡系势力，其代表人物就是蒋介石。这里所说的“南京政府正统”，自然首先包括扣留在西安的蒋委员长其人在内。

会上，对张闻天提出的策略和方针，常委们相当重视。但这次会后的文电，如当天中午毛泽东、周恩来致李毅（即张学良）电，14日红军将领致张、杨电，15日红军将领致国民党、国民政府电，16日的《红色中华》报，反映出最初几天并未实行张闻天提出的策略、方针，没有离开以“西安为中心”与“审蒋”的设想来处理突出的西安事变。

和平解决西安事变决策的逐步形成

事态的发展与各方态度的明朗，很快就证明按“以西安为中心”和“审蒋”的设想来处理是不能和平解决西安事变的。事变爆发后，国内外反应强烈而复杂。南京政府军政部长何应钦等亲日派力主“讨伐”张、杨；亲英美派（以宋子文、宋美龄为首）为保全蒋，主张用和平方式解决；地方实力派担心引发更大内战，大多数对张、杨不表示支持，几乎一致要求恢复蒋的自由。各国态度不一，日本极力挑动中国扩大内战，得悉南京决定“讨伐”，兴高采烈，坚甲利兵，引满待发；英美力求维持蒋氏统治，认为可以同共产党合作以对付日本；苏联《真理报》、《消息报》连发评论，指责张、杨，也希望事变和平解决。西安事变爆发后，中共中央立即应张、杨之邀决定派代表前往共商大计。12月17日周恩来等乘张学良的专机飞抵西安，与张、杨先后会谈，并连续致电中共中央，报告西安局局势变化，国内外对西安事变的反应，陈述自己对解决事变的意见。蒋氏被扣以后，事实上对蒋如何处置成了南京与西安对立的焦点。张闻天、毛泽东、博古等根据对事变形势的进一步观察，逐步形成了和平解决西安事变的决策。

12月18日，中共中央致电国民党中央，指出“贵党果欲援救蒋氏，则决非调集大军讨伐张、杨所能奏效”，“武力的讨伐，适足以杜塞双方和解的余地”。此电提出“停止一切内站、一致抗日”、“蒋讨伐张、杨与进攻红军的中央军全部增援晋绥”等五项条件，申明“如贵党能实现上项全国人民的迫切要求，不但国家民族从此得救，即蒋氏的安全自由当亦不成问题”。①

确定和平调停的策略方针

12 月 19 日，张闻天主持政治局扩大会议，第二次正式讨论解决西安事变的方针。这时，西安事变已经过六天。正如张闻天在会上指出的“在六天之中，这事件的现象与本质都［表现得］更充分”。② 19 日的政治局扩大会议同 13 日的会议不同，它是在党中央领导核心意见一致，不失时机地作出了“和平调停”的决策后召开的。

会议由毛泽东作报告。他着重分析了事变影响的两重性，一方面是光明的方面，“更能促进抗日亲日的分化，使抗日战争更为扩大”；一方面是黑暗的方面，因为捉蒋，南京“把张、杨一切抗日的主张都置而不问”，“更动员所有部队讨伐张、杨”，内战有爆发与延长的危险。他又进而分析由此而来的西安事变的两种前途：胜利的前途或失败的前途，说明我们应该“分两手”；一是“反对内站要求和平”，一是“把阵线整理好，打击讨伐派”。他还说：“现在发表的通电与前次的致电是有区别的，更站在第三者的立场说公道话。”毛泽东在报告中说明了党的策略方针是和平调停，使内站结束。

张闻天在这次会上的讲话同毛泽东的报告相得益彰，特别值得注意的有以下几点：

其一，关于西安事变的两个前途，张闻天认为：“一是全国抗日的发动，一是内战的扩大。”关于处理方针，指出：“我们的方针应确定争取成为全国性的抗日，坚持停止内战，一致抗日的方针。”

其二，坚定地主张抗日而不反蒋。张闻天强调：“我们应把抗日为中心”，“不站在反蒋的立场”。他批评：“要求把蒋介石交人民公审的口号是不妥的”。可见，他是最早把对蒋处置同抗日全局联系起来的、在这个问题上坚定不动摇的党中央领导人之一。

其三，在避免内战扩大、争取全国抗日的策略方面，张闻天发挥了毛泽东报告中“分两手”的思想，提出“我们应尽量争取时间，进行和平调解”，“我们应与张、杨靠近，应打胜仗，扩大影响，准备以防御战来反对内战”。张闻天将我们的“两手”概括为“和平调解”与“防御战”，成为和平解决西安事变的基本

---

① 《中共中央关于西安事变致国民党中央电》（1936 年 12 月 18 日），载《文献和研究》1986 年第 6 期。

② 此处及下文所引述的张闻天 1936 年 12 月 19 日在政治局会议上的发言，载《党的文献》1988 年第 3 期。

方针。

其四，对苏联的态度表示看法。西安事变后共产国际16日指示因电码错乱没有译出，重发的电文这时尚未到达（20日到），而苏联报纸从14日起对张、杨横加指责。如何看待苏联舆论成为统一内部思想的一个重要问题。张闻天对此解释说，苏联有难言之隐，“只能这样说”，否则会引起“与南京对立”，同时又毫不含糊地指出，“这样的舆论，自然对局部的利益是有些妨碍的”；并斩钉截铁地表示，我们当然不能采取苏联这一主张。在当时情况下，这样解释最有利于统一内部思想，从这里也可以明白地看到，和平调解的方针是中共中央审时度势独立作出的决策，决非如长期流行的一种错误说法是所谓屈从于苏联的压力或听命于共产国际的指示。

19日会议产生了两个主要文件，一个是公开发表的《中华苏维埃中央政府及中共中央对西安事变通电》，一个是党内发布的《中央关于西安事变及我们的任务的指示》，成为我党和平解决西安事变的纲领。从会议记录、文风等方面研究，大致可以判定，“通电”系毛泽东手笔，“指示”为张闻天所写。

提出六项条件，确定“放蒋”方针

19日会后，张闻天为争取实现和平解决西安事变的方针进行了不懈的努力，其中特别值得一书的是21日中央书记处致周恩来电。

这个电报精辟地分析目前局势是“日本与南京右派联盟，企图夺取蒋系中派，造成大内乱，另方面是南京与各地左派企图调和，而中派在动摇中”；我们与西安的策略“应扶助左派，争取中派，打倒右派，变内战为抗战”。提出初步改组南京政府，讨伐军退出陕甘，保障民主权利，停止剿共政策并与红军联合抗日，与同情中国抗日运动之国家建立合作关系等同蒋介石、陈诚等“开诚谈判”的六项条件，要求在此条件下“成立和平”，“在上述条件有相当保证时，恢复蒋介石之自由”，以转变整个局势，达到“中国统一，一致对日”。这个电报确定的“放蒋”方针，是和平解决西安事变的关键一招。电文中提出的条件同17日周恩来、张学良商定的五个条件相比，有所发展，更为具体、实际，也更全面。这六项条件随即成为西安与南京双方都同意的谈判基础。谈判结果，这些条件也为蒋与南京来人（宋子文等）“完全承认”，蒋氏最后口头正式承诺的六项条件同中共中央书记处12月21日电中提出的条件基本上是一致的。

中共中央并决定，派博古率领中共代表团成员叶剑英等（周恩来已在西安）带着中央最新意见前往西安。博古等于23日到达，住进张学良公馆东楼三层，立即向住在那里的周恩来传达并进行分工，周负责上层统战和群众工作，博负责党内工作，叶负责军事工作。第二天晚上，周恩来面见蒋介石，达成了停止内战的协议。

“放蒋”后的形势与中共中央的方针

1936年12月25日，蒋介石在口头允诺六项条件后恢复自由，张学良不听博古、恩来劝阻，亲自送蒋经洛阳回南京。12月27日，张闻天主持中央政治局扩大会议讨论释放蒋介石后的形势与方针。他指出：“现在一般地说，结束内战的前途是占了优势。目前是向抗日战争的方向走。但是，我们应估计在这中间一些可能发生的障碍。我们应采取［措施］把中派的动摇最后地结束”，“我们应用一切力量，争取抗日前途的实现”。当天，中共中央向党内发出《关于蒋介石释放后的指示》，指出：“蒋介石的接受抗日主张与蒋介石的释放，是全国结束内战一致抗日之新阶段的开始。但要彻底的实现抗日任务，还须要一个克服许多困难的斗争过程”，“在斗争中推动以蒋介石为首的国民党中间派最后结束他们的动摇地位，而坚决走上改革内政，对外抗战的道路”。

然而，蒋介石是不会轻易改弦易辙的。他回到南京以后，“障碍”果真就发生了。他不让张学良返回西安，导演了一出先“审”、后“赦”、又“管”的怪剧，剥夺了张学良的自由。同时，调集了37个师的兵力分五路向西安进逼。1937年新年伊始，形势突趋险恶。西北上空战云密布，内战有一触即发之势。当此危急关头，张闻天同毛泽东、周恩来、博古等一起，为制止内战、维护和平进行了不屈不挠的努力。

1937年1月2日，张闻天主持中央政治局会议，讨论张学良被扣留后的形势与方针。张闻天分析形势，立足全局，提出对策，指出：“蒋的态度仍是在动摇中，我们的方针不定期是要争取他。”我们应将“主要火力现着亲日派，要蒋介石实现他自己的话，要与亲日派分离”。张闻天提出，“西北革命军事委员会应发表通电，说明现在情况，反对内战，要求放张学良回来，要求南京出兵援绥”。

1月5日，张闻天、毛泽东联合致电在西安的周恩来、博古，贯彻1月2日会议精神。此电还从文武两手作了具体部署。政治上，“速发拥蒋迎张通电”；军事上，要彭德怀、任弼时“速令十五军团出陕南”。同时，红一军团以及红十五军团全部立即急行军南下。不数日，红军大部队即出现于西安附近，驰骋于商洛一带，有力地支援了东北军和十七路军。

1月5日这一天，张闻天、毛泽东还联名电令在上海的潘汉年速与宋子文接洽，要宋子文实践诺言，履行周恩来的西安与蒋、宋商定的“停战撤兵”、“初步改组南京政府”、“释放政治犯”、“停止剿共，联红抗日”、“联俄并与英美合作”、“西北交张学良处理”等六项条件。1月7日，中共中央给刘少奇发出《关于西安事变宣传方针的指示》。1月8日，中共中央和苏维埃中央政府发表《为号召和平停止内战通电》，在火力集中指向亲日派的同时，非常策略地督促与逼迫在奉化“休假”的蒋介石实践诺言，制止内战危机。1月9日，张闻天、毛泽东又复电周、博，指出“保持西北目前局面，非不得已不开火，乃目前基本方针”。中共方面为维持得来不易的国内和平局面真是不遗余力。

内战危机迫在眉睫

蒋介石摆好阵势以后，即于1月9日抛出关于东北军、十七路军和红军驻防地区的甲乙两种谈判方案。甲案大意是“东北军入甘，十七路军驻陕，红军返陕北，中央军驻西安了陇海线”。乙案与甲案不同处主要是十七路军调防甘肃，东北军东移河南、安徽，“三位一体”就自然解体了。蒋介石这时亮出这一手，直介极尽分化之能事。因为张学良返陕问题没有解决，又加上了一个部队的去向问题，两个问题的联系和解决的孰先孰后，以及甲乙两种方案的得失利弊，必然在东北军内部引起争论而产生裂痕。

果然，东北军内 部很快就形成了壁垒分明的主和、主战两派。元老派主张是甲案基础上谈判，一些由中下级军官结合起来的少壮派则主张首先要救张学良回陕，认为在张被扣的情况下进行谈判形同“叛变”。矛盾十分尖锐，形势较为严峻。

当此之时，周、博与洛、毛间电报往返不断。周恩来根据洛、毛电示，两致蒋函，要求撤兵、释张；并多方协调，坚持选择甲案，和平解决。

与此同时，张闻天又指导我党在白区的组织策动各方调停，维护国内和平。1月15日，张闻天致电上海地下党北雪峰、潘汉年，要他们策动韩复榘、刘湘发表通电，主张和平解决，恢复张学良的自由；要他们设法找人向李宗仁、白崇禧活动此事；并请人向宋子文活动，“要他继续担负调解责任，表示我方拥护他调解之诚意”；还要他们通过杜重远向熊式辉探听何应钦等亲日派目前的行动方针，以便决定对策。潘汉年当天就电告张闻天：“已请大姐（按：即宋庆龄）同宋子文说项，设法由他负责调停”，“已派人去孙、冯、川、桂活动”，“已嘱杜重远、叶挺设法公开往南京”等。就在这一天，刘湘、李宗仁、白崇禧联名发表通电，呼吁入陕中央军停止进攻，采取政治解决办法，并望蒋委员长立即销假回京，主持大计。1月25日，张闻天又致电北方局刘少奇，指出“大力策动各方和平解决西安问题，此是目前时局中心关键”，要他“用各种方法策动阎锡山出面调停”。

正当中共中央为巩固“三位一体”、和平解决西安问题而多方努力的时候，东北军中主战派的势力在迅速扩展。由于蒋介石软禁张学良，并置共产党与西安方面迭次释张返陕的要求于不顾，东北军中的少壮派“坚主强硬”，不考虑接受甲乙两案。他们发起签名运动，为营救张学良，主张同中央军决一死战。内战危机又迫在眉睫了。

总书记亲赴西安

在矛盾尖锐、形势险恶的时刻，张闻天于1月25日自延安启程，1月27日秘密来到西安。他立即同周恩来、博古等就形势和方针问题进行商讨。随后，秘密地住到王以哲的一个副官家里。

就在27日夜里，东北军青年军官50余人在周恩来住处“请愿”，提出8个问题，力主释张以后才能撤兵，反对就此和平解决。周恩来竭力说服，他们不听。会散后有人甚至当场扬言“如果你们不打，我们就与你们弄不好”。深夜，周、博又获悉他们中有的人已拟就暗杀名单，内有主和派和共产党人的名字。

第二天上午，博古到张闻天住地，告以夜间情况，说：现在形势很紧张，你住在这里暴露了不得了。博古已准备好车辆送张闻天到泾阳县云阳镇红军前敌总指挥部去。此时，如何争取“左派”，成为和战的关键。张闻天在离开西安之前，给毛泽东并告彭、任一电，分析西安的和战形势，提出“我们的方针应该毫不迟疑地坚决为和平奋斗”。

张闻天28日到达云阳，当时彭德怀不在总指挥部，他立即同任弼时、杨尚昆和王稼祥（当时在那里养病，待机前往莫斯科治疗）商讨目前形势下的对策。当天，张闻天又以个人名义致电毛和周、博，提出重要建议：军事上，红军主力主动“向渭北方面撤退”；政治上，朱、毛对这一行动发表谈话，主张和平统一团结御侮，坚决反对新的内战，表示红军愿意服从南京中央政府的指导，并“要求蒋委员长立即销假视事，主持中枢”。电报说：“这一态度的表明，目前极端重要”，“如大家同意，即由泽东负责起来，谈话明日即广播”。这时，西安方面与中央军的潼关谈判已有成议，东北军将把渭河南岸的部队撤到北岸，七天完成。在这向和平解决迈出实际步子的时候，张闻天同前敌总指挥部将领商讨后提出的主动北撤，公开表示反对内战，服从南京政府指导，敦促蒋氏实践诺言等建议，实在是一种与友军相呼应的、以退为进、争取主动的策略。29日和30日上午，张闻天又连连致电毛和周、博，申述支持和平方针和实行自卫战的原则。

这时，西安方面和战之争更为激烈。29日东北军团以上军官会议决定：在张学良返陕之前，坚不撤兵；中央军如再进逼，便与之决一死战。同时，杨虎城不惜一战的打算也有抬头。到30日，主战派几乎完全控制局面，形成了不论红军参加与否均要与中央军决一死战的态势，红军的行动方针问题又一次提到了面前。在此紧急关头，周恩来、博古和叶剑英于30日下午将近5点钟赶到云阳，同张闻天和彭德怀、任弼时、王稼祥等共商对策。会议认为，我们的愿望是接受甲案，实现和平，但目前西安各派均主张同中央军抗战，这样，在红军面前就只有两个方案可供选择：或者是友军打，我们不参加；或者同他们一起打。当然，不论打与不打，我们的为和平奋斗的基本方针不变。但如取前一种办法，势必同友军对立。所以，如果友军同中央军打起来，只有一起打，在打的过程中争取实现和平。这次会议决定改变打起来也不参加的方针。当夜10点，与会者将商定的上述方针以“周、博、彭、任、王、洛”联名电告在延安的毛泽东、朱德、张国焘。深夜12点，毛、朱、张复电赞同，将当前的行动方针概括为“三位一体，进则同进，退则同退”，用这样的态度争取最后的和平。30日深夜中共中央的决策使友军深为感动。31日夜，举行东北军、十七路军、红军三方最高军事会议，终于作出了坚决促进和谈成功的决定。

“二二事件”以后

当此关键时刻，东北军青年军官的少数“过激分子”却不顾大局，2月2日上午，竟将东北军中最先坚决联共抗日、力主和平解决的王以哲将军枪杀了。周恩来在极端困难、危险的情况下，沉着处理善后，终于使事态得到控制，和平大局得到维持而没有崩坏。虽然如此，“二二事件”造成的损害是不可弥补的。张闻天听到这个不幸事件，不禁摇头叹息。“二二事件”以后，东北军内部分裂，十七路军难以立足，西安方面顿时失去了同南京谈判的力量和地位。两支友军将任蒋宰割，张学良回陕无望，“三位一体”实现西北大联合的局面实际上解体了。

当张闻天2月初从云阳回到延安的时候，国民党为解决西安事变后方针政策问题而准备召开的五届三中全会期已经迫近了。蒋介石在1937年2月5日确定了“对内避免内战”、“不说排日，而说抗战”、“各省物色品行方正之才”等关于时局的五项方针，并将它作为五届三中全坐讨论结束内战和国共关系问题的根据。

为了巩固已获得的国内和平，推动全国抗日民族统一战线的形成，张闻天主持起草了《中共中央给国民党五届三中全会电》，于1937年2月10发出。该电向国民党提出，在“和平统一团结御侮”方针下，将“停止一切内战，集中国力，一致对外”、“保障言论、集会、结社之自由，释放一切政治犯”、“召集各党各派各界各军的代表会议，集中全国人材，共同救国”、“迅速完成共同抗战之一切准备工作”、“改善人民生活”等五项要求定为“国策”。表示三中全会“果能毅然决然确定此国策”，则中共愿作出“在全国范围内停止推翻国民政府之武装暴动方针”、“工农政府改名为中华民国特区政府，红军改名为国民革命军”、特区内“实施普选的彻底民主制度”、“停止没收地主土地之政策”等四项“保证”。这是共产党对国民党一个大的让步，其目的在于解决国内两个政权的状况，便利于组成抗日民族统一战线，一致反对日本的侵略。

《中共中央给国民党五届三中全会电》进一步推动了国民党内部抗日派对于亲日派的斗争。1937年2月15日至22日召开的国民党五届三中全会虽然没有制定出明确的抗日方针，没有检讨过去政策上的错误，没有根本放弃反共立场，但它所提谈判条件与共产党致三中全会电所提条件接近，实际上开始接受国共两党合作抗日的政策，由内战和对日不抵抗的政现，向着和平和抗日的方向转变。至此，“逼蒋抗日”的方针取得了预期的效果，中国共产党的抗日民族统一战线策略取得了初步胜利。

十四　促成第二次国共合作

迎接全国抗战新阶段的到来

1937 年 2 月 15 日召开的国民党五届三中全会在实际上接受了国共两党合作抗日的政策。它标志着中国共产党从九一八事变起，特别是从 1935 年华北事件后，为“停止内战一致抗日”而斗争的阶段已经结束。然而，从“停止内战一致抗日”到全国对日直接抗战的到来，还要走过一个艰难困苦以至曲折变幻的准备阶段。1937 年春天，中国革命又走到了一个大转变的关头。在一个旧的阶段结束、新的阶段开始的时候，为了使全党明确认识当前的形势、任务以及党的政策、策略，自觉地实行转变，做好迎接全国对日直接抗战新阶段到来的准备，张闻天在总书记的岗位上做了许多工作，恪尽了自己的职责。

（1）三月政治局扩大会议提出新阶段新任务。关于在国民党五届三中全会后新形势下中国共产党的任务，在 1937 年 2 月 15 日发布的《中央关于西安事变和平解决之意义及中央致国民党三中全会电宣传解释大纲》即明确提出：“今后的任务是巩固国内和平，实行对日抗战。”[①] 3 月 3 日，张闻天著文作了阐发。[②]他指出，“今后已经开始了停止内战一致抗日的新阶段”，“从这里到全国民族统一战线的实际建立与对日抗战的开始，还需要一个过渡的时期”。这个时期的奋斗目标，就是“促进全国民族统一战线的实际建立与对日抗战的实现”；放在中国共产党面前的具体任务，就是“巩固国内和平，准备对日抗战”。张闻天还着重说明了实行民主是完成任务、达到目标的前提。他提出，为了准备对日抗战，必须动员千千万万中国人民参加，为此应该立刻开放民禁，实施言论、出版、集会、结社的民主权利，彻底实行民主制度，使中国走上现代国家的民主共和国的道路。3 月 23 日起，张闻天主持召开政治局扩大会议。这次会议有 26 人参加，首先集

---

① 《中共中央文件选集》（11），中共中央党校出版社 1985 年版，第 159 页。

② 题为《巩固国内和平，准备对日抗战》，见《中共中央抗日民族统一战线文件选编》（中），档案出版社 1985 年版，第 413—420 页。

中讨论目前国内政治形势与任务。由张闻天作报告。①

张闻天在报告中分析了国民党五届三中全会后内外政策的变动，指出：它在对内政策上，是主张和平统一的，而和平统一的目标是集中全力以抵御外侮，对国内问题主张不用武力手段解决，在民主问题上，也有相当表示；在对日政策上，“抗战”二字第一次出现在国民党文件中，对于汉奸行动也加以指斥；在对我们党的关系上，表示在他们所提的四个条件下可与共产党谈判，这些条件同我们所提的四条实际上是大同小异。②根据以上分析，说明“国民党三中全会不论在对内、对外、对民主、对群众方面，都表示国民党政策开始了转变”。张闻天又分析了五届三中全会后南京政府部分改组、对日态度比较强化、同共产党继续谈判等事实，说明“南京国民党方面正在朝着抗日方向前进”，从此“中国国内形势开始了一个新的阶段”。

对于这一新阶段的特点与任务，张闻天作了历史的分析。他说，自“一二·九”运动到西安事变，是中国政治形势新时期的第一阶段，“这一阶段的中心一环，是停止内战”；西安事变的和平解决，开始了一个新阶段，这就是准备实际抗战的过渡阶段，其特点表现在南京政府开始转到抗日道路上来；一旦实现了抗战，中国的形势又要进到另一个新阶段。张闻天指出，在准备实际抗战这一阶段中，我们的任务“主要的关键是实现民主权利”。他强调这项任务的必要性：“只有民主权利的实现，和平统一才有巩固的可能”；又看到完成这项任务的可能性：“现在全国民众普遍要求民主”，“我们应该争取国民大会通过给以民主权利的决议”；还预见到围绕民主问题斗争的严重性：“民主问题将来在我们与国民党的政治斗争中要成为争论的焦点。”

张闻天的报告还将共产党在新阶段中“争取领导权的问题”加以突出的强调，指出，从转向抗日达到准备实际抗战的过程中，“有很多斗争”，“可能发生各种曲折、困难”。在国际上有和平阵线与侵略阵线的斗争，在中国内部有亲日派与抗日派的斗争，中央政府与地方政府的斗争，还有民众与政府的斗争，独裁与民主的斗争。“在各种力量的斗争中，一个重要的问题就是争取领导权的问题。”张闻天指出，国共合作后，国民党“要同我们争夺领导权”，“共产党与国民党的斗争依然存在，只不过斗争的方式有了改变”。

对于在新形势下“我们怎样取得领导权”的问题，报告作了明确的回答和全面的论述：一、坚持民族统一战线政策，坚持抗日救国的方针。民主与群众生活

---

① 张闻天在1937年3月23日政治局扩大会议上的报告以《国民党三中全会后的形势与我党任务》为题收入《张闻天选集》。下文概述与引用均据《张闻天选集》。出席这次会议的26人是（按会议记录上的顺序）：李见珍、刘长胜、罗荣桓、郭洪涛、周建屏、蔡树藩、王观澜、张闻天、彭德怀、贺龙、朱德、任弼时、林伯渠、冯文彬、周兴、廖承志、徐特立、吴亮平、刘英、王林、杜理卿、博古、毛泽东、凯丰、李德、伍修权。

② 国民党五届三中全会通过的《根绝赤祸案》中提出的四个条件是：取消红军，取消苏维埃政府，停止赤化宣传，停止阶级斗争。这些条件可以作不同的解释。红军和苏维埃政府改了名称，从名义上看也可以说就是已经取消。中国共产党所提四条，即“给国民党三中全会电”中的“四项保证”。

等问题的处理都要围绕于抗日问题。二、善于应用一切适用的斗争方式，从武器的批判转到批判的武器。不使用与国民党对立的斗争方式，改变过去革命的方式为改良的方式（革命主义的改良），利用从上而下、从下而上的联系，利用公开的、合法的斗争方式，利用旧的形式为新的内容服务，等等。三、要加强白区党的领导，建立全国范围的工作，每个中心地区要有坚强的能独立工作的干部。四、苏区、红军中要特别加强党的领导。五、要重新教育干部，培养干部，使他们懂得新的政策，适合于新的要求。六、要保障党的领导，开展党的思想斗争。在目前，“左”的危险是主要的；另一方面，右倾的危险也在增长。要在两条战线的斗争中巩固党的团结一致，以保障我们的领导权的实现。不是在纸上，而是只有在艰苦的工作中，才能实现我们的领导权。

政治局扩大会议对张闻天的报告进行了热烈讨论。毛泽东表示“完全同意”张闻天对国民党五届三中全会的估计。[①]

会后，张闻天写了《迎接对日直接抗战伟大时期的到来》一文，将准备实际抗战阶段的任务概括为“巩固国内和平，争取民主权利，实现对日抗战”。文章全面地分析了抗日民族统一战线形成的历史和西安事变和平解决后的形势与任务，对党为实现国共合作共同抗日所作的让步与妥协和党的独立性与批评自由，作出了全面的解释。这篇文章发表在1937年4月24日出版的《解放》周刊创刊号上，是张闻天在三月政治局扩大会议上所作报告主要精神的公开表述，它向国内外宣布了中国共产党对时局的看法、态度和立场。

为传达和贯彻三月政治局扩大会议的精神，4月3日，中共中央宣传部发布了题为《国民党三中全会后我们的任务》的宣传大纲；4月4日，中央书记处给刘少奇发去《关于坚持联蒋方针推动全国对日抗战问题的指示》；4月15日，中国共产党中央委员会发表《告全党同志书——为巩固国内和平，争取民主权利，实现对日抗战而斗争》。[②]这几个重要文件，都是按照张闻天3月23日报告中阐述的重要思想和政治局扩大会议讨论的精神写成的，许多主要的提法甚至用语同张闻天的报告和文章是一致的。张闻天3月23日的这个报告在指导全党及时地、自觉地从“停止内战”过渡到“直接抗战”的准备阶段中发挥了重大作用，对国共合作的正式形成和民族统一战线的实际建立，提出了新的任务和策略，作出了新的部署。

（2）苏区代表会议动员、组织全党迎接全国抗战。按照三月政治局扩大会议的决定，为了动员和组织全党进一步做好迎接全国抗战伟大时期到来的准备，为巩固和平、争取民主、实现抗战而斗争，党的苏区代表会议（即党的全国代表会议）于5月2日至14日在延安中央大礼堂召开，有苏区、白区和红军代表200多人参加。张闻天在会议第一天以《中国共产党苏区代表会议的任务》为题致开幕

① 据毛泽东在1937年3月23日政治局扩大会议上的发言记录。

② 以上各件均见《中共中央文件选集》(11)，中共中央党校出版社1985年版。

词。[1]他首先论述了当前的形势，指出停止十年内战，实现国内和平这种局面的取得"是党的政治路线的伟大胜利，证明了党的新政策的正确性"；同时说明，党中央给国民党三中全会电所作的四项保证，决不能解释为"共产党的投降"，它是两年来党的民族统一战线主张的必然结论，并不取消或降低共产党组织的独立性与批评的自由，并不放弃党对军队与政府的领导，相反的，正是为了争取共产党在全国的公开活动。

张闻天在开幕词中总结了过去十年来艰苦奋斗的历史。他指出，由于全党同志的努力奋斗、自我牺牲精神，我们创造了革命根据地与红军，保存与锻炼了领导干部和领导机关，能够有阵地的前进，推动了革命运动的发展，开辟了光明的前途。经过十年奋斗，中国共产党今天已经在全国人民心目中享有崇高信仰，成为全国人民所爱戴的党，她已经有资格成为民族统一战线的创始者与组织者，并成为其中的先锋与坚强的核心。张闻天同时也总结了这十年中中央犯过的许多严重错误。他指出，六届四中全会以来党中央的主要错误有五点，这就是："在白区群众工作中，对长期存在着的关门主义的恶劣传统没有能够克服，在国内战争中曾经犯过军事上的冒险主义与保守主义的错误，九一八事变后对新发生的阶级力量的某些变动不能及时的认识与利用，对中国革命的持久性缺乏深刻的了解，以及干部政策中有过某些错误等。"开幕词对十年历史的总结也有缺陷。它没有区分遵义会议前后不同的发展阶段，也没有指出六届四中全会后党中央政治路线的"左"倾错误。这是由当时的历史条件与全党的认识水平决定的。

张闻天的开幕词着重论述了怎样完成新阶段内"巩固国内和平，争取民主权利与实现对日抗战"的迫切任务。他指出，"国内和平之后，战争的最前线已经从苏区转移到白区了"，而"白区党的工作薄弱，是我党目前最大的弱点"，所以，"必须大大加强白区党的组织与领导"。同时，他还提出"使特区成为模范区"、"红军必须成为模范的抗日军，成为抗日战争的领导核心"的任务。

开幕词强调，"巩固我们的党，现在成为一切工作的核心"。对党的建设，张闻天提出了五点重要意见：一、加强党内马克思列宁主义的教育，学习马克思列宁的工作作风；二、发展党内民主与自我批评；三、彻底转变党的工作方式与群众工作的方式；四、实行正确的干部政策，团结忠实于党、同群众有联系、有独立工作能力、能遵守纪律的干部；五、同关门主义与增长着的右倾机会主义进行两条战线的斗争，肃清国焘路线。张闻天还强调，"取得共产党在民族运动中的领导权，是目前一切工作的中心"。他唤起全党警觉，"内战停止，并不是阶级斗争的消灭。阶级斗争将采取更复杂、更曲折的形式"，阶级的敌人将利用一切方法"同我们争夺领导权"。张闻天又一次论述了在统一战线中怎样取得领导权的问题，号召全党："积蓄我们的雄厚的力量准备持久战，使中国革命得到最后的胜利。"

毛泽东在苏区代表会议上作报告（《中国共产党在抗日时期的任务》）和结论

---

① 此篇已收入《张闻天选集》，人民出版社1985年版。

（《为争取千百万群众进入抗日民族统一战线而斗争》）。

这次代表会议批准了遵义会议以来党的政治路线，为迎接全国抗日战争的到来，在政治上、组织上、思想上做了重要准备。

（3）白区工作会议总结经验，加强领导。党的苏区代表会议闭幕以后，紧接着中共中央又召开了白区工作会议。这次白区工作会议是在迎接全国抗战的历史转变关头，在两年来负责分管白区工作的张闻天积极倡导下召开的。在1937年3月23日政治局会议上，张闻天就提出“要加强白区党的领导”，并肯定：“北方局提议特别注意反对‘左’倾，是有它的根据的。”[①] 对刘少奇3月4日《关于过去白区工作给中央的一封信》[②] 他也作出了积极的回答。4月24日中央政治局开会讨论苏区党代表会议的议程问题，张闻天提出白区工作还是要另外开会，“单独讨论”。[③]在党的苏区代表会议开幕词中，张闻天将白区群众工作中没有能够克服关门主义的恶劣传统列为六届四中全会后中央主要错误之一，并将“必须大大加强白区党的组织与领导”作为新阶段的重要任务提到全党的面前，要求“细心的总结几年来特别是二年来白区工作的经验与教训，以此来重新教育与培养坚强的干部”[④]。关于会议的主要任务，张闻天提出要总结十年内战时期（重点是瓦窑堡会议以来）白区工作的经验，讨论确定新阶段白区工作的方针任务和斗争策略，以大大加强白区党的组织与领导。出席会议的有北方局及其所属的北平、天津、河北、河南、山西、山东、绥远等地下党组织的负责人，共30人。准备派往上海主持地下党工作的刘晓参加了会议。张闻天主持了这次重要会议。

会议从1937年5月17日开始，由刘少奇作《关于白区的党和群众工作》的报告。[⑤] 刘少奇强调党和群众工作不只是需要策略的转变，而且需要进行一个全新的、彻底的转变。他指出，党与群众工作至今没有取得全新的决定性的转变的原因，一是过去我们只在党内提出，形势变更了，策略也需要变更，而没有提出转变十年来所执行并坚信为正确的关门主义、冒险主义的历史传统；二是没有系统地具体地揭发与批评过去的恶劣传统，否定过去的错误原则，并且提出新的正确原则去代替。为了彻底转变今后的党和群众工作，必须着重地揭发与批评过去历史传统中的错误。

会议中途刘晓即前往上海。出发前，张闻天、刘少奇、毛泽东先后同他谈话。张闻天强调要学会做群众工作，群众工作群众化，要使群众运动自然地形成。他要刘晓到上海后警惕“左”倾机会主义的残余，不要搞关门主义。[⑥]

在讨论中，与会代表发生了不同意见的争论。争论的中心问题，就是如何认识

---

① 《张闻天选集》，人民出版社1985年版，第142—143页。

② 见《中共中央文件选集》（11），中共中央党校出版社1986年版。

③ 1937年4月24日政治局会议记录。

④ 《张闻天选集》，人民出版社1985年版，第146—147页。

⑤ 刘少奇报告的部分内容收入《刘少奇选集》上卷，人民出版社1981年版。本段以下叙述见该书第57—58页。

⑥ 刘晓：《上海地下党恢复和重建前后》，载《党史资料》第6辑。

“左”的历史传统，亦即过去白区工作的指导方针是否犯了“左”的错误的问题。讨论到5月26日告一段落。除了在会上进行争论以外，北方局有些同志还到张闻天住地反映情况，谈意见。那时，张闻天住在延安城内凤凰山麓一个四合院里。

为了统一思想，并引导会议向有利于团结的方向发展，自1937年6月1日至4日，召开了政治局扩大会议。[①] 6月1日，张闻天作报告，讲了三个问题：一、关于过去十年来政策的清算，二、目前党的中心任务，三、华北形势与华北党的任务。6月2日至4日，与会者进行了比较充分的讨论，争论相当激烈，气氛非常民主。毛泽东在6月3日作了重要发言，6月4日会议结束前张闻天作了结论。

毛泽东在发言中谈到“传统”问题。他说，首先要看到，我们党在15年中造成了革命的与布尔什维克的传统，这是我们党的正统，它包括了政治上、组织上、工作作风上的一切好东西，造成了阶级与全国群众信仰的伟大的党；同时也要看到，我们党内还有若干不良的习惯。表现在群众工作上的“左”的关门主义、冒险主义，与高慢的宗派主义，在宣传教育上不能深刻的普遍的联系实际，党八股等公式主义；党内关系上的派别观点、命令主义、惩办主义等。这种习惯，也可以说是传统。对于张闻天的报告，毛泽东说：洛甫的提纲是一个很好的东西。提纲第二部分最精彩，很好地解决了许多策略问题。他指出，批评少奇的片面性是必要的，但不应否认他的全部。洛甫的分析中也证明这个不良的“左”的传统之存在，但对于少奇提出的问题“左”倾传统问题解决得不适当。毛肯定刘少奇1937年3月4日给中央的信和5月17日在白区工作会议上的报告，“基本上是对的，是勃勃有生气的，他系统的指出党在过去时间在这个问题上所害过的病症，他是一针见血的医生”。[②]

6月6日，白区工作会议继续进行。张闻天根据中央政治局扩大会议的精神作了《白区党目前的中心任务》的报告。这个报告分三个部分，标题与6月1日在政治局扩大会议报告相同。[③] 张闻天指出：“党在中国革命新时期内的中心任务，是建立全民族的统一战线，战胜日寇，实现民主共和国，并在这一统一战线内与民主共和国内取得共产党的领导作用。”报告分析目前形势的特点是国民党正开始转变但并未彻底转变，国共正在走向合作但尚未达到合作，是从两个政权到一个政权，从暴动的革命到革命的改良的彻底转变。报告提出，“我们在国民党内部的方针是团结左派，推动与联合中派，分化右派，排除右派中的亲日派”；对国民党的中央与地方政权的方针是“推动政府走向民主化”。张闻天指出，为

---

① 关于这次会议，有文章说是“政治局会议”，开会时间是“6月1日至3日”（见《党的白区工作会议述略》，载《文献和研究》1987年第5期）。据会议记录，这次会议开到6月4日。在毛泽东6月3日发言后，6月4日发言的顺次有王震、冯文彬、彭真、朱理治、高文华、罗迈、刘少奇（刘的发言记录中有“我们的讨论，开了四天会”），最后由张闻天作结论。在这次会上发言的人除上述者外，6月2日有刘少奇、罗迈、凯丰、林伯渠、吴亮平，6月3日有朱德、博古、关向应。从在会上发言的人的身份可见，这次会议是“政治局扩大会议”。

② 据毛泽东1937年6月3日在政治局扩大会议上的发言记录。

③ 报告的第二部分收入《张闻天文集》第2卷。

要建立全中国的民族统一战线，必须注意统一战线组织的广泛性、多样性，集中反对最主要的敌人，处理好统一战线内部斗争、上层统一战线与下层统一战线的关系。报告根据两年来的经验和目前形势的特点，系统论述了统一战线的策略原则，具有普遍的指导意义。

张闻天指出，“今天我们党内主要的危险是‘左’倾关门主义”，它阻碍着统一战线的建立。张闻天认为“左”倾关门主义在党内过去未能彻底克服、现在又成为主要危险的原因，除了一般社会根源、政治根源和认识根源之外，还由于：根本不相信国民党有什么转变而反对同国民党进行统一战线；党内还存在着“左”倾总比右倾好些的观点。他提出为要消灭党内关门主义，必须加强党内马克思列宁主义的教育，学会用马列主义的方法分析时局，领导群众斗争，必须坚决开展反对关门主义的斗争，打破“左”倾总比右倾好些的观点。

关于领导群众斗争的策略问题，张闻天在《关于白区工作中的一些问题》的小册子中，刘少奇在报告中，已有详细论述，张闻天在这里着重指出，特别重要的是懂得这些策略原则后，“决不要机械的把这些原则当做死的公式去背诵，而是首先要真正细心的与谨慎的去分析当时当地的具体环境，探求革命形势的特点，体验群众的要求、痛苦与他们的每一呼吸与脉搏的跳动，再来决定适当的斗争的口号策略，工作的方法与方式”。张闻天还辩证地、历史地论述了公开工作与秘密工作的关系。他说明“利用合法”与“合法斗争”是党在白区工作中的一种重要形式，那种认为“利用合法就是合法主义”的观点是错误的。

6 月 9 日和 10 日，刘少奇作会议结论，表示同意张闻天的报告，并对讨论中提出的一些具体问题作了说明。最后，全体代表表决通过了张闻天的报告和刘少奇的结论。这次会议发扬了民主，开展了从上而下的自我批评，系统地揭露和批评了“左”倾关门主义和冒险主义的错误，彻底否定了错误的白区工作指导方针，明确了革命新阶段党在白区工作的策略任务，以及为实现这一任务必须进行的党的组织工作和群众工作，对白区工作实行彻底转变，对全党进一步冲破“左”的思想禁锢，都起了积极的推动作用。不过，限于当时的历史条件和认识不足，同苏区代表大会一样，对六届四中全会后党中央领导路线的错误性质问题，没有取得一致认识。这当然同张闻天当时对这个问题的认识还没有完全解决有关。

参与领导同国民党、蒋介石的谈判

在政治上、思想上、组织上做好迎接全国抗战准备的同时，张闻天还参与领导了共产党同国民党的谈判，促成了国共第二次合作的正式形成和抗日民族统一战线的实际建立。

国共两党之间的秘密谈判，从 1936 年 2 月底董牧师到陕北接头以后，就一直在进行着。西安事变的和平解决，实现了一年来秘密谈判的目标：“停止内战一致抗日”。国共合作大局已定。1937 年 2 月 8 日，国民党中央军和平进入西安。第二天，国共两党的正式谈判就恢复了。2 月 10 日，中共中央发出《致国民党三中全会电》。张闻天起草的这个文件是对过去一年国共谈判的总结，又在实际上表明了共产党同国民党谈判的政治立场，公开提出了实现国共合作的条件。为了团结抗日，共产党作了很大的让步与妥协，但又坚持独立自主原则，绝不放弃对根据地与红军的领导权。以蒋介石为代表的国民党统治集团同共产党合作抗日是被迫的。国民党三中全会在实际接受共产党国共合作共同抗日主张的时候，仍然宣称“无论用任何方式，必以自力使赤祸根绝于中国”①，所通过的决议也叫做《根绝赤祸案》。他们无时不忘限制、削弱共产党以至消灭共产党。这就决定了国共两党第二次合作谈判是一场尖锐复杂、迂回曲折的斗争。

“争取民主权利”是准备抗战阶段的关键。国共谈判就是共产党为争取民主权利而同国民党进行合法斗争的主要阵地。在这一关系到能不能实现全国抗战的历史性的斗争中，周恩来一直是同国民党代表和蒋介石面对面进行谈判的主将，张闻天则配合、协同毛泽东，在延安运筹帷幄，进行领导。二三月间，周恩来、叶剑英同国民党代表持续了一个月的西安谈判，3 月下旬周恩来同蒋介石在杭州的首次会谈，6 月上旬至中旬周恩来同蒋介石在庐山的再度会谈，“七七”卢沟桥事变后，周恩来同博古、林伯渠于 7 月 15 日登庐山与蒋介石的第三次会谈，8 月上旬周恩来、朱德、叶剑英飞抵南京出席国防会议并同蒋氏进行的第四次会谈；持续半年多的所有这五次会谈，张闻天都参与了领导。前方的周恩来正面交锋，机警坚定，后方的毛泽东和张闻天指挥若定，进退自如。他们互相商讨，审时度势，掌握了谈判的主动权，表现了高超的斗争艺术。

1937 年 2 月 9 日，顾祝同（西安行营主任兼第一集团军总司令）到达西安。他被蒋介石委派担任两党谈判中的国民党代表。当天，共产党代表周恩来就同顾祝同进行会谈。深夜 11 点，毛、洛致电周恩来，请他以即将发出的“致三中全会电”作为“和宁方交涉之政治的立场”。军事方面，编制，提出开始出动抗日时编为 12 个师 4 个军，以林彪、贺龙、刘伯承、徐向前为各军军长，组成一路军，设正副总司令，朱德为正，彭德怀为副；军饷，按中央军待遇，或每月接济至少 80 万到 100 万元（法币）；如成立国防委员会，红军应派代表参加。党的方面，要求国民党不逮捕中共党员，不破坏中共组织，中共在红军中的组织领导不变。第二天中午，洛、毛电复周，对谈判内容作补充，说明军事机关、政治集会我方应派代表参加，政府则等抗日战争爆发后参加。2 月 11 日，周恩来同顾祝同、张冲会谈。12 日凌晨 3 时，洛、毛又就谈判策略与条件复电周，请注意在谈判时要对方实行“致三中全会电”中所提五条要求，以避免对方“迫我再让”；要提出或坚持扩大红军现有防地，对西路军“停战让防”，各省红军游击队就地改编，拒绝国民党向红军派遣政训联络员，经费须从 2 月领起等条件。② 12 日，周恩来

---

① 《中国国民党第五届中央执行委员会第三次全体会议宣言》，转引自《中共中央抗日民族统一战线文件选编》（中），档案出版社 1985 年版，第 609 页。

② 上引 1937 年 2 月 9 日、10 日、12 日张闻天、毛泽东致周恩来电，均载《文献和研究》1985 年第 4 期。

同顾祝同继续会谈。双方就共产党在适当时刻公开、苏区政府改为中华民国特区政府、红军改编为国民革命军、扩大民主（中共派代表参加国民会议，红军派代表参加国防会议等）、分期释放政治犯等问题达成了初步协议。

国民党三中全会后，谈判代表张冲于2月26日返回西安，随即和周恩来继续会谈。在这之前，中央书记处已复电同意周2月24日致洛、毛电中提出的谈判方针。在周恩来与张冲谈判过程中，双方意见的主要分歧是在红军改编后的人数与编制上。按中共中央批准的谈判方针，红军改编后，人数可让步为保留六七万，编制可改为4个师，每师3个旅6个团，约1.5万人，编余部队改为某路军的直属队。[①] 但张冲临返西安时，蒋介石对他说：红军可以改编为3个师9个团，不可再加。[②] 对此，洛毛于3月初电复周恩来，同意张冲在谈判过程中提出的红军主力编4个师16个团、另编2个徒手工兵师8个团共6万人的意见；[③] 后因南京方面对此议坚决不允，中央书记处电周：“编制仍以四师为宜”，“但如蒋坚持三个师时，亦只得照办”。[④] 由于共产党方面一再让步，至3月8日，周恩来、叶剑英同顾祝同、贺衷寒、张冲会谈，双方意见大体趋于一致，决定将一个月来的谈判作一总结，由周恩来写成条文，当晚电告蒋介石决定。[⑤]

正当国共谈判接近成议之际，国民党方面却突然横生枝节，制造障碍，于3月11日由贺衷寒提出一个修改案。按照贺案，红军改编3个师后每师人数只能保留1万人，总共3万人，且要服从南京和蒋的“一切命令”，政训人员由南京派人，各级副职也由南京派遣充当；“陕甘宁行政区”改为“地方行政区”，分属所在各省，取消“民选制度”一语，改“民选推荐”为“地方推荐”；在善后处理中，对停止进攻西路军置之不提。[⑥] 总之，要把红军和苏区完全置于南京当局的直接控制之下，并欲以西路军的安危胁迫就范。当时西路军正孤军苦战于河西走廊。

毛泽东、张闻天接到周恩来关于上述情况的报告之后，即于3月12日以中央书记处名义致电周恩来并通告红军部队各军事首长，指出“贺顾所改各点，太不成话，其企图在于欲使我党放弃独立性，而变成资产阶级政党之附属品”，对他们所提“均须严拒申明无从接受”。电报指出，“在整个谈判中，必须坚持无产阶级党之政治立场”，“绝对不能迁就”。对谈判策略，针对两个星期来国民党方面“着着进迫”，提出我方“现应改换姿势”，“向之进攻”，坚持三个国防师（每师1.5万余人）组成某路军领导不变，苏区完整等最后限度的条件，并“申明西安

---

① 1937年2月25日中共中央书记处给周恩来的复电。

② 据1937年2月27日周恩来致中共中央书记处电。

③ 3月3日周恩来收到的洛甫、毛泽东来电，转引自《周恩来年谱（1898—1949）》，中央文献出版社1997年版，第355页。

④ 周恩来1937年3月4日致中央书记处电说：“顷见张冲，云南京复电只允三师九团，顾今早开会商量改为四师十二团，不能再多。”中央书记处对此答复的电报，周恩来于3月7日收到。

⑤ 1937年3月8日周恩来致中央书记处电，题为《周恩来关于一月来与国民党谈判结果向中央的报告》，见《中共中央抗日民族统一战线文件选编》（中），档案出版社1985年版。

⑥ 1937年3月10日周恩来致中央书记处电。3月10日周会见张冲，得知顾祝同约贺衷寒、张冲对周恩来3月8日提案作了许多重大改动。周即电告中共中央。贺衷寒于3月11日将书面修改案交周。

1937年4月，中共领导人到机场迎接3月下旬在杭州与蒋介石谈判后回到延安的周恩来。

无可再谈，要求见蒋解决”。[1] 3月15日、16日，中央书记处又连续致电周恩来，要他要求迅速见蒋当面解决问题，为顾全大局，按照电报所列中央确立的15项谈判条件继续谈判。[2]

毛泽东、张闻天等在政治上采取的这一进攻姿态，促成了周恩来和蒋介石的直接会晤。1937年3月下旬，周恩来飞抵上海，由潘汉年陪同到杭州和蒋介石进行谈判。4月初，周恩来回到延安，毛泽东、张闻天、博古、彭德怀、林伯渠等到机场迎接。随即召开政治局扩大会议，听取周恩来的汇报。在杭州谈判中，蒋不得不承认国共分家十年招致军阀割据、帝国主义者占领中国的局面，但对分家之责不作检讨而诿过于鲍罗廷。他要中共不必说与国民党合作，只是与他合作，并要求商量一个永久合作的办法。当周回答最好办法是制订共同纲领时，蒋即要周速回延安商量合作和纲领问题。关于具体问题，蒋认为是小节，容易解决。当场允诺边区完整，红军改编后3个师人数不少于4.5万人、上设总司令部，国民大会国防会议中共可以派人参加等条件。蒋谈话的中心，是要拥护他做领袖。[3]政治局扩大会议决定：在抗日救国十大纲领及国民党一大宣言基础上起草民族统一战线纲领，并提议在这个纲领基础上结合新的民族联盟（或党），并提出修改国民大会组织法、选举法的草案，准备提出修改宪法的草案，在全国范围进行民主运动以影响蒋；对具体问题，坚持在不妨碍苏区实行民主制度及共产党在红军中的独立领导的原则之下进行一切谈判。会议还确定谈判的策略，如进展顺利，则拟以党的名义发表合作宣言，争取公开；否则，待事变发展，促蒋让步。会后，张闻天、周恩来等进行了紧张的准备工作。

---

① 1937年3月12日中央书记处致恩来并告彭、任、张、贺、关、陈、聂、徐、程电，见《中共中央抗日统一战线文件选编》（中），档案出版社1985年版。

② 1937年3月16日中央书记处致周恩来电，见《中共中央抗日统一战线文件选编》（中），档案出版社1985年版。

③ 据《中共中央关于与蒋介石谈判经过和我党对各方面策略方针向共产国际的报告》（1937年4月5日），见《中共中央抗日统一战线文件选编》（中），档案出版社1985年版。

4月26日，周恩来飞抵西安，准备南行再次见蒋谈判。毛泽东、张闻天、博古一起，对同蒋第二次谈判的内容多次与周恩来电报往返进行商讨。5月9日，周恩来收到中央来电：同蒋会谈时解决国共两党关系的具体步骤是：一、确定共同纲领，二、发表共同宣言，三、发表边区政府及四个师师长以上首长名单，四、红军实行改编，南京释放政治犯。① 5月24日，洛、博、毛复周电提出此次赴庐山见蒋，“须谈两方面的问题：第一方面，关于纲领及苏区、红军、共犯、党报、经费、防地等问题；第二方面，关于对日、对英、对苏外交，国防军事、国防经济及国民大会，人民自由、政治犯等问题”。5月25日，洛、博、毛又复周电，关于见蒋谈判之问题，除同意来电所提者外，还应提出并询问蒋的外交方针、国防军事、财政准备等问题，须力争办到：确定特区政府委员九人，名单为：林伯渠、张国焘、秦邦宪、徐特立、董必武、郭洪涛、高岗、张冲、杜斌丞；红军设某路军总司令部，总司令朱德，副司令彭德怀（但准备让步设总指挥部），至少四个师，一师长林彪，二师长贺龙，三师长徐向前，四师长刘伯承，先行发表，政治部制度照旧（但准备让步设政训处）；取缔破坏民主运动、破坏两党合作、破坏红军苏区之行为；增加红军防地等。②

周恩来于6月4日抵庐山，6月8日至15日同蒋介石多次会谈。同上次杭州会谈相比，蒋的态度变化很大，设下许多新的障碍。他全然不顾先前关于制定合作纲领的提议，将周带去的《民族统一纲领草案》撇在一边，另外提出一个成立“国民革命同盟会”的主张，企图从组织上溶化共产党。对国共合作急需解决的具体问题，除同意红军改编后3个师人数可容至4.5万人、经费照一般规定发给，国防会议开会时可容共产党干部参加之外，推翻了杭州会谈时作出的不少承诺。蒋不同意在3个师上面设总司令部，而要在3个师以上设政治训练处指挥之；还要朱德、毛泽东出洋（或出来做事），各边区武装实行编遣后，其首领也须离开；不同意增加防地，还强调红军改编后部队可移防；陕甘宁边区政府，坚持由南京方面派正的长官（可由共方推择中央方面的人）；国民大会可指定共产党代表，但不以共产党名义出席；还要共产党避名干实，等等，其意图是不让共产党公开和保有独立性。周恩来对组织原则、军队编制、边区政府等都不同意。尤其是指挥与人事问题，与蒋争论很久不能解决。经宋子文、宋美龄、张冲往返磋商，仍无松动。周恩来只得返回延安。③

6月18日，周恩来回到延安，中央书记处立即商量对策。为了顾全团结抗日的大局，中共中央准备作出重大让步，拟定关于谈判的新方案。关于两党合作问题，新方案原则上同意组织“国民革命同盟会”，但要求先确定共同纲领；同意

① 转引自《周恩来年谱》（1898—1949），中央文献出版社1997年版，第364页。

② 1937年5月24日、25日洛、博、毛致周两电，均载《文献和研究》1985年第4期。

③ 本段叙述的6月庐山会谈情况据《中共中央关于与蒋介石第二次谈判情况向共产国际的报告》（1937年6月日）中转述的周恩来1937年6月15日关于谈判结果致中央书记处电。要朱、毛出洋，据周恩来《论统一战线》：“我们要求各党派的合法地位，建立各党派的联盟，但他（指蒋）在庐山第一次谈话会上居然敢说：‘请毛先生、朱先生出洋。’”见《周恩来选集》上卷，人民出版社1980年版，第195页。

国共两方各推出同数干部组成同盟会的最高会议，以蒋为主席，承认其依据共同纲领有最后决定之权；我们运用同盟会使之成为在政治上两党合作的最高党团。关于目前具体问题之解决，新方案提出，中共准备7月中发表宣言；如蒋同意设立总的军事指挥部，红军即待其名义发表后改编，否则即于8月1日自行宣布改编；陕甘宁边区7月实行民主选举，在张继、宋子文、于右任三人中择一人任边区行政长官，林伯渠任副长官；力争朱德为红军改编后的指挥官，毛泽东不拒绝出外做事，但非到适当时机不去；等等。① 周恩来又起草了《中共中央为公布国共合作宣言》，于7月2日交毛泽东、张闻天改定。

在拟定《中共中央为公布国共合作宣言》、《革命同盟会组织原则草案》② 等文件后，周恩来、博古、林伯渠一起于7月4日离开延安到达西安，前往庐山同蒋第三次谈判。

他们到上海的当天夜间，“七七”卢沟桥事变发生了，全国性的神圣抗日战争开始了。第二天，中国共产党就通电全国：“平津危急！华北危急！中华民族危急！只有全民族实行抗战，才是我们的出路！”为促使国共谈判迅速达成协议，中共中央于7月14日向南京政府表示，“愿在蒋指挥下努力抗敌，红军主力准备随时出动抗日，已令各军十天内准备完毕，待令出动，同意担任平绥线国防。”③

然而，蒋介石对共产党的态度却十分冷淡。7月13日（或14日），周、博、林登上庐山，随即将国共合作宣言送给蒋，但蒋扣住不发。虽在民族危亡关头，他还是不愿让共产党公开合法。在谈判中，关于红军改编后的指挥和人事问题又发生了激烈的争执。蒋在这点上继续向后倒退。6月庐山会谈时蒋虽然对3月杭州会谈允诺的红军改编后3个师之上设总司令部食言，但还是表示，3个师以上的政治机关可以代行指挥权，可是这次他又改口，要求红军改编后各师直属行营，政治机关只管联络，无权指挥。其用意是不让共产党独立指挥军队。对于蒋介石这一无理要求，毛泽东、张闻天为了团结抗日的大局，还是决定给予一定的妥协和让步。7月17日洛、毛致电周、博、林，提出：“为大局计，可承认平时指挥人事等之政治处制度，请要求设正副主任，朱正彭副。但战时不能不设指挥部，以资统率。”但蒋介石不为中共一再退让所动，仍然坚持红军在改编后不设统一的军事指挥机关，致使谈判陷于僵局。

在这样的情况下，洛、毛在7月20日致电周、博、林，决定对蒋强硬：“我们决定采取蒋不让步不再与谈之方针。请你们回来面商之”。④ 周、博、林随即离开庐山，飞往上海，观察时局变化。

7月下旬，日寇又一次发起了侵占平津的进攻，在客观形势的推动下，蒋氏

---

① 《革命同盟会组织原则草案》的内容见《中共中央抗日统一战线文件选编》（中）所收中央书记处1937年6月26日致共产国际电。

② 1937年7月14日毛泽东、朱德、彭德怀、贺龙、林彪、刘伯承、徐向前致叶剑英电。

③ 1937年7月20日洛、毛致周电，载《文献和研究》1985年第4期。

④ 1937年8月3日洛、毛致周、博并告叶电，载《文献和研究》1985年第4期。

不得不改变其固执态度，派人捎话：红军迅速改编，出动抗日。周、博、林即于7月28日返回延安，张闻天立即召集书记处成员商定红军改编出动抗日事宜。决定主力红军集中在三原迅速改编，编为3个师，4.5万人，上设总指挥部，朱德为总指挥，彭德怀为副总指挥。

时局的发展使得蒋介石只能顺应国共合作、共同抗日的历史潮流。7月底，蒋邀共产党代表飞南京共商国防问题。中共中央乃派周恩来、朱德、叶剑英赴宁参加国防会议，并同蒋谈判。8月3日，洛、毛致电周恩来等，要周、朱、叶等商量国防计划，连同红军作战方针、步骤，一并于当天电告洛、毛，待决定后由周等将国防计划携往南京面交；并提出此次赴宁须求得发表宣言、确定政治纲领、决定国防计划、发表红军指挥系统及确定初步补充数量、红军作战方针等问题一同解决。[①] 关于红军的作战方针、步骤，洛、毛8月1日致周、博、林电指出：红军的作战原则是“在整个战略方针下执行独立自主的分散作战的游击战争”；因此，“在开始阶段，红军以出三分之一兵力为适宜”，“其余兵力依战争发展，逐渐使用之”。[②] 8月上旬，红军即确定出动路线“由韩城渡河，在侯马上车，到大同集中，然后转赴怀安、蔚县”。[③]

10日周恩来、朱德、叶剑英飞抵南京，参加国防会议，并同蒋介石等继续会谈。正在这时，8月13日，日军大举进攻上海，威逼南京。蒋介石急需红军出动抗日，国共谈判到了急切需要迅速解决的关键时刻。8月18日，洛、毛致电彭、林、周、博，又致电周、叶，指出国民党方面提出要红军“分路出动”，是要分割红军，包含着很大阴谋，坚决不能同意。同日，中央书记处致电朱、周、叶，提出十项谈判条件。指出“目前最重要问题，须使党与红军放在合法地位”，要求国民党迅即发表《中共中央为公布国共合作宣言》，同时蒋发表谈话，发表边区组织，发表总指挥部，确认红军充任战略的游击支队，执行独立自主的游击战争等各项条件。[④]

在形势发展的推动下，蒋被迫让步，僵持不决的红军改编后的指挥和人事问题终于解决。谈判结果，同意红军改编为国民革命军第八路军，任命朱德、彭德怀为正副总指挥（8月22日正式发表），八路军充任战略游击支队，执行只作侧面战、不作正面战，协助友军、扰乱与钳制敌人大部并消灭敌人一部的作战任务；同意将红军在南方的各路游击队改编为国民革命军新编第四军。还达成了在南京、上海等大城市设立中共代表团办事处和八路军办事处，在南京出版中共机关报《新华日报》（后因南京沦陷，《新华日报》于1938年1月11日在汉口创刊），释放在狱共产党员和政治犯等协议。

谈判取得的成果，在红军、苏区方面，虽然取消了名义，进行了改编和改制，

---

① 据《中共中央文件选集》（11），中共中央党校出版社1986年版，第299页。

② 同上。

③ 1937年8月17日毛致博、林、彭、任电，据档案。

④ 见《中共中央文件选集》（11），中共中央党校出版社1986年版，第322—323页。

但保证了共产党的绝对领导；在国共两党关系方面，实现了国共第二次合作，共产党取得了公开合法地位而又保持了独立性。这就为共产党及其领导下的人民武装和根据地在抗日战争战斗历程中不断发展壮大，打下了坚实的物质基础和思想基础。

国共第二次合作形成

1937年9月22日，《中共中央为公布国共合作宣言》由国民党中央通讯社播发。宣言提出迅速发动全民族抗战、实行民主政治和改善人民生活等基本要求，重申中国共产党为实现国共合作的四项保证。

第二天，蒋介石发表谈话，称："此次中国共产党发表之宣言，即为民族意识胜过一切之例证。""在危急存亡之秋，更不应计较过去一切，而当使全国国民彻底更始，力图团结，以共保国家之生命与生存。"

中共中央宣言的公布和蒋介石谈话的发表，标志着国共第二次合作的正式形成，抗日民族统一战线的实际建立。

9月25日，张闻天、毛泽东联名致电周恩来、林伯渠等，指示当前宣传内容，指出："我们宣言及蒋氏谈话宣布了统一战线的成功。建立了两党团结救国的必要基础"，"蒋谈话确定了共产党在全国的合法地位"，今后问题是彻底实现三民主义与抗日救国十大纲领，打倒日本帝国主义，复兴中华民族。①

从国共第二次合作形成的过程，可以清楚地看到，张闻天作为中共中央总书记，始终处在最前沿的突出的领导者的地位。他既为抗日民族统一战线的策略、方针、政策的酝酿、确立、发展、完善作出了巨大贡献，又为其贯彻执行和抗日民族统一战线的实际建立作出了巨大贡献。事实告诉人们，从内战到抗战的转变，从抗日反蒋到逼蒋抗日的转变，通过谈判形成国共第二次合作，在中国共产党的历史上，是一段光荣的历史，辉煌的历史。当时担任中共中央总书记的张闻天，没有辜负历史的重托，竭忠尽智，恪守职责，发挥了特殊重要的作用。他在这一重大历史关头所作的贡献，也是他一生对党、对人民、对民族建立的最大的功勋。

① 见《中共中央文件选集》(11)，中共中央党校出版社1985年版，第348—349页。

十五　洛川会议前后

洛川会议是在全国性抗日战争刚刚爆发的历史转折关头召开的中共中央政治局扩大会议。张闻天不仅主持了洛川会议，而且主持了会前的“中央局政治会议”（8月9日）[①]，为洛川会议作准备，会后，又主持“统一战线座谈会”，贯彻洛川会议的精神。他对洛川会议的历史贡献，是应该充分加以肯定的。

主持洛川会议前的政治会议

1937年8月9日，张闻天在延安主持了中央局政治会议。出席会议的有政治局成员毛泽东、凯丰、张国焘以及各方面负责人董必武、郭洪涛、吴亮平、蔡畅、林彪、罗瑞卿、萧劲光、徐向前、罗迈（李维汉）等19人。张闻天作了《平津失守后目前政治形势与党的任务》的报告。[②] 这次会议具有洛川会议预备会议的性质。

“七七”事变后，中共中央在7月8日即发表《为日军进攻卢沟桥通电》，号召全民族实行抗战；同时红军将领连续电请为抗日前驱。15日，周恩来在庐山将《中共中央为公布国共合作宣言》交付国民党。21日，中共中央书记处又发出《关于目前形势的指示》，主张实行全国军队的总动员，全国人民的总动员，实现国共合作，建立抗日民族统一战线，使政府机构民主化，肃清一切亲日派汉奸分子，进行统一的、积极的、全面的抵抗。这实际上提出了一条全民族的全面抗战的路线。指示还规定红军立即改名，准备立即向华北出动，对日直接作战。23日，中共中央又用“万万火急”通电发表《为日本帝国主义进攻华北第二次宣言》，系统地提出了实行坚决抗战的“八项办法”，表达并充实了21日党内指示关于实现全国性抗战的主张。同一天，毛泽东写了《论反对日本进攻的方针、办法与前途》，表示共产党人愿同国民党人团结起来，实行坚决抗战的方针和办法，争取胜利的前途。在日本侵略者步步进逼之下，蒋介石也在7月17日庐山“著

① 会议名称据会议记录。

② 这个报告记录以《平津失守后的形势与党的任务》为题收入《张闻天选集》，以下引用此报告均据人民出版社1985年版《张闻天选集》。

叙”时发表谈话，确定了对日应战的方针；在7月底平津相继失守之际，又于29日表示“今既临此最后关头”，“惟有发动整个之计划，领导全国，一致奋斗，为捍卫国家而坚持到底”。[①] 8月6日，朱德、周恩来等赴南京准备出席国防会议。8月7日，毛泽东命令红军各部准备出动。国共两党在军事上的初步合作开始形成。所以，在七七事变、平津失守的形势，围绕着“争取抗战胜利”这个中心，有一系列重要问题——抗战路线，国共合作，军事战略，红军改编后的战略任务、作战方针和步骤等，迫切需要解决。

8月9日政治会议上张闻天的报告就是在这样的背景下作的。在此之前，张闻天已经在8月2日写了《论平津失守后的形势》。[②] 这篇文章是8月9日报告的基础。

关于形势，张闻天指出：日本占领平津不过是对于中国本部的大规模侵略战争的开始。这一战争推动着中国走向全国性抗战的发动。日本帝国主义的大陆政策，决不以取得中国的一部分领土为满足，它所要的是全中国！目前形势的发展，将必然从现在局部的应战的形势转变为全国性的抗战。张闻天肯定南京政府已经作出坚决抗日的表示，在实际行动上也有进步，同时也批评它徘徊不定、妄想偷安的妥协传统尚未完全克服，特别在实现民主政治与民主权利、释放政治犯方面进步很小，国共合作问题没有最后解决，不敢取消日寇在华的一切特权和活动，外交上没有摆脱消极状态。他指出，目前时局的主要危险是民族失败主义，是那种以让步妥协来停止日寇进攻的幻想，是对于英帝国主义的依赖性。

关于党的任务，张闻天在报告中提出：“目前我党的工作中心，是争取全国性抗战的发动与胜利。”为了争取抗战的最后胜利，党必须独立地、积极地提出保障抗战胜利的纲领，促使国民党、蒋介石接受，从而在实际上起指导作用。在报告中，张闻天提出了实现“全国性民族抗战”的“八大纲领”。其要点为：一、停止中日和平谈判，宣布对日绝交，公布实行全国性民族抗战的坚决方针；二、动员全中国的海陆空军实行抗战；三、全中国人民的总动员；四、全面的对日抗战；五、改组政府组织；六、实现国共合作，建立抗日的民族统一战线；七、实现财政、经济、土地、劳动、文化、教育的新政策，巩固国防，改善民生；八、实现抗日的积极外交。张闻天在这里提出的“八大纲领”，是在7月23日中共中央《为日本帝国主义进攻华北第二次宣言》中所提出的“八项办法”的基础上略加修改而成的，同毛泽东在《论反对日本帝国主义进攻的方针、办法与前途》中提出的“八大纲领”大体上是一致的。

在讨论中，毛泽东提议增加为“十大纲领”，做一个“决议案”。他说，纲领、宣言上有“肃反”无“教育”，我的文章上有“教育”无“肃反”。现在我们要做一决议案，应做到尽有。所谓“全面的抗战”，“改良生活”要一条，“教育”要一条，原有八条再加上“坚决抗战”一条，“统一战线”一条则为“十大

---

① 蒋介石：《对新闻记者谈话》，《第一期抗战领袖言论集》，重庆青年书店1939年版，第8页。

② 载《解放》周刊第1卷第13期，署名洛甫。

纲领”。[1] 张闻天赞成毛的意见，在讨论后的发言中表示，“十大纲领”写出来公布是需要的。[2]

关于国共两党关系，张闻天在报告中提出了抗日战争时期处理同国民党关系的五条原则：

（一）坚持同国民党合作的方针，发扬其每个进步，批评其动摇与妥协。反对急躁病，不断推动它前进，逼它前进。另一方面，合作并不是投降，反对满足、迁就的投降倾向。（二）提出我党独立的积极的主张，提出保障胜利的办法，来号召与团结全国群众，迫使蒋走向我们方面，使我党实际上起指导作用。（三）参加国民党所发起的一切合法团体与活动（如抗敌后援会等），扩大它们的群众基础与组织内部的民主，使之成为公开的广泛的统一战线的组织。同时不放弃利用一切公开的可能，独立地进行发动、组织与教育群众的工作。造成推动南京政府的力量，而不是与之对立。（四）争取党的公开与半公开，巩固与扩大党的秘密组织。加强在群众中与军队中的工作。

（五）转变一切工作方式与方法，以适应目前的新形势。

这些原则，不仅在跨入新阶段的时候，而且在整个抗日战争时期，都产生了深远的影响。毛泽东在讨论中特别说到：国共合作中的反倾向问题，完全同意（洛甫）报告，反对两种倾向，一是急躁病，一是适合国民党的适合主义。要保持组织的独立性，批评的自由。

会议也讨论了军事问题。毛泽东指出，今日以前是准备调动，今日以后是实行开动。红军应当是独立自主的指挥与分散的游击战争。集团的作战对红军是不利的。应有戒心，保障红军之发展扩大。在这次会议之前，洛、毛在 8 月 1 日已就红军作战原则电示周恩来、博古、林伯渠。[3] 同一天，中共中央还发出了《关于南方各游击区域工作的指示》，在部队改编问题上，已经有了 1937 年 7 月间何鸣率领闽粤边游击队千余人在谈判改编成议后突遭国民党军包围、缴械的教训，指示提出了“保存与巩固革命武装，保障党的绝对领导的原则”。[4]

8 月 9 日政治会议后，毛泽东起草了《中国共产党抗日救国十大纲领——为动员一切力量，争取抗战胜利而斗争》和目前形势与任务的宣传鼓动提纲《为动员一切力量争取抗战胜利而斗争》，张闻天起草了《中共中央关于目前形势与党的任务决定》。这三个文件的起草，都在 8 月 15 日完成。[5] 为贯彻 8 月 9 日会议精

---

① 据 1937 年 8 月 9 日毛泽东在中央局政治会议上的发言记录，以下引自此件者不另注明。

② 据 1937 年 8 月 9 日张闻天在中央局政治会议上的发言记录。参看 1997 年 9 月中共党史出版社出版的《张闻天在 1935—1938（年谱）》。以下凡张闻天这一段时间的言行，均请参看此书的有关记载，不另注明。

③ 见《中共中央文件选集》（10），中共中央党校出版社 1986 年版。

④ 见《中共中央文件选集》（10），中共中央党校出版社 1986 年版，第 209 页。

⑤ 三个文件均首次发表于《解放》周刊第 1 卷第 15 期（1937 年 9 月 6 日出版），这时洛川会议已经开过，但文件所署时间均为 1937 年 8 月 15 日。

神，中共中央8月12日发出《关于抗战中地方工作的原则指示》，[①] 文件提出的15条，包括了张闻天报告中提出的处理国共关系的原则和十大纲领的基本要求；中央书记处8月18日致电在南京谈判的朱德、周恩来、叶剑英，强调“两党合作须建立在一定原则上”，“红军充任战略的游击支队”，“在总的战略方针下，执行独立自主的游击战争，发挥红军之特长”。[②] 由此可见，8月9日中央局政治会议为8月下旬的洛川会议作了充分的准备。

主持洛川会议

1937年8月22日晚上，中共中央政治局扩大会议在陕北洛川县城东北十多公里的冯家村（当时红军总部所在地）开始举行，会期4天。出席者按会议记录上的顺序为：张闻天、毛泽东、周恩来、博古、张国焘、凯丰、彭德怀、朱德、任弼时、关向应、贺龙、刘伯承、张浩、林彪、聂荣臻、罗瑞卿、张文彬、萧劲光、周建屏、林伯渠、徐向前、傅钟，共22人。[③] 张闻天主持会议，毛泽东作军事问题和国共两党关系问题的报告。张闻天在讨论时作了长篇发言，8月24日又作了补充报告[④]，经过讨论后他又作了结论。

1937年8月22日至25日，中共中央政治局在陕北洛川冯家村召开扩大会议。图为洛川会议会址。

① 见《中共中央文件选集》（10），中共中央党校出版社1986年版，第318—321页。

② 同上书，第319页。

③ 会议参加者有人说是23人，还有一位为周昆，但记录上未见。

④ 据会议记录。“补充报告”的名称据朱德发言记录：“洛甫补充报告分析很细致，我是同意的。”会议记录的标题是“报告”，为不与毛泽东的报告重复，笔者采用朱德当时的提法。

张闻天从日本、南京政府、地方军政当局、群众、世界各国等五个方面分析了当时的政治形势，说明全国性的抗战已经开始，从此进入了抗战的新阶段，我们的任务是动员一切力量来争取抗日战争的胜利。他分析了国民党内左、中、右三派的情况：南京方面左派坚决主张抗战，影响与地位增高，但今天还不能起决定作用；以蒋介石为代表的中派，开始有抗战决心，这是基本的转变，是一大进步。随着这个基本转变，民主政治方面也有相当转变，国内各方面在共同抗日下团结统一也有改善，中央军在抗战中也表现其英勇。但同时应该看到，南京政府的抗战是被逼的，因此就必然是消极抵抗，政府包办，限制于政府抗战而不愿意实行全民族动员的方针，并且不放弃一党专政，压抑人民，控制群众运动，这是严重的弱点，包含有招致抗战失败的极大危险性。以汪精卫为代表的右派，在今天抗战空气压制下，不敢公开反对抗日，但暗中活动，与日本勾结，拉中派向右，散布民族失败主义。从对政治形势的分析出发，张闻天指出，我们的总方针是要将已经开始的全国性抗战发展为全面的、全民族的抗战，动员一切力量争取抗战胜利，并从中来完成民主革命的任务——统一中国，建立民主共和国。这是以前没有做过的方式。在国共两党的关系方面，要坚持与国民党联合的方针，推动其前进；既反对“左”的急躁病，又防止右的尾巴主义、投降主义倾向，保持独立组织，批评自由。对中央军与地方实力派，应看到主要的是中央军、蒋介石。对地方实力派要争取，不简单看成是桥梁，但不要放松主要的对象中央军。张闻天强调，只有共产党在抗战中取得领导权时，抗战胜利才得保障。他根据新的形势提出，对于如何使抗战取得胜利，我们要拿出办法、指出道路，这是争取领导权的基础。新的十大纲领，就是争取胜利的具体道路，要坚持《抗日救国十大纲领》的实现。

关于抗日战争的战略持久战，是张闻天补充报告和发言的一个重点。他的补充报告和发言，对毛泽东报告中提出的持久战的战略方针作了阐述和发挥。张闻天在8月22日发言中指出，争取抗战胜利，这是艰苦、持久、变化很多的斗争过程，要准备持久战争。在8月24日的补充报告中，张闻天说，国民党不愿意发动全国人民来抗战。这种抗战可能取得局部胜利（如上海、南京），但不能取得彻底的最后的胜利，相反，存在严重失败的可能！只有转变为全面的、全民族的抗战，才能取得最后胜利！接着他又指出，这种全面的全民族的抗战是一场持久战。他说：要强调持久战的问题。不因胜利而骄傲，不因失败而丧气。持久战，包含进攻、防御、退守等，全面的全民族的抗战是艰苦斗争的过程。正因为目前抗战存在着弱点，可能发生挫折、失败、妥协、叛变的事件，可能发生新的大举进攻而我们不能抵抗只得撤退．但这还只是部分失败而不是全面失败。估计到这些情况，使我们能够坚持，而不是失败主义。战争的坚持就是因为在战争过程中有许多困难。我们要在此过程中做文章，实现我们的主张，争取抗战的最后胜利。在此过程中，共产党必然取得领导权。他指出，要看到日本的弱点，它的内部矛盾、经济力量脆弱等等，决定了它不能坚持持久战。

张闻天关于持久战的论述引起了热烈讨论。在讨论中，毛泽东继续阐述了抗日持久的战略方针；朱德、周恩来也分别提出支持华北持久战的意见。

关于红军的作战方针和兵力的出动与使用问题，会上讨论得很热烈，看法不大一致。与会者都认为红军应及时开拔抗敌，但对具体时机与兵力运用有不同的主张。有的主张应在国民党发表国共合作宣言，共产党的公开合法地位取得必要保证后才出动；有的主张晚出兵不如早出兵，早出兵政治影响好，对解决给养也有好处。有的主张红军分批出动，先出三分之一，因为战争是长期的、残酷的，何况国民党在边区周围还有10个师；有的主张全部出动上前线。关于作战方针，也有山地游击战与运动游击战的争论。张闻天不是军事家，但在会上也发表了看法。他认为，指挥问题上是独立自主的原则，外面节制，要不妨碍我的独立性；作战方面主要是游击战争，总的是赚钱则干，不赚钱不干。力量的使用也是如此。要稳重点，要很好使用。抗日是持久战，要保存我们的力量，尽量扩大我们的力量。我们宣言全部出动；看各方面情况，在有利时继续出兵。红军的影响，并不靠出得快来决定。我们也不能完全听群众的话，不要为群众热情所支配。要看清革命的基本利益。要能打胜仗，发动群众，建立根据地，做出模范，才能真正提高信仰。他指出："正确的领导，模范的工作，谦逊的态度，艰苦的作风，准备持久战争，是我们争取领导权的要素"，"最近时期，［中央］只能在延安"。

8月25日毛泽东作了总结。会议通过了《关于目前形势与党的任务的决定》和《抗日救国十大纲领》。

洛川会议是中国共产党历史上的一次重要会议。它在抗日战争刚刚爆发的历史转变关头，提出了党在抗日战争中的纲领和政策，规定了党的全面抗战路线和独立自主原则，确定了持久战的战略方针和红军在敌后进行独立自主的山地游击战的作战方针，[①] 正确地指导红军实现从正规军向游击军、由运动战向游击战的战略转变，为实现党对抗日战争的领导，动员一切力量争取抗日战争胜利，奠定了政治思想基础。张闻天为这次会议的成功作出了贡献。

主持洛川会议后的统一战线座谈会

洛川会议后，紧接着在8月27日召开了统一战线座谈会。张闻天主持会议，座谈、讨论在统一战线中"共产党吸引国民党抑国民党吸引共产党"，即谁影响谁的问题，其实质也就是统一战线中共产党与国民党谁领导谁的问题。[②] 在国共第二次合作成立，共产党经过十年斗争重新公开合法地走上全国政治舞台的时候，尖锐地提出这个问题是富有现实针对性和政治远见的。

张闻天在座谈会上作了两次发言。他特别提出"警觉性"问题，指出：投降主义的危险在增长，统一战线愈发展，右倾危险性要增长。有些同志常常只看到

---

① 随着抗日战争的发展，八路军的作战方针进一步完善为："基本的是游击战，但不放松有利条件下的运动战。"见毛泽东《论持久战》，《毛泽东选集》第2卷，人民出版社1991年版，第500页。

② 讨论的问题及张闻天的发言内容均据会议记录。

统一的方面而没有看到不统一的方面，只看到同而看不到区别，只强调一方面而忽视另一方面，这是不对的。张闻天认为我们党本身也有右倾危险的因素。一是农民成分多，容易受人欺骗与引诱。女人、金钱、地位，诱惑力很大；人家灌米汤，就轻易相信人家。另一个因素是缺乏斗争经验，我们有土地革命的丰富经验，但其他斗争的方式就不熟悉，而国民党有相当经验，钱、人、地位都有。针对右倾投降危险，张闻天提出纠正和预防的主要措施。他特别强调要加强两条战线的斗争，反对在统一战线中的右倾投降主义；严重提出加强党内思想教育，特别是在统一战线中进行马克思主义的民族革命教育。他还指出不要将无产阶级意识变成神秘的东西，拿马克思主义方法来解决问题的就是无产阶级意识。

积极贯彻洛川会议的路线方针

洛川会议结束以后，为贯彻洛川会议确定的政治路线和军事战略方针，开创全民族抗战的新局面，张闻天配合、协同毛泽东审时度势，根据情况的变化，及时地指导党的行动，做了大量工作。

洛川会议以后，针对国共合作成立后在统一战线中的投降主义倾向，张闻天、毛泽东及时致电上海党的负责同志，指出只知对国民党统一，处处迁就它的要求，而不知同它的错误政策斗争，是对国民党的投降。这种倾向在部分“左”倾领袖和党员中是在增长。如章乃器这类“左倾”领袖今天起着把革命群众带给资产阶级的作用。对他们的错误主张（如“少号召、多建议”）应该在报纸上适当批评，对投降主义倾向必须开始斗争。电报指出，民族统一战线，不但不取消对于国民党的错误政策进行批评与斗争，而且只有在这一基础上才能使统一战线充实巩固起来，使之继续前进。在目前形势下应不失时机对国民党的错误政策采取攻势的批评与斗争。①

为了推动国民党统治区群众性的抗日救亡运动的发展，中央书记处于10月17日发出指示，明确提出，群众工作中的尾巴主义与投降主义的危险，开始成为党内的主要危险。要求公开批评国民党对民众救亡运动的“统制”与“包办”（实际上是包而不办）的错误政策，力争救亡运动中共产党的主动性，坚持发扬民权、改善民生以动员群众的方针，独立自主地组织各种群众的救亡团体，开展多方面的救亡运动。② 对上海救亡工作的方针，张闻天、毛泽东在1937年10月18日、11月12日两次作出指示，前一次要求扩大救亡团体的群众基础与独立民主的救亡活动，用事实揭发国民党及抗敌后援会包办政策的错误，以达到抗敌后

---

① 洛、毛1937年10月13日致小开、刘晓并告博（古）、叶（剑英）、周（恩来）、胡（服）、林（伯渠）电，以《关于克服对国民党的投降主义倾向的指示》为题收入《中共中央文件选集》（10）。小开，即潘汉年。胡服，即刘少奇。

② 《中央关于开展全国救亡运动的指示草案》，见《中共中央文件选集》（10），中共中央党校出版社1986年版。

援会的民主改造；后一次部署上海失守后公开救亡团体应转入秘密，工作方式也应转变，整个救亡运动的中心将转移至武汉。[1] 在西安，纠正了两党关系上的迁就倾向。张闻天完全肯定并坚决支持中共陕西省委于1937年10月10日致国民党陕西省党部的公开信，这封公开信批评他们包办的陕西抗敌后援会“统制”、“限制”、“压迫”民众救亡运动。张闻天在《解放》周刊上发表《中共陕西省委与国民党陕西省党部争论的真相》，以编者按方式对指摘公开信是“汉奸挑拨离间”进行了坚决的驳斥。[2]

中共中央对于南方各游击区的改编，同样坚持了独立自主的原则，对右倾机会主义错误作了纠正和预防。继7月闽西红军何鸣部被国民党欺骗而缴械后，9月又出现湘鄂赣边区在武汉同国民党谈判中丧失独立性的错误。张闻天、毛泽东于1937年9月14日致电博古、叶剑英、周恩来并合林伯渠、董必武、朱德、彭德怀、任弼时，指出：“统一战线中，地方党容易陷入右倾机会主义，这已成党内主要危险，请严密注意。”指示否定原定谈判条件，重定办法，坚持“国民党不得插进一个人来”等条件，并要其他各边区谈判时严戒蹈此覆辙。[3] 1937年10月1日中央书记处又发出《中央关于南方各游击区工作方针的指示》[4]，指出南方各游击区是十年血战取得的南方革命运动的战略支点。国民党企图拔去这些战略支点，我们则要保持这些战略支点。根据国民党的要求把各区游击队完全集中，对于我们十分不利，故原则上不拒绝集中，但不应无条件集中。实际上，有的应在一切问题解决后集中，有的绝不应集中。而对集中的部队，应拒绝国民党派人插入，国民党也不得干涉领导指挥及其作战。这就保证了党对南方14个游击区和新四军（1937年10月12日正式公布改编）的绝对领导。

在改革政治机构、参加政权问题上，张闻天在洛川会议的发言指出，要在确定抗日救国的共同纲领，允许共产党公开，发动群众抗战等条件具备后才参加政府，现在则还未到此时。这表明了共产党独立自主的原则立场。9月25日，中央书记处发出《关于共产党参加政府问题的决定草案》，提出共产党准备参加全民的抗日民族统一战线的政府，但不参加国民党一党专政的政府，同时又提出了在特殊地区和敌占区可以参政，国民大会之类代议机构容许参加，国共两党的统一战线组织可以进行等推动政治民主化的灵活做法。[5]

全国性的抗战爆发以后，最重要的当然是军事战线。毛泽东直接领导了军事战略的转变和八路军的军事部署，张闻天在论述持久战的战略思想和独立自主的游击战战略方针等方面也作出了值得重视的贡献。

洛川会议以后，在九一八事变六周年之际，张闻天写了《论抗日民族革命战

---

① 洛、毛1937年10月18日致潘（汉年）、刘（晓）电，洛、毛11月12日致博、潘、刘电，分别见《中共中央文件选集》（10），中共中央党校出版社1986年版，第364、376页。

② 《解放》周刊第1卷第24期。

③ 见《中共中央抗日民族统一战线文件选编》（下），档案出版社1986年版，第37—38页。

④ 见《中共中央文件选集》（10），中共中央党校出版社1986年版，第362—364页。

⑤ 同上书，第345—347页。

争的持久性》[1]。张闻天通过中日两国人力、物力、军事力量、国内矛盾、国际关系以及战争性质等的简要对比，说明日本很难实现其速战速决的战略，中国也很难在短时间内战胜日本，“中日战争谁胜谁负的问题，是不能在短时间内解决的。中日两国的战争，将带有持久的性质”，中国“必须用持久战以战胜日本”。文章指出，“抗日民族革命战争胜利的关键，是动员全中国人民参加全面的抗战”。限制于单纯的政府抗战，是十分危险的。“四万万中国人民是我们取之不尽用之不竭的伟大力量的泉源。只有依靠这一伟大力量，我们才能进行持久战，才能最后战胜日本帝国主义。”张闻天指出，为了实现全面的全民族的持久战，必须做到：政府与人民结合起来，使现在的政府进步到全民的、民族的国防政府；军队与人民结合起来，成为人民的民族革命军，实现全国人民的总武装；同一切民族失败主义的情绪与思想做坚决斗争，使全国人民相信抗战的最后胜利必然是我们的；把共产党的抗日救国十大纲领变为全民族的行动纲领。此后，张闻天又在《解放》周刊上陆续编发了彭德怀的《争取持久抗战胜利的先决问题》（第 1 卷第 25 期）、周恩来的《怎样进行持久抗战》（第 30 期）等研讨和指导抗日持久战的文章。在 1937 年的十二月会议后于 12 月 19 日召开的一次中央会议上，张闻天作《目前抗战的形势与党的任务》报告，进一步具体分析了“自己的力量”、“日本的力量”和“国际的力量”，论述了扩大与巩固统一战线，通过持久战争取抗战胜利的道理。[2] 所有这些，都为毛泽东的光辉著作《论持久战》（1938 年 5 月）的诞生作出了一定的贡献。

张闻天对毛泽东提出的我军以游击战配合友军作战和“独立自主的山地游击战”的作战方针是坚决支持的。1937 年 11 月 8 日太原失守。在华北，以国民党为主体的正规战争基本结束，以共产党为主体的游击战争开始进入主要地位。张闻天即于 11 月 15 日作《把山西成为北方游击战争的战略支点》一文，[3] 总结了卢沟桥事变以来山西抗战的发展过程和经验教训，既肯定阎锡山从“守土抗战”到组织“牺盟会”进而组织“战地动员会”的进步，又批评他未能突破片面抗战路线因而招致溃败。文章指出，太原失守之后“我们对于山西的前途并不悲观。八路军现在还坚持在山西，它正在大规模的发动民众，组织民众与武装民众”，“在山西已经开始了广泛的游击战争的新阶段”。文章宣告，“共产党在山西的方针，是把山西成为整个北方游击战争的战略支点，用以抵御日寇对西北与中原的前进”。张闻天用通俗的语言说明这个战略支点的伟大意义：“共产党要在北方做出一个模范的例子，证明给全国人民看：不论日寇军队的飞机大炮怎样（厉）害，不论日寇怎样占领了我们的中心城市与交通要道，我们仍然有办法同敌人作战，消耗它，疲惫它，瓦解它，打击它，最后完全驱逐与消灭它。”他希望阎锡山及现在山西的一切力量同共产党一道干下去，坚持游击战争，争取抗战的最后

---

① 载《解放》周刊第 1 卷第 17 期，署名洛甫。

② 据中央档案馆存记录稿。

③ 载《解放》周刊第 1 卷第 25 期，署名洛甫。

胜利。

张闻天这篇文章提出的战略任务，同毛泽东关于在太原失守后华北八路军的任务和军事部署的指示是完全一致的。此后，八路军各部即在山西敌后农村进一步开展独立自主的山地游击战争，创建了晋察冀、晋西北和大青山、晋冀豫、晋西南等抗日根据地，山西新军也迅速发展壮大，到 1939 年底已有 9 个旅 50 个团，真是“八路助新军发展游击，收复失邑，成绩昭然”。① 山西全省山区、乡村成为广大的敌后战场。阎锡山深得其惠，感慨地说，现在共产党八路军在山西，是有十支洋独的光，晋绥军是一支洋烛的光，中央军呢，只有一根香火的光。②

① 引自 1940 年 5 月周恩来致阎锡山信，《周恩来书信选集》，中央文献出版社 1988 年版，第 182 页。

② 转引自任弼时《中国抗日战争的形式与中国共产党的工作和任务》（1938 年 5 月 17 日），载《中共中央抗日民族统一战线文件选编》（下），档案出版社 1986 年版，第 125 页。

十六　主管宣传和干部教育

概　况

张闻天担任总书记期间，宣传工作和干部教育工作在中共中央内部主要是他过问的。1937年4月，《解放》周刊创刊，张闻天任主编。1937年12月起，中央宣传部部长由张闻天兼任。1938年5月，马列学院创办，院长一直由张闻天兼任。当然，六届六中全会以后，宣传和干部教育就成了张闻天的主要工作了。他除了继续担任上述职务之外，从1939年2月起，又兼任干部教育部部长。1940年初，宣传部与干部教育部合并为宣传教育部，张闻天仍任部长。1939年10月，《共产党人》杂志创刊，他是这个刊物的编辑（即主编）。1941年3月，中央决定调整刊物，《解放》、《共产党人》两个刊物扩大编委，都由张闻天“负总责”，吴亮平和罗迈分别为“编辑主任”。所以，张闻天在党的理论建设、干部教育、宣传鼓动、文化工作等方面，成绩卓著，建树良多，是受到党内干部尊敬的马克思主义理论家、宣传家和教育家。

创办延安马列学院

1938年5月5日，是共产主义学说的创始人马克思120周年诞辰，延安马列学院就在这一天正式开学。校址设在延安城北七八里的蓝家坪，土石山上的一排窑洞就是校舍，同杨家岭隔延河相望，紧邻中共中央宣传部和张闻天住的窑洞。从创办马列学院开始，张闻天就兼任院长。直到1941年7月马列学院改组，他担任院长前后有三年多时间。先后在这里受过他教育与熏陶的学员有八九百人。延安马列学院是中国共产党创建的第一所攻读马列主义的比较正规的学校，是当时延安的最高学府。为了办好这所学校，张闻天倾注了心力。他的辛勤耕耘结出了丰硕的果实。马列学院培养与重新教育了一批坚强的干部，提高了全党的理论水平，还创造了丰富的办学经验，在中国的干部教育史上写下了令人难忘的篇章。

诚然，创办与建设马列学院是张闻天作为党内著名教育家的主要实践活动，但是，他对干部教育的关心与实践却并非从马列学院开始。在这之前，他在这方面已经做过不少实际工作，并作出若干理论概括。

早在1933年3月，张闻天刚从上海进入中央苏区不久，就在瑞金洋溪创办了“马克思共产主义学校”（中央党校的前身）。他曾亲任校长，并主讲《中国革命基本问题》。长征途中，该校与中国工农红军大学（简称“红大”）的人员合编为“干部团”，一直未散。党中央落脚陕北前后，张闻天在政治局的几次会议上都提到，为了迎接新的形势，要在组织上扩大与巩固党，要大量培养干部。1935年11月10日，张闻天率中央机关进驻瓦窑堡后，随即恢复学校建制，正式定名为“中共中央党校”。稍后，新的红军干部学校也在安定县建立起来（1936年2月）。在张闻天起草、政治局会议通过的《瓦窑堡会议决议》中指明：“必须大数量的培养干部。党要有成千上万的新干部，一批又一批的送到各方面的战线上去。不是把领导才能每条都教好了，才给干部以工作，而是放这些干部到斗争中去，使他们从斗争中去学习。”①

延安马列学院旧址——蓝家坪

1936年5月东征结束之后，恢复、扩建“红大”的计划提到5月20日政治局会议讨论。毛泽东提出了“红大”的教育方针、教育内容、教学方法以及组织领导等一整套计划。会后，“中国人民抗日红军大学”即于1936年6月在保安成立。张闻天和毛泽东都亲自担任教员。张闻天对第一期学员讲授《中国革命基本问题》，对中国革命的性质、任务、对象、动力、领导、前途等问题，作了深入浅出而又透彻的分析。他还在“红大”讲过哲学。②

与此同时，张闻天还利用东征结束后中央机关处于相对稳定的时机，明确提

① 《张闻天选集》，人民出版社1985年版，第78页。

② 李华生：《回忆张闻天同志在陕北的革命业绩》，见《回忆张闻天》，湖南人民出版社1985年版，第108页。

出组织在职干部开展马列主义理论学习的任务。他在中央机关全体工作人员（近50人）大会上指出，“学习马列主义理论是刻不容缓的任务！”他通俗地解释列宁的没有革命的理论就没有革命的运动的著名论断，分析党的理论水平不高的情况和原因，启发大家学习的自觉性。他还组织中央机关干部到“红大”听课。每到听课那天早晨，张闻天总是提早一点从自己的窑洞里走出来，到中央秘书处窑洞外边那块草地上，叫秘书处、宣传部、组织部的同志一道去“红大”听课。在张闻天提议下，中央机关干部于1936年10月成立了马克思主义研究会，先学辩证法，每周座谈一次。在张闻天的启发与引导下，对哲学范畴的座谈讨论，联系着当时国内外的形势与党的政策，进行得生动活泼。当年的参加者回忆说：“记得在学习辩证法关于形式和内容的范畴时，正是干部中对于中央提出的关于民主共和国口号有争论的时候。有的同志认为民主共和国是资产阶级政权的形式，我们提这个口号不好理解。闻天同志最后给学习讨论作了总结。他从形式与内容的辩证关系上透彻地分析了这个问题。他用旧瓶可以装新酒的比喻说明，在一定情况下旧形式也可以表现新内容，并且指出我们共产党人要掌握形式与内容的规律，为的是更好的掌握各种形式（包括斗争形式、组织形式、工作方式方法），为实现党的目标而奋斗。”①

西安事变和平解决以后，中国国内形势开始了一个新的阶段。随着国共第二次合作的成立，中国共产党将公开、合法地登上中国的政治舞台，成为全国的群众性的党。它要在更为复杂、更为曲折的斗争中，战胜一切困难与阻力，取得与保证自己在抗日民族统一战线中的领导权。在大变动的年代里，面临新的形势，新的任务，即使是经过长期战争考验、经过长期地下工作锻炼的干部，也迫切需要学习。为此，张闻天在1937年3月政治局会议上提出，“要重新教育干部，培养干部，使他们懂得新的政策，适合于新的要求”。② 在接着召开的党的苏区代表会议上，张闻天又进一步明确提出“加强党内马克思列宁主义的教育”，“加强红军干部的军事、政治、文化的教育”的任务。③ 在白区工作会议的报告中，他更进而强调：“党内教育问题，现在特别重要。在思想上用马克思列宁主义的武器武装全党同志，是党目前争取民族统一战线中的领导权的最主要的任务。必须使全党同志了解学习马克思列宁主义的重要，养成学习理论的兴趣，只有这一武器能够使我们在各种复杂的环境下，正确的解决问题，而不犯严重的错误。”④

这时，干部教育之所以迫切需要加强，还有一个重要的原因，是大量革命知识青年来到延安。西安事变发生以后，中国共产党力主和平解决，在全国人民特别是在全国青年中的声望空前提高。从1937年1月起，北平、天津、西安及全国

① 李华生：《回忆张闻天同志在陕北的革命业绩》，见《回忆张闻天》，湖南人民出版社1985年版，第108页。

② 张闻天：《国民党三中全会后的形势与我党的任务》，见《张闻天选集》，人民出版社1985年版，第143页。

③ 张闻天：《中国共产党苏区代表会议的任务》，见《张闻天选集》，人民出版社1985年版，第148页。

④ 《中共中央文件选集》（10），中共中央党校出版社1985年版，第262—263页。

各地大批有组织的党员、团员、民先队员、青救会员和非党的革命知识青年，成群结队，热情洋溢地奔赴延安，参加抗日，参加革命。这是 1925—1927 年大革命后党的历史上的一件大事，意义深远。张闻天对这批革命知识青年非常重视和爱护。当他发现北平来延安的学生途中遇阻时，即致电北方局刘少奇，要他注意组织，[①] 同时指示陕甘省委要做好沿途的招待工作。[②] 大批革命知识青年来到延安，亟待培养训练，使他们成为党和红军的干部。党中央立即采取措施，将“红大”改名为“抗大”（中国人民抗日军事政治大学），扩大招生。1937 年 1 月开学的抗大第二期，就招收了 609 名知识青年。以后逐期增加，第三期（1937 年 8 月—1938 年 4 月前后）招收知识青年 616 人，第四期（1938 年 4 月—12 月）招收了来自全国各地的青年以及海外华侨和国际青年共 4655 人。张闻天亲自为抗大第二期第一队学员（大多是红军的军、师、团级干部）讲授《中国现代革命运动史》，并组织编写了教材。在抗大第三期同学毕业的时候，张闻天作了《论待人接物问题》的讲演。

“七七”事变全国抗战爆发后，在洛川会议上，张闻天在讲话中谈到教育问题。针对国民党不让创办“陕北大学”，他指出，“学校仍然要办，弄得精点”。他还肯定“抗大这期是有成绩的”，同时指出，我们的组织工作还差，政治工作还不够，要提高教员的积极性。[③] 在 1937 年十二月会议上，张闻天作政治报告，提出要“扩大与加强抗大，培养大批军政干部，到处派人去”。认为“在统一战线中更要提高马列共产主义教育，特别加强党校工作，培养能够深入群众的干部，能够应付统一战线局面的干部，使干部适应于新的条件”。[④]

1937 年秋冬至 1938 年春，经党中央决定，又先后创办了“陕北公学”、安吴堡（在陕西泾阳县云阳镇北）“战时青年训练班”和“鲁迅艺术学院”。对于这些学校，张闻天也很关心。张闻天虽然不是“鲁艺”的发起人，但在“鲁艺”创办之前，毛泽东曾与张闻天商讨，“鲁艺”的教育方针曾经过中央书记处讨论。“鲁艺”创办后，张闻天于 1938 年 4 月 20 日为鲁艺成立纪念特刊题词：“认识大时代，描写大时代，在大时代中生活奋斗，站在大时代的前卫为大时代服务——这就是现代文艺家的使命。”张闻天应邀到陕北公学讲演，他的影响深广的《论青年的修养》就是这次讲演的记录。张闻天还亲自过问过“安吴堡青训班”逮捕宣传托洛茨基派观点的学员的事。他致电青训班负责人说，青训班办在国民党统治区，这是由于西安事变时形成的特殊的历史条件，国民党正在想种种办法要取缔青训班，现在并非政权机关的青训班竟然逮捕人，这正好给国民党一个借口，因此必须坚决纠正这个错误，

---

① 1937 年 1 月 24 日洛甫致胡服电。

② 李华生：《回忆张闻天同志在陕北的革命业绩》，见《回忆张闻天》，湖南人民出版社 1985 年版，第 109 页。

③ 据会议记录。

④ 据会议记录。

立即把人释放。[1]

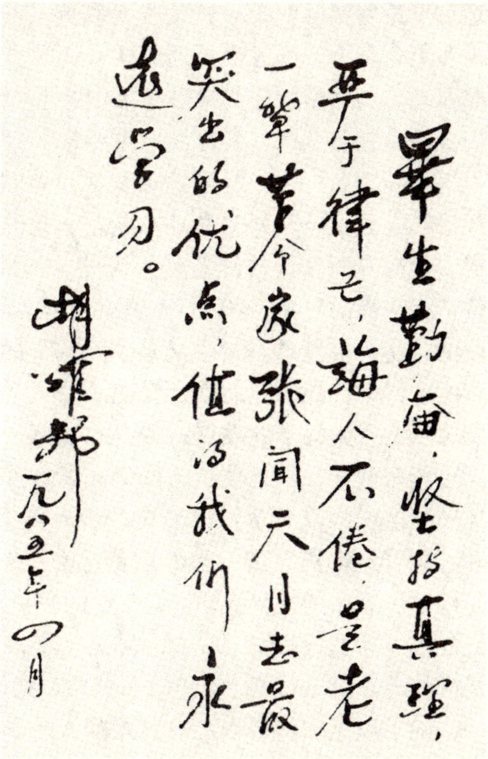

胡耀邦于 1985 年抄录的 1938 年 4 月 24 日鲁迅艺术学院成立时的题词

为了适应抗战新形势，中共中央在不长的时间里恢复和创办了培养党、政、军干部的党校、抗大、陕公等学校，甚至还办起了专门造就文艺人才的“鲁艺”，延安的干部教育事业发展是迅速的；从斗争中学习，在实际中锻炼，用马克思列宁主义武装干部，使他们掌握新政策，适合新要求，干部教育的方针是明确的。随着形势的发展，全党同志越来越了解学习马克思列宁主义理论的重要。正如毛泽东所说：“指导一个伟大的革命运动的政党，如果没有革命理论，没有历史知识，没有对于实际运动的深刻的了解，要取得胜利是不可能的。”“普遍地深入地研究马克思列宁主义的理论的任务，对于我们，是一个亟待解决并须着重地致力才能解决的大问题。”[2] 当时在延安还没有一所专门研读马列主义理论、着重培养有更多理论修养的干部的学校。为此，中共中央于 1938 年春决定创办“马克思列宁学院”（简称“马列学院”），由张闻天兼任院长。

马列学院创办之初，张闻天亲自领导，精心擘划，诸如调干部、订计划、请教员等事他都直接过问。他甚至还对应考的青年亲自进行口试，决定是否录取。

马列学院第一期（也称第一班）学员七八十人，其中“一二·九”运动之后入党的知识青年大约占三分之一。这部分人在入学之前，大多已经在中央党校、抗大、陕公、安吴堡青训班或中组部训练班经过短期学习，入学时又经过笔试与口试，政治上和理论上都具有一定基础。另外将近三分之二学员，是参加革命战争多年或在国民党统治区做过多年地下工作的老干部，其中有些还是有资望的红军高级指挥员和地下党领导人，有的是抗战爆发后刚刚从白区监狱中保释出来的老党员。青年知识分子和老干部，这两部分人组合在一起学习，对互相取长补短，

---

① 据胡乔木：《回忆张闻天同志》，《回忆张闻天》，湖南人民出版社 1985 年版，第 16 页。关于“西安事变时形成的特殊的历史条件”，胡乔木文中有以下说明：“那时红军驻在泾阳、三原等地，红军开往山西抗日前线后，除为便于在西安、延安之间的运输、交通和其他联络，在由三原到洛川等县城设联络站以外，还曾在泾阳县属的云阳镇设有留守处，在安吴堡也曾有伤员留驻，两处都在三原以西不远的地方。”

② 毛泽东：《中国共产党在民族战争中的地位》，见《毛泽东选集》第 2 卷，人民出版社 1991 年版，第 533 页。

达到理论与实际的统一，是很有利的。马列学院前后办了5个班，第二、三、四班各100多人，第五班不到100人，学员的基本构成大体都是如此，只是比例有些变动。马列学院还为准备参加中共七大的代表专门开过2个班（100多人），他们全是党在各地区、各方面的主要骨干。

张闻天亲自领导马列学院教学计划的制订及实施。学院开设六门课程：政治经济学、哲学、马列主义基本问题、党的建设、中国现代革命运动史、西洋革命史。学校专职教员的配备是一流的。副院长王学文讲授“政治经济学”，他是一位造诣很深的学者，20世纪30年代中国社会性质问题论战中马克思主义阵线方面的主将。讲授“马列主义基本问题”的是吴亮平，他是张闻天在莫斯科中山大学的老同学，那时他们就合作翻译过马克思的《法兰西内战》和恩格斯的《社会主义从空想到科学的发展》。在中央苏区，吴担任过国民经济部部长。斯诺来访，同毛泽东谈话，就是他当的翻译。著名哲学家艾思奇讲授“哲学”，来延安之前，他所写的《大众哲学》已经在进步青年中广为流传了。“中国现代革命运动史”和“西洋革命史”的教员分别是杨松和陈昌浩，他们都去苏联学习过，陈昌浩还是红军中有名的领导人之一。“党的建设”前部分党建理论是康生讲课，后部分党建基本问题分别请刘少奇、陈云、李富春等作专题报告。刘少奇的《论共产党员的修养》，陈云的《怎样做一个共产党员》，就是给马列学院学员作的报告。

除了以上六门课程之外，张闻天从学院创办一开始，就重视党的方针、政策和当前重大现实问题与理论问题的学习与研究。他很重视毛泽东的报告和著作。马列学院开学不久，正值毛泽东在延安抗日战争研究会发表《论持久战》的讲演，张闻天每次都要各组派学员和院部的同志一起去听讲。后来，他又亲自约请毛泽东到学院作报告。毛泽东的《战争和战略问题》、《反对投降活动》、《新民主主义论》的部分内容，都是在马列学院作过的讲演。毛的其他重要著作，差不多每篇发表时，张闻天都让马列学院组织学员认真学习。毛泽东的著作武装了全党，同时也是马列学院理论学习的指导思想。马列学院的政治方向，始终是同以毛泽东为代表的党的政治路线完全一致的，不存在任何对立或抵制。

张闻天非常重视敌后、战区和国统区的实际工作经验。有领导同志从前线或大后方回延安，只要有机会，他都亲自请他们来马列学院作报告。周恩来的《国内外形势与大后方统一战线》，朱德的《形势与华北抗日游击战争》，彭德怀的《华北战场》，邓小平的《华北抗战形势与敌后根据地建设》，彭真的《关于晋察冀形势》，董必武的《关于大后方形势》以及贺龙、张鼎丞等的报告，都丰富了教学内容，促进了理论与实际的结合。

张闻天自己除了亲自讲课，主持课堂问答以外，经常就党内重大事件、党中央重要的方针和决定作报告。马列学院开学不久，张闻天作了一次批判张国焘叛变投敌的报告，反复阐明“必须党指挥枪，决不能枪指挥党”的道理。① 1938年

① 据曾彦修：《根深不怕风摇动——怀念张闻天师》，见《回忆张闻天》，湖南人民出版社1985年版，第135页。

11 月党的六届六中全会开完以后，他立即向马列学院师生传达。一共作了六七次报告，详尽地阐述毛泽东所作政治报告《论新阶段》的精神，结合历史与现状，精辟地阐述了党在抗日战争中的战略与策略，不指名地批判了王明的右倾错误主张。① 1940 年 7 月 7 日抗战三周年纪念日，中央作出《关于目前形势与党的政策的决定》，马列学院曾停课专门进行研究和讨论，张闻天对讨论中提出的问题作了七次集体解答。② 正如当年一篇题为《策略教育在马列学院是怎样进行的》文章所说，上述这些报告，以及对中央各种决议、指示、宣言的研讨，对党报、党刊的阅读、座谈，“使同学们有了实际的收获，由此，他们接受了抗战中某些经验与教训，使一般马列主义理论原则的学习充实了实际的生动的内容，因此，保证了他们在学习生活中接触实际问题，参加国内党内的政治生活，并从中来学习党的策略在各种环境、各个时期、不同工作部门具体运用。”

由此可见，张闻天对马列学院必须坚持理论与实际一致的办学方针，是很明确的。不仅如此，他的认识，在马列学院的实践中又有发展和深化。张闻天在六届六中全会的组织报告中提出的“宣传马列主义、提高全国的理论水平”、“使马列主义中国化”③ 的任务，同毛泽东在政治报告中讲的“马克思列宁主义的伟大力量，就在于它是和各个国家具体的革命实践相联系的。对于中国共产党说来，就是要学会把马克思列宁主义的理论应用于中国的具体的环境”④，精神是贯通的。关于党校的教育方针，张闻天提出，首先是“理论与实际的联系，特别着重于马列主义的革命精神与方法的教育，着重于拿实际问题来说明马列主义的原则”⑤。1940 年 2 月，张闻天又在总结马列学院经验的基础上起草了《中央关于办理党校的指示》，强调“巩固与发展党”是办理党校以加强对干部的马列主义教育的根本目的，规定“求得理论与实际的一致，是党校教习的中心目标”，同时又指出，“在学校生活中为了求得这种一致，应该同在实际工作中不同。为了使学生切实了解马列主义的精神和方法，应该经常研究与讨论党中央与党的领导机关的各种文件与指示，应该经常多请当地的和外来的负责同志报告各种时事问题及各种实际工作的情况与经验。这些均应成为党校的主要功课之一部。”⑥ 在张闻天直接指导下，马列学院正是以马列主义的基本理论和中国革命的实践经验来培养、教育干部的。

为了“使学生切实了解马列主义的精神和方法”，张闻天要求学生认真读书，养成自学的习惯。学校采取在教员指导下以个人自习（即自己读书）为主的原则，对于文化、政治水平较高的学员则引导与帮助他们去直接阅读、研究马恩列

---

① 据宋平：《深切怀念张闻天同志》，见《回忆张闻天》，湖南人民出版社 1985 年版，第 148 页。

② 理群（邓力群）：《策略教育在马列学院是怎样进行的》，载《共产党人》第 13 期（1940 年 10 月）。

③ 《中共中央文件选集》(11)，中共中央党校出版社 1989 年版，第 709 页。

④ 《毛泽东选集》第 2 卷，人民出版社 1991 年版，第 534 页。

⑤ 《中共中央文件选集》(11)，中共中央党校出版社 1989 年版，第 710 页。

⑥ 《中共中央文件选集》(12)，中共中央党校出版社 1991 年版，第 302—303 页。

斯的基本著作。

为帮助学员切实弄懂所学课程的原理，同时也为了检查教学效果，张闻天确实花了心血。吴亮平给第一班讲“马列主义基本问题”，每讲完一个问题，张闻天就来主持一次课堂问答。每隔一两个星期他还要来给大家“照”一次“相”，更给学员们留下极深刻的印象。所谓“照相”，是学员们给一种课堂问答起的别名。差不多每星期六下午，同学们在山下那间土墙泥顶的大教室里集合，张闻天便就一周所学的各门课程综合提问。通常都是先由他提问并点名回答，被点名的人站起来讲，如不充分就找第二、第三人讲，然后由他指点。提的问题很活，围绕所学的原理，而又联系到当时国际的形势、抗战的实际。开始学生们有点怕，怕自己回答不好出洋相，后来就慢慢体会到这种方法启发思考，促进理论联系实际，都喜欢这种生动活泼、自由讨论的“照相”了。有时张闻天有事，不能来“照相”了，大家就会感到失望。

除了教学以外，张闻天还组织全院干部、学员参加延安的大生产运动。1939年，他亲自在全院大会上作动员报告，说明开荒种粮的意义，下达打粮148石5斗的生产任务。他自己的伙食单位是在中宣部和中央秘书处，这两个单位开了几百亩荒山。

张闻天在马列学院对基础理论的学习与研究也是很重视的。马列学院除办学员班外，还成立了一些研究室，有马列主义研究室、政治经济学研究室、哲学研究室、中国革命问题研究室等。

为了让学员和广大干部读到马克思、恩格斯、列宁、斯大林的原著，还设立了编译部，专事翻译。对翻译人员规定任务，平均每天译1000字，一年完成36万字。

张闻天主持编译出版的“马恩丛书”

1940年春，张闻天还请刚从苏联回来在中宣部窑洞暂住的师哲在马列学院办了一个俄文班，吸收中宣部的干部参加。他希望有一部分人经过学习能借助字典读马列著作俄文原文，甚至能翻译原文。他常向师哲询问教学情况。为了让大家好好学，他把自己的字典借给大家用，还捐出自己的一本俄文版《列宁主义问题》给大家当课外读物。①

1939年，他组织了一个《资本论》学习小组，参加者有王首道、王学文、吴

---

① 据师哲：《我所知道的张闻天》，载《人物》1991年第5期；吴文焘：《师表》，见《回忆张闻天》，湖南人民出版社1985年版，第126页。

亮平、王思华、艾思奇、何锡麟、邓力群等十来个人。隔周在张闻天的窑洞里学习讨论半天，不论溽暑寒冬，从不间断，一直坚持到把《资本论》第一卷的25章全部学完，整整花了一年多的时间。每次讨论都由张闻天亲自主持。第一次由他讲学习体会。他着重讲了《资本论》为什么从商品、货币讲起的问题。以后讨论由小组成员轮流作各章的中心发言人，读懂了的，讲心得体会，没读懂的，提出问题，充分讨论。碰到重点、难点，不惜花费时间，反复研究。为了学懂第一章第四节“商品的拜物教性质及其秘密”，学习小组共讨论了三次。为了理解马克思的原意，学习小组还常常把《资本论》的德文原版与中、英、俄、法、日文等译本，对照起来分析和研究。小组成员中，王学文研究《资本论》多年，王思华是《资本论》的中文译者，吴亮平、何锡麟都是翻译马列著作的学者，在组长张闻天主持下的小组讨论，内容之丰富，钻研之深入，可以想见。[①]

张闻天一向认为，我们党的干部应该“敢说话敢做事”、“肯负责，不怕负责”，[②] 所以，在马列学院内，他特别提倡发扬党内民主，提倡在学习中敢于怀疑，敢于提出问题，敢于发表意见，提倡同志式辩论问题的作风。无论是理论课程的学习，还是党的文件的研读，或是各种辅导报告的消化，都要学员们进行民主讨论。班里常举办辩论会。在平房面前摆上一张桌子就辩论开了，有讲正面意见的，有讲反面话当“反派”的，争论激烈，印象深刻。为了让学员能有比较和鉴别，学院的阅报室公开陈列包括国民党顽固派报刊在内的各种观点的读物。1939年国民党发动第一次反共高潮的时候，延安几个学校在中央党校礼堂组织了一个辩论会。马列学院被分配当国民党一方，因为有材料的便利而站在共产党立场反驳的一方又准备不充分，辩论的结果，反共的观点竟没有被驳倒。这个消息第二天就传到毛泽东那里。他对马列学院的同志说，我去驳一驳你们，看能不能驳倒。《新民主主义论》中“驳顽固派”等内容，最初就是毛泽东到马列学院讲的。[③] 马列学院的这种民主学风和比较、研究的方法，使学员们对马克思主义的观点理解得深透，掌握得牢固，有利于培养敢作敢为、敢独立思考的干部。

中国名记者范长江在《中国的西北角》（1936年出版）中写到经过长征的张闻天的学者风度，说他“不似曾过万重山者”。在马列学院的工作中，张闻天虚怀若谷的风范，平易近人、循循善诱的作风，给人留下难忘的印象。上上下下都亲切地称呼他“洛甫同志”，有什么问题想不通可以直接找他谈。按照张闻天关于自己培养教员的意见，一位从马列学院毕业不久的年轻人被选定讲“马列主义基础”课。他在散步时向张闻天表示难以担当。张闻天反复叫他“不要怕、大胆去讲吧！”说自己到重庆教书时，有些学生也比我年纪大，而且还是女生，那时

---

① 据何锡麟：《在洛甫同志领导下从事编译和研究工作》，见《回忆张闻天》，湖南人民出版社1989年版，第118页；访问何锡麟谈话（1990年8月16日）。

② 引自张闻天：《关于抗日民族统一战线的与党的组织问题》，载《中共中央文件选集》(11)，中共中央党校出版社1989年版，第707页。

③ 据邓力群：《我对延安马列学院的回忆与看法》，见《延安马列学院回忆录》，中国社会科学出版社1991年版，第18页。

自己没有系统学过马列主义，但要宣传革命，“我都不怕，你已经系统学习过三年了，怕什么？”他还说，你不要去想什么马列学院的“小教员”，你就想你是在宣传马克思主义的 ABC，就不怕了。临末，张闻天还从窑洞里取出一幅写好的字送他，文为：“根深不怕风摇动，树正何愁月影斜。”又是说服，又是鼓励，这位年轻人鼓足勇气走上了讲台。① 1940 年十月革命节前，德国法西斯军队打到莫斯科城下。为声援反法西斯战争，马列学院决定排演德国作家沃尔夫所作反对法西斯暴行的话剧《马门教授》（剧本由萧三译，张闻天校，陈波儿导演）。被分配演马门教授妻子一角的学员怕影响学习，找张闻天请求免演，说：“洛甫同志，我不想再演戏了，我是来读马列主义的呀！在来马列学院之前，成（仿吾）校长还说要我们读好《资本论》哩！”这位女同学在马列学院建院两周年纪念时演高尔基的《母亲》，相当成功。张闻天笑着说：“噢，是小母亲吗？请坐，请坐，那次演得不错嘛。《资本论》要读，戏也要演。现在朋友有难，咱们不能袖手旁观呀！纪念十月革命节，声援反法西斯战争，这是共产党员应尽的义务啊！”张闻天一番话，打通了她的思想。②

张闻天对干部、学员的生活、学习、工作关怀备至。他常与同学们聊天，打听伙食办得怎样，甚至问到每月一元五角“边区票”的零用钱怎么支配。③ 当年，马列学院每月发给编译人员的生活补助费是四元五角，仅比毛泽东、张闻天少五角钱。张闻天得到了外文版的书刊（有些是张闻天专门请在香港、重庆的同志买的），就亲自送到编译人员的住地。编译部在马列学院的后山。张闻天的窑洞同他们的住地相隔一个山坳，他总是不怕劳累，爬山走去。④ 1940 年，范文澜到马列学院任历史研究室主任，主编《中国通史简编》。张闻天问他有什么困难，只管说。范踌躇半天，说缺少书，自己的书都在国民党统治区。张闻天请他放心，立即让地下党设法将范文澜的书从开封运到了延安。书有五六十箱，绝大部分是线装的。运来后全部放在杨家岭新落成的中央办公厅巨石建筑里。这批书成了中央图书馆的藏书来源之一。冬天寒冷，张闻天还将自己的一件皮袄送给了范文澜。⑤

张闻天对干部和青年的爱护特别突出地表现在对他们的大胆使用上。马列学院领导机构的干部除总支书记张启龙、秘书长朱光等老干部外，大部分是从学员中选拔的。当时参加学校领导机构工作的宋平、邓力群、马洪、安平生、孙鸿志等，都是二十多岁的青年。还有一些学员被选拔当了教学人员和研究人员，如王

---

① 据曾彦修：《根深不怕风摇动——怀念张闻天师》，见《回忆张闻天》，湖南人民出版社 1985 年版，第 136—137 页。

② 据王丹一：《馨香的岁月——延安马列学院生活片断散记》，见《延安马列学院回忆录》，中国社会科学出版社 1991 年版，第 139—140 页。

③ 据吴文焘：《师表》，《回忆张闻天》，湖南人民出版社 1985 年版，第 123 页。

④ 据何锡麟：《在洛甫同志领导下从事编译和研究工作》，见《回忆张闻天》，湖南人民出版社 1985 年版，第 120 页。

⑤ 访问刘英谈话（1985 年 10 月 26 日）。

光伟、田家英、曾彦修、李清、吴俊扬等，那时大都才二十出头，王光伟稍年长些，也不到三十岁。

张闻天亲手创建并直接领导的马列学院，办学三年，应该说是成功的。正如李先念（他是该校第一班学员）在致延安马列学院建校五十周年纪念集会的一封信中所概括的，“它是我们党创建的第一所攻读马列主义的比较正规的学校，对提高党的理论水平做出了很大贡献，它培养了一批具有马列主义基础知识的干部，并帮助许多经过长征和在国民党区域长期斗争的干部总结经验、学习理论；还为中央研究院的建立提供了条件。所有经过马列学院及中央研究院学习和锻炼的干部，以后在各个时期的艰苦斗争中，在各条战线的广泛实践中，可以说，都起了应起的骨干作用。”①

延安马列学院在1941年5月毛泽东作了《改造我们的学习》报告后改组为马列研究院，7月又改组为中央研究院。可见，它的改组是适应着延安整风形势的要求。应当承认，毛泽东在报告中批评的现象在马列学院确实是程度不同地存在的，但是，如果由此而认为马列学院教学方针有问题，甚至一言以蔽之为“教条主义大本营”，显然是不恰当的。如上所述，从张闻天办学的指导思想到三年办学的实践来看，他是一贯重视理论与实际的结合，是很强调理论联系实际的。马列学院毕业的学员，绝大多数都感到，通过这一段学习，初步获得了马列主义理论的基础知识，对党在抗日战争时期的路线、方针和政策有了比较清楚的认识，对整个新民主主义的理论和政策也有了比较全面的了解，特别是大大提高了思想水平，坚定了共产主义信念，懂得了共产党员应当具有的党性修养，是终生受益、永世难忘的。这些收获，显然不是在理论与实际完全脱节的教学方针下所能得到的。这恰好说明马列学院在整体上是贯彻了理论与实际结合的方针，并取得了成效的。

整体上贯彻了理论与实际结合的方针而又存在着若干理论与实际脱节的毛病，马列学院工作中的这种矛盾性，应该从党的思想路线的发展中得到解释。从创办马列学院到1941年毛泽东作《改造我们的学习》的报告，对理论与实际统一的认识有一个深化的过程。在1938年六届六中全会上，毛泽东强调了“使马克思主义中国化”，“马克思主义必须和我国的具体特点相结合”，“要学会把马克思列宁主义的理论应用于中国的具体环境”；张闻天强调了“要使组织工作中国化”，“要认真的使马列主义中国化，使它为中国最广大的人民所接受。”但那时毛泽东号召全党来一个“学习竞赛”的侧重点还是“普遍地深入地研究马克思列宁主义的理论”，张闻天对“理论与实际联系”的认识侧重点是“考虑中国的特点”、“在民族环境中来实现这些原则”；② 在教学中，要“着重于拿实际的问题说明马列主义的原则”。③ 到1941年毛泽东提出“改造我们的学习”之后，全党的认识

① 《延安马列学院回忆录》，中国社会科学出版社1991年版，第1页。

② 《张闻天选集》，人民出版社1985年版，第226页。

③ 《中共中央文件选集》（11），中共中央党校出版社1989年版，第710页。

获得了一个新的飞跃。毛泽东提出“矢”和“的”的关系：“‘的’就是中国革命，‘矢’就是马克思列宁主义”，找“矢”是为了射“的”；特别是他又提出“实事求是”，对马克思主义认识路线作出了新概括。这就使全党对理论与实际的统一的认识有了极大的提高。从这样的认识高度来看马列学院和它的院长，应当说当时对于理论与实际的联系的认识和理解还没有达到内在的、深刻的水平，还未能从整风所提出的思想路线的高度来认清理论与实际的关系，对什么是理论，什么是知识，也就没有达到后来毛泽东在整风报告中所讲的那样全面的认识。这就造成了马列学院虽然认真贯彻了理论与实际统一的方针而又不同程度地存在着不够重视实践、不够重视实际的缺点。

同延安整风统一起来历史地、全面地评价马列学院，可以看到，马列学院实际上是中国共产党在政治路线成熟之后向着解决思想路线过渡中的一个产物，如果说它的产生是适应了全党普遍加强理论学习的要求，那么它的改组又是适应了全党在理论与实际结合上的深入与提高。特别可贵的是，继续担任马列研究院和中央研究院院长的张闻天，在这一深入与提高的过程中，又以亲自长期到陕北、晋西北农村调查研究的实际行动，在理论与实际的结合上登上了一个新的台阶，为全党树立了光辉的榜样。

编著革命史教材和编译出版马列著作

1939 年 2 月 17 日中共中央书记处发出通知，为统一领导中央直属各学校的教育工作和党政军民各机关的干部教育，“特决定组织干部教育部，以洛甫同志兼任部长”①。本来这项工作就是由张闻天兼任部长的中央宣传部负责的，现在另设了专门的领导机构，在张闻天的领导下，延安和全党各学校和机关的干部教育工作就进一步开展起来了。至 1940 年初，宣传部与干部教育部合并为宣传教育部，张闻天兼任部长。他及时总结各学校、各机关干部教育的经验教训，经过中央研究，连续发出了《中央关于干部学习的指示》（1940 年 1 月 3 日）、《中央关于办理党校的指示》（1940 年 2 月 15 日）、《中央关于在职干部教育的指示》（1940 年 3 月 24 日），对教育方针、教育计划（包括不同程度干部分类学习的课程标准）、教学原则与方法、教科书的编辑发行等都作了明确、切实的规定。1940 年 8 月 13 日中央宣传部又发出了《关于加强干部策略教育的指示》，干部教育工作进一步得到了加强。②

1940 年 10 月，中央宣传部对延安的在职干部教育作了总结，指出：“一年多来的延安在职干部教育，已经发动了最大多数在职干部学习的积极性，并把这种积极性组织成为经常性……在教育制度上，我们已经有了比较完整的建设，如：

---

① 《中共中央文件选集》（11），中共中央党校出版社 1986 年版，第 24 页。

② 以上列举的四个文件除 3 月 24 日一件收入《中共中央文件选集》（11）外，其余三件均收入《中共中央文件选集》（12）。

小课与大课之相辅而行，指导员与支部教育干事的确立，巡回教育制与顾问团制的采用，各种研究组与研究会的推行，一般大讲演的举行与干部教育中策略教育的开始等等。在学习方法上，我们有过许多创造，并积累了一些好的经验；在今年5月总检查中，曾经发现了许多模范的学习小组。总之，延安的在职干部教育，正在继续展开和不断的前进。”同时也指出存在着策略教育不够、许多干部未能养成自习与独立思考的习惯等弱点。[①]在总结经验、揭示弱点的基础上，张闻天领导宣传教育部从当时实际情况出发，对不同地区、不同方面的干部教育提出了新的要求，作出了具体指示。1940年10月，中央宣传部先后就“抗日根据地在职干部教育中的几个问题”、“各抗日根据地内党支部教育”、“提高延安在职干部教育质量”、“大后方党的干部教育”、“华北联大教学任务、方针等问题”发出指示，[②] 推动了延安、各根据地以及大后方干部教育的发展。

张闻天是党的干部教育事业的开创者之一，他的贡献是多方面的。除了前述创办马列学院和上述对干部教育的全面领导以外，要数《中国现代革命运动史》这部教材的编著与马列著作的编译出版了。

张闻天认为，“供给教材”是党内教育首先需要解决的问题，“供给各地教员、教材、教育计划、研究讨论大纲”是党中央和宣传部的责任。[③] 所以，张闻天十分重视教材建设。他刚到陕北就指导宣传部的同志编写过一本简明通俗、图文并茂的《党员课本》（共32课），亲自修改定稿。[④] 他甚至还亲自组织与指导编写了一套抗日根据地小学语文课本。[⑤] 当然，最为著名的是他亲自编著的《中国现代革命运动史》。这是一部用马克思主义观点系统地分析自鸦片战争以来中国近百年历史的教本，是用马克思主义观点研究和编写中国革命史、中共党史的开创之作之一。

在党内教育中开设党史、革命史课程方面，张闻天称得上是一位先驱者。1933年出版的教本《中国革命基本问题》，就是他在江西瑞金马克思共产主义学校讲课的记录整理稿。他共讲三讲，一为“中国革命的社会经济基础”，二为“1925年至1927年中国大革命”，三为“大革命时期的中国共产党”（铅印本未收第三讲）。这本书对中国近现代革命历史作了比较具体的分析，根据地内的干部学校都采用它做教本。它是后来的《中国现代革命运动史》的雏形。1936年“红大”恢复，张闻天又一次讲授了《中国革命基本问题》。周恩来1936年7月10日在安塞会见埃德加·斯诺时曾介绍此书说：“书中虽有一些史实和分析上的错误，但仍算是现有最好的一本书。”7月19日张闻天同斯诺在保安长谈，用“正反合”的哲学观点，精辟地分析了大革命以来中国现代革命历史的发展阶段，

---

① 《中共中央文件选集》（12），中共中央党校出版社1989年版，第524页。

② 以上列举的文件均收入《中共中央文件选集》（11），中共中央党校出版社1986年版。

③ 《中共中央文件选集》（11），中共中央党校出版社1986年版，第711页。

④ 李华生：《回忆张闻天同志在陕北的革命业绩》，见《回忆张闻天》，湖南人民出版社1985年版，第106—107页。

⑤ 董纯才：《追思与怀念》，见《回忆张闻天》，湖南人民出版社1985年版，第110页。

表现了他在这个领域的深厚造诣。[①]

1937年春，“红大”改名为“抗大”，打算将《中国革命基本问题》这门课程发展为《中国现代革命运动史》。课程内容的侧重点是“中国革命运动的经验教训，党在各个革命时期的政治路线与具体政策”[②]。这对重新训练老干部和培养青年知识分子以适应抗日民族统一战线的新形势是很有必要的。可是，当时既没有教材又没有教员。虽然共产党的早期宣传家恽代英、萧楚女在大革命时期分别编写、印行过中国现代革命运动史方面的教材，[③] 但在延安很难找到。那时，延安可以找到的是李鼎声（平心）编著的《中国近代史》，这部书就成了张闻天主要的参考书。

为编好教材并培养教员，张闻天亲自将开设这门课程的任务承担起来。他在抗大组织了一个“中国现代革命史研究会”，参加者有刘亚楼、张爱萍、杨兰史、莫文骅等。朱德总司令不是研究会的成员，但参加研究会的活动。张闻天首先指导大家自学，要大家找有关的书籍，认真阅读研究，然后组织讨论。张闻天说明全书框架，提示每讲要点，并明确分工，每人写一讲。各人写好后交给他修改。在做过这番认真准备之后，张闻天亲自在抗大第一队（军、师级高干队，还有个别国民党抗日将领参加）从头至尾讲了一遍，朱总司令和研究会成员都去听讲。尔后，各人以张闻天的讲稿为蓝本，依据听讲学员的实际水平，对自己所讲的一讲加工修改。除朱总司令去第二队（也是高干队）讲课外，其他人都是去团以下的干部队或学生队讲。为使理论问题寓于历史过程的叙述之中，大家作了不少努力。经过教学实践检验的讲稿，又作了补充修饰，上下连贯成书，最后由张闻天审阅修改定稿。[④] 1937年冬，这部张闻天主编的《中国现代革命运动史》由延安解放社铅印出版，用的名义是“中国现代革命史研究会编”。

这本书从1840年鸦片战争写到1927年广州起义，内容生动具体，文笔流畅，深刻地总结了鸦片战争以来历次革命运动和重大政治事件的经验教训。出版后立即产生了很大的社会反响。在“孤岛”上海，在武汉等地，都相继翻印，流传全国。当时中国共产党在延安和各抗日根据地的各类院校，无论开设“中国革命基本问题”课程，还是“中国现代革命运动史”、“中共党史”课程，一般都以这本书为教材或蓝本。此后，范文澜等许多人写的关于中国近代史、中国革命史方面的著作，都是参考了这本书的。直到新中国成立前，解放区各种干部学校都以这本书作为课本。从抗日战争到解放战争，它先后出了10多个版本，印行在20次

---

① 斯诺：《红色中华散记》第12篇“洛甫论党的问题”。

② 引自张闻天《党的宣传鼓动工作提纲》中关于课程内容的规定，见《张闻天选集》，人民出版社1985年版，第305页。

③ 恽代英：《中国民族革命运动史》，1927年3月15日印行，全书七讲，从“反清复明至鸦片战争”讲到“五卅运动”。萧楚女：《民族革命运动史大纲》，1927年3月印行，列为广州“农民运动讲习所丛书”。

④ 《中国现代革命运动史》成书经过据莫文骅：《〈中国现代革命运动史〉的写作经过》，见《中国现代革命运动史》，中国人民大学出版社1987年版，第415—418页。

以上。可见它是一本深受读者欢迎、适合干部学习的教本。

《中国现代革命运动史》建立了比较完整的结构框架和叙述体系。全书分七讲，从鸦片战争开始的旧民主主义革命时期，讲到五四运动为发端的新民主主义革命时期。前三讲为“太平天国革命运动”、“戊戌变法与义和团运动”、“辛亥革命”。后四讲为“五四运动”、“中国共产党的产生与中国工人运动的发展”、“中国国民党的改组与国共合作”、“一九二五——二七年的中国大革命”。这种讲法，讲清了近百年来中国反帝、反封建革命斗争的全过程，使人对中国革命发生、发展的原因及历史过程，对中国共产党领导的新民主主义革命的背景、性质和意义，有清晰完整的概念；对只有共产党才能救中国、才能领导资产阶级民主革命取得胜利，半殖民地、半封建的中国不可能走资本主义道路的道理，有较为深刻的理解。每一讲都先分析革命运动发生的时代背景和这类革命运动的历史渊源，然后用翔实的史料，生动具体地评述历史过程，最后论述经验教训，使读者把感性的历史知识提到客观规律的理性高度来理解和认识。

坚持马克思主义所要求的逻辑的与历史统一的方法，是这个教本的一个显著特点。张闻天遵循关于历史发展的终极原因必须到物质生活的生产方式中去寻找，社会革命的最深刻的根源存在于社会基本矛盾之中的历史唯物主义观点，在说明中国现代历次革命运动的发生、发展时，特别注重社会经济结构及其变动情况的分析。同时，张闻天又能够用世界眼光来认识中国历史。因为既然西方帝国主义的大炮轰开了中国闭关锁国的大门，现代中国的历史进程就同帝国主义对中国的侵略，同世界的历史变动息息相关了。作者还成功地运用了历史比较方法，坚持对具体历史事件进行具体分析，许多论断新颖独到、中肯贴切。例如，作者认为义和团运动“是南方太平天国运动在当时落后的北方之变态的再版”，“义和团虽然是一种迷信的农民组织，可是它又带有一种民族思想与反对统治阶级的情绪”。而太平天国同历史上的农民战争相比有它的新特点，它是“中国过去历史在新周期的再现”。在鸦片战争后中国社会正酝酿着新变动的情势之下，太平天国这样的农民战争“恰成资产阶级民主革命的序幕，在客观上正是更明显地谋为中国资本主义的发展扫清道路的”。又如，作者将戊戌变法的失败同日本明治维新的成功作比较，指出“戊戌变法的失败，证明用改良主义的方法，自上而下来改造中国，使中国走上资本主义的道路是不可能的。”

这本教材中最精彩的篇章，是对各次历史运动经验教训的总结。张闻天开设《中国现代革命运动史》这门课的目的，是要通过历史的学习，记取中国革命运动的经验教训，理解并掌握当前党的路线、方针、政策，因此，每讲的经验教训部分自然是他最下工夫的地方。例如，关于太平天国，书中讲到，农民革命领袖洪秀全，当年是何等的英明果决，在领导革命取得胜利的过程中起了不可磨灭的作用，但到了后期，却是“近小人、远贤臣”，个人专断，昏迷猜忌，发动一场内乱，残酷迫害功臣忠良，造成令人痛心的自相残杀的惨局。作者以痛切的笔触道出这一历史的悲剧，给人极深刻的教训。对于第一次大革命历史的总结是张闻天写得最为深刻、细致的部分。张闻天以其在丰富的革命实践中取得的正反两方面的经验教训来反思1925—1927年大革命的历史，对武装斗争、土地问题、群众运动、国共合作等关系革命成败的重大问题进行了历史具体的、深刻的总结，对陈独秀右倾机会主义作了透彻的、极有说服力的批判。张闻天指出，大革命遭到极为痛心的挫败，首先是陈独秀的机会主义完全不了解“革命的根本问题，是政权问题”（列宁语），“而政权最重要的工具便是武装”。张闻天指出了从中山舰事件起陈独秀在武装问题上不可宽恕的错误，直到“四一二”政变后最紧急关头自动地将武汉工人纠察队的武装缴械的叛卖罪行，用血的教训阐明这样一条真理：“中国国民革命要得到彻底胜利之先决的条件，必要变更旧的官僚机构和雇佣军队系统，而创造直接民权和真正国民武装。”这样具体而深刻的历史经验的总结，为党在抗日民族统一战线中坚持独立自主原则，巩固和发展人民军队和抗日根据地，提供了历史的殷鉴和理论的根据。

自然，这本书也存在一些不足。由于当时参考资料很少，全党对于历史经验还没有来得及进行系统的总结，因此书中若干史实欠准确，若干论断未必得当，这是在所难免的。总的说来，由于张闻天深厚的理论功底、良好的文字素养，对中国国情与中国革命历史的深入研究，使得这本中国现代革命运动史著作达到了很高的水平。在中国现代学术史和政治思想史上，张闻天及其《中国现代革命运动史》都有一席之地。胡乔木在1988年指导编写《中国共产党历史》时仍然把它作为一个范本，说张闻天的这本书是按照他自己对局势和历史发展规律的判断来写的，那时毛泽东对这些问题还没有作出论断。全书一气呵成，看起来很流畅，有极大的可读性。①

《中国现代革命运动史》教材的下限是1927年大革命失败。张闻天后来在马列学院又接续讲了《两次革命高潮之间的反动时期》、《十年苏维埃运动》，加上传达六届六中全会详细地讲述党在抗日战争中的“战略与策略”，实际上一直讲到了抗战。② 可惜这些讲课的内容未能增补到这本教材中去。

张闻天为马克思主义经典著作的编译出版，也倾注了大量的心血。20世纪20年代在莫斯科留学期间，他就翻译出版过马克思的《法兰西内战》和普列汉诺夫的《马克思主义基本问题》等著作。他在延安时，为了做好马列著作编译工作，特地在马列学院内成立了一个专门机构编译部，张闻天亲自兼任编译部主任。他管得很具体，抽调干部，个别谈话，了解工作进度和困难等等，他都过问。他还亲自审阅部分译稿。编译部起初不到十人，他还组织延安其他单位的一些同志参与这项工作。他提出的目标很明确，第一期集中力量编译出版“马恩丛书”10册，第二期编译出版“列宁选集”20卷。在他的领导下，这项工程有组织、有计

① 据胡乔木1988年8月9日就中共中央党史研究室编写的《中国共产党历史》上卷修改问题与有关同志的谈话记录稿。这次谈话以《写党史要有政治上的观察和把握》为题编入《胡乔木谈中共党史》，人民出版社1999年版。评论《中国现代革命运动史》的话参见该书第293、296页。

② 据邓力群：《我对延安马列学院的回忆与看法》，见《延安马列学院回忆录》，中国社会科学出版社1991年版，第15页；宋平：《深切怀念张闻天同志》，见《回忆张闻天》，湖南人民出版社1985年版，第148页。又，《两次革命高潮之间的反动时期》当时曾将记录整理稿油印成讲义发给学员，惜迄今未找到。

划地开展，终于克期竣工，前后花了将近六年。这30本书的翻译出版，不论对于全党的理论学习，还是对于马克思列宁主义在中国的传播，都是一件大事。它扩大了马克思列宁主义的宣传阵地，为广大干部提供了学习和掌握马克思列宁主义基本理论的精神食粮，适应了党中央大量培养干部的迫切需要。

张闻天认为："除阅读与研究我们出版的马列主义书籍以外，也还有许多书籍，可以作为我们增进知识的辅助读物的。"因为"马列主义是人类文化知识最高的发展，学习马列主义必须有很丰富的、具体的社会知识与科学知识做基础"。[①] 为此，在他的倡导下，延安编辑出版了《抗战中的中国丛书》、《西北丛书》、《文化教育丛书》等知识读物。他还提倡读鲁迅的杂文和小说，认为这是"每个干部所必须研究的读物"，[②]"现代中国的青年，从鲁迅先生的作品中可以得到很多有益的、宝贵的东西"。[③] 为此，他指导刘雪苇编选了两本集子，一本是《鲁迅论文选集》，一本是《鲁迅小说选集》，"作为青年所必需的读物"。在1940年10月19日鲁迅逝世四周年纪念日，他专为《鲁迅论文选集》写了序言。这两个选本曾在抗日根据地广为流传，对鲁迅著作的学习、鲁迅精神的发扬，对结合中国国情来学习马列主义，起了很好的作用。

论青年修养和党的建设

张闻天是全党公认的理论家。在六届六中全会前后，他除了致力于干部教育基本教材的建设和马列著作的翻译出版以外，还在他主编的公开刊物《解放》和党内刊物《共产党人》上发表了不少重要文章，对陕公、抗大、马列学院作过多次重要讲演。其中影响最为深广的是他1938年论青年修养的讲演和1939年到1940年论党的建设的文章。

张闻天1938年4月在陕北公学《论青年的修养》的讲演和7月对抗大第三期毕业同学《论待人接物问题》的讲演，是传诵一时的两篇名文。[④] 抗战初期投身抗日洪流的青年，许多人都读过这两篇文章。张闻天在民族抗战大时代的背景上，论述了抗战初期的革命青年应该怎样将共产主义理想同抗日战争的现实结合起来的问题，在执行统一战线策略中怎样处理好人与人之间的关系问题，提出了时代精神对共产党人的要求。所以，张闻天这两篇文章不仅是对青年修养的一般论述，而且提出了共产党员党性修养的具体内容和严格要求。

《论青年的修养》从革命者与时代关系的高度来谈个人修养问题，它紧贴着抗战的现实，围绕着青年的理想这一青年修养的核心问题，结合着青年的特点

---

① 张闻天：《提高干部学习的质量》，《张闻天选集》，人民出版社1985年版，第297、296页。

② 《张闻天选集》，人民出版社1985年版，第297页。

③ 张闻天：《关于编辑〈鲁迅论文选集〉的几点声明》（1940年10月19日），载《鲁迅论文选集》，1940年10月延安出版。收入《张闻天文集》第3卷时改题为《〈鲁迅论文选集〉序言》。

④ 两篇文章分别载《解放》第39期（1938年5月22日出版）和第65期（1939年2月28日出版），后以单行本广为流传。两文均收入《张闻天选集》，以下引文均据《张闻天选集》。

《解放》周刊创刊号封面和创刊号上发表的文章

（优点与弱点）展开论述。张闻天谆谆教诲即将奔赴战区、敌后从事抗日武装斗争和统一战线工作的青年，第一，“要有坚定的高尚的理想”。他指出，同“空想”不同，理想是建筑在现实社会的物质基础之上的东西，适合于人类社会发展的必然趋势，所以它是可以实现的。抗日救国，实现民族独立、民权自由、民生幸福是我们今天的理想；共产主义社会是我们将来的理想。他启发、引导青年，把自己的理想建筑在结实坚固的科学的基础之上。第二，“要为实现自己的理想奋斗到底”。张闻天分析了青年的弱点：往往对革命的持久性和困难性估计不足，受不住旧社会思想习惯的压力，经不起一切物质上的诱惑，以及缺乏足够的忍耐与坚定而往往有动摇性。指出这些弱点常常是使青年不能坚持自己的理想而奋斗到底的原因。第三，“要学习实现理想的办法”。张闻天扼要地阐述了从了解情况、决定方针任务到开始实际工作这一过程中的思想方法和工作方法，嘱咐青年，为了完成坚持抗战，最后战胜日寇的中心任务，要善于根据不同地区的具体情况，来决定实现这个中心任务的具体办法，并以极大的灵活性、机动性与创造性来实现自己的理想，因为情况在变动着，至死不变的东西是没有的；而“一切先进的革命的理论，我们也只能当作行动的指南而不能当作教条。一切先进的革命理论，也要在实践中充实自己与发展自己的”。第四，“要同群众在一起去实现自己的理想”。他详细地阐述了党的群众路线，勉励青年，要下决心到群众中去，要善于使群众根据自身的经验来了解我们的领导的正确，要向群众学习，在群众斗争中学习，领导群众前进。

《论待人接物问题》是《论青年的修养》的姊妹篇。它着重就实现理想的办法问题深入开掘，探讨了在建立、巩固、扩大抗日民族统一战线的要求下，革命者在具体工作中如何处理好人与人之间的关系问题，同样是一篇论述党性锻炼的重要文章。张闻天没有简单地从待人接物的一般态度、方法上看问题，而是将待人接物问题放到是否适合于中国革命的要求、怎样有助于抗日民族统一战线的高度来认识，要求在待人接物问题上，不仅估计到中国社会各阶级在革命中的地位、作用及其相互间的区别，而且要估计到中国人所有的民族的、社会的、历史的、文化的、思想的、风俗习惯的各种传统与特点。张闻天认为，对共产党员来说，待人接物问题首先是一个个人修养和党性锻炼问题。所以，在这方面的第一个要求，“就是要有伟大的胸怀与气魄”，要能够打破一切成见、一切公式、一切小圈子、一切私人的好恶等的限制，而容纳各种人才，使用各种人才。这种在抗日总原则下的“博爱”、“宽宏大量”、“兼容并包”的态度，是建立广泛的抗日民族统一战线的必要条件。在这方面的第二个要求，“就是要有中国古代哲人那种所谓‘循循善诱’与‘诲人不倦’的精神”。决不要为人们觉悟程度的不齐而表示失望，决不要轻视或鄙视任何思想落后与思想复杂的人；决不要以强迫命令的方法去让人们接受我们的意见；决不要对什么人都使用千篇一律的八股文章和老调；对于人们的错误和缺点，要诚恳的劝导；要善于根据当时当地的具体情形，群众的具体要求和情绪，去进行教育群众和说服群众的工作。

张闻天对待人接物的态度和方法作了细致的分析与阐述，提出了这样一些具体的要求：谦逊与和气，尊敬与仁爱，自我批评的精神，真诚、坦白与婉转，言而有信，以身作则，群众工作中敬谨而周密。这些要求，弘扬了民族文化中的优良传统，体现了马克思主义道德观与中国传统道德观中的精华的结合。

张闻天的这两篇文章使广大青年深受教益，启发和引导他们将加强党性锻炼、个人修养同高尚的理想和实际的工作两个方面联系起来，同坚持抗战、争取抗战最后胜利的目标和巩固扩大抗日民族统一战线的任务沟通起来，产生了积极、深远的影响，以致引起日本宣传机关的注意。1939 年东京出版的《支那共产党之现势》收录《论青年的修养》，编译者称张闻天是“中共军中第一论客”，说中共及其领导的军事斗争已经成为“世界一大难题”，是日本对中国作战的一个“肿瘤”，而中共领导的“思想游击战”比他们的武装游击战更其可怕。[①]

1939 年 8 月，中共中央政治局会议作出《关于巩固党的决定》，提出“在思想上政治上组织上巩固党”的任务，这是继六届六中全会关于党的组织建设的几个决定之后，全面加强党的建设的重要文件。决定指出：“为着巩固党，必须加强对党的各级干部的教育工作”，“巩固党的中心一环，就是加强党内马克思列宁主义的教育，阶级教育与党的教育”。[②] 1939 年 10 月，《共产党人》创刊。这是中共中央办的党内的唯一刊物，要求全党同志必须阅读。毛泽东在《〈共产党人〉发刊词》中指出，这个刊物的任务是“帮助建设一个全国范围的、广大群众性的、思想上政治上组织上完全巩固的布尔什维克化的中国共产党”。[③] 从创刊号开始，张闻天在《共产党人》杂志上先后发表了六篇论述党的建设的文章，[④] 对建设一个全国的、群众性的、巩固的党的伟大工程作出了积极的贡献。这组文章从中国实际出发，对党的组织建设、思想建设、作风建设中的基本问题，作了深刻

---

① 转引自程慎元：《张闻天研究在日本》，载《党的文献》1991 年第 2 期。

② 《中共中央文件选集》（12），中共中央党校出版社 1991 年版，第 156、157 页。

③ 《毛泽东选集》第 2 卷，人民出版社 1991 年版，第 602 页。

④ 这六篇文章是：《共产党员的权利与义务（“党建”笔记之一）》（1939 年 9 月 22 日，载创刊号）、《略谈党与非党员群众的关系》（1939 年 11 月 7 日，载第 2 期）、《党的工作中的一个基本问题——了解具体情况》（1940 年 1 月 26 日，载第 4 期）、《提倡朴素与切实的工作作风》（1940 年 5 月 16 日，载第 7 期）、《更多地关心群众的切身问题》（1940 年 6 月 20 日，载第 8 期）、《关于党的两种工作方式》（1940 年 7 月 27 日，载第 9 期）。

的论述，体现了张闻天自己在六届六中全会的组织报告中提出的“组织工作中国化”的要求。

张闻天提出以“理论与实践的统一”来完成党的历史使命。他指出，“我们党内的很大弱点，即是还有很多同志善于背诵马列主义的教条，善于背诵上级党部的决议，善于根据自己主观的愿望而提出‘包罗万象的工作计划’，或是善于纵谈自己经过的许多历史事实，善于夸张自己丰富的实际经验，然而对于认真的去了解具体情况，认真的去收集具体材料，认真的去分析与研究这些材料，从这些材料中得出一定的结论，则表示不愿意，表示轻视或表示完全无能。”这常常是党的政治路线不能具体实现、党的经验不能向前发展的主要原因。他还指出，“不根据于客观的主观，不根据于现实的理想，不根据于具体情况的工作计划，也许是美丽的、动人的，然而它在客观的、现实的世界面前，是必然要破产幻灭的。这是历史上一切主观主义者、一切空想主义者的悲剧。”所以，张闻天依据马克思主义的认识论提出：“正确的了解当前的具体情况，是党正确的决定具体任务的出发点，也是党使这些任务能够实行的基础。特别在中国这样的地方，由于政治经济发展的不平衡……因此对于当前具体情况的了解，尤为重要。”“只有在正确了解当前的具体情况之后，钉子才可不碰，事情才做得通。”

张闻天强调实践的重要，指出：“我们要在实践中把握现实各方面运动的规律，我们要根据于这些运动规律来指导我们的实践。”要达到理论与实践的统一，“必须要有不怕麻烦，不怕琐碎，实事求是的探讨的精神”，“必须要有马列主义创造的、批判的精神”，“要有打破一切成见、一切陈腐的公式的勇气”。

张闻天提倡朴素与切实的工作作风。他指出：“朴素就是有什么讲什么，就是老老实实，就是真实的意思。”共产党是全世界最彻底革命的党，是建筑在科学理论基础上的党，“我们丝毫也不用掩盖事情的真相，来欺骗或安慰别人与自己。如果不是这样，我们的政治路线与策略就不能建筑在真实的基础之上，我们就会发生错误，遭受失败。”张闻天强调“共产党人要有面对赤裸裸的现实的勇气，要有说老实话的勇气”，“要反对那种吹牛、夸大、粉饰、掩盖、装腔作势、华而不实、形式主义、风头主义等毛病。”

张闻天指出：“切实，就是说，我们的工作要适合于实际；就是说，要根据于老老实实的认识，根据于具体情况的了解，来决定当前的具体工作；就是说，要经常检查已经开始的工作，把已经开始的工作进行到底。”共产党是革命的党行动的党，是言行一致的党，“我们要在切实的点滴工作中来实现我们崇高的、远大的理想”。张闻天强调“实际工作，要一点一滴去做，一步一步前进”，“要反对那些讲大话，订大计划，而不肯或不会脚踏实地切实工作的空谈家”。

张闻天还论述了在革命形势顺利与困难两种不同条件下党的两种工作方式：“发展”与“巩固”，指出党的领导的任务就在于根据形势的变化及时指导实行工作方式的转变。当时正值日本侵略军不断“扫荡”，国民党顽固派制造反共逆流，在华北许多地区的党、后方的党以及陕甘宁边区的党处境转向困难的时期，张闻天阐述了党中央关于在全国许多地区急需实行从发展的工作方式到巩固的工作方式的转变的指示。他指出，在全国时局逆转、革命力量遭受围攻与“扫荡”的条件之下，党的工作“不能不从广泛的、大刀阔斧的、偏重于量的方式转变到深入的、精雕细刻的、偏重于质的方式了”。为了提高一种工作的“质”，“我们必须对于这个工作有具体的、深入的了解，有精致细密的宣传组织工作，有经常的检查与督促，有把一种工作计划贯彻到底的埋头苦干的决心与忍耐心。”这一番话，也是对“切实”的工作作风的阐发。

张闻天强调必须正确处理党与群众的关系。党与群众的关系问题，是党的建设的根本问题。张闻天分析了党与群众这对矛盾的丰富生动的各个侧面，结合对“左”的和右的两种错误倾向的批评，从理论上阐明了正确认识和处理党群关系的原则，阐述了党的群众路线的理论与方法。

张闻天从共性与个性、普遍性与特殊性来分析党与群众的关系，认识党在群众中的地位：“党是群众（这里主要指工人群众，同时也指非工人的劳动群众）中的一部分，而同时又是群众中先进的、觉悟的、马列主义的、有组织的一部分。因此，它必须同群众有密切的联系，同群众生活在一起，处处依靠群众；同时它必须保持它的特性，不溶化于群众的大海中，而成为群众的政治领袖”。基于这样的分析与认识，他提出了党与群众正确关系的基本原则：“同群众在一起，而又领导群众，是群众的学生，而又是群众的政治领袖”。从这一基本原则出发，张闻天从政治思想、物质利益、工作方法、组织形式、相互关系等几个方面阐述了正确处理党群关系的具体原则，强调“群众的实践是测量党的领导之是否正确的最后标准”，“只有在不断解决矛盾、克服矛盾的过程中，才能正确的解决党与群众的关系”。他还针对当时在扩兵、征粮等战争动员工作中存在的不关心群众切身问题的恶劣倾向，进行了尖锐的批评，指出某些部门和同志中“产生了脱离群众、同群众对立、把党所领导的组织当作凌驾群众的‘办差机关’、‘官僚机关’，而党员变成了站在群众头顶上的‘党老爷’、‘党官’的严重现象。这对于党、对于革命实是一个最大的危险”。他提出要“更多的关心群众的切身问题”，“我们不但要善于向群众提出革命的要求，而且也要善于满足群众向革命提出的要求”。

张闻天提出党章应该规定共产党员的权利与义务。中共六大制定的党章以及六大之前的党章都没有规定党员的权利与义务。张闻天较早地看到这是一个欠缺。在初到陕北指导编写《党员课本》时，第一次将“党员的权利和义务”作为党的基本知识写进了课本。[①] 1939 年 3 月联共（布）第十八次代表大会通过的党章增加了“党员权利”的规定，这是联共（布）十七大的党章所没有的，对“党员义务”也新增了内容。张闻天及时地向中共全党介绍了联共（布）党章的新内容，党的组织建设方面的这一新发展，并建议在中共七大制定新党章时，应从中国的具体情况出发，拟订条文，对“党员的权利与义务”作出规定。张闻天认为，

① 李华生：《回忆张闻天同志在陕北的革命业绩》，见《回忆张闻天》，湖南人民出版社 1985 年版，第 106—107 页。

“党员权利”的规定，对中国党“有极大益处”，“特别在建立党内民主的、健全的、生动的、前进的、团结的生活方面，有很大意义”。关于“党员义务”中有关遵守纪律、精通业务一条，张闻天提出根据中国现在的情况，应包含安心于自己所负担的任何革命工作，而且包含应该把这工作做得好的意见。他希望大家对“党员的权利与义务”问题进行讨论。

张闻天的建议得到全党的赞同。在党的第七次全国代表大会于 1945 年 6 月 11 日通过的党章中，明确规定了党员的四项“义务”与四项“权利”。党的组织建设上的这件大事，张闻天是有首先倡议之功的。

从六届六中全会的组织报告到《共产党人》杂志上的这组党建文章，张闻天在党的建设方面留下了宝贵的精神遗产。

宣传鼓动提纲和文化工作政策

宣传家张闻天也是一位组织工作的能手。他兼任宣传部长，工作抓得具体而有条理。他每周主持一次部务会议，除各科科长以外，中央青委、边区党委和总政宣传部的负责同志也经常参加，讨论宣传工作和政策，还研究《解放》周刊的选题。当时的宣传部只有十来个人，工作繁多，在他领导下，有条不紊，忙而不乱。遇有开创性的事，他总是亲自组织办理。1940 年初，党中央决定将“历史唯物论与辩证唯物论”作为高级课程之一，要求党的高级干部首先学习。[①]张闻天亲自组织和主持报告会，请博古等同志讲解。报告会在杨家岭小礼堂举行，每周一次，连续开了四次，在延安的中央委员和各部门负责同志都参加了。[②] 为了开展国际宣传，1941 年初，延安出版了一种兼用英、俄、法三种文字的独特的三十二开毛边纸油印刊物《中国通讯》，也是张闻天亲自召开座谈会，进行动员，组织“社会力量”（包括美国籍大夫马海德和印度籍大夫巴思华在内）办起来的。[③] 当然，张闻天对党的宣传工作的领导，主要的还是方针、政策的确立与工作方式方法的指导。其中最重要的建树，一是通过对宣传工作经验教训的总结，确定党的宣传鼓动工作的基本规范和标准，一是对抗战文化运动提出了一系列方针政策。

早在 1932 年，张闻天就提出“转变我们的宣传鼓动工作”的要求。经过长期的实践，1940 年 10 月，在他指导下，中央宣传部作出了《关于充实和健全各级宣传部门的组织及工作的决定》；1941 年 6 月，中央宣传部又公布了张闻天写的《关于党的宣传鼓动工作提纲》。[④] 这两个文件，尤其是后一个文件，可以看做

---

① 《中共中央文件选集》（12），中共中央党校出版社 1991 年版，第 227 页。

② 茅盾：《重逢闻天在延安》，见《回忆张闻天》，湖南人民出版社 1985 年版，第 160 页。

③ 吴文焘：《师表》，见《回忆张闻天》，湖南人民出版社 1985 年版，第 126—127 页。马海德是黎巴嫩人，后加入中国籍。

④ 这两个文件分别收入《中共中央文件选集》（12）（13），《关于党的宣传鼓动工作提纲》又收入《张闻天选集》。

是张闻天对到那时为止的党的宣传工作经验的总结，也是张闻天对今后宣传工作指导思想的概括。其中所作的若干论断和提出的任务与要求，确定了宣传工作的规范和标准，在党的宣传工作的建设上具有深远的影响。其要点是：

一、明确党的宣传鼓动工作的任务，是在宣传马列主义的理论、党的纲领与主张、党的战略与策略、在思想意识上动员全民族与全国人民为革命在一定阶段内的彻底胜利而奋斗。这种宣传与鼓动，同时包含有对共同思想进行联合、对敌对思想进行斗争的两个方面。

二、规定宣传鼓动工作的范围。宣传鼓动是意识形态方面的活动，范围非常广泛，举凡一切理论、政治、教育、文化、文艺等等均属宣传鼓动活动的范围。凡关于国民教育、党内教育、文化工作、群众鼓动、对敌伪宣传、出版发行、通讯广播等工作均应受宣传部的直接领导。

三、概括了党的宣传鼓动工作的特点、基本原则和方法。党的宣传鼓动工作是以马列主义为指导的。其特点是所宣传的理论、纲领、政策等是符合于客观真理与客观发展规律的，是符合于全民族与全国人民利益的，是与党的行动相符合的。其基本原则是：必须掌握党的路线与政策，循着建立最广泛的统一战线的道路来进行；必须正确估计客观环境、了解并区别具体情况和对象；必须根据群众自身的政治经验，使群众接受；必须善于使用一切宣传鼓动方式和工具，尤其要使现代的印刷业、无线电及电影等成为有力工具。

四、说明宣传与鼓动的区别，规定宣传鼓动工作各主要方面党内教育、文化运动、出版发行、通讯广播、群众鼓动工作的性质、任务和要求。

五、论述了宣传工作与组织工作的相互关系与有机联系，明确了宣传鼓动工作的领导与组织系统以及干部培养的任务与要求。

文化工作是党的宣传工作的一个重要领域。从五四新文化运动的热情战士成为中共中央主要负责人之一的张闻天，虽然再也无暇进行文学创作，但对文化运动（包括文艺运动）是一直关注的，对从大后方来到延安的文化人是非常关心的。他在兼任宣传部长期间，对抗日文化运动不断进行指导，为建立广泛的抗日文化统一战线作了不懈努力。张闻天对文化问题的论述颇多，主要有：

1937 年 11 月 14 日，张闻天在陕甘宁特区“文化救亡协会”（简称“文协”）成立大会上，作了题为《十年来文化运动的检讨及目前文化运动的任务》的长篇报告（通称“文化运动”报告），总结了第二次国内革命战争期间的文化运动，规定了国共合作、共同抗日时期文化运动的任务。

1938 年 4 月 20 日，张闻天为祝贺鲁迅艺术学院成立题词：“认识大时代，描写大时代，在大时代中生活奋斗，并在大时代的前卫为大时代服务——这就是现代文艺家的使命。”

1938 年 7 月，为慰劳参加延安抗战戏剧节的文艺工作者举行宴会，张闻天在席间讲话，论述学习旧形式和学习外国的问题。

1940 年 1 月 5 日至 7 日，张闻天在陕甘宁边区“文化界救亡协会”第一次代表大会上，作题为《抗战以来中华民族新文化运动与今后任务》的长篇报告（通称“文化政策”报告），[①] 全面地总结了中国新文化发展的历史，系统地论述了中华民族新文化的方向、性质和任务。

1940年9月，张闻天为中共中央起草了《发展文化运动》的党内指示，指导并直接推进了国统区和根据地抗战文艺运动的发展。

1940年10月，张闻天为中共中央宣传部、中央文委草拟了《关于各抗日根据地文化人与文化团体的指示》，具体地规定了党对文艺工作者及一切文化工作者应该采取的政策。

1941年6月，张闻天为中共中央宣传部起草了《党的宣传鼓动工作提纲》，其中对文化运动的意义、任务、政策作了简明扼要的规定。[②]

在这些报告和文件中，最重要的是1941年1月在陕甘宁边区“文协”第一次代表大会上所作的“文化政策”报告。张闻天在对新文化运动做历史考察与理论探讨的基础上，对发展抗日文化运动的任务、策略、方针、政策作了较有系统的、较为全面的论述与阐发。当年茅盾读了此文和毛泽东在同一次大会上的讲演《新民主主义的政治和新民主主义的文化》（即《新民主主义论》）后，非常钦佩，称这两篇文章“运用马列主义理论，对过去作了精密的分析，对今后提供了警辟的透视与指针”，是“中国新文化史上的一件大事”[③]。与报告的理论阐述相应，张闻天主持制定了若干政策文件，具体指导抗日文化运动的发展。

关于新文化的内容，张闻天提出“民族的、民主的、科学的、大众的”四个要求，并指出“为抗战建国服务，以民族的、民主的、科学的与大众的因素作为自己内容的中华民族新文化的性质，基本上是民主主义的”。他对比分析了新文化与三民主义的关系、新文化与社会主义的关系，阐明了新文化“基本上是民主主义的”性质，指出，社会主义文化在抗日战争时期要为着彻底的民主主义的新文化而奋斗，为抗日文化统一战线奠定了理论基础。张闻天又分析了文化工作的特点和文化人的特点，说明文化工作同其他领域与部门相比有其自身的特点与规律，要考虑到作为意识形态的共同规律，又要注意各文化部门的特殊规律，还要重视传播媒介的多样性与传播渠道的曲折性，以及文化人作为单独工作的精神劳动者、“灵魂匠人”的特点和这些特点导致的长处与短处、优点与弱点。

从新文化的内容与性质出发，从文化工作与文化人的特点出发，张闻天论述了抗日文化统一战线的性质以及组织上和工作方式上的特点。

张闻天首先强调抗日文化统一战线的广泛性。他指出：“一切文化人，只要他们赞成抗日，均应在抗日的目标下团结起来，不论他们在文化上所做的工作同抗日有无直接关系。”这是就参加抗日文化统一战线的人员与他们从事的工作来

---

① 报告全文载《解放》第103期（1940年4月10日出版）。先后收入《六大以来》（下）、《延安文艺丛书·文艺理论卷》（湖南人民出版社1984年版）。《张闻天集》以《中华民族新文化的内容与性质》为题节选部分内容。

② 以上三个文件均收入《张闻天选集》。

③ 茅盾：《论如何学习文学的民族形式》，载《中国文化》第1卷第5期。

说的。就思想上来说，张闻天认为："文化统一战线是思想上的统一战线。因此，凡各文化人对于当前某个政治问题或某个文化问题有共同思想上的一致，即可联合起来。"这是十分广泛的。再从内容来说，文化统一战线并不要求全部做到新文化内容民族的、民主的、科学的、大众的四点要求，而"只要对于上述要求中的一个要求或一个要求中的一点要求有所贡献，即可成为新文化的一个组成部分"。这样的阐述，说明了中国共产党的抗日文化统一战线政策是最广泛地团结除汉奸文人以外一切文化人的政策。为了实现广泛性，张闻天还提出了多样性的主张。他认为，"新文化运动中，除抗日的统一战线外，应该有各种各样的广泛的文化统一战线。""文化人之间，除以抗日不抗日作为团结的分界线外，还可以在关于文化的各种方面与各种问题上进行统一战线。"他具体地说明了可以有各种各样的、不同层次的文化统一战线。在强调抗日文化统一战线广泛性、多样性的同时，张闻天又指出了它还有斗争性的一面，必须坚持社会主义文化的先锋的与指导的作用，只有这样，才能求得更充实的与坚强的统一。同时，他还提出将抗日根据地建设成文化根据地的任务，要求"在全国新文化运动中能够起先锋与模范作用"。

对于抗日文化统一战线在组织上和工作方式上的特点与原则，张闻天也作了重要的提示。他指出："统一战线的组织，不应有很严密的集中的组织生活"，"要避免规定许多规则，条例去限制他们的文化活动"；"应保证统一战线内的文化工作者有发表、辩论、创作与生活的充分民主与自由"，"应经过民主的方式来解决各种争论。应当提倡自由辩论与讨论的风气"；"关心他们创作的命运这是发展与巩固文化统一战线的最重要的方法"；要在尊重、帮助、同情文化人的方针下，"引导"他们"接触实际的斗争，了解当前的政治问题，接近与深入大众，向大众学习"，来纠正缺点，克服弱点，经过实际锻炼，"使他们具有鲁迅一样坚定、明确、切实、勇敢及为解放大众而奋斗到底的优良的品质"。

根据抗日文化运动发展的情况，张闻天进行了及时的指导。1939 年 12 月，国民党顽固派发动了抗战期间的第一次反共高潮，对共产党的政治压迫与思想统制随之加剧，一段时间里，国统区的抗日文化运动（包括抗战文艺运动）出现了一个相对沉寂的局面。面对这种情况，张闻天为中共中央起草了《发展文化运动》的党内指示。这个指示于 1940 年 9 月 10 日发布。

《发展文化运动》强调"在国民党统治区域很可能广泛发展与极应该广泛发展的一项极端重要的工作，是抗日文化运动。这项工作的意义在目前有头等重要性"，指示国统区的党组织，"应把对文化运动的推动、发展及其策略与方式等问题经常放在自己的日程上"，并就如何推广与深入这个运动加以切实的研究。这个文件规定了国统区文化运动的方针与策略，指出："对于文化运动的进行，应该联合一切不反共的自由资产阶级（即民族资产阶级）与广大的小资产阶级的知识分子共同去做，而不应使共产党员尖锐突出与陷于孤立。"并提出"在反对复古、反对大资产阶级的文化专制政策、反对日寇汉奸的奴隶文化等方针之下"动员群众，推进运动。这一方针与策略，是针对国民党顽固派的文化统制提出的积极的对策，确实对抗日文化运动和抗战文艺运动起了推进作用。有一系列重要事件发生在文件下达之后。如：9 月下旬，郭沫若愤然退出政治部第三厅；10 月 10 日，茅盾以非党员身份离延安赴重庆，以加强国统区文化战线的力量；11 月，逼使国民党在其军队政治部之外设立文化工作委员会，并支持郭沫若出任主任，使之成为进步文化人活动的中心；等等，都是同张闻天写的这个党内指示的精神有关或一致的，其中有些事情，张闻天也是与闻其事的。此后，以重庆为中心的国统区进步文艺运动从沉寂中昂奋起来，相继出现了“雾季戏剧”的高潮和讽刺作品的兴盛，这同文件的正确指导也不无关系。

《发展文化运动》同时提出在根据地推行文化运动也都应该采取“与一切不反共的资产阶级知识分子及小资产阶级知识分子联合去做，而不应由共产党员包办”的方针。同年 10 月，张闻天又为中共中央宣传部、中共中央文化工作委员会起草了《关于各抗日根据地文化人与文化团体的指示》，说明党对文化人应取的正确态度，具体地规定了做好文化人与文化团体工作的原则。张闻天认为，首要的问题是“应该重视文化人，纠正党内一部分同志轻视、厌恶、猜疑文化人的落后心理”。[①] 在对文化人有了一个正确的认识以后，应该采取正确的政策，其要点是：

第一，提倡民族化、大众化的文艺，使文艺工作者到民众中去锻炼，在民众中活动。[②]

第二，采取一切方法发表文化人的作品。因为“文化人的最大要求，及对于文化人的最大鼓励，是他们的作品的发表”；而文化人的作品，“就是他们对于革命事业的最大贡献”，“发表他们的作品也即是推广文化运动的最主要的方式”。

第三，保证文化人充分的写作自由。“党的领导机关，除一般的给予他们写作上的任务与方向外，力求避免对于他们写作上人为的限制与干涉。”那种“给文艺作家规定具体题目、规定政治内容、限时限刻交卷的办法”，“是完全要不得的”。

第四，正确开展对作品的批评。张闻天指出，“对于文化人的作品，应采取严正的、批判的、但又是宽大的立场”，“力戒以政治口号与偏狭的公式去非难作者，尤其不应出以讥笑怒骂的态度”。

第五，采取同情、诱导、帮助的方式去影响文化人进步，“使他们接近大众，接近现实，接近共产党，尊重革命秩序，服从革命纪律”。共产党人、文化统一战线工作者，应该“善于尊重共同工作的文化人，其人格、其事业、其创作与意见”，应有“足够的气量”，“求大同而弃小异”，同文化人共同工作，共同生活。张闻天还特意指明，“对于文化人生活习惯上的过高的苛刻的要求是不适当的”。

张闻天在文件中提出的这些指导意见，正确阐明了党与文化人的关系，是切

---

① 此件以《正确处理文化人与文化团体的问题》为题收入《张闻天选集》。以下除单独注明者外，均引自《张闻天选集》。

② 张闻天：《支持长期抗战的几个问题》，见《张闻天选集》，人民出版社 1985 年版，第 241 页。

合实际的文化政策和文艺政策。从实践来看，周恩来、张闻天、陈毅等领导同志都是这样做的；从革命圣地延安，到东海之滨盐城，各抗日根据地也都是这样做的。无论对抗日根据地、还是对国统区，在广泛团结文化人（包括文艺工作者），推动文化运动的发展方面都起了积极作用。

关于文化团体的工作，张闻天吸取20世纪30年代“左联”、“社联”存在的“第二党式”的缺陷的教训，对抗日文化统一战线下的文化团体的组织、任务、作风等方面作了相当具体的、切合文化工作实际的规定。

他认为，文化团体主要应该是专业团体，“各种不同类的文化人（如小说家、戏剧家、音乐家、哲学家等），可以组织各种不同类的文化团体，如文学研究会、戏剧协会、音乐协会、新哲学研究会等”。当然，这些团体也可以联合起来，成立文化界救亡协会之类的联合团体。在团体成员的吸收上，“不在数量之多，而在质量之好”。关于文化团体的任务，文件规定“一般是：介绍、研究、出版、推广各种文化作品；吸收与培养各方面的文化人材；指导大众的各方面文化活动；联络文化人间的感情与保护他们切身的利益；组织文化人向各地报纸杂志写稿；介绍并递寄他们的作品或译著到全国性大书局出版；向外面的及大后方的文化团体进行经常的联络。”此外，在文化人比较集中的地方，还可设立“文化俱乐部”一类设施，供文化人集会、娱乐，设“创作之家”一类住所，让他们安静地从事创作。至于文化团体的工作，张闻天反复多次指出：应该倡导民主、自由的作风。他说过，文化的、研究的、考察的团体，都应该“提倡自由研究、自由思想、自由辩论的生动、活泼、民主的作风”。①

总之，在延安文艺座谈会之前，张闻天在确定党的抗日文化统一战线与有关方针、政策，指导抗日文化运动与抗战文艺运动方面，是发挥了重要作用的。他的文化思想在总体上当然没有达到毛泽东《新民主主义论》、《在延安文艺座谈会上的讲话》的高度，然而应该看到，他的许多思想理论观点，诸如关于中国新文化运动发展过程与特点的历史概括；关于新文化内容的深刻分析和新文化性质的全面理解；关于文艺工作者与工农群众“融合”、“到民众中去锻炼，在民众中去活动”的主张；对于民族化、大众化的提倡；关于大众化包含提高与通俗化双重任务，既要反对通俗化变为庸俗化，又要防止提高变为脱离群众的主张；关于批判地利用旧形式与外国形式，创造新文化的新形式的意见；对于“近代中国最伟大的文学家、思想家、革命家”鲁迅的高度评价和对鲁迅精神的发扬；等等，同毛泽东的文化思想与文艺思想精神是完全相通的，方向是完全一致的，甚至可以说，在毛泽东文化思想与文艺思想的形成过程中，张闻天有其积极的贡献。

---

① 张闻天：《抗战以来中华民族的新文化运动与今后任务》第12节。

十七　从十二月会议到六届六中全会

反对王明右倾投降主义

正当毛泽东和张闻天等为贯彻洛川会议决定，着手纠正和预防正在发展起来的右倾错误的时候，王明于 1937 年 11 月底从苏联回到延安。

王明于 1931 年 10 月离开上海，11 月抵莫斯科。他从 1931 年 11 月 10 日起担任中共驻共产国际代表。以后又当上了共产国际执行委员会委员和主席团委员。他在六届四中全会以后实行“左”倾教条主义和冒险主义，对中国革命造成极大危害。但在共产国际策略转变的背景下，他也有所改变。在 1935 年筹备共产国际“七大”期间，他起草了《为抗日救国告全体同胞书》（即《八一宣言》），此后，在促进国共合作和开展抗日宣传方面做了一些有益的工作，对中国共产党从内战到抗战的转变，对国共合作和抗日民族统一战线的形成起了一定的促进作用。王明 1937 年 11 月启程回国之前，先后会见了斯大林和季米特洛夫。11 月 14 日，苏联派专机送他回国，先到新疆迪化（乌鲁木齐），后到兰州，11 月 29 日飞到延安。毛泽东、张闻天等都到机场欢迎。毛泽东致欢迎词，说王明从莫斯科归来是

出席“十二月会议”的部分政治局委员合影。左起：张闻天、康生、周恩来、凯丰、王明、毛泽东、任弼时、张国焘。

“喜从天降”。同志热忱，溢于言表。

这时，在山西前线领导华北敌后游击战的周恩来、彭德怀，北方局的刘少奇，在南方坚持三年游击战的项英，都汇集在延安。政治局成员中只有朱德、任弼时、王稼祥、邓发不在延安。王明一回来，就以“钦差大臣”自居，提议召开中央政治局会议。在会上，提出了比较系统的右倾投降主义的观点、主张。这样，在一个时期里，反对王明右倾投降主义就成为党内斗争的重要任务之一。

（1）十二月会议上张闻天、毛泽东同王明的原则分歧

这次政治局会议从 1937 年 12 月 9 日开到 14 日，通称“十二月会议”。

张闻天在会上作政治报告，论“目前的政治形势和党的任务”。① 张闻天肯定洛川会议的决定是正确的，总结了共产党在争取抗战胜利中已经取得的成绩，这就是：国共合作成立，打开了统一战线的局面，提出了抗日救国十大纲领，在全国影响很大，并已在山西开始实行；八路军在华北起了阻止日寇进攻的作用，在抗战中起了模范作用并组织了新的民众武装；党在各省的组织开始或正在恢复，许多地方取得了公开活动，扩大了阵地。张闻天也指出了统一战线发展不够，动员群众力量不够和组织薄弱等我们工作中的弱点。关于党的任务，张闻天提出了巩固国共合作、改造旧政府、建立国防政府、改造军队、发展群众救亡运动、坚持华北抗战、建立全国党的组织、培养教育干部、保证党中央的团结统一等十项。张闻天指出，前一时期党内有投降主义倾向的表现，如：何鸣部的被缴械，为迁就国民党而取消西安抗敌救国会等，这是重犯陈独秀的右倾机会主义，我们应该警觉。在统一战线中必须保持我们的独立自主性。他同时也指出，独立自主不是离开统一战线。应充分利用公开与合法，打入各种群众组织去活动，广泛发动群众，用群众力量去推动国民党前进。关于华北抗战，张闻天认为，华北现在的抗战，我们起了决定作用。我们要使华北成为抗日统一战线的模范。我们在华北的主要任务是：坚持华北抗战，肃清汉奸，改善人民生活，武装民众，普遍建立党的组织，巩固党的领导。

在张闻天作政治报告之后，王明作了《如何继续全国抗战和争取抗战胜利呢?》的长篇发言。王明写了一个提纲，讲的时候作了许多发挥。② 可以看出，王明的发言是研究了洛川会议的决定、洛川会议以来中央的重要文电以及毛泽东的“十一月提纲”（即《上海太原失陷以后抗日战争的形势和任务》）以后作的，而且是针对着这些讲的。王明回延安以后，对党中央各方面工作都表示轻视与不满意；对洛川会议以来党中央在统一战线中的纲领、主张和实际工作中的处置，大多持否定看法；对张闻天的政治报告也不以为然。王明在发言中虽然讲了一些要坚持抗战、坚持统一的正确意见，但是，在怎样巩固统一战线、怎样争取抗战胜利方面，他对党中央正确的路线、方针、政策批评很多，提出了一套比较系统的

① 报告题目及以下引述均据会议记录。

② 王明在十二月会议上发言的书面提纲见《中共中央文件选集》（10），发言另有记录。以下引述据会议记录或书面提纲。

右倾机会主义的观点和主张。

在国共两党关系上，王明抹杀阶级矛盾，认为“今日决定敌友主要标准是抗日不抗日，不应以其他条件为友敌”，“对国民党不能用分成左、中、右三派的分法”，“应分成抗日派与降日派”；他反对在统一战线中坚持无产阶级的领导权，说“在全国政权与军事力量上，要承认国民党是领导的优势的力量”，“空喊无产阶级领导是不行的。空喊领导只有吓走同盟军”；他否认统一战线中的独立自主原则，提出：“今天的中心问题是一切为了抗日，一切经过抗日民族统一战线，一切服从抗日。”在抗战路线上，王明反对批评国民党的片面抗战，说什么“不要提得那样尖锐，使人害怕”；他还批评“要改造旧军队这是不策略的口号”。在八路军的战略方针方面，王明不顾蒋介石限制、打击、削弱八路军的客观现实，说：“红军的改编不仅名义改变，而且内容也改变了”，“我们要拥护统一指挥，八路军也要统一受蒋指挥，我们不怕统一纪律，统一作战计划，统一给养”，“八路军新四军是要向着统一的方向发展”，其实质就是取消人民军队的独立性；他还反对洛川会议以来对游击战的强调，说什么“游击战不能战胜日本”。在实行民主方面，王明主张“不要提出改造政权机构，而是要统一的国防政府”；他甚至认为现在提出“肃清汉奸分子”的口号“过早”，应是“在政府逐渐驱逐汉奸分子”；在群众运动中，他反对成立自己的救亡团体与开展独立自主的救亡运动，不赞成打破国民党的统制与包办。在改善民生方面，他认为“关于改善人民生活问题，工人简单的只提出行会的要求也是不对的，防止过左的口号”。王明在发言中提出的观点和主张，归结起来，就是在统一战线中，共产党不要或削弱独立自主，放弃领导权；在军事上，八路军不应搞独立自主的山地游击战。

王明说明，他的发言传达了共产国际和斯大林的指示，这就使与会的不少同志一时难以明辨是非，产生了某些思想混乱。张闻天一时也没有看清王明鼓吹的右倾投降主义的本质。12 月 12 日张闻天在总结性发言中承认了王明所指摘的某些所谓“错误”，但在总的路线、方针上没有动摇。张闻天在总结性发言中肯定：“对统一战线问题，自西安事变以来，统一战线基本上是正确的，并获得很多成绩。”张闻天又肯定：“洛川会议的方针用［动员］一切力量争取抗战胜利是正确的。”张闻天还肯定：“洛川会议决定独立自主的山地游击战，基本上是正确的。”并指出：“今后红军游击战还是主要的，有利条件下进行运动战。”他还肯定：“华北工作一般路线是正确的。工作有很大的成绩，统一战线工作有进步的。”王明对张闻天的总结性发言不满意，他批评张闻天没有指出统一战线中的中心问题是“对国共合作了解不够”。毛泽东在王明之后又一次发言，强调：洛川会议的战略方针是对的，统一指挥是相对的，红军的战略方针是独立自主的山地游击战，在有利条件下打运动战。①

由于毛泽东、张闻天等在根本的路线、方针问题上对王明的右倾主张进行了抵制，十二月会议对统一战线和抗战问题没有重作新的决议。紧接着，从 12 月

① 本段所引张闻天、王明、毛泽东发言均据 1937 年 12 月 12 日政治局会议记录。

19日至22日张闻天又主持召开了重要的中央会议。19日他作了《目前抗战的形势与党的任务》报告，22日作“总的结论”。在“总的结论”中，张闻天进一步明确肯定，从《八一宣言》至今“党的路线是正确的”。他特别强调，虽然我们目前的主要任务是“求得统一战线更扩大和巩固，但并不放弃我们的基本原则——党的独立性。对八路军与新四军，不仅要扩大，而且要保证党的领导。我们必须扩大三五十万党能直接领导的军队，统一战线才能更有力些”①。毛泽东、张闻天坚持了正确路线，使王明的右倾错误主张在全局没有产生重大影响。

在十二月会议上，张闻天还就“组织问题”作了报告（12月12日）。经讨论作出增补王明、陈云、康生为书记处书记，由周恩来、王明、博古、叶剑英组成中共代表团负责与国民党谈判，由周恩来、博古、项英、董必武组成中共中央长江局，领导南部中国党的工作等决定。会上还议定，来往电报“党的交洛，军交毛，统战交王，王外出时交洛”。② 十二月会议最后一天（12月14日），由项英和刘少奇先后作《南方游击区工作问题》和《华北工作问题》的报告，讨论后都由张闻天作了结论。③

（2）王明在武汉的错误主张

会后，王明即赴武汉，于1937年12月18日到达。王明在开展统一战线工作时，开始贯彻他的错误主张。12月25日，他起草了《对时局宣言》，经长江局讨论通过，以中共中央名义发表。这个宣言在坚持全面抗战路线和独立自主原则的问题上，实际是从《抗日救国十大纲领》所确定的目标后退。12月27日，王明发表《挽救时局的关键》一文，阐述他对国民党的无原则迁就退让的错误观点。王明还在讲演中宣传一切“统一”的主张，贬低游击战的作用，贬低争取实行民主、改善民生的意义。

这时，国民党在正面战场上迭遭败绩，南京陷落（1937年12月13日）后更是一溃千里。他们需要利用共产党和人民的力量，又怕共产党和八路军发展，开始制造一些摩擦。1938年1月17日发生了国民党武汉当局唆使地痞、流氓捣毁刚刚创刊的《新华日报》营业部和印刷部的事件；1938年1月发生了《扫荡报》（国民党军事系统）和《血路》周刊（系）鼓吹国民党一党专政，挑起的“党派问题”论争。国民党方面还制造种种谣言诋毁共产党、八路军，采取诸如禁止成立游击队，不准八路军就地筹办粮食，不优待八路军新兵家属等办法限制共产党、八路军的扩大，甚至发生诬陷“汉奸”罪名拘捕共产党员的事件。日本帝国主义一面实施以占领武汉、西安为目标的第二期军事计划，一面施展政治阴谋，企图利用国共分歧制造分裂。在这样的形势下，怎样巩固国共合作，坚持继续抗战，党内需要统一认识和步调。

（3）三月会议对王明错误观点的批评

---

① 据1937年12月22日会议记录，记录标题为“总的结论（讨论后22［日］洛甫同志结论）”。

② 据1937年12月13日周恩来在政治局会议上的报告记录。

③ 据1937年12月14日政治局会议记录。

1938年2月27日至3月1日，中共中央政治局在延安开会（通称“三月政治局会议”），主要讨论“目前抗战形势与如何继续抗战和争取抗战胜利”的问题。王明以此为题作政治报告。① 他抱怨十二月会议对统一战线问题“没有写成一个决议”，对他阐述的政策“在党内的教育不够，没有许多新的论文解释”，还说“对国民党提议的意见也没有写出来，这是政治上的损失”，明显地表示了对毛泽东、张闻天等抵制他那一套的不满。王明虽然承认他起草的《对时局宣言》向国民党让步太多，但并未改变迁就主义的基本立场，和依靠国民党的正规战取得速胜的幻想。按照他的观点，在国共两党关系上，承认国民党的领导地位，尽量迁就国民党，服从中央政府；在军事问题上，强调巩固统一的军队，实行指挥、编制、武装、纪律、待遇、作战计划、作战行动七个“统一”；在战略方针上，要确定和普遍实行“以运动战为主，配合以阵地战，辅之以游击战的战略方针”；在民运工作上，要以合法、统一和互相合作为原则；在工作重心上，要集中力量保卫大武汉，而不是着力创造许多敌后抗日根据地。总之，王明还是要实行“一切经过统一战线”，亦即一切听命于国民党的主张，不要坚持统一战线中的领导权和独立自主原则。

在讨论中，毛泽东、张闻天、任弼时等先后发言，对王明的错误观点表示了明确的否定态度。

张闻天在2月28日作长篇发言。这时，他对王明的右倾错误已经有了清醒的认识。关于国共两党关系，张闻天毫不含糊地提出要争取领导权，保持独立性，巩固与发展党和人民的力量。他说：

> 历史决定了国共两党需要合作，但是合作中是存在着两党争取领导权的问题。中国资产阶级是有经验的。他们目前需要两党合作，但又怕我们发展；要利用共产党与人民的力量，但又害怕共产党与民众的力量。目前阶级斗争的形式更复杂了。我们要看到，与国民党有些磨擦是不奇怪的。我们的任务便是要推动国民党进步。与国民党吵一下是难免的，但注意不要分裂了。我们无论何时不要忘记要与国民党合作，但也必须时时保持戒心……
>
> 我们一方面要保持与国民党的合作，同时也要发展自己的力量，在巩固国共两党合作原则下求得我党力量的巩固与扩大。②

关于发展自己的力量，张闻天提出了极为重要的意见。他认为，“发展统一战线只与国民党谈判是不够的，必须用强大的民众力量来推动统一战线的发展。”他提出，党的力量要重新配备，不要平均使用力量。民运工作要投入更大力量，创造各地区根据地的工作要用很大的力量，与国民党谈判则不要许多负责同志去。

---

① 以下叙述王明在三月政治局会议的报告据会议记录。

② 《继续抗战与国共关系》，见《张闻天选集》，人民出版社1985年版，第158页。

他还特别就发展游击战争以创造许多根据地讲了一段话，同王明贬低游击战、轻视根据地、否定晋察冀边区的观点完全是针锋相对的。张闻天说：

> 讲一下游击战争问题。八路军要以一个师为单位，这样便于扩大，便于在战争中组织许多附属的游击队，并且使这些游击队又扩大起来，创造许多根据地。八路军要展开起来，在各地起核心的作用，依靠军队来开辟根据地，即抗日战争中的据点。像晋察冀边区的那种形式的政府，其他各地也要组织，也要来用这一形式。①

（4）三月会议后同王明右倾投降主义错误的斗争

然而，王明并没有接受毛泽东和张闻天、任弼时等的正确意见。3月初返回武汉以后，他就在自己2月27日报告的基础上写了题为《三月政治局会议的总结》的长篇文章，在党刊《群众》周刊第19期（1938年4月24日）上公开发表，把自己的右倾错误观点当作政治局的意见加以宣扬。王明在武汉的半年多时间里，虽然也做了一些有益的工作，但他在统一战线和军事问题上，贯彻右倾投降主义错误主张，在组织上，则向中央闹独立性，对党在南部中国的实际工作造成了危害。

对于王明在武汉时期的右倾投降主义错误，毛泽东、张闻天一起在中央内部进行了必要的斗争。关于这一时期的情况，张闻天曾有以下简要评述："事实上从王明到武汉后，我们在毛泽东同志领导之下，曾经同他的路线在许多具体问题上，在中央内部进行了必要的斗争，直到六中全会。但是，我们对于王明同志等某些错误的斗争，在这个时期内始终限制在中央内部。在公开的刊物上、会议上，我们并没有限制过他们宣传。他们在武汉《新华日报》上的一些重要文章，我们《解放》周刊上一律照登。"②

从三月会议后党中央对全党和人民军队的领导来看，张闻天在实际工作中对王明右倾错误的抵制和斗争是十分坚决的。张闻天同毛泽东紧密配合，根本不理王明那一套右倾主张，不失时机地指示各地积极创建、扩大、巩固抗日民主根据地，发展抗日人民武装，坚持了独立自主原则和放手发展抗日游击战争的方针。

3月21日，中央书记处致电刘晓并江苏省委，指出在西安、武汉危急以至失守的形势下，在敌人后方建立抗日根据地的极大可能，不仅已经被晋察冀边区的发展所证实，而且将由于敌占区的扩大而扩大起来；因此，要加强敌后方、战区与邻近战区的工作，扩大党的武装力量和民众运动，在敌占大城市"不要虚张声势"，并要从城市中调得力干部到农村中去领导游击战争。③ 3月24日，洛甫、毛泽东、胡服联名致电朱瑞，指出"摆在冀晋豫全区面前的中心任务，是以最快的

---

① 《张闻天选集》，人民出版社1985年版，第160页。

② 张闻天：《1943年延安整风笔记》。

③ 《中共中央文件选集》（11），中共中央党校出版社1989年版，第472—473页。

速度创造冀晋豫边区成为坚持抗战的巩固根据地”，为此，要求完成建立完全在党领导下的有战斗力的若干游击团及地方游击队等任务。[①] 4 月 20 日，洛、毛、胡服致电聂荣臻、彭真，肯定晋察冀根据地的建立已经大体成功，指出“目前你们的任务中心是在各方面巩固已得的胜利，并在巩固的现有基础上去继续发展”，并提出“加强对部队的整理训练及党的工作”等意见。[②] 4 月 21 日，毛、洛、胡又联名致电朱彭、刘徐邓等，提出“党与八路军部队在河北、山东平原地区，应坚决采取尽量广大发展游击战争的方针，尽量发动最广大的群众走上公开的武装抗日斗争。”[③] 5 月 14 日，中央书记处电示长江局、东南局及项英，新四军应利用目前的有利时机，主动地、积极地深入到敌人后方去，“组织与团集无数的游击队在自己的周围”，“在大江以南创立一些模范的游击根据地”；[④] 再次指示江苏省委，“目前中心任务，是加强对于乡村游击战争的领导，创立许多游击的根据地。”[⑤] 5 月中旬徐州失守后，又立即向长江局作出“武装民众，准备与发动游击战争”的具体指示。[⑥] 毛泽东、张闻天等这一系列指示，坚定地反对了王明的右倾方针，有力地削弱和缩小了王明右倾错误的干扰和影响。由于中共中央领导的正确，虽然日本侵略者步步进逼，正面战场节节失利，形势极其不利，处境极其艰难，但在敌后战场（特别是华北），却形成了抗日根据地和人民武装蓬勃发展的局面。这是独立自主地发展抗日游击战争方针战胜王明右倾投降主义的结果。

开展对张国焘错误的斗争

在西安事变和平解决以后，党内还有一个重要的事情，就是对张国焘的斗争。在 1938 年 4 月张国焘叛逃之前，张闻天参与领导了对张国焘右倾机会主义路线的揭发批判；在张国焘叛逃之后，张闻天进行了坚决的申斥与清算。

（1）开展反张国焘路线的斗争

1937 年 1 月中共中央由保安进驻延安后，即在中央内部开始对张国焘错误的批判。张国焘不得不在 2 月 6 日写了检讨《从现在来看过去》，勉强承认自己“在政治上是原则性的错误，在组织上是组织路线的错误”。党中央于 1937 年 3 月 27 日至 30 日召开政治局扩大会议（通称“延安会议”），揭发批判张国焘的错误。会议出席者有 56 人，包括红军军以上干部。在会上，张闻天从理论上比较系统地批判了张国焘反党反中央的种种谬论和他的错误路线的退却和军阀主义的实质。毛泽东、凯丰、朱德、贺龙等也都在会上作了深刻的批判。一些受迫害的红四方面军的干部揭发了张国焘的种种罪行。在无可辩驳的事实面前，张国焘在会上痛

① 《中共中央文件选集》（11），中共中央党校出版社 1986 年版，第 479 页。
② 同上书，第 502—503 页。
③ 同上书，第 505 页。
④ 同上书，第 514 页。
⑤ 同上书，第 516 页
⑥ 同上书，第 518 页

哭流涕，低头认错。许多同志提出，要给张国焘作组织结论，撤销其中央委员、政治局委员、红军总政委、军委副主席等职务，并开除其党籍。张闻天在3月30日会上代表党中央提议，暂时不给张国焘作组织结论，给他时间，让他在实际行动中改正错误。与会者多数同意这一提议。[①] 1937年3月31日，中央政治局作出《关于张国焘同志错误的决定》。

会后，在党内和红军内广泛深入地展开了揭发、批判张国焘路线的斗争，但张国焘的中央委员和中央政治局委员的职务仍然保留。张国焘于1937年4月6日写了《关于我的错误》[②]，承认"我的错误是整个路线的错误，是右倾机会主义的退却路线和军阀主义最坏的表现，是反党反中央的错误"，表示以后绝对忠实于中央的路线。张国焘出席了1937年8月的洛川会议，表示愿意工作。党中央乃安排他担任陕甘宁边区政府副主席。可是，张国焘此后又反悔，对自己错误的认识不仅没有前进，反而倒退，他表示根本不赞成中央反张国焘路线的斗争，根本不承认自己是路线错误。

1937年11月18日至24日在延安召开了党的活动分子大会，继续进行反张国焘路线的斗争。张闻天为这次历时七天的大会作了结论。[③] 他运用唯物辩证法和客观存在的历史事实深刻地驳斥了张国焘为自己错误辩护的种种谬论和遁词。指出：退却路线、军阀主义与反党反中央，是国焘路线的三位一体。又诚恳地规劝张国焘必须立刻下决心改正自己的错误，严肃地正告：犯了错误的同志要不走到党外去，变为党的叛徒，只有自己下决心同自己的错误作斗争。不改正自己的错误，坚持自己的错误，结果必然会走到叛徒的道路上去。

（2）批判张国焘叛变、投敌

在1935年9月12日的俄界会议上，张闻天曾预言张国焘右倾分裂主义的"前途必然是组织第二党"，不幸而被言中；张闻天这次所作的这个预言怎样呢？结果是又被言中了！

1938年4月，张国焘借祭黄帝陵为名，逃出陕甘宁边区，到武汉投降国民党，成为可耻的叛徒。

在延安的毛泽东和张闻天等对张国焘尽力挽救，终于未能制止他的叛变投敌。在4月17日张国焘声明脱党、叛变后，随即采取断然的组织措施。4月18日中共中央作出了《关于开除张国焘党籍的决定》[④]，第二天又发出《中央关于开除张国焘党籍的党内报告大纲》[⑤]，向全党详细说明张国焘叛党的经过，深刻揭露其历史根源与现实的阶级斗争根源，表明党清洗张国焘这种叛党分子，更加健康与巩固地向前发展的严正立场。

---

① "延安会议"情况据：《张国焘年谱及言论》，解放军出版社1985年版；《中国共产党历次重要会议集》（上），上海人民出版社1982年版。

② 载《党的工作》第31期（1937年4月12日）。

③ 中央档案馆藏有这个结论提纲的原件，以下引述据此。

④ 此件公开发表于《新华日报》1938年4月22日。

⑤ 见《中共中央文件选集》（11）。

如同每一个中国共产党的叛徒在叛变之后照例要发表一个自首书一样，张国焘在1938年5月6日也发表了他的自首书——《张国焘敬告国人书》。中国共产党及时进行回击，在报刊上对张国焘的下流无耻的背叛行径和穷极无聊的造谣污蔑进行了揭露和批驳。张闻天于1938年6月7日写的《读了〈张国焘敬告国人书〉之后》[①] 是分析、批判最为深刻有力的一篇。张闻天没有采取逐条驳斥的办法，而是抓住两个重点进行评论。一是抓住张国焘在党内的历史评论其本质，使人们认识他的"过去"，说明"张国焘从来就不是一个真正的革命者，真正的共产党员，而是一个混在中国革命队伍中，混在中国共产党内的投机分子和破坏者"。一是抓住张国焘自吹"抗日"揭露其真相，使人们认识他的"今天"，说明张国焘所说的"抗日"是他放的烟幕弹，实际上是要取消共产党实行投降，是要取消共产党的抗日民族统一战线。张闻天还从张国焘的"过去"与"现在"推测他的"将来"，指出，张国焘"今天已经向着叶青、柳宁等人方面急进，在他们那里寻找朋友，已是无疑的事实"；现在又向着当局卑躬屈膝、阿谀逢迎，其目的是"想在社会上找一个位置"，那也是无疑的事实，而"张国焘的《敬告国人书》就是他的投标广告"，"究竟谁将是张国焘的主顾，我们是毫无兴趣的！"但张闻天预料，"也许有人要把张国焘当作可居的奇货吧，要利用他来做'反共'的'特务工作'吧"。

张闻天的预言果真又一次应验。张国焘脱党投靠了国民党。蒋介石把张国焘交给"军统"特务头子戴笠"运用"。张国焘在重庆正式加入戴笠的特务组织"军事委员会调查统计局"（简称"军统"），成了挂着"少将"军衔的"特种政治问题研究室"主任。从共产党的叛徒，变成国民党的特务，这就是张国焘寻找的他在社会上的位置，就是他政治上的归宿。

在六届六中全会上

（1）召开六届六中全会的背景

在抗日民族统一战线策略方面，三月政治局会议以后，王明仍旧继续推行他的右倾投降主义主张。他在长江局的工作中仍然没有明确提出把工作重心放在战区和敌后，没有抓住有利时机在上海、南京、武汉及其他敌占城市附近放手组织共产党领导的广大的游击战争和建立抗日民族根据地，他在组织上继续违反党的民主集中制原则，破坏党的纪律。1938年5月徐州失守以后，毛泽东集中中国共产党全党的智慧，写了《论持久战》和《抗日游击战争的战略问题》两篇重要的军事理论著作，为反对王明的右倾投降主义提供了锐利的理论武器。在纪念中国共产党成立十七周年的时候，张闻天也在《解放》杂志上发表纪念专文，着重说明九一八事变以来七年间，在中国共产党同其他党派亲密合作，为建立民族独立、民权自由、民生幸福而共同奋斗的过程中，必须保持其政治上与组织上独立性的

---

① 载《解放》周刊第42期（1938年6月20日出版），已收入《张闻天选集》。

原因，反复论证“中共的独立存在与发展是绝对必要的”。[①] 这同王明的右倾主张也是针锋相对的。但完全解决王明的问题还是通过1938年9月至11月召开的六届六中全会。在这次在中国共产党的历史上具有重要意义的会议上，张闻天坚定地同毛泽东站在一起。

六届六中全会于1938年9月顺利召开，同任弼时到共产国际汇报工作有密切关系，同王稼祥1938年8月初从莫斯科回到延安，带回共产国际的指示直接有关。西安事变后王稼祥即从延安到西安待机赴莫斯科治伤养病。由于交通困难，他辗转多时，直到1937年7月初才到莫斯科，经治疗逐渐恢复健康。1937年11月，王明、康生、陈云离莫斯科回国，王稼祥即同邓发一起，担任中共驻共产国际代表。1938年三月政治局会议决定派任弼时赴莫斯科，向共产国际执委会报告“中国抗日战争的形势与中国共产党的工作与任务”，请求共产国际和苏联提供援助，包括给八路军武器装备。任弼时于3月5日启程，3月底抵莫斯科，4月14日向共产国际执委会递交了书面报告，5月17日又作了口头报告。[②] 共产国际执委会主席团于1938年6月通过了两个文件：《共产国际执委会主席团关于中共代表报告的决议案》和《共产国际执委会主席团的决定》，充分肯定和完全同意中国共产党的政治路线，明确支持和声援中国人民全民族的抗日斗争。1938年7月王稼祥回国。行前，季米特洛夫同他和任弼时谈话。关于中共中央的领导问题，季米特洛夫说：应该承认毛泽东同志是中国革命实际斗争中产生出来的领袖，请告诉王明，不要竞争了吧![③]

当时，中国共产党是共产国际的一个支部。王稼祥带回共产国际的指示，从政治上肯定中共中央的政治路线，从组织上肯定毛泽东在全党的领袖地位，这就为完全否定和纠正王明右倾投降主义提供了重要条件。因为王明对党中央的抗日民族统一战线策略和洛川会议确定的全面抗战路线和基本政策等说三道四、批评指责，打的都是共产国际指示的旗号，王明又处处以共产国际执委会主席团成员自居。王稼祥带回的国际指示无异于解除了王明右倾的武装。那时，抗日战争已进行了一年多，正处在由防御阶段转入相持阶段的转折关头，迫切需要总结全国抗战以来的经验和教训，克服王明右倾投降主义，统一全党的认识和步调，确定党在抗战新阶段的基本方针和任务。王稼祥回国，就将召开党的六届六中全会提上了议事日程。

（2）六中全会前的政治局会议

为了做好充分准备，在六中全会之前，张闻天主持召开了中央政治局会议。会议从9月14日开始，至9月26日结束，连续开了12天（其间18日休息一天，

---

① 《中国共产党十七周年纪念》，载《解放》第43、44期合刊（1938年7月1日），署名洛甫。

② 任弼时代表中共中央向共产国际执委会递交的书面报告和作的口头报告均收入《中共中央抗日民族统一战线文件选编》（下），题为《中国抗日战争的形势与中国共产党的工作与任务》。

③ 王稼祥1967年底撰写的自述材料。转引自徐则浩：《王稼祥对六届六中全会的贡献》，载《文献和研究》1986年第4期。

不计在内）。[①] 会议的第一项议程就是由王稼祥作《国际指示报告》。他传达了共产国际的决定和季米特洛夫的意见："中共一年来建立了抗日民族统一战线"，"中共的政治路线是正确的，中共在复杂的环境和困难条件下真正运用了马列主义。""在领导机关中要在毛泽东为首的领导下解决，领导机关中要有亲密团结的空气。"[②]

按照共产国际的指示，张闻天向毛泽东提出，党中央总书记的职务应该由毛泽东来担任了。毛泽东经过全面考虑，认为目前还不是提出这个问题的时候，要张闻天继续担当下去。所以，张闻天也就没有将这个问题提到中央政治局的同志中去讨论。有同志向张闻天提出以毛泽东为总书记的提议，张闻天按照毛本人的主张，也没有提到六中全会上去讨论。[③] 事实上，在遵义会议后张闻天一直是尊重毛泽东在红军和党中央的领导地位的。王明回国后与党中央闹独立性，推行右倾机会主义，张闻天同毛泽东一起在中央内部进行了必要的斗争。现在有了国际如此明确的指示，他认为奉毛泽东为全党的领袖理所当然。不过，毛既然要他名义上仍任总书记，张闻天也就"没有表示坚决让位的态度"。

在政治局会议上，王明于9月20日作了题为《抗战形势与党的任务》的政治报告。毛泽东在9月24日作了重要发言，讲了后来在六中全会上所作政治报告《论新阶段》的要点。刘少奇在9月26日发言，批评王明报告中鼓吹的"一切经过统一战线"的右倾主张。张闻天在9月22日作了组织报告，9月26日又作了长篇发言。[④] 他总结了党的五中全会以来取得的胜利，指出"国际批准党的政治路线，更能增进我们的自信心"。统一战线中虽然发生了逆流，国共之间有摩擦，但"总的方面是前进了"。统一战线是在矛盾中发展的，矛盾的解决促进运动的发展。张闻天指出，抗日战争现在是由第一阶段转到第二阶段即相持阶段。在这一阶段内，游击战、运动战将取代正规战成为战争的主要形式，民主问题等要进一步解决。他预计，武汉的保卫因没有具备一定的条件，是要失掉的。指出在武汉不能保卫时，要避免极大的牺牲，不守时我们也有办法。中国持久战的胜利，不在一个城市的得失。这同1938年8月6日张闻天、毛泽东等联名致王明等人电报中所指示的"保卫武汉重在发动民众……务须避免不利的决战，至事实上不可守时，不惜断然放弃之"等方针是完全一致的。[⑤] 张闻天还着重提出在党内要进行教育，提高党员的警惕性，要加强理论学习，最重要的问题是在实际工作中学习，打通马列主义的难关。

中央政治局会议经过深入的讨论，在会议最后一天，对六届六中全会（扩

---

① 会议日期据会议记录。出席人员据记录上的顺序为：毛泽东、张闻天、王明、康生、朱德、项英、王稼祥、周恩来、博古、陈云、刘少奇、彭德怀。

② 王稼祥：《国际指示报告》，载《文献和研究》1986年第4期。

③ 据张闻天：《1943年延安整风笔记》。本段下文引语也引自此件。

④ 以上王明、毛泽东、刘少奇、张闻天的发言均据1938年9月14日至26日政治局会议记录。下文概述与引用张闻天的发言亦据此。

⑤《中共中央文件选集》（11），中共中央党校出版社1989年版，第538页。

中共六届六中全会主席团成员合影。左起：毛泽东、彭德怀、王稼祥、张闻天、朱德、秦邦宪、王明、康生、项英、刘少奇、陈云、周恩来。

大）的议程作出决定。最重要的变动是，由毛泽东作政治报告，王明只作关于国民参政会的报告并负责起草政治决议案。同时决定，由张闻天主持开幕式，致开幕词，作组织报告；由王稼祥传达共产国际指示。政治局会议还决定对各中央局的组织进行调整，撤销长江局，分别成立南方局和中原局。①

（3）张闻天致六届六中全会开幕词

1938 年 9 月 29 日，扩大的六届六中全会在延安桥儿沟礼堂开幕。这是中国共产党在莫斯科召开第六次全国代表大会以来出席人数最多的一次中央全会。到会的有中央委员和候补中央委员 17 人，中央各部门和各地区领导干部 30 余人。张闻天在开幕词中对党自 1934 年 1 月六届五中全会以来的五年历史作了总结，他说：

> 这五年中间有过许多重大的事变。反对五次“围剿”的英勇斗争，二万五千里的长征，中央到达陕北地区，创立陕甘宁抗日根据地，渡过黄河东征，以及后来的西征——这是一系列艰苦卓绝的斗争。由于日寇进攻华北，引起国内外形势的变化，我党在一九三五年发表了“八一宣言”和十二月决议，一九三六年促成了西安事变的和平解决。一九三七年，“七七”事变发生，实现了全面抗战，中国革命发展到了抗日民族战争的新阶段。现在抗战已经进行一年多了。
>
> 在这许多具有伟大历史意义的事变中间，中国共产党为中华民族和

① 据 1938 年 9 月 26 日政治局会议记录。

中国人民解放而英勇斗争，发挥了模范作用。①

开幕词提出这次全会的主要任务是：在抗战的新阶段前面，总结一年三个月民族抗战的经验与教训，正确估计目前形势，克服当前困难，使抗战走向胜利的前途；要确定明确的方针，使我们党进一步发挥先锋、模范作用，使我们党成为广大的群众性的党，以保证抗战的胜利。

（4）毛泽东的政治报告和张闻天的组织报告

毛泽东于1938年10月12日至14日作的政治报告《论新阶段》是这次全会的中心议题。毛泽东对15个月来抗战的经验进行了总结，对当前抗战形势作了科学分析，对巩固和扩大抗日民族统一战线从理论与实际结合上作了历史的辩证的论述。张闻天于1938年10月15日作了题为《关于抗日民族统一战线的与党的组织问题》的报告。② 毛泽东的政治报告“规定了我党政治路线”，是起指导作用的，“组织工作就是要保证这条政治路线的完成”。张闻天的组织报告确实体现了组织工作与政治路线之间的这种关系，是同毛泽东的政治报告密切配合，互相呼应的，是从统一战线的组织工作与党的组织工作方面对政治报告的贯彻与发挥。

毛泽东在政治报告中第一次提出“马克思主义中国化”的方针。他说：“马克思列宁主义的伟大力量，就在于它是和各个国家具体的革命实践相联系的。对于中国共产党说来，就是要学会把马克思列宁主义的理论应用于中国的具体的环境。成为伟大中华民族的一部分而和这个民族血肉相连的共产党员，离开中国特点来谈马克思主义，只是抽象的空洞的马克思主义。因此，使马克思主义中国化，使之在其每一表现中带着必须有的中国的特性，即是说，按照中国的特点去应用它，成为全党亟待了解并亟须解决的问题。洋八股必须废止，空洞抽象的调头必须少唱，教条主义必须休息，而代之以新鲜活泼的、为中国老百姓所喜闻乐见的中国作风和中国气派。把国际主义的内容和民族形式分离起来，是一点也不懂国际主义的人们的做法，我们则要把二者紧密地结合起来。”③

张闻天在组织报告中提出“组织工作中国化”的方针。他说：“马克思主义的原则、方法是国际性的，但我们是在中国做组织工作，一定要严格估计到中国政治、经济、文化、思想、民族习惯、道德的特点，正确认识这些特点，再来决定我们的斗争形式、组织形式、工作方法。我们要的是国际主义的内容，民族的形式，我们要使组织工作中国化”。他指出：“将外国党的决定搬到中国来用，是一定要碰钉子的。所以不仅要懂得马克思主义的原则，而且要在民族环境中来实现这些原则”；“我们要有原则性，还要有具体性，要根据各地的情况实现我们的

① 张闻天：《中共六届六中全会开幕词》，《张闻天选集》，人民出版社1985年版，第223页。

② 张闻天在六届六中全会上所作组织报告的提纲见《中共中央文件选集》（10），中共中央党校出版社1985年版，其中“绪论”部分以《组织工作要中国化》为题收入《张闻天选集》。

③ 毛泽东《论新阶段》的一部分，以《中国共产党在民族战争中的地位》为题收入《毛泽东选集》第2卷。毛泽东将“使马克思主义中国化”改为“使马克国主义在中国具体化”，见该书第534页，人民出版社1991年版。

原则，这就是马克思主义”。①

在谈到宣传教育工作时，张闻天又提出了“马列主义中国化”的方针。他说：“宣传马列主义，提高全国的理论水平。特别要注意于以马列主义的革命精神与革命方法，去教育共产党员与革命青年。并以此去研究中国革命的实际问题，研究中国历史与中国文化的各方面。要认真的使马列主义中国化，使它为中国最广大的人民所接受。”②

张闻天在会议上发言中还指出，要使马列主义在中国具体化，要坚持独立地分析中国情况，研究和把握中国社会发展规律和阶级斗争规律，据此确定党的路线和政策，而不能从空想、感情和书本公式出发。要不怕抛弃马克思列宁主义中某些不适合中国情况的个别结论，例如城市统治乡村一般是对的，但在中国革命中则是走乡村包围城市的道路。应当经常开展自我批评，经常总结经验，勇于纠正错误，领导同志应老实地向下层学习，党应向人民大众学习。

张闻天提出的上述方针，阐发的上述思想，丰富了辩证唯物主义的认识论和方法论，是他学习和运用毛泽东思想，总结中国革命经验教训的结果。

张闻天在组织报告中分析了抗日民族统一战线的特点。他提出，在统一战线中，要“善于把握总路线，克服一切障碍，坚持抗战，坚持统一战线，坚持国共长期合作的方针”。要承认统一战线内部（国共两党合作）事实上是不平等的（力量上、合作形式上、政治上），又要善于使不平等成为平等；要看到统一战线（两党合作）的发展是不平衡的，善于运用不平衡，使不平衡走向平衡；要用一切办法帮助和影响国民党，使之进步，但发展统一战线，又要善于同顽固分子、动摇分子、妥协分子作斗争，打破一切“防共”的阴谋。张闻天总结反摩擦斗争的经验，提出注意软硬的“分寸”：“要有软有硬，有退让有进攻。但以防卫为主要形式，软到不丧失自己的立场，硬到不破坏统一。”

张闻天特别强调“在统一战线中保持党的独立性，反对投降主义倾向”。他指出，在抗战中放弃党的独立性的投降倾向主要表现在：忽视党在抗战中的作用，忽视党的巩固与发展，及自己力量的壮大；迁就友党，放弃自己立场。这种危险仍然存在，党必须在反对投降主义倾向方面继续努力。同时，张闻天又提出了“同‘左’的关门主义也必须坚持斗争到底”的任务，指出只有开展两条战线的斗争，才能使统一战线的巩固与发展和党的巩固与发展，成为相互为用的因素，使两者间的一致性真能表现出来。

组织报告分析了不同地区的不同任务与革命的历史教训，由此决定党在今天的工作重心“首先应放在敌后方、战区”。张闻天指出，应记住过去革命中的两个教训：一是革命武装力量的重要，革命军队在革命中所起的决定作用及革命根据地的意义；一是同国民党挤得太紧容易造成分裂，应该有相当的分区的活动，

① 《张闻天选集》，人民出版社1985年版，第225—226页。

② 《中共中央文件选集》（10），中共中央党校出版社1985年版，第622页。以下引用组织报告均据该书。

各自发展。张闻天提出："敌后方的任务是，大规模的公开的发动、组织、坚持、扩大游击战争，打击、消耗、困疲敌人以达到收复失地，保卫国土，创立抗日军队、抗日政权，建立抗日根据地，以准备将来全国的反攻。"

张闻天在报告中强调，要独立自主地创立发展抗日根据地与民主政权，八路军、新四军要"大胆利用已有的合法权，扩大自己"，共产党要发挥抗战的推动者与组织者的作用，保持党的独立性，并壮大自己，但应善于隐蔽自己的力量，不要太突出。

针对当时复杂的环境与党内的实际情况，如张国焘叛逃，王明违犯组织纪律等，张闻天提出了"提高党的警觉性"、"发展党内民主与巩固铁的纪律"、"巩固党内团结"等重要任务。六中全会通过了《关于中央委员会工作规则与纪律的决定》、《关于各级党委暂行组织机构的决定》、《关于各级党部工作规则与纪律的决定》等几个组织建设的文件，以健全党的民主集中制，巩固党的团结和统一。

（5）六中全会结束了王明的右倾投降主义

张闻天在组织报告的结论中提出建立一个强大的统一战线和建设一个强大的党的奋斗目标，并概括了实现这一目标必须具备的四个条件：坚定的正确的政治立场，灵活的革命的实际主义，前进的艰苦奋斗的精神，大众的民主主义的作风。

张闻天在六届六中全会上的组织报告，并不限于狭义的"组织工作"，而是带有广泛的路线、方针、政策意义，不少内容显然是对王明右倾投降主义与违犯组织纪律的批评。经过六中全会之前的政治局会议，经过六中全会上毛泽东的政治报告，王稼祥传达共产国际指示的报告，张闻天的组织报告，王明的右倾机会主义实际上已经破产。张闻天在延安整风中曾说过，"六中全会在毛泽东同志领导下，实质上推翻了王明路线。王明这时候碰了三个钉子（一个是蒋介石的钉子，一个是中央内部的钉子，一个是王稼祥同志从国际带来的钉子），所以气焰也小些了。"① 六中全会同意政治局会议对各中央局的调整，决定王明留在延安工作，实际上结束了王明对南部中国党的工作的领导及其右倾投降主义错误。

① 张闻天：《1943年延安整风笔记》。

下篇　完成历史使命以后

十八　六届六中全会后党内职责的变动

主动移交总书记的工作

毛泽东不止一次赞叹："洛甫这个同志是不争权的。"① 张闻天全心全意为党工作，确是没有个人的野心和权欲。长征途中张国焘挟重兵向党争权，张闻天主动提出"让权"：将自己的"总书记"职务让出来（毛泽东不同意，此议作罢）。王明于1937年11月底从莫斯科回到延安后，张闻天主持了十二月政治局会议，决定扩大中央书记处，由张闻天、毛泽东、王明、康生、陈云五人组成。这时有一篇访问记仍称张闻天为"中共中央总书记"，② 他特别郑重其事地在1938年4月12日武汉《新华日报》上刊登了《张闻天（洛甫）启事》，声明："中共中央设有由少数同志组织之书记处，但并无所谓总书记。"

自遵义会议以来，在党中央内部，张闻天奉毛泽东为红军与全党领袖，毛泽东尊重张闻天党中央总书记的地位，他们互相合作，直到六届六中全会。从遵义会议到六届六中全会之前这三年半多的时间里，中共中央的许多重要电报，都由"洛毛"或"毛洛"联名发出。从1937年十二月政治局会议之后，到1938年9月六届六中全会之前，张闻天实际上仍然是主持中央常务工作的书记。在此期间的三月政治局会议、六中全会前的政治局会议以及六中全会的开幕式，都是由他主持的。不过，在六中全会之后，张闻天按照共产国际指示的精神，按照六中全会关于以毛泽东为首准备召开中共七大的决议精神，就主动地将总书记的工作移交给毛泽东了。

张闻天对自己职责变动的过程，后来（1943年）做过这样的叙述：

---

① 王震：《杰出的马克思主义理论家和革命家——忆闻天同志》，见《回忆张闻天》，湖南人民出版社1985年版，第13页。

② 广州《救亡日报》记者洛基写的访问记，载该报1938年3月26日。

> 六中全会期间我虽未把总书记一职让掉，但我的方针还是把工作逐渐转移，而不是把持不放。自王明留延工作后，我即把政治局会议地点，移到杨家岭毛泽东同志处开。我只在形式上当当主席，一切重大问题均毛主席决定。特别是在七八月政治局会议之后（所谓“神仙会议”），我实际上是做了宣传教育部门的工作。
>
> 自“神仙会议”后……我一方面提出要把我的名义上的书记职务完全解放，（在任弼时、周恩来二同志未回国前提过，在他们回来之后，我更正式提过，我自己及中央秘书处在1940年5月间也搬了过去，实际上把我的全部工作交了出来了。）另方面，我尽量推掉自己的工作（如出版发行部、文委、西北工委等），只管宣传部及马列学院一部分工作。①

从这两段话可见，一、自1939年初起（即王明到重庆参加国民参政会后回到延安并留在延安工作），张闻天实际上不再在党内负总的责任了。但在形式上，中央的会议还是由张闻天主持，中央秘书处也还一直跟着他。二、1939年七八月政治局会议后，张闻天实际上只负责宣传部与干部教育部的工作。他曾几次提出不再担任书记的名义，没有被采纳。三、1940年5月，张闻天与中央秘书处都搬到毛泽东居住的杨家岭。这时，张闻天已主动将党中央总书记的工作交出，实际上他只是具体负责宣传教育部和马列学院的工作了。

负责局部，关注全局

应该看到，虽然六中全会后张闻天的工作重点转到了宣传教育方面，但是，他在党内仍然是有威信、有影响的领导人之一，他的党的书记的工作又是逐步移交的，即使是主要职责移交后，中央秘书处还一直由他管着（1940年从蓝家坪搬到杨家岭后仍是如此），所以，在六中全会后的相当时期内，对于全党的工作，对于有全局影响的事，张闻天还是一直关注着，并发挥着相当重要的作用。

为了扩大与巩固抗日民族统一战线，以支持长期抗战，争取最后胜利，张闻天继续做了许多工作。1939年6月，为纪念中国共产党成立十八周年，张闻天写了《在民族自卫战争最前线的岗位上》一文，② 以抗战两年来的事实，分析中国一部分上层资产阶级及少数上层分子对于争取民族抗战的不彻底性、妥协性与动摇性，指出目前时局的主要危险是他们准备停止抗战与投降妥协，“防共反共”就是他们投降妥协的实际准备，号召全国人民动员起来，克服投降危险，击破“防共反共”逆流，使中国的抗战坚持到最后胜利。接着，7月3日至6日召开的政治局会议通过了《中央为抗战两周年纪念对时局宣言》，提出“坚持抗战到底

---

① 张闻天：《1943年延安整风笔记》。

② 载1939年6月30日《新中华报》。

反对中途妥协！巩固国内团结反对内部分裂！力求全国进步反对向后倒退！”① 在1939年8月政治局会议上，张闻天又进一步分析武汉、广州失守后的形势变化，说明过去“统一战线中的统一性比较突出”，现在“内部磨擦增加，统一战线中的斗争性突出了”。所以，当前党的任务，是要在坚持国共合作、坚持三民主义的前提下，团结一切进步的力量，与妥协、投降、退步的倾向作坚决的斗争，把统一战线推向前进。他指出，推动斗争的核心是共产党与八路军、新四军。斗争的形式主要是政治斗争，但也不能完全照搬过去的办法，“要采用谈判以外的更多的办法”，“也不是完全采用退却、消极的防御”。在全国范围内，党的工作的“主要任务是巩固党的组织，一般停止发展”。②

经过一年多抗日、反摩擦斗争之后，在胜利的形势下右倾危险仍然存在，而“左”倾危险又在许多地区大大增长了。张闻天在1940年8月写了《抗日民族统一战线中的“左”倾危险》一文，③ 具体阐发刚刚通过的《中央关于目前形势与党的政策的决定》（1940年7月7日抗战三周年纪念日）中关于纠正在执行统一战线政策中的“左”倾错误的内容。张闻天详细分析了“左”倾危险的八种重要表现：对于实行抗日民族统一战线政策本身的动摇；不肯细心地、审慎地、深入地去研究与分析统一战线的不同对象而采取不同对策；不愿意或不会用一切方法去接近一切抗战的人们，不会“交朋友”；要求太高，求成太急；斗争时不会利用各种矛盾，在一时一地集中力量，打击当前的最主要的坏人；不肯认真遵守有理、有利、有节的原则；民主精神不足与党包办一切的工作作风；对于“阶级立场”、“党性”、“忠实可靠”、“清白纯洁”等等名词的片面理解。他对这八个方面“左”的表现进行了深入细致的剖析，提出了纠正的方法。他明确指出，一个干部不但要有马列主义的原则，而且要掌握马列主义的策略；不但要接受与了解党的政治路线，而且要有实现这个路线的方法。为了正确执行抗日民族统一战线策略，必须彻底击破历来党内存在着的“左倾比右倾好些”的错误观点。这些分析与论述，对当时纠正“左”倾错误，加强对全党的策略教育，是有重要意义的。

1940年10月起，蒋介石发动第二次反共高潮。1941年1月，蒋介石变本加厉，悍然制造了震惊中外的皖南事变，在茂林地区拦袭北移途中的新四军皖南部队，使新四军惨重损失。蒋介石于1月17日又以国民党军事委员会的名义发布命令，掩盖事实真相，反诬新四军“叛变”，宣布取消新四军番号，并将被扣的军长叶挺“革职”、“交军法审判”。中共中央于1月20日、23日、29日连续举行政治局会议，讨论时局和方针。张闻天在这三天会上作了插话和发言。关于事件的性质，张闻天在20日插话指出：“今天国民党整个国策的中心是放在‘剿共’上面。”张闻天在以后两次会上的发言中又指出，“日蒋还有矛盾”，要“利用”

① 《中共中央文件选集》（12），中共中央党校出版社1991年版，第143页。

② 张闻天：《支持长期抗战的几个问题》，见《张闻天选集》，人民出版社1985年版，第237、239、242页。

③ 载《共产党人》第10期（1940年9月20日），收入《张闻天选集》。

和“扩大”“日蒋的矛盾及日与英美的矛盾”，否定了认为这个事件表明蒋氏“降日”的判断。张闻天也不同意认为国共合作将要迅速破裂的估计，指出要“争取延长全国破裂的时间”，认为“我们要孤立他们，使我们打几个胜仗，积极打破他们反共的计划”，“坚定的进行政治上的进攻，公开的批评蒋介石的谈话，提出我们的要求来争取群众，揭破国民党的武断宣传，分化国民党的内部”。同时，张闻天明确反对过激方针，指出：“暂时不应提出打倒蒋介石、打倒国民党与国民政府的口号，也暂时不提建立国防政府的口号，而应提出改革政府。”①

除了上面讲到的这类比较重要的方针、政策方面的问题之外，党中央内的一些具体问题，若干重要的实际工作，也还是由张闻天来过问和处理。

这类事例是很多的。

例如，茅盾从延安到重庆工作及他请求恢复党籍的事，就是张闻天亲自处理的。茅盾本名沈雁冰，是中国共产党最早的党员之一。大革命失败后亡命日本，与党组织失去了联系。可是，他仍然为党的事业而奋斗。1940 年 5 月，茅盾脱离盛世才的虎口，带着全家从迪化（今乌鲁木齐）经西安来到延安。在这里生活和工作了四个多月。9 月下旬，周恩来从重庆致电党中央，盼望茅盾到重庆工作，担任郭沫若等退出第三厅之后另外组织的文化工作委员会的常委委员，以加强国统区文化战线的力量。张闻天从杨家岭来到桥儿沟茅盾的住处，将电报交茅盾看，向他讲述文化工作委员会成立的经过，说恩来想请你去重庆，是考虑你在国内外的名望，影响和作用会更大些。不过，这只是建议，如实在愿意在延安，也不必勉强。茅盾表示服从党的调遣，同时又倾吐自己十多年来的心愿，请求党中央研究恢复他的党籍。张闻天对茅盾是很了解的。在他编著的《中国现代革命运动史》的“中国共产党的产生”一节中就写到，1920 年各地共产党组织发生了分化，又吸收了一些新的分子进来，沈雁冰（在上海）就是在这一时期入党的人之一。②

根据茅盾的历史和对党的忠诚，当然是可以恢复党籍的。③ 不过，张闻天与中央书记处的同志研究了茅盾的请求以后，认为在现阶段，茅盾还是在党外，对今后的工作，对人民的事业更为有利。张闻天又到茅盾住处，将中央的意见告诉茅盾，希望他能理解。茅盾服从中央的决定，把两个孩子（沈霞、沈霜）留在延安，自己又踏上了新的征程。④

再如，周恩来被江青撞伤的意外事故也是张闻天处理的。1939 年 7 月 10 日周恩来骑马到中央党校去作报告，途中恰巧碰上江青在那里跑马。江青骑的马突然因狗吠而受惊，失去控制，迎头奔来，周恩来马惊坠地，右臂骨折。后因有致

---

① 《张闻天文集》第 2 卷，中共党史出版社 1994 年版，第 123—124 页。

② 张闻天：《中国现代革命运动史》，中国人民大学出版社 1987 年版，第 144 页。茅盾 1981 年恢复党籍时，此书所载即为文献依据之一。

③ 事实上 1928 年 10 月 9 日中共中央曾复信中共东京市委，表示可以允许恢复党籍，其时中共东京市委组织因环境险恶不能立足，未曾接获此件而致延误。据唐天然：《1928 年中共中央曾考虑恢复茅盾党籍》，载《江海学刊》1991 年第 4 期。

④ 茅盾离延安的经过见他的回忆录（二十六）《延安行》，载《新文学史料》1985 年第 1 期。

残之虞，不得不送到苏联治疗。这是一个偶发的意外事故。事情发生后毛泽东非常生气，将江青剋了一顿，还坚持一定要给处分。周恩来后来不得不从苏联医院里打电报给张闻天，请张酌情处理。张很费踌躇。因为当初毛、江结合，党内颇有议论。口头、书信、电报反映的意见都汇集到张闻天那里。张不便把这些函电转给毛看，遂致函毛，大意说，你与贺子珍合不来另外结婚，谁都没有意见；不过，按江青在上海的表现，似不合适。这封信毛读完后当场撕了，第三天就在合作社摆酒两桌，宣布结婚。张闻天当然不在宾客之列。现在为这个意外事故，如何处理？但毛又坚持要处理江青。这时正值马列学院组织党员下乡调查，江青是马列学院第二期的学员，张闻天让她一起下乡，就算将这事处理过去了。

又如，1941 年 1 月皖南事变后，张闻天接连给八路军驻兰州办事处主任伍修权发去多封急电，具体指示他的撤退、隐蔽的办法。

在张闻天署名签发的电报中，有《新华日报》干部人选、经费一类决定，也有商购假眼、催寄手稿（为草明、于黑丁、罗烽等作家）、购置新出剑桥近代史等外文书籍等琐事。

总之，张闻天这时并非全然不问中央内部的日常工作，但毫无疑问，工作的重点已经从全局转到局部，从全党转到部门，理论宣传和干部教育是他担负的主要职责了。

不过当时还没有把总书记的名义拿掉。从实际到名义都由毛泽东担任中共中央总负责人，是 1943 年 3 月中央领导机构改组的时候，用的职务名称不是总书记而是党中央主席。

十九　整风前后

整风运动的发动

六届六中全会后，张闻天把主要工作转移到宣传教育方面，兢兢业业，开拓进取，在党中央领导下，无论是在延安，在各根据地，还是在国统区，干部教育、理论宣传、文化运动以至普通教育，都有章可循，按部就班地逐步开展起来。张闻天并不满足于已经取得的成绩，但也没有发现党内有什么特别严重的问题。毛泽东则不同。他高瞻远瞩，看到在全党内还存在着相当严重的分歧，其根源在于思想作风的严重不纯。

诚然，遵义会议批判并纠正了土地革命战争后期的“左”倾错误，六届六中全会批判并纠正了抗战初期的右倾错误，但是，由于没有来得及在全党范围内对党的历史经验进行总结，因此既往党的历史上两条路线的是非没有分辨清楚，也不可能从思想方法的高度对“左”、右倾错误的根源进行深刻的总结，这样，就必不可免地在指导思想上又会产生分歧以至对立，必不可免地在另一种条件下以这种或那种形式重犯“左”倾或右倾错误，给革命事业带来损失。这就是说，从遵义会议到六届六中全会，从军事上、组织上、政治上批判并纠正“左”倾和右倾错误是十分必要的，但是还不够，还不能完全解决问题，还必须在思想上解决问题，必须端正思想作风、思想路线，才能实现政治上的统一，行动上的一致。特别是在当时日寇向根据地残酷扫荡，国民党顽固派发动反共高潮，抗战形势极其困难的情况下，在大批小资产阶级成分（农民和青年知识分子）进入党内的情况下，如果不能解决好思想路线和作风问题，要战胜困难，夺取抗日战争的胜利就将是不可能的。

严重的突发事件，尖锐的党内矛盾，摆在中国共产党面前。

1941 年 1 月蒋介石背信弃义，阴谋策动了皖南事变，致使新四军皖南部队主力几乎全部覆灭。从内部原因来看，这同新四军主要负责人的错误有关。项英坚持南方三年游击战争、组建新四军有功，但对统一战线中的独立自主原则认识不足；对党中央“向北发展，向敌后发展”的方针理解不够，措施不力；对部队的转移迟疑犹豫；北移时对国民党顽固派反共阴谋的严重性估计不足，对应付突然事变的准备不充分；在顽固派进攻时又处理失当。这次突发事件招致严重损失，从主观方面检讨，说明已被六届六中全会纠正的王明的右倾机会主义残余并没有肃清，甚至在某些地区还严重地存在。

王明在延安，问题更为突出。王明同博古是六届四中全会到遵义会议前第三次“左”倾路线的代表，是给党和革命造成异常巨大损失的主要责任者；王明又是抗战初期提出右倾投降主义并在武汉长江局推行右倾错误造成严重损失的主要责任者。可是，他从1938年底从重庆回到延安以后，两年多来不仅始终没有认识错误、改正错误，反而坚持错误，甚至将错误说成正确，还进而攻击毛泽东的指导思想。实际上就是要以他的教条主义和宗派主义的立场、观点、方法来对抗以毛泽东为代表的马克思主义的立场、观点、方法。

1939年5月，王明撰写《抗日民族统一战线诸问题》，仍然坚持“一切经过统一战线”的主张。1939年6月，他又将1938年发表过的一篇文章的部分内容改题为《十七年来的中国共产党》重新刊载，继续宣扬他在1938年写的《三月政治局会议的总结》等文中的错误方针。特别严重的是，到了1940年，王明特意将1931年7月初版、1932年再版的《为中共更加布尔塞维克化而斗争》（初版书名为《两条路线》）一书第三次出版，并在1940年3月19日专门写了一篇“三版序言”，哗众取宠，把他的“左”倾冒险主义代表作，当做“学习党的建设和中共历史”的材料，硬塞给“成千累万的新干部新党员”和“延安各学校”。1940年11月，他又在《共产党人》第12期上发表《论马列主义确定策略的几个基本原则》，大谈中国共产党的历史，一点不作自我批评，俨然以“国际路线”正确代表自居。王明一方面坚持自己在土地革命后期和抗战初期的错误，并兜售自己的错误理论，另一方面又诋毁、攻击毛泽东的著作。他说，《新民主主义论》在中国革命的所有基本问题（如对革命性质、阶段、动力、革命前途的估计，关于领导权等问题）上，同列宁主义是矛盾的。“新民主主义”实际上是反列宁主义、反社会主义的理论和行动纲领，是中国民族资产阶级的理论和行动纲领。①

王明宣扬的观点和他的这些做法，实际上是向以毛泽东为代表的党中央的挑战，他尖锐地提出了怎样看待党的历史特别是十年内战后期（1931年初至1934年底）和抗战初期党内两条路线斗争的历史，怎样指导新民主主义革命，怎样对待马克思列宁主义这样一些重大问题。王明流毒全党的“左”、右倾机会主义理论和主观主义、宗派主义作风如果不廓清，不克服，王明提出的这些重大问题如果不澄清、不解决，就无法保证“中国共产党的统一与团结”，就无法“争取和保证抗日战争最后的胜利”，六届六中全会决定的“在较短时期内召集”中国共产党第七次全国代表大会也没有条件实现。②

张闻天负责干部教育工作，遵循的是六届六中全会“马克思主义中国化”的

---

① 王明在他的《中共五十年》中追述了他当时对毛泽东说的这些话。见现代史料编刊社出版的该书第15—16页。刘英向笔者也谈过此事。

② 引文出自《中共扩大的六中全会关于召集第七次全国代表大会的决议》（1938年11月6日），《中共中央文件选集》（10），中共中央党校出版社1985年版，第720—721页。

方向。1940 年以中央书记处名义发出的关于干部教育的几个指示，都经中央讨论通过，得到毛泽东同意。可是，在实际工作过程中，干部教育中确实还存在着理论与实际脱节的问题。张闻天在马列学院的工作中贯彻了理论与实际统一的方针，并专门写文章提倡过这个方针，可是，从“实事求是”、“有的放矢”这样的要求来看，他还存在着教条主义的残余。而追根溯源，学风上的问题正是一切“左”、右倾机会主义的思想根源之所在。

毛泽东面对当时这样的情况，即“鉴于遵义会议以前，主观主义与宗派主义错误给予党与革命的损失异常之大，鉴于遵义会议以后党的路线虽然是正确的，但在全党内，尤其在某些特殊地区与特殊部门内，主观主义与宗派主义的残余，并没有肃清，或者还很严重地存在着”，① 遂于 1941 年春尖锐地提出反对主观主义，并由此开始，从上而下，逐步在全党发动起一个伟大的马克思主义的思想教育运动——延安整风运动。

1941 年 3 月和 4 月，毛泽东为出版他的旧作《农村调查》一书写了“序言”和“跋”。重申“没有调查就没有发言权”，提倡“眼睛向下”，表示“和全党同志共同一起向群众学习，继续当一个小学生”，批评那种“下车伊始”就哇啦哇啦地发议论，“钦差大臣”满天飞的作风。② 接着，5 月 19 日，毛泽东在杨家岭新落成的中央大礼堂作《改造我们的学习》的报告，批评学风上的主观主义，倡导树立“有的放矢”、“实事求是”的马克思列宁主义的学风。指出：“不注重研究现状，不注重研究历史，不注重马克思列宁主义的应用”，都是极坏的作风；“在全党推行调查研究的计划，是转变党的作风的基础一环”。③ 在延安高级干部中间，自然地引起了对四中全会以来中央领导路线是否正确，怎样以从实际出发的观点，而不是以教条主义的观点对待马列主义、使马列主义基本原理同中国革命的实际相结合这些问题的思考与探讨。

张闻天一方面接受毛泽东的批评，竭力在实际工作中遵循毛泽东指示的方向前进，1941 年 6 月张闻天为中共中央宣传部起草的文件《党的宣传鼓动工作提纲》就是朝着这个方向所作的努力；另方面内心感到委屈。他后来叙述 1940 年下半年到 1941 年上半年的思想状况时写道：当时我有点苦闷，有时也发点牢骚，说毛主席似乎“不公平”，看人有点“偏”。一个人在一件工作上，他看中意了，就只看见他好的方面，另一个人什么地方不满意了，就什么都是坏的。中央决议通过的，照着做了又来驳斥（如关于干部教育的几个指示，确经中央看过，而且特用中央书记处名义发出的），因此事情不好办。同时我精神也准备着，大工作做不了，就做小工作也可以。别的同志有时提议，要我找毛主席当面谈谈，我有时想不谈也就算了，我为如何，以后证明，我何必急于人家了解！④ 不过，张闻天后来还是“下了决心找毛主席当面谈了”。第一次，是

① 《中共宣传部关于反对宗派主义的宣传要点》（1942 年 1 月 26 日），见《中共中央文件选集》(13)，中共中央党校出版社 1991 年版，第 227 页。

② 《毛泽东选集》第 3 卷，人民出版社 1991 年版，第 791 页。

③ 同上书，第 801、797、802 页。

④ 张闻天：《1943 年延安整风笔记》，下段引述亦据此件。

在1941年六七月，“我到枣园找毛泽东同志谈了一次话，他谈的很温和，似乎还不愿批评我。”第二次，毛约了康生、陈云、任弼时一起同张闻天谈话。他严厉地批评了张闻天一阵。说张一事不懂，偏要人家依，不依则打；说张不顾全大局，无自我批评精神。还给张闻天下了五个字的评语：狭、高、空、怯、私。

毛泽东的这些批评，同张闻天的实际是不符合的。跟毛泽东过去每每称赞张是“明君”，不争权，作风民主这些评语也是矛盾的。张闻天听了很委屈。从中央苏区后期，到长征路上，直至抗战初期，他同毛一起，站在第一线，同博古、李德，同张国焘，同王明，进行了坚决的、尖锐的斗争，何怯之有！他拥戴毛泽东为全党、全军的领袖，自己甘当“配角”，使毛的正确方针、主张畅通无阻，还一次又一次主动让权，真是毫无自私自利之心。他跟着毛泽东，和全党同志在一起，脚踏在中国的土地上，实现了从内战到抗战的转变，开创了历史新局面……这五个字的评语，从何说起呢？不过，毛在报告和谈话中对张在六届四中全会后在上海临时中央和中央苏区所犯“左”倾错误的分析，对教条主义的批评，是深刻的。张闻天服从真理，顾全大局，对毛的那些过火批评，“听了虽然不服”，“抱有抵触情绪”，但他没有辩解，仍然坦诚地承认自己的错误。

提出“还账”与“补课”

毛泽东领导中央政治局多次讨论党的历史上的路线是非及其思想根源问题，连续作出了《关于增强党性的决定》（1941年7月1日）、《关于调查研究的决定》（1941年8月1日），并于1941年9月10日起召开政治局扩大会议（至10月22日结束），检讨党的历史上特别是第二次国内革命战争后期的政治路线问题。毛泽东在9月10日会议开始时作重要报告，指出六届四中全会至遵义会议前党中央领导所犯的错误是路线错误，它比立三路线的“左”倾形态更完备，时间更长，后果更惨，其思想根源是主观主义和形式主义。他明确提出要在全党内反对主观主义和宗派主义。

张闻天听了毛泽东的这篇报告之后，在当天会上就发言表示拥护，说：“毛主席的报告，对党的路线的彻底转变有极大的意义。”他赞成清算四中全会以后到遵义会议以前的错误，赞成反对主观主义。他诚恳地表示：“过去我们对苏维埃后期的错误没有清算，这是欠的老账，现在必须偿还。”“反对主观主义，要作彻底的清算，不要掩盖，不要怕揭发自己的错误，不要怕自己的瘌痢头给人家看。”除了“还账”即“清算”历史错误之外，张闻天还就怎样从根本上克服主观主义提出“补课”的要求。他说：“过去国际把我们一批没有做过实际工作的干部提到中央机关来，是一个很大的损失。过去没有做实际工作，缺乏实际经验，现在要补课。”①

从九月政治局会议起，张闻天停止了自己的实际工作，集中研究了许多党的历史文件及毛泽东的全部著作，从党史上认识到毛泽东的路线是中国共产党的正确路线，自己从莫斯科带来及四中全会后发挥的一套是完全错误的。毛泽东不但

---

① 《张闻天选集》，人民出版社1985年版，第313页。

是政治家、军事家，而且是理论家的观念此时在张闻天心中建立起来，张闻天对毛泽东心悦诚服的感觉也从此时发展起来。① 在9月29日的中央政治局扩大会议上，张闻天作了系统发言，确认土地革命后期“路线是错误的”，再一次诚心诚意地检讨错误，明确地承担责任。他说：

> 对中央苏区工作，同意毛主席的估计，当时路线是错误的。政治方面是“左”倾机会主义，策略是盲动的。军事方面是冒险主义（打大的中心城市、单纯防御等）。组织上是宗派主义，不相信老干部，否定过去一切经验，推翻旧的领导，以意气相投者结合，这必然会发展到乱打击干部。思想上是主观主义与教条主义，不研究历史与具体现实情况。从“九一八”、大水灾、冲破三次“围剿”、四中全会等决议开始，便已发生了“左”的错误，这些错误在五次反“围剿”中发展到最高峰，使党受到很严重的损失。我是主要的负责者之一，应当承认错误。特别是宣传错误政策上我应负更多的责任。我们的错误路线不破产，毛主席的正确路线便不能显示出来。但应该说没有当时来中国的外国人的支持，我们的错误不会有这样有力的发展。②

张闻天是从“左”倾的党中央领导集团中首先觉悟而分化出来的成员。他在遵义会议前就同“左”倾的中央领导发生了严重分歧；在遵义会议上为结束“左”倾统治作出了重大贡献；遵义会议以来，又坚持了正确路线，立下了大功。尽管如此，他却没有居功诿过，掩盖历史上的错误。对于自己1931年初至1934年底的错误，他从遵义会议到瓦窑堡会议、苏区代表会议、洛川会议直至六届六中全会，一再进行检讨，以期记取历史的教训而避免重犯。只是受环境与认识的限制，在这之前，他没有认识到是政治路线的错误。经毛泽东在这次会上指明，张闻天即诚恳地承认土地革命战争后期党中央领导所犯的“左”倾错误是路线错误，并从政治上、军事上、组织上、思想上全面地揭发错误，负责地承担错误的责任，深刻地检讨错误的根源。不仅如此，张闻天还表示要用实际行动克服主观主义、教条主义的毛病，解决理论与实际脱节的问题，并且明确表示了离开中央机关，到下层去做实际工作的愿望。张闻天责己如此之严，对党如此之忠诚，令

---

① 张闻天：《1943年延安整风笔记》。

② 《张闻天选集》，人民出版社1985年版，第314页。关于以王明、博古为代表的第三次“左”倾路线发生、发展的过程，全党有一个认识过程。1941年10月13日组织的清算过去历史委员会（成员为毛泽东、王稼祥、任弼时、康生、彭真）在毛泽东主持下起草的《关于四中全会以来中央领导路线问题结论草案》说：四中全会虽有缺点和错误，但“基本上是正确的，因为它反对了李立三的错误路线与罗章龙的反党行为”。认为1931年5月9日中共中央决议案《目前的政治形势及党的紧急任务》，是第三次“左”倾路线的“萌芽或胚胎”；同年9月2日中共中央决议案《由于工农红军冲破第三次“围剿”及革命危机逐渐成熟而产生的党的紧急任务》，是第三次“左”倾路线的“起点或出胎”。这些观点反映了1941年9月至10月中共中央政治局扩大会议对于第三次“左”倾路线的看法。张闻天发言中对第三次“左”倾路线发生时间的看法同这次会议的看法是一致的。

人敬佩。他的服从真理、修正错误的精神，为第三次“左”倾路线统治时期犯错误的同志做出了样子。罗迈（李维汉）在10月22日会上的发言中，谈了自己对博古、洛甫两人的“观感”：对博是“敬而畏”，对洛是“敬而爱”。[①] 这的确说出了张闻天在党内同志心目中的印象。

陕北、晋西北调查

为了用实际行动响应党中央、毛泽东整风的号召，张闻天在参加九月政治局扩大会议后，即下决心到农村去调查研究。他的请求得到了党中央的同意。于是从中央几个部门抽调了九名干部（包括张闻天夫人刘英），组成“延安农村调查团”，由张闻天担任团长，出发调查。

农村调查途中的张闻天与刘英

1942年1月26日清晨，在晨光熹微中，张闻天率调查团从杨家岭出发，中央办公厅负责人李富春、杨尚昆送行至道旁。

张闻天最初选定的调查研究地区是晋西北。[②] 这一地区位于同蒲铁路以西，北起左云、右玉，南至汾阳、离石，是抗日战争时期开辟的根据地。这里没有经过土地革命，实行的是减租减息、“四大动员”（又称“四大号召”，即动员号召地主、富农和其他农民献金、献粮、献鞋和扩大军队）等党在抗战时期的农村政策，因而比陕北老根据地更有普遍意义。调查团离开延安后即向山西进发，张闻

① 罗迈在1941年10月22日政治局会议上的发言记录。

② 据《洛甫同志在晋西北的言论》（记录）“抄者记言”（1942年11月15日）。这份材料共收张闻天讲话记录11篇，现藏中央档案馆。晋西北区是晋绥边区的前身。1940年2月党中央指定组成晋西北军政委员会；11月成立晋西北军区。1942年9月改称“晋绥军区”。同时，成立中共中央晋绥分局。张闻天离开晋西北，时在1942年9月11日，故本文均称晋西北。

天用的化名就叫“张晋西”。

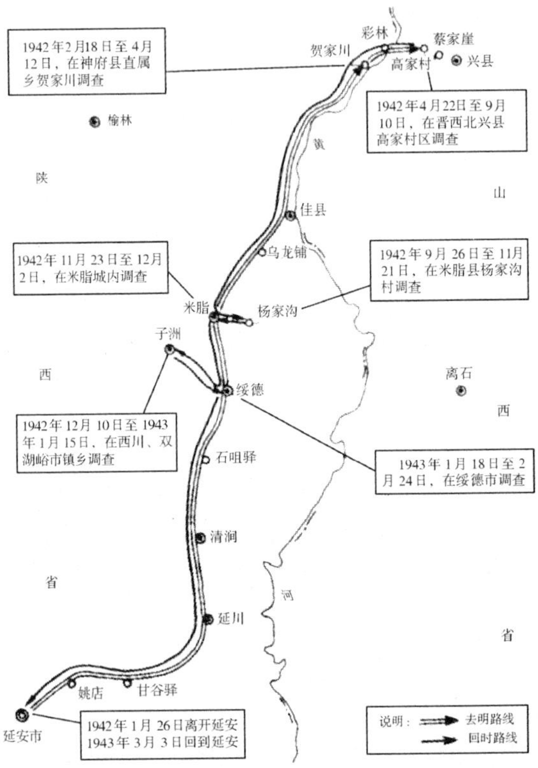

张闻天农村调查路线图

调查团经延川、清涧，于2月2日到达绥德[①]。这里是三五九旅的驻地。旅长王震对张闻天很敬重。当时居住条件差，王震把自己住的窑洞让出来，张闻天执意不肯住。经再三劝说，他才勉强答应，还笑着吟诵《诗经》上的两句诗说，这才真是“唯鹊有巢，唯鸠居之”[②] 了。张闻天一行在这里住了三天。他同王震、袁任远、苏进等同志推心置腹地交谈。谈及自己30年代初所犯错误，毫不隐讳，也没有一点消沉之意。

（1）神府调查

1942年2月14日，正是农历除夕，张闻天一行到达黄河岸边的彩林村渡口。这个村子堪称“塞上江南”，隶属当时新设的位于神木、府谷两县之间的神府县。

张闻天原打算由此东渡黄河进入晋西北地区，由于当时敌人的冬季“扫荡”仍在继续进行，调查团在这里过了春节以后，只得折回陕甘宁边区。张闻天率领调查团来到贺家川，这个地处窟野河畔的大村庄是神府中共分委和县政府所在地。这次调查研究工作就从这里开始。

张闻天认为，调查研究是为了熟悉群众，检查党的政策法令。要真正达到这个目的，必须深入到自然村。关于调查的对象、重心，张闻天认为应是生产力和生产关系，由此而及上层建筑。[③]

张闻天将调查团分成4组，在神府县直属乡调查了8个自然村：贺家川、孟家沟、贾家沟、阎家山、尚家庄、西山上、路家南坬、崔家峁。张闻天亲自调查贺家川。他搞调查很深入，统计非常具体。如关于生产力的情况，了解当地各种

---

① 张闻天的行踪日程据张闻天：《农村调查日记（1942年1月26日—9月25日）》。以下凡在此期间的活动不另注明者均据此。

② 《诗经·召南·鹊巢》首句。

③ 据张闻天：《神府调查经验谈》。《农村调查日记》1942年4月19日记有“提纲”；4月22日晨调查人员会议上讲话时有详细记录，记录收在《洛甫同志在晋西北的言论》（记录）中。

土地类型及其等级，各种作物在各种土地单位面积上的播种量、施肥量和常产量，各种牲畜的使役量、产肥量、租用借用办法、全年的经济效益、各种草料的消耗量等，牛、驴、猪、羊、鸡、兔的粪各有什么特点，适于什么土壤、什么庄稼，为什么高粱产量低农民仍然要种它，为什么贫穷人家不能种小麦、不能种大蒜头，他都了解得清清楚楚。张闻天还带调查团的同志在贺家川赶了一次集，看到有专养公驴拉到集市上来配种的，配种一次收三斗黑豆，而养公驴这行当则被视为“贱业”。张闻天告诉县里的同志，毛驴几乎是陕北唯一的畜力，用处很大，要打破旧观念，鼓励多养配种公驴，养种驴的人多了，收费自然就会降低。

4 月初，各组同志将通过调查整理出的材料汇集到张闻天那里，张闻天综合研究后亲自写成调查报告。5 月 18 日印就，即送延安毛泽东、中央书记处、中央党务研究室等。这就是《贺家川八个自然村的调查》[①]。这篇调查报告在 1943 年 10 月即公开出版，全文约 5 万字，分 41 节，附统计表格 38 张，用确凿的材料叙述了贺家川等八个自然村的基本情况（1—8 节）、生产力（9—19 节）和生产关系（20—34 节）的状况以及上层建筑的各个方面（35—41 节），在此基础上对农村经济发展的趋势作出了估计。

（2）兴县调查

1942 年 4 月 13 日，张闻天率调查团东渡黄河到达兴县，又因敌情关系，未能深入晋西北内地，自 4 月 22 日起即在晋西北区党委驻地兴县碧村及兴县范围内的村庄做调查。张闻天住在碧村对面的任家湾。

张闻天和他的调查团原来只准备调查几个村子。晋西北区党委的同志表示想派一些负责同志参加，一起到下面调查，请张闻天指导。这样，兴县调查的队伍就扩大了许多，晋西北党、政、群干部有 40 多人参加进来，调查的范围为 14 个自然村：碧村、任家湾、黑峪口、唐吉、桑蛾、中庄、高家村、西坪、赵家川口、冯家庄、花园沟、柳叶村、碾子村、高家沟。张闻天亲自设计调查表格，商定调查组织，制订实施方案。兴县调查仍以生产力与生产关系为主题，深入自然村按户调查为基本方法。出发之前，他召开全体调查人员会议，作了《神府调查经验谈》的报告。

张闻天到兴县调查不久，敌人于 1942 年 5 月起对晋西北抗日根据地发动大规模“扫荡”，直奔晋西北地区的政治中心兴县。在紧张激烈的反“扫荡”战争中，调查团与晋西北党政机关部分人员随敌情变化，自 5 月中旬至 8 月中旬，三次疏散到黄河西边神府县境。[②] 张闻天虽在黄河两岸来回奔波，但对调查工作却一点也不松懈。

---

① 《贺家川八个自然村的调查》，1943 年 10 月由中共西北中央局调查研究室出版，署名延安农村工作调查团，书名为《陕甘宁边区神府县直属乡八个自然村的调查》。1986 年 9 月人民出版社将这篇调查报告同《晋西北兴县二区十四个村的土地问题研究（报告大纲）》合在一起，以《神府县兴县农村调查》的书名出版（后引此书不再标明版本），署名张闻天。

② 据张闻天《农村调查日记》载：1942 年 5 月 16 日因敌入兴县，于早上过河；5 月 21 日上午过河东、返任家湾原住地。这是第一次。第二次，6 月 25 日因敌情关系转移河西，晚 12 时到后杨家沟；7 月 20 日下午过河回任家湾。第三次，8 月 9 日情况紧张又过河西；8 月 17 日上午动身，下午 2 时回任家湾旧址。此外，张闻天还因牙痛于 7 月 31 日下午同甘泗淇一起过河西诊治，8 月 4 日下午返回河东。

张闻天亲自调查了任家湾和碧村，整理出调查报告《碧村调查》，着重研究土地占有变化和租佃关系。其他同志在张闻天指导下分别写出各个自然村的调查材料。可惜这些材料都已亡佚，估计是1947年3月党中央从延安撤退时销毁了。

6月底《碧村调查》等兴县14个自然村调查材料分别整理完稿以后，张闻天即有计划地在七八两月连续召开座谈会，将研究工作引向深入。在阶级关系问题（7月8日至9日，三次）、土地问题（7月13日至14日，两次）、租佃关系问题（7月23日至26日，四次）、村政权工作问题（8月18日至23日，六次）等座谈会上，张闻天作了多次重要发言（留有记录者七次）。此外，还有两次正式的报告会：7月27日至30日作《土地问题研究》报告，8月30日至31日作《村政权及其他》报告。①

张闻天在兴县调查时还写了《兴县十四个自然村的土地问题研究》。② 这个研究报告大纲对这一未经土地革命的地区，在抗日战争期间农村阶级关系的变化、土地占有的变化、借贷关系的情况等作了分析，特别着重分析了租佃关系的变化与执行政策的状况，提出切实掌握新民主主义经济政策，发展农村经济的意见。

在第二次紧急疏散到神府县的后杨家沟村之后四五天，迎来了中国共产党21周年的生日。为纪念党的生日，张闻天召集参加兴县调查的全体成员，连同驻在该村的晋西北后方机关的干部，共约六七十人，于7月1日晚在打麦场上集会，由他发表讲话，专门论述毛泽东在中国革命过程中无可比拟的伟大作用。那天晚上，皓月当空，凉风轻拂，高原景色，壮丽绝伦。张闻天不是鼓动家，讲话不徐不急，娓娓道来，自然畅达，出自心声。他扼要地叙述了党成立21年来的历史，取得的胜利和经历的挫折，讲了陈独秀投降主义、立三路线、张国焘路线等的错误和危害。也讲了土地革命后期在白区及苏区工作中的严重错误和损失。他反复强调，中国革命过去的历史证明，有了毛泽东同志的领导，革命力量就会逐渐壮大，就会逐渐走向胜利，就可以转危为安；如果不听毛泽东同志的意见，或反对毛泽东同志的领导，革命就会遭受挫折，就会转胜为败，就会从顺利走向困难。他反复说明，21年来中国革命的历史证明，中国革命如果离开了毛泽东同志的正确领导，就不可能取得胜利；反之，今后的中国革命，有了毛泽东同志的正确领导，不管环境多么困难，最后一定能取得胜利。他极其明确地指出：中国革命21年来的最大收获和最大成就，就是在长期革命斗争中，形成了久经考验的、英明正确的党的领袖毛泽东同志的领导，这是中国革命必然会取得最后胜利的可靠保证，也是我们纪念党的生日时全党值得庆幸的一件大事。③

从这篇讲话可以看出，张闻天对毛泽东是怎样由衷地钦佩与深刻地了解。

张闻天到兴县调查时，全党整风已经开始，他注意将调查研究同整风结合起

---

① 均见《洛甫同志在晋西北的言论》（记录）。

② 此文当时没有刊印。收入《神府县兴县农村调查》一书，题目改为《晋西北兴县二区十四个村的土地问题研究（报告大纲）》。

③ 张闻天1942年7月1日晚“纪念党的二十一周年”的讲话内容，有当时听讲者马洪、尚明、段云、曾彦修、雍文涛、薛光军、薛一平的回忆文章，题为《回忆张闻天同志的一次重要讲话》，载《人民日报》1979年8月27日，收入《回忆张闻天》一书。

来，注意从整顿三风（即反对主观主义以整顿学风，反对宗派主义以整顿党风，反对党八股以整顿文风）的高度来观察和分析问题。1942 年 5 月 7 日，张闻天在晋西北区党委座谈整顿三风的会上发言，结合实际事例具体地分析了主观主义、宗派主义、党八股的种种表现。强调整风学习要“从实际工作中学习。研究 22 个文件，了解其精神，根据精神解决实际问题”。他还指出，晋西北同样存在着主观主义、党八股，而且很严重。在 8 月 31 日报告中谈基层领导工作时，张闻天也指出，领导方式的严重缺点是三风不正。①

曾有人以为张闻天到农村去调查是为了“躲风”。其实，从张闻天在 1941 年九月政治局扩大会议上的发言就可以判断，这种说法纯属无稽之谈。张闻天曾说，九月政治局会议后，“为了不阻碍毛主席整风方针的贯彻，同时为了使自己多多少少同实际接触一番，所以决心出发、考察一时期”；还说，当时“以为我好好的做调查研究工作，实际接触群众，也就等于整风了”。② 可见，张闻天到农村去调查，不但不是为了“躲风”，而且正是为了搞好整风。他在兴县将调查研究同整风有机结合起来，也是他拥护整风，用实际行动参加整风的很好注脚。

然而，张闻天对当地三风不正的批评却引出了麻烦。本来，张闻天领导的兴县调查，成绩显著，当时晋西北区机关参加工作的同志对这次调查研究都很满意、很兴奋。他们说，这次调查对他们帮助很大，他们这次真正接触了农村，接触了老百姓，知道他们过去的领导如何不合实际等。③ 但当时的晋西北区负责同志从延安回来却对此很不以为然，认为调查团搞的这一套东西，完全要不得，说调查也可以是主观主义的。张闻天后来曾说过，在晋西北工作的不足之处主要是“很老实的发表了自己的意见，批评了我所看到的各种三风不正现象（这种现象在晋西北是很严重的），没有很好的估计到区党委及其领导同志的威信”。④ 既然人家不欢迎，张闻天即决定结束在晋西北的调查。晋西北区机关参加调查的人员都要求对这次调查研究工作作一个总结，张闻天提议把他们集中起来完成此事，也遭拒绝。兴县调查就这样不善而终。

离开兴县以后，张闻天在兴县调查的基础上，于 10 月 7 日写成一篇 2000 字的理论文章：《发展新式资本主义》。⑤ 文章简要分析兴县二区十四个自然村 897 户的阶级成分，说明“资本主义生产成分在农村是很微弱的，封建的成分，即地主与农民的成分，还占优势”。张闻天指出，“封建剥削制度是落后的。资本主义生产方式，是现时比较进步的，可使社会进化的。”他对比分析了封建的和资本主义的经营方式的不同，生产力的高低也大不相同，说明资本主义的经营“对全社会更有利”。

---

① 据《洛甫同志在晋西北的言论》（记录）。

② 张闻天：《1943 年延安整风笔记》。

③ 同上。

④ 同上。

⑤ 这篇文章张闻天生前没有发表过，1989 年出版的《中共党史资料》第 29 辑首次刊载，编者另拟标题《关于农村发展新民主主义经济的一个问题》。“新式资本主义”一语，毛泽东 1944 年也曾用过。1948 年毛泽东提出今后不用这个词语，名字还是叫新民主主义经济好。

张闻天指出：“发展新式资本主义是新民主主义经济的全部方向和内容，也是将来社会主义的前提。”同时他又指出：“我们所提倡的新式资本主义，与欧美的旧资本主义不同。我们有革命政权和革命政策，调节社会各阶级关系。凡可以操纵国民生计的工商业，均握在国家手中。”在文章最后，张闻天不无针对性地得出以下结论：

> 中国社会将来才是社会主义和共产主义，今天则要实行新民主主义，就是新式资本主义。因为中国太落后，只有走过新式资本主义的第一步，才能走社会主义的第二步。社会主义和共产主义，是我们的理想。发展新式资本主义，是我们现时的任务，也是我们当前的具体工作。若把理想当现实，乱来一阵，会弄糟糕的。

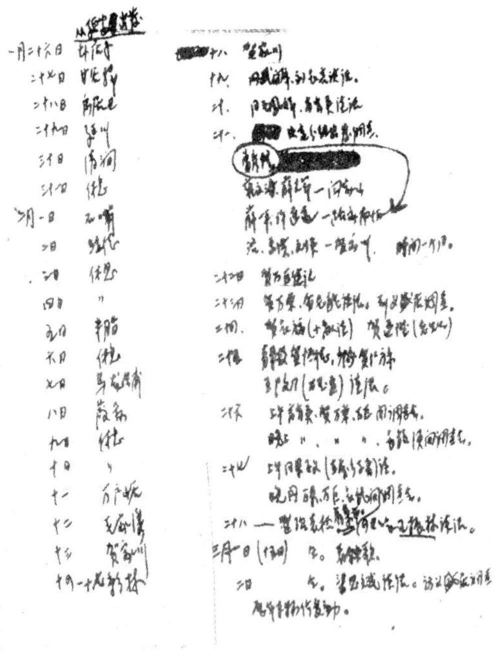

张闻天《农村调查日记》手迹

当时，党实行抗日民族统一战线的农村政策。1942年1月中央政治局通过的《中共中央关于抗日根据地土地政策的决定》确定的基本原则之一，是“承认资本主义生产方式是中国现时比较进步的生产方式，而资产阶级、特别是小资产阶级与民族资产阶级，是中国现时比较进步的社会成分与政治力量。富农的生产方式是带有资本主义性质的，富农是农村中的资产阶级，是抗日与生产的一个不可缺少的力量”，所以，“党的政策，不是削弱资本主义与资产阶级，不是削弱富农阶级与富农生产，而是在适当的改善工人生活条件之下，同时奖励资本主义生产与联合资产阶级，奖励富农生产与联合富农”。张闻天在这篇文章中论证的中国农村必须利用资本主义以发展生产力，以创造社会主义的前提，对抗战时期党的农村政策作了很好的阐述和发挥。

（3）杨家沟调查

张闻天率延安农村调查团离开兴县后转回黄河西岸陕甘宁边区，从9月26日起开始以米脂县杨家沟为中心的农村调查。

米脂县杨家沟是全国罕见的一个地主经济集中的村庄。这里聚居着马姓55户大、中、小地主。最大的一家殷实地主马维新，是当地地主集团实际的代表人物。他家保存着起自清道光二十五年（1845）直到眼下百年的大量买地、典地、收租、放债、雇工、经商和日常生活收支等各种账簿。张闻天知道后，如获至宝，让人前去商借。马维新比较开明，把这些账簿全拿出来任凭张闻天他们研究。账簿真多，一次堆满半间房，还换了几次。张闻天一本一本翻阅，还亲自同调查团的秘书马洪一道核算。马洪打算盘，张闻天则拉计算尺（这把计算尺还是他在美国留学时买的，已随身带了十五六年），刘英帮着抄数据、材料，忙了几十天。张闻天风趣地说：马克思在伦敦大英博物馆里算资本家的“账本子”，写了《资本论》，我们想要弄明白中国的经济，也不能不研究马太爷的“账本子”啊![1]

张闻天（右）在晋西农村调查研究时同农民交谈

在算账和调查、访问的基础上，张闻天同马洪、刘英等进行了深入的研究，然后由马洪执笔写出调查报告初稿，交给张闻天反复修改写定。这部《杨家沟地主调查》[2]，细致地解剖了马维新这个地主从18岁代替父亲管理家务起39年的经济活动，详尽地分析了马维新兼并土地的活动，他的租佃关系、借贷关系、雇佣关系，以及商号经营情况，统计出1912—1941年30年来马维新一家的收支情况，还参照其他材料统计出1894年以来近50年杨家沟一带的年成。调查报告以翔实可靠的材料说明，封建地主阶级如何以地租剥削为基础，将地租同高利贷、商业剥削结合在一起，对农民残酷剥削和掠夺土地，以至大地主如何对中小地主进行弱肉强食的土地兼并的情况。这是一个具有很高学术价值的调查报告。这样一种具体充实的同类性质的调查和报告，在中国极为少见。

（4）绥德工商业调查

---

① 据曾彦修：《根深不怕风摇动——怀念张闻天师》、刘英：《身处逆境的岁月——忆闻天》，见《回忆张闻天》，湖南人民出版社1985年版，第141、331页。

② 《杨家沟地主调查》于1957年5月以《米脂县杨家沟调查》的书名由三联书店出版，署名延安农村工作调查团。1980年3月由人民出版社重版。

离开杨家沟之后，张闻天在米脂城内作了短期调查（11 月 23 日至 12 月 2 日）。从 12 月 10 日起至 1943 年 1 月 15 日，主要在绥德西郊河川地区及双湖峪（今属子洲县）作经济调查，涉及盐滩、煤窑等工业。从 1 月 18 日起至 2 月 24 日，在绥德市作商业调查。就在这时，张闻天接到要他立即返回延安，参加中央政治局会议的通知。于是，张本人即中断调查，在 1943 年 3 月 3 日回延安。其他同志仍继续调查。但绥德调查搜集的材料，大多没有来得及整理。

（5）进行农村经济分析，提出政策建议

通过陕北、晋西北调查，张闻天对于中国农村经济实际进行了具体、深入的研究，得到关于农村生产力与生产关系现状和发展趋势的比较系统的认识，对当时农村政策的执行情况及调整办法也提出了自己的看法。这些真知灼见，有的当时就受到重视，有的后来才为人们所注意。

张闻天指出，陕北、晋西北的土地占有，总的说来是从封建式的土地占有的集中向着农业小生产的分散发展。这里的农业生产主要是原始的小生产，所以这种趋势有利于生产力的提高，是进步的。充足的人力，再加上充足的畜力，就是农业小生产者的崇高理想。土地革命或减租减息，激发了农民的劳动积极性，在没有战事、政策得当的条件下，土地生产力的恢复、提高不需要多长时间。然而，小生产经济无法使用比较进步的生产工具，劳动力的所有与使用存在矛盾，畜力的大量和合理使用受到妨碍，肥料的产量与适当使用也大受影响，因此分散的小生产还是影响生产力的发展，土地生产力总的说来是低下的。这就说明，一方面现有农村经济可以战胜根据地面临的困难，支持长期抗战；另一方面，要重视政策的真正执行与必要调整，以利于农村生产力的发展。

1942 年 9 月 16 日，张闻天（右四）同调查团的同志在神府彩林谷子地边合影。

关于农村阶级、阶层的状况及其变化动向，张闻天指出：资本主义生产成分在农村是很微弱的，农村人口的大多数是中农、贫农小资产阶级成分；地主在量上减少，其每户经济削弱，富农在量上增加，其每户经济缩小，贫农一部分上升为中农，一部分则下降，有些最终将成为雇佣劳动者，而中农是农村经济中的主要力量。张闻天认为，应该从中农中分出"富裕中农"一项，因为"中农中的富裕中农，是代表农村中较高生产力的一个阶层"，"以后农村经济的发展，将是中农经济的继续发展。一部分贫农将上升为中农，中农将变为更加富裕的中农。这种大多数农民的向上发展，是新民主主义社会的特点"。①毛泽东在 1933 年《怎样分析农村阶级》一文中已提出过"富裕中农"这一阶层，张闻天则将"富裕中农"这个阶层放到了重要的地位，对它的作用、发展方向作出估计，在这个具体问题上丰富和发展了毛泽东关于农村阶级分析的思想。

张闻天从农村阶级关系变动中看出，农村经济的发展，将是封建势力削弱，个体小生产经济发展，中农向富农发展，地主向富农转化，发展趋势是资本主义经济。②

根据这一发展趋势，张闻天以是否有利于生产力发展为根本出发点，提出我们现时的农村经济政策应是"切实掌握新民主主义的经济（政治）政策（三分封建，七分资本主义）"，是"积极推动资本主义经济的发展（三分封建主义七分资本主义）"。③张闻天曾将这种在新民主主义下的资本主义称为"新式资本主义"。与此相应，张闻天提出了一系列具体政策建议。他认为，在当时地主向经营地主、富农发展，新政权应该帮助，给地主打通这一出路；限制富农发展是不对的。④1941 年以来的土地买卖，"带有土地调剂、调整、解决一部分土地问题的进步性质，应让其自由发展"，"以后土地问题的解决，除继续采取'迫'、'挖'的方法外，还应采取'拉'的方法，即转变其生产方式的方法。这即是提倡资本主义式的经济"。⑤对于租佃关系、借贷关系，他主张实行要求地主减租又规定农民部分交租，反对高利贷又要交息还本这样的两重性政策，调整和稳定租佃关系，活跃农村金融，以发展农业生产，提高土地生产力。

张闻天的这些观点与建议是从实际中来的，同党中央当时实行的政策，方向和精神是一致的。中共中央继 1942 年 1 月 28 日作出《关于抗日根据地土地政策的决定》之后，2 月 4 日又发出《中央关于如何执行土地政策决定的指示》，指明："在经济上，目前我党的政策，以奖励资本主义生产为主，但同时保存地主的若干权利，可以说是一个七分资本、三分封建的政策。"⑥与中央文件对照，张闻天调查研究后得出的主要结论，在某些问题的阐述和论证上有独到、透辟之处，

① 引自《神府县兴县农村调查》，第 59、60 页。
② 据张闻天 1942 年 7 月 9 日讲话《农村阶级关系问题》（记录稿）。
③《神府县兴县农村调查》，第 116、88 页。
④ 张闻天 1942 年 7 月 9 日讲话《农村阶级变化问题》（记录稿）。
⑤《神府县兴县农村调查》，第 90—91 页。
⑥《中共中央文件选集》（13），中共中央党校出版社 1991 年版，第 295 页。

有些政策建议对党中央已经规定的政策有所充实、发展。

出发归来

（1）离开中央书记处

张闻天离开绥德赶回延安，是为了参加中共中央政治局会议。这次会议从1943 年 3 月 16 日至 20 日举行。会议通过了《关于中央机构调整及精简的决定》，推选毛泽东为政治局主席、书记处主席，决定书记处由毛泽东、刘少奇、任弼时组成。从此，张闻天正式离开了书记处，但他仍然是中央政治局委员，同时担任新设立的政治局和书记处的两个助理机关之一的中央组织委员会的委员。①

对于自己在党内职务的变动，张闻天思想上早有准备，也就安之若素了。

（2）写《出发归来记》

三月中央政治局会议后，张闻天集中精力总结一年多来调查研究的体会，于 3 月 27 日写成《出发归来记》②，作为向党中央的报告。

张闻天出发调查的根本目的是为了“补课”，补缺乏基层实际经验这一课。他总结一年多的调查工作，认为最重要的收获在于“冲破了教条的囚笼，到广阔的、生动的、充满了光与热的、自由的天地中去翱翔”，认识到“以后有向着接触实际、联系群众的方向不断努力的必要”。这是张闻天思想发展过程中的又一次飞跃。这次飞跃主要是在哲学世界观方面，因此带有根本性质。从此，他完全、彻底地摒弃了主观主义的学风，自觉地向着理论与实际联系、领导与群众结合的方向不断前进。

张闻天体会到，只有同实际、同群众保持经常的联系，才能把握生动活跃、变化多端的现实生活，正确地决定我们的任务与政策。他说：“一个真正唯物论者的起码态度，就是一切工作必须从客观的实际出发，必须从认识这个客观的实际出发。”“整顿三风，对于一个共产党员是否有实际的效果”，可以拿他是否从实际出发办理一切事情这个标准加以测量。张闻天从自己到陕北、晋西北调查的实践中概括出知识分子出身的党员实现自我改造的途径：首先是彻底击破阻止他们走向实际的思想壁垒，然后是在行动上真正同实际，同群众接触起来。他认为，延安一年来的整风运动已经做了第一步工作，现在必须以第二步的工作来充实。张闻天还进而指出：“接触实际，联系群众，这是一个共产党员的终身事业”，应该“真心诚意向着接触实际、联系群众的方向长期努力下去”。他从哲学的高度阐明，这个方向没有尽头，但只要努力去做，就会有好的结果。“这个无穷的方向，也就这样在我的长期努力所获得的有限的结果中能够被一步一步地体现出来”。反之，“任何共产党员，即使他过去既接触实际，又联系群众，只要他一旦

---

① 《中共党史大事年表》，人民出版社 1987 年版，第 160 页。中央组织委员会由刘少奇、王稼祥、康生、陈云、张闻天、邓发、杨尚昆、任弼时组成，刘少奇兼书记。

② 《出发归来记》全文收入《张闻天选集》。以下引述均据该书。

脱离实际、脱离群众，他就会硬化起来，走进老布尔什维克的博物馆，做历史的陈列品”。

张闻天认为，是否真正的唯物论者，不仅在于他口头上是否承认和宣传唯物论的普遍原则，主要看他实际行动是否真能这样做。张闻天的可贵之处正在于此。他一旦把握了真理，就身体力行去实践真理。出发归来后，他又立即投身于对陕甘宁边区工业的调查；抗战胜利后，张闻天即主动要求到东北从事地方工作，都说明他是言行一致的真正的唯物论者。

在《出发归来记》中，张闻天还结合一年多的切身体验，对调查研究的意义、对象、原则、方法作了系统、深刻的论述。

张闻天认为：“调查研究是从实际出发的中心一环”；领导干部同实际、同群众保持联系的一个又简便、又生动、又实际的办法，是抓住一个典型的村或乡或一个市镇进行深入调查研究；而“亲自动手”的主要意义是亲自接触实际、接触群众、接触最下级的干部。关于调查研究的对象，张闻天指出，“‘从实际出发’，首先应该是从生产力与生产关系所结合成的社会生产状况出发。所以调查研究的首要对象，也应该是生产力与生产关系。”至于具体的调查对象的确定，张闻天提出“着重典型”的原则，即在同一类事物中选择典型来调查研究。关于调查研究的方法，张闻天具体阐发了毛泽东 1941 年 9 月 13 日在《关于农村调查》一文中对于“对立统一”方法的论述，提出“调查研究工作的主要方法是分析与综合”。他指出：分析与综合是一个对立统一。这就是从模糊的、笼统的具体印象到抽象，再从抽象到明确的、充满丰富内容的具体概念之认识过程。张闻天在实践中对调查研究的具体方法也有丰富和发展。除了开调查会之外，采取了按户调查、个别谈话、问卷分析、实地考察等方式，同时重视书面文献、材料的搜集。张闻天还强调调查与研究相结合，调查材料应经常整理、补充校正；调查初步完成，即应在当地加以研究。

从这里可以看出，张闻天是从理论与实际的结合上接受并且阐发了毛泽东关于调查研究的理论和方法。

（3）警惕王明的挑拨

张闻天从绥德回到延安后，曾同刘英一起去看过一次还在养病的王明。王明对张闻天说：这次整风，主要是惩我们莫斯科回来的同志的，尤其是你。1940 年 3 月恩来同志从莫斯科治伤后返回延安，传曼努伊尔斯基（共产国际执委主席团委员）的话说，你是我党的理论家。毛主席听了这句话大发脾气说，什么理论家，背了几麻袋教条回来。所以要特别反对你。王明还说，自己太不懂人情世故了，什么话都随便说，所以遭了毛主席的忌。毛主席此人实在太厉害，真是睚眦必报。孟庆树（王明的妻子）也在一旁插嘴帮腔。[①] 张闻天听了王明这番话，立即警觉到他是有意挑拨，没有附和。他在后来追述此事经过时写道：“王明讲话，立即提起了我的警觉性，觉得他是有意挑拨，所以我当时讲话很少，态度也冷冷

① 张闻天：《1943 年延安整风笔记》；访问刘英谈话（1991 年 9 月 6 日）。

的。我说，我们过去确有很多错误，应该好好反省。"① 在中共七大大会发言中，张闻天也特别提到，对于利用党总结第三次"左"倾路线错误进行挑拨离间的阴谋，应该好好的警惕与戒备！②

（4）延安工业调查

张闻天参加三月政治局会议后，就在延安进行工业调查。这可以说是绥德工商业调查的继续。1943 年 4 月 2 日，张闻天在陕甘宁边区政府直属各公营工厂会议上就"关于公营工厂的几个问题"发表讲话。他指出，必须明确认识"公营工厂的任务有三，即供给公家的任务，发展边区经济的任务，培养管理工厂干部的任务"。为了办好公营工厂，张闻天提出，必须把统一供给、统一定货及分散制造的原则确定下来，以解决供、产、销的矛盾；必须改变工厂是行政机关供给部门的性质，实行"经济核算制"，计算成本与利润，定出各种指标，使产品"不但数量多，而且价廉物美"；必须贯彻工厂管理一元化的方针，在厂长集中领导下，团结一致为完成生产任务奋斗，反对同厂方对立的经济主义、平均主义、无政府主义的偏向。他特别指出，工厂内党和工会的工作要有一个"彻底的转变"，"必须以完成工厂的生产任务为其基本内容"，党和工会的教育与活动必须"对提高工人的劳动热忱与劳动纪律有帮助"，否则应该停止。5 月 9 日，张闻天还给难民工厂写信，号召参加向模范工人赵占魁学习的"赵占魁运动"。张闻天的讲话和信先后发表在 1943 年 5 月 1 日和 5 月 19 日的《解放日报》上，对边区公营工业贯彻整风精神，纠正官僚主义、自由主义倾向，对公营工厂的改革与建设，对边区职工运动的发展，具有指导意义。就在公开发表张闻天讲话的同一天，中共中央发布了《关于目前各抗日根据地职工运动的决定》。张闻天的讲话同中央决定的精神是完全一致的。

（5）担任党中央政治材料室主任

从 1943 年秋天起到 1945 年 4 月中共七大召开，张闻天参加中央政治局和高级干部党史上两条路线问题的学习讨论，参加历史问题决议的起草和中共六届七中全会（下节叙述）。

1944 年春，中央政治研究室改组，成立中央政治材料室，张闻天兼任主任。这时，他迁居枣园，工作任务不重，生活轻松愉快，闲来下下围棋，还种点草莓、西红柿之类。

1944 年 6 月以后，筹备出版《参考资料》。张闻天亲任主编，他的秘书邓力群、徐达深做助手。他亲自动手，搞了一本大事记。每两个星期，材料室的几个同志到他住处商讨一次，议论形势，商量选题。选题商定以后，他总是亲自承担一两个题目，从收集、整理材料到起草和誊写，都自己动手；写成后都送给大家征求意见，然后亲自改定，孜孜矻矻，一丝不苟。他确定将研究美国（特别是美国经济）和研究国民党分别作为国际问题和国内问题的重点。在这个铅印的内部

① 张闻天：《1943 年延安整风笔记》。

② 洛甫：《中国共产党第七次全国代表大会发言草稿》，1945 年 5 月 4 日铅印稿，第 6 页。

刊物上，他以“记者”名义发表了《最近美国对华动向》、《十二中全会后国民党的动态》等九篇详尽的国内外重大问题的评论文章，为党中央和党内高级干部及时提供了对于国内外形势与动向的有分析的具体材料。对于其他承担选题的同志，张闻天总是叮嘱首先占有大量确凿的材料，要学会用马克思主义的立场、观点、方法整理、分析材料，从中引出科学的结论，有多少材料说多少话，切忌主观臆测、凭空推断，切忌看到一点皮毛就妄加引申。政治材料室的同志写出文稿以后，张闻天总是和作者一道反复讨论、修改，直到定稿。经过他的言传身教，政治材料室的同志提高了各自的研究水平，在研究工作的实践中逐渐树立起正确的学风。邓力群在四十多年后回忆这段经历时写道：“我自己从事实际问题研究的第一课，是从这时开始的。第一课的老师，就是张闻天同志。由于他的教导和示范，使我开始懂得，做研究工作，走什么样路，才能取得应有的效果。这样的教导和示范，使我终生难忘。”①

---

① 邓力群：《坚持对共产主义的忠贞和深情——为老师闻天同志八十五岁诞辰而作》，见《回忆张闻天》，湖南人民出版社 1985 年版，第 26 页。本段关于政治材料室的情况据此文，并据访问何锡麟谈话（1990 年 8 月 16 日）、访问徐达深谈话（1991 年 9 月 9 日）。

二十　总结历史经验

研究党史，写《反省笔记》

1943 年 9 月上旬至 10 月下旬，张闻天出席了在此期间举行的中央政治局会议，批判抗战初期王明右倾投降主义的错误。从 10 月 10 日起，张闻天参加党的高级干部对于党的历史和路线是非问题的重新学习和研究。中央组织的这次党内历史上两条路线斗争的学习，是整风运动的深入与提高。出席七大的代表和高级干部七百多人参加了学习和讨论。12 月初，中央政治局又开会进一步讨论六大以来党的历史问题，特别是检讨六届四中全会到遵义会议这四年间的路线是非。张闻天同李富春、杨尚昆、聂荣臻等编在一个学习组里。讨论的地点就在杨家岭张闻天的窑洞里。气氛是严肃的，也是平和的。毛泽东在 9—10 月政治局会议上强调，检讨错误必须采取历史的方法、从实际出发的方法、批评和自我批评的方法，对犯错误的同志，必须实行“惩前毖后、治病救人”的方针。这次高级干部研究党史，正是按照这个方针进行的。

在这次集中学习之前，已经经过了 1942 年开始的全党整风，《六大以来》、《六大以前》和《两条路线》等重要文件汇集已经先后编出，所以通过这次学习、回顾、讨论，对六大以来特别是六届四中全会以来的路线是非的认识与评价，就比 1941 年九月政治局会议的认识与评价更加完整、深入与全面了。在此基础上，中央要求每个七大代表和高级干部写一份“自传”。张闻天对自己进行了无情面的解剖。经过内心的矛盾、悔恨与不平的情绪的交替这样一个痛苦的过程，于 1943 年 12 月 16 日写成一篇近四万字的自传，题曰“反省笔记”。[①] 笔记分十个部分：一、入党以前；二、入党；三、莫斯科学习时期；四、四中全会到遵义会议前；五、从遵义会议到十二月会议前；六、从十二月会议到六中全会；七、从六中全会到九月政治局会议；八、出发一年；九、一九四三年；十、最后的几句话。

张闻天的《反省笔记》，后来被称为《1943 年延安整风笔记》。在笔记中，

---

① 这篇笔记的部分内容以《从福建事变到遵义会议》为题收入《遵义会议文献》，人民出版社 1985 年出版。该书称这篇笔记为《1943 年延安整风笔记》。原件藏中央档案馆。

张闻天扼要地叙述了自己的经历和思想发展过程，几乎绝口不谈自己对革命事业的贡献；而对于自己六届四中全会后所犯的“左”倾路线错误，进行了系统、深刻的揭发、批判，毫不含糊地承担应负的责任，表现出高度的自我批评精神。在笔记中，对曾经参与的历史事件和与此相关的同志，他都负责地一一说明事实的真相，客观地评价其功过是非。这篇笔记，既是张闻天从自我批评的角度写出的一部“自传”，又是从一个重要领导人的侧面反映党的曲折发展历程的珍贵史料。

张闻天写完这篇笔记之后，便送到毛泽东那里请他过目。毛泽东看后立即到张闻天的窑洞里来，说：我一口气把它读完了，写得很好！① 1943 年 12 月 28 日，中央政治局发出《关于〈反对统一战线中机会主义〉一文的指示》，明确指出，“自遵义会议以来，九年之中以毛泽东同志为首的中央的领导路线是完全正确的”，“现在除了王明博古以外，一切领导同志都是团结一致的”②。这些论断，包含着对张闻天历史功绩的肯定，也包含着对张闻天的自我批评精神及整风笔记的肯定。

对于两条路线学习中提出的许多问题，中央政治局进行了讨论。张闻天参加了这些讨论。1944 年 3 月，政治局对几个重要问题，如关于研究历史经验应取何种态度的问题；关于党的六大的评价的问题；对于六届四中全会至遵义会议时期中央的领导路线问题应作两方面分析；关于 1931 年上海临时中央及其后由此临时中央召开的五中全会是否合法的问题；关于党内历史上的宗派问题等，作了结论。毛泽东 1944 年 4 月 12 日在延安高级干部会议上和 5 月 20 日在中央党校第一部就路线学习、时局和作风问题作讲演（两次讲演后来整理成《学习和时局》一文），传达了中央政治局的结论，对自 1941 年九月政治局会议开始的几次关于党的历史的讨论和 1943 年 10 月起进行的全党高级干部的两条路线问题学习、讨论作了一个总结。持续将近四年的党史两条路线问题的讨论，大大地帮助了党内思想在马克思列宁主义基础上的统一，为 1945 年召开中共七大作了重要的准备。

参与起草《关于若干历史问题的决议》

本来，在 1941 年九十月间召开政治局会议时，中央就组织了“清算过去历史委员会”，并起草了《关于四中全会以来中央领导路线问题结论草案》（以下简称《结论草案》）。③ 由于当时全党还没有开始整风，党内高级干部尚未深入研究党的历史问题，《结论草案》也有待充实、修改，所以就暂时搁置起来了。到了 1944

① 访问刘英谈话（1985 年 10 月 22 日）。张闻天在 1969 年 6 月 28 日写的一份材料中也提到，他的“口头和书面检讨，在‘七大’上也作了自我批评，都得到过毛主席的鼓励”。

② 《中共中央文件选集》（13），中共中央党校出版社 1985 年版，第 143 页。博古不久也有了转变，1944 年 5 月 19 日参加了“党的历史问题决议准备委员会”。

③ 清算过去历史委员会于 1941 年 10 月 13 日由中央书记处会议决定组织，由毛泽东、王稼祥、任弼时、康生、彭真五人组成，以毛泽东为首，委托王稼祥起草文件。档案中存有当时起草的文件，题为《关于四中全会以来中央领导路线问题的结论草案》。

年春天毛泽东主持政治局会议对若干重要问题作了结论以后，党中央又重新提出起草历史决议问题。1944年5月10日，中央书记处会议决定组织“党的历史问题决议准备委员会”，成员为：任弼时（召集人）、刘少奇、康生、周恩来、张闻天、彭真、高岗。5月19日又增补了秦邦宪。5月21日起，党的六届七中全会开始举行。从此时开始，历史问题决议的起草工作经过了将近一年，直至1945年4月20日《关于若干历史问题的决议》在六届七中全会上原则通过（后经七届一中全会修改，于同年8月9日在七届一中全会第二次会议上一致通过）。

《关于若干历史问题的决议》是一个重要的历史文献。它总结了建党以来的历史经验，对于若干重大历史问题作出了正式结论，从政治上、军事上、组织上、思想上批判了六届四中全会至遵义会议期间中央的“左”倾领导路线；高度评价了毛泽东运用马克思列宁主义解决中国革命问题的杰出贡献；系统地概括了中国新民主主义革命的理论、路线、方针、政策。它是整风运动的重要成果，使全党尤其是党的高级干部达到马克思列宁主义、毛泽东思想基础上的团结一致，为中共七大的召开在思想上作了充分准备。《关于若干历史问题的决议》是一个集体创作。它是以毛泽东思想为指导，又是在毛泽东直接指导和参与下完成的。张闻天作为负责起草《决议》的准备委员会的成员，不仅认真参加了总结历史经验的讨论，而且在历史决议反复修改的过程中发挥了积极作用。

前面已经写到，张闻天在1941年九月政治局扩大会议上的发言中，就已接受毛泽东的批评，从政治、军事、组织、思想四个方面检讨了“左”倾路线的错误。这同1941年10月以后起草的《结论草案》和最后通过的历史决议关于这方面的内容大体上是吻合的。前面也已写到，张闻天在1941年九月政治局会议后研究了党的历史文件，学习了毛泽东的著作，认识到毛泽东是正确路线的代表，不仅是政治家、军事家，而且是理论家；在1942年农村调查中纪念党的21周年生日时，他发自肺腑地论述了毛泽东在中国革命过程中的伟大作用；在1943年12月的“整风笔记”中，他又以切身经历的正反两方面的事实对同一主题作了具体叙述。这同历史决议的精神也是一致的。张闻天在历史决议起草过程中的主要作用，是他曾对历史决议的一个草案稿进行了修改，使之成为后来通过的《决议》的基础。毛泽东在1945年春对《决议》草案稿的修改，就是在张闻天修改稿的抄清件上开始的。①

从现存《决议》的有关档案来看，张闻天动笔修改《决议》稿是在重新起草历史决议的工作已经进行了一个阶段以后。在这之前，任弼时在1944年5月起草过一个稿子，这个稿子主要来源于1941年的《结论草案》，在结构、内容和文字上，与《结论草案》基本相同。在“任稿”之后，有一份胡乔木起草的《决议》草案稿。此稿共四个问题，其中第二个问题（第三次“左”倾路线的错误）和第

① 张闻天在《关于若干历史问题的决议》起草过程中的作用和以下叙述的起草经过，采用冯蕙的观点。见冯蕙的两篇文章：《毛泽东领导起草〈关于若干历史问题的决议〉的经过》（《文献和研究》1986年第2期）和《再谈〈关于若干历史问题的决议〉的起草经过》（《党的文献》1990年第2期）。

三个问题（第三次“左”倾路线错误的根源）一些基本思想也是来源于《结论草案》。在结构和写法上，“胡稿”与“任稿”有较大不同，主体框架在某种程度上比较接近后来的《决议》。任弼时对“胡稿”修改过两次，主要是集中了集体讨论中提出的意见，对第三次“左”倾路线的错误，写了提纲式的七个要点。

张闻天的修改是在这之后进行的。档案中有一份张闻天修改的稿子，他修改所用的底稿是毛笔抄写的（其中只有两页例外，是“胡稿”的复写件），没有题目。可惜的是，档案中所存的张闻天修改过的这个稿子缺后半部分，只有前面三个问题。第一个问题，概述了 1924 年第一次国共合作至 1937 年抗战爆发期间的革命斗争历史和党反对陈独秀右倾投降主义和张国焘分裂主义的斗争。在这个问题的末尾，张闻天加写了三段话，对毛泽东的历史地位作了高度的概括和充分的评价。其中比较重要的是第一段：“尤其值得我们骄傲的，是十年内战更使我党马列主义的理论与中国的实际结合起来了。以毛泽东同志为代表的马列主义理论与中国实际统一的思想，在内战中有了极大的发展，给中国共产党指出了正确的行动方向。而毛泽东同志终于在内战的最后时期确立了他在中央的领导，这领导，无疑的，将保证中国共产党在以后的完全胜利。”第二个问题，叙述大革命失败到抗战爆发这一期间党的历史，讲到了八七会议、1927 年十一月扩大会议、六大、立三路线、三中全会、四中全会、临时中央、五中全会、遵义会议等。张闻天在末尾也加了一段话，指明毛泽东的历史功绩：“大会欣幸的指出：党经过了自己的一切成功与失败，终于在毛泽东同志领导下，在思想上，在政治上，在组织上第一次达到了这样的一致与团结！这是要胜利的党，是任何力量不能战胜的党！”第三个问题，讲第三次“左”倾路线的错误，改变了以前的稿子从思想上、政治上、军事上、组织上四个方面分析的写法，而是综合地讲七点，基本上是按照提纲式的七个要点写的（后来还曾有稿子增加为八点）。对这个问题，张闻天作了较多的修改和增补。

张闻天修改过的稿子有一个抄清件，共五个问题，包括了张闻天修改稿手迹所缺的第四个问题（第三次“左”倾路线的社会根源）和第五个问题（克服党内错误的态度和方针）。至于在这两个问题上，张闻天作了哪些修改和增补，因材料缺失，不得而知。不过，有一点是可以确定的，张闻天修改稿的抄清稿所讲的五个问题，基本上就是后来《决议》的二、三、四、五、六部分。

1945 年春天，毛泽东在“张稿”上亲自动笔修改。他把题目定为《关于若干历史问题的决议（草案）》，对内容、结构、文字先后修改了六次，补充了重要的内容，增写了《决议》的第一部分，将第六部分最后两段独立出来为第七部分，对第三次“左”倾路线的错误重新改写，将原来讲的八点恢复为从政治（包括军事）、组织、思想三个方面进行分析（到 7 月 24 日的印稿又把军事方面独立出来成为四个方面），等等。其间，毛泽东在作了第二次修改后于 1945 年 3 月 24 日在稿子首页上写了一个短简给任弼时：“请邀周、朱、洛、刘（如在此时）看一下，是否这样改，然后印若干份，编号发给四十多个同志，再集他们座谈一次，就可成定议，再交七中通过。”可见，张闻天在《决议》最后定稿阶段也是主要参与者之一。

张闻天对于毛泽东从1941年到1945年通过整风解决党内历史问题的工作非常佩服。他说，毛泽东同志对于马克思主义的学习，历来采取郑重与谨慎的态度；他对于中国革命的每一个问题的处理，也是采取这样的态度。他始终保持着清醒的头脑，他不为自己的与群众的一时的感情冲动所支配；他善于调查研究，善于吸收各方面关于某一个问题的各种意见，而不受任何偏见的影响；他善于反复考虑一个问题的矛盾的各个方面，权衡其各个方面的轻重，并且善于等待其成熟后，然后加以处理。这次关于党内历史问题的解决的经过，就是他怎样解决一个重要问题的方法的范例。①

① 洛甫：《中国共产党第七次全国代表大会发言草稿》，1945年5月4日铅印稿，第13—14页。

二十一　在中共第七次全国代表大会上

《关于若干历史问题的决议》经1945年4月20日中共六届七中全会全体会议基本通过，4月21日，就召开了中国共产党第七次全国代表大会预备会。毛泽东作《中国共产党第七次全国代表大会的工作方针》的报告，指出大会的方针是“团结一致，争取胜利”，号召“全党团结，如兄弟姊妹一样，为全国胜利而奋斗，不达胜利誓不休！”① 张闻天被选入七大主席团。预备会通过的七大主席团由以下15人组成：毛泽东、朱德、刘少奇、周恩来、林彪、彭德怀、康生、陈云、陈毅、贺龙、徐向前、高岗、张闻天、彭真、任弼时。

1945年4月23日，七大开幕。毛泽东在24日作政治报告《论联合政府》，朱德作军事报告《论解放区战场》，刘少奇作《关于修改党章的报告》。在5月2日的全体会议上，张闻天作了长篇发言，着重论述毛泽东政治报告最后一段关于

中共七大会场

① 《毛泽东在七大的报告和讲话集》，中央文献出版社1995年版，第1—16页。

新的工作作风——“这主要的就是理论和实践相结合的作风，和人民群众紧密地联系在一起的作风以及自我批评的作风。”①

张闻天诚恳地检讨了自己在相当长时期内存在的理论脱离实际、脱离群众、缺乏自我批评的小资产阶级作风，以及由此而导致的六届四中全会到遵义会议这一时期的“左”倾路线错误，以错误的教训说明“党内小资产阶级的思想与作风对于党与中国革命，会起一种怎样的破坏作用”。张闻天又说明，“遵义会议后（实际上我从长征开始，即同毛泽东在一起在中央内部反对当时中央的另一部分同志的军事路线），一般说来，我是在毛泽东同志的领导下工作，故没有发生路线错误。”张闻天实际上以亲身经历的遵义会议前后正反两方面的历史经验，生动、具体地论证了毛泽东代表的理论和实践结合、联系群众、自我批评的作风，是领导党和革命取得胜利的无产阶级的作风；党内同“左”倾错误的斗争，是无产阶级思想同小资产阶级思想的斗争；不克服小资产阶级思想与作风，我们党的车子就不能继续前进，中国革命的胜利是不可设想的。

中共七大主席台一角。右起：李富春、彭真、陈毅、张闻天、彭德怀。

张闻天向七大全体代表坦诚地叙述自己在整风运动中的切身体验，思想转变过程中的痛苦历程，说明“我的无产阶级的灵魂，就是这样，慢慢的在斗争中占了上风”。他通过两种思想作风的对比，深刻地分析了小资产阶级知识分子出身的革命者的弱点：一是“骄傲”，一是“轻浮与急躁”，其本质就是“脱离群众”；毛泽东的思想与作风“是老老实实的思想作风，它无限深刻而同时又是无限浅显”，“是马克思主义在中国的发展”，其全部精神，就是毛泽东在政治报告中所说的“全心全意为中国人民服务”的精神，“向人民负最后和最大责任”的精神。张闻天指出，把握这种精神，建立群众观点，是中国共产党当前的迫切任务。能

① 引文见《毛泽东选集》第 3 卷，人民出版社 1991 年版，第 1094 页。张闻天的发言据中央档案馆藏七大文件洛甫：《中国共产党第七次全国代表大会发言草稿》，1945 年 5 月 4 日铅印稿。

够这样做了，“那末，我们的骄气就可消失了，轻浮与急躁的态度就可改正了，个人主义、宗派主义就可没有了”。张闻天表示：“我以后必须以虚心的态度，以郑重与谨慎的态度来在实际行动中学习毛泽东同志的思想与作风，以达到真正为人民大众服务的目的。”

张闻天这篇发言，不仅又一次虚心诚恳地对自己曾经犯过的错误作了深刻的检讨，不仅对自己三年来参加整风运动的收获和体会作了实事求是的总结，而且以切身的体验，从理论与实际的结合上，深刻地解剖了小资产阶级的思想和作风，阐发了毛泽东代表的党的理论和实际结合、联系群众以及自我批评的优良作风，对全党三年来的整风运动也给予了科学的概括与评价。

张闻天在七大全体会议上的发言受到大会代表的欢迎。5 月 24 日，毛泽东在大会作《第七届中央委员会的选举方针》报告时说，有些同志作了很好的自我批评，这些自我批评，我们大会同志都一致欢迎。其中最受欢迎的，就是张闻天和周恩来。

毛泽东在 5 月 24 日报告中，还明确地肯定了张闻天以及其他犯过路线错误又改正了错误的同志的历史功绩。他说：“在最近的十个年头之内，从 1935 年 1 月的遵义会议到现在的第七次代表大会，这十个年头之内的中央是一种什么样的状况呢？中央委员会主要的成员，是四中全会和五中全会选举的，六次大会选举的现在只剩下五位，就是说现在的 25 位中央委员中，绝大多数是四中全会、五中全会选举的，就是翻筋斗的两次全会选举的。六中全会也选了三位。恰恰在这十年中，筋斗翻得少了一点，乱子闹得少了一点，我们的工作还算有进步。这一条经验是不是很重要的呢？是一条很重要的经验。1935 年 1 月的遵义会议，就是积极拥护四中全会的人，也就是在第三次‘左’倾路线中犯过路线错误的人，出来反对第三次‘左’倾路线，他们和其他同志一道反对这条‘左’倾路线。现在把这个账挂在我身上，我要声明一下，没有这些同志以及其他很多同志反‘左’倾路线的一切同志，包括第三次‘左’倾路线错误中的很重要的某些同志，没有他们的赞助，遵义会议的成功是不可能的。第二次是六届六中全会，大家知道，六中全会是一个重要的关键，没有六中全会，今天的局面不会有这样大。当时如果不克服那么一种倾向，即对放手动员群众这样一条路线不赞成、有所畏惧、心甘情愿地把自己束缚起来的倾向，如果不赞成放手动员群众，发展自己，发展八路军、新四军，扩大解放区，不被国民党反动派的政策所束缚同时又不脱离统一战线这个原则，那么，今天的局面就不一样。参加六中全会的是一些什么人呢？还不就是这么一批人。没有过去犯过错误的同志对这条路线的赞助，六中全会就不可能纠正右倾 投降倾向。”① 毛泽东在 6 月 10 日的大会上，因王稼祥在前一天中央委员的选举没有当选，所以特地向代表们讲王稼祥的功劳，“希望大家选他”。讲话中又一次肯定张闻天的功绩。他说：“遵义会议是一个关键，对中国革命的影响非常之大。但是，大家要知道，如果没有洛甫、王稼祥两位同志从第三次‘左’

① 《毛泽东在七大的报告和讲话集》，中央文献出版社 1995 年版，第 162—163 页。

倾路线分化出来，就不可能开好遵义会议。同志们把好的账放在我的名下，但绝不能忘记他们两个人。”①

在1945年6月9日七大中央委员的选举中，张闻天以较多的票数当选，成为中共第七届中央委员会44名正式委员之一。七大闭幕后，在6月19日党的七届一中全会上，选举了中央政治局，13人当选为政治局委员，张闻天是其中之一。这13位政治局委员是：毛泽东、朱德、刘少奇、周恩来、任弼时、陈云、康生、高岗、彭真、董必武、林伯渠、张闻天、彭德怀。

① 毛泽东：《关于第七届候补中央委员选举问题》，见《毛泽东在七大的报告和讲话集》，中央文献出版社1995年版，第231页。

后　记

为纪念中国共产党建党九十周年，当代中国出版社决定组织出版反映中共党史上主要负责人的传记系列图书，着重介绍他们任上的业绩和贡献。我很愉快地接受了他们写一本关于总书记张闻天的邀约。

张闻天从遵义会议就任中共中央总书记，到六届六中全会把党中央总负责人的权力逐渐移交给毛泽东，这三年半多的时间，是他一生中最光辉的段落，是他对中国革命，对中国共产党和中华民族，作出最大贡献的时期。我在已经出版的《张闻天传》中，用第九章到第十三章共五章的篇幅，记叙了这一伟大转折时期的历史。此番以“总书记张闻天”为专题写书，给了我一次在原有基础上进一步充实和提高的机会。书稿写成以后，确定用《转折关头——张闻天在1935—1943》做书名出版，对本书的主旨、结构和内容并没有影响。

关于张闻天在长征中召开的遵义会议上被推选为党中央总书记及其后与毛泽东配合合作领导长征取得胜利的历史，我在纪念长征胜利七十周年的时候，曾写了《毛洛合作与长征胜利》一书，较为详细地予以评述，交河北人民出版社出版。本书上篇《历史选择了张闻天》即在该书的基础上增补、修订而成。本书中篇《挑起历史的重担》，则在《张闻天传》相关章节的基础上大加充实加工而成。本书下篇《完成历史使命以后》是按照逻辑和历史统一的要求，重新组织编写的。

“张闻天是怎样当上总书记的?”“张闻天这一任总书记当得怎样?”“张闻天是怎样离开总书记岗位的?”——这三大问题，是中共党史关注的热门话题，也是广大读者要求索解的问题。本书力图运用翔实的史料，进行具体的分析，作出比较全面的回答。至于这份答卷是否得当，能不能令人满意，请广大读者和专家学者予以评判，给予指正。

程中原

2011年5月9日于宽沟